A STUDY ON THE LOCAL GAZETTEERS OF VILLAGES AND TOWNS IN QING DYNASTY：
FROM THE PERSPECTIVE OF BIBLIOGRAPHY AND HISTORIOGRAPHY

国家社科基金项目"明清乡镇志书考录与研究"（项目编号：17CTQ016）成果

# 清代乡镇志书研究
## ——文献学与史学史的视角

A Study on the Local Gazetteers of Villages and Towns in Qing Dynasty：
From the Perspective of Bibliography and Historiography

陈凯 著

WUHAN UNIVERSITY PRESS
武汉大学出版社

图书在版编目(CIP)数据

清代乡镇志书研究:文献学与史学史的视角/陈凯著.—武汉:武汉大学出版社,2019.12
ISBN 978-7-307-21401-9

Ⅰ.清…　Ⅱ.陈…　Ⅲ.乡镇—地方志—编辑工作—研究—中国—清代　Ⅳ.K290.49

中国版本图书馆 CIP 数据核字(2019)第 294927 号

责任编辑:詹　蜜　　　责任校对:汪欣怡　　　版式设计:马　佳

出版发行:**武汉大学出版社**　(430072　武昌　珞珈山)
　　　　(电子邮箱:cbs22@ whu.edu.cn　网址:www.wdp.com.cn)
印刷:武汉中远印务有限公司
开本:720×1000　1/16　印张:33　字数:475 千字　插页:2
版次:2019 年 12 月第 1 版　　2020 年 10 月第 2 次印刷
ISBN 978-7-307-21401-9　　定价:102.00 元

# 目　　录

## 下编　志书提要

# 绪　　论

## 一、研究背景

地方志书的发展在我国具有悠久的历史，在经过汉魏南北朝的地记以及隋唐五代的图经这两个历史发展阶段后，到了宋元时期，方志的基本体例最终趋于定型。① 自宋代开始，我国编修各类地方志书的记载不绝于书，并形成了定期编修地方志书的优良传统。数量众多的各类地方志书文献，是中国历史文献资源的重要组成部分，对于我们研究传统社会的特征及其变化发展的规律，具有重要的史料价值和意义。地方志书发展到了明清时期，中央政府的重视以及制度性规定的形成，使得定期编修地方志书成为一种基本的政治和文化制度，为后来的统治者所奉行，因此明清时期的地方志书数量和品种规模大增。据不完全统计，在现存各类 11 万余卷地方志书中，明清时期纂修的志书有 5800 多种，其中以清代志书的数

---

①　关于地方志的历史发展脉络以及历史阶段特征的基本论述，请参照仓修良先生所著《方志学通论》（增订本）第三章《方志发展的第一个阶段——魏晋南北朝的地记》、第四章《方志发展的第二个阶段——隋唐五代的图经》以及第五章《方志发展的第三个阶段——体例趋于定型的宋元方志》，华东师范大学出版社 2013 年版，第 70~222 页；以及氏著《再论方志的起源》《地记与图经》等论文，载《仓修良探方志》，华东师范大学出版社 2005 年版。

量最多，居现存全部志书总量的2/3有余。① 清代的地方志书，无论在编修原则、编纂体例、资料安排、篇目设计等方面，较之以往的地方志书，都显得更为成熟。虽然官修地方志书的制度使得大量志书的编纂体例与所用体裁千篇一律，因仿效拘泥于一定的编纂体式规定而相对缺乏体例编排上的机动灵活性，但是不可否认的是，依照定性的制度，按期修纂地方志书，为我们保留了大量珍贵的研究资料，生动地展现了各地不同的历史地理与人文风俗特色，其功绩也是不可否认的。

乡镇志书作为地方志书中的一个重要类别，在清代各类地方志书中的位置十分显眼，特色也十分鲜明。所谓乡镇志书，即为记载县以下的乡、都、保、图、圩、村、里、镇、堡、场等综合情况的志书，主要包括有乡志、镇志、村志、里志、场志、巷志等。现存最早的乡镇志书是宋代常棠编纂的宝祐《澉水志》。经过宋代的萌芽时期与明代的初步发展，到了清代，乡镇志书的编纂大为兴盛，这是与清代全国各地(尤其是江南地区)乡镇经济的发展和人文教化的繁盛密切相关的。所以清代乡镇志书具有非常浓厚的时代特征，生动地反映出清代各地乡镇社会鲜明的商品经济与人文风俗的特色。清代乡镇志书编纂的基本体例与记载的主要内容，同各类地方志书一样，具有自己鲜明的地方性特色。一般而言，清代乡镇志书记载的主要内容和篇目有疆域、政区、山川、沿革、建置、四至、乡里、物产、财赋、户口、职官、风俗、掌故、选举、人物、艺文、名胜、古迹、琐事、异闻等方面，涉及一地举凡政治、经济、文化、社会、历史、风俗、文献等各方面的情况，具有一地之百科全书的功用，并按照一定的编纂体例和篇目安排，将各种文献资料归属不同的门类，是了解一地基本情况的重要资料途径。

现存为数众多的清代乡镇志书，为我们研究清代基层社会的经济文化提供了最基本的史料基础。这些乡镇志书保存了大量珍贵的

① 参见黄苇先生等著：《方志学》，复旦大学出版社1993年版，第34页；戴鞍钢著：《中国地方志精读》，史学原典精读系列，复旦大学出版社2008年版，第4页。

历史资料，对于我们研究清代各地基层社会的政治、经济、文化、风俗、制度等方方面面的内容，探讨清代乡镇社会的特点与发展历程，都具有重要的意义和作用。作为地方志学科基本文献重要组成部分的清代乡镇志书，有助于我们研究清代地方志书的篇目设计、内容取舍、编纂风格的特征，把握清代方志编纂学的特点。清代乡镇志书在流传中有着各类不同的版本，通过对于其版本形态及其基本特征的考察，有助于我们更好地理清志书的传布途径和版本源流问题。此外，乡镇志书中收录的序跋、凡例，有助于我们研究清代方志学理论和地方志书的编纂机制与流程，特别是对于史志关系等问题的研究，具有重要的参考价值。因是之故，对于清代乡镇志书进行系统的研究是非常必要的。

## 二、学术综述

清代修纂的大量乡镇志书，为我们研究明清时期以来基层乡镇社会的经济文化提供了最基本的史料基础。以往学术界对于清代乡镇志书的利用，主要侧重在其资料方面，即以之为研究的对象和史料资源库，进行关于明清时期以来全国各地尤其是江南市镇经济、人文以及基层社会状况等方面的研究，这类研究成果数量众多，以往的学术史研究，都将之归入明清史、社会经济史等学科的范畴，已经成为一种研究惯例。因此，本书对这方面虽然涉及清代乡镇志书研究和史料运用的"特殊成果"不予列入相关的学术史研究回顾的范畴中，故不赘述。以往学术界对于清代乡镇志书所进行的研究，目前来看，主要集中在历史文献学、方志学以及史学史这几个方面，以下就其相关研究成果论述如次。

关于历史文献学方面的整理与研究成果。现存的清代乡镇志书的文献著录和内容提要，可以参见《中国地方志综录》（增订本）、《中国地方志联合目录》《中国地方志总目提要》《江苏旧方志提要》《浙江方志考》《上海方志提要》《上海方志通考》《四川历代旧志提要》《湖州方志提要》《苏州地方志综录》等工具文献，其中著录了各种清代乡镇志书的题名、编纂者、卷数、版本、馆藏、内容提要等基本文献情况，有助于我们进行查找和研究。① 除了《中国地方志集成·乡镇志专辑》对现存主要的明清乡镇志书进行了汇编影印②，尚有《上海乡镇旧志丛书》《常熟乡镇旧志集成》《张家港市旧志汇编》以及《江南名镇志丛书》《吴江乡镇旧志丛刊》等大型丛书③，从文献汇编和古籍整理的角度，对各地的清代乡镇志书进行了汇编、校点和整理，使得研究者能够比较便利地对乡镇志书进行检索和研读。④ 此外，国内著名图书馆陆续推出了多种稀见方志的文献丛刊，例如《北京师范大学图书馆藏稀见方志丛刊续编》《复旦大学图书馆藏稀见方志丛刊》《广东省立中山图书馆藏稀见方志丛刊》《中

---

① 朱士嘉编：《中国地方志综录》（增订本），商务印书馆 1958 年版；中国科学院北京天文台主编：《中国地方志联合目录》，中华书局 1985 年版；金恩辉、胡述兆主编：《中国地方志总目提要》，台湾汉美图书有限公司 1996 年版；徐复、季文通主编：《江苏旧方志提要》，江苏古籍出版社 1993 年版；洪焕椿编著：《浙江方志考》，浙江人民出版社 1984 年版；上海市地方志办公室编：《上海方志提要》，上海社会科学院出版社 2005 年版；陈金林、徐恭时：《上海方志通考》，上海辞书出版社 2007 年版；四川省地方志编纂委员会编纂：《四川历代旧志提要》，四川科学技术出版社 2012 年版；沈慧编著《湖州方志提要》，中国文史出版社 2013 年版；陈其弟著：《苏州地方志综录》，广陵书社 2008 年版。

② 上海书店编：《中国地方志集成·乡镇志专辑》，上海书店出版社 1992 年版。

③ 上海地方志办公室主编：《上海乡镇旧志丛书》，上海社会科学院出版社 2004—2006 年版；沈秋农、曹培根主编：《常熟乡镇旧志集成》，广陵书社 2007 年版；张家港市党史地方志办公室编：《张家港市旧志汇编》，凤凰出版社 2005 年版；（清）陈树德等编纂、朱瑞熙等标点：《江南名镇志丛书》，上海古籍出版社 2003 年版；同里镇人民政府、吴江区档案局编：《吴江乡镇旧志丛刊》，广陵书社 2007—2011 年版。

④ 除了这些公开出版的大型丛书外，各地方志及图书系统或以内部整理本的形式（例如浙江平湖史志办整理的《乍浦旧志三种》，内部发行本），或以单一旧志点校本形式（例如李新庆撰《颜山杂记校注》，齐鲁书社 2013 年版），或以电子数据光盘（例如《昆山历代地方志》光盘数据库）以及网络资源（例如浙江省上虞图书馆网站的数字方志资源库）等形式将各种清代乡镇志书进行整理刊布，虽然在搜集信息和获取文献上有一定难度，但这些也是需要关注的文献整理成果。

国人民大学图书馆藏稀见方志丛刊》《上海图书馆藏稀见方志丛刊》《南京图书馆藏稀见方志丛刊》《吉林大学图书馆藏稀见方志丛刊》等，这些汇刊丛书中收录了一部分清代乡镇志书的影印本，对于珍稀志书文献的流传具有积极的促进作用。①

关于清代乡镇志书的数量统计问题。据褚赣生先生的统计结果，现存清代乡镇志书有 213 种，亡佚志书 110 种，合计 323 种。② 黄苇先生在前述研究成果的基础上，进一步指出："乡镇志经明朝恢复发展，至清代大为兴盛。清代编乡镇志三百二十六种(乡镇志数包括存、佚者，参阅褚赣生《明清乡镇志发展的历史地理考察》，并稍作订补)，其中江苏二百一十一种、浙江七十七种、广东十种、福建九种、安徽六种、山东六种、台湾三种、江西一种、湖北一种、湖南一种、陕西一种。较之明代四十九种，清朝乡镇志可谓繁盛。"③ 日本学者森正夫根据所编《江南三角洲乡镇志目录》进行统计④，指出现存的清代江南三角洲共有乡镇志书共有 192 种。⑤ 此外，姚金祥

① 李永明主编：《北京师范大学图书馆藏稀见方志丛刊续编》，学苑出版社 2009 年版；复旦大学图书馆编：《复旦大学图书馆藏稀见方志丛刊》，国家图书馆出版社 2010 年版；倪俊明主编：《广东省立中山图书馆藏稀见方志丛刊》，国家图书馆出版社 2010 年版；中国人民大学图书馆编：《中国人民大学图书馆藏稀见方志丛刊》，国家图书馆出版社 2011 年版；上海图书馆编：《上海图书馆藏稀见方志丛刊》，国家图书馆出版社 2011 年版；南京图书馆编：《南京图书馆藏稀见方志丛刊》，国家图书馆出版社 2012 年版；吉林大学图书馆编：《吉林大学图书馆藏稀见方志丛刊》，国家图书馆出版社 2013 年版。

② 褚赣生著：《明清乡镇志研究》，复旦大学硕士学位论文，1987 年，第 32、33 页。

③ 黄苇等著：《方志学》，复旦大学出版社 1993 年版，第 220 页。

④ 森正夫在进行这项考录研究工作中，定义江南三角洲的地域空间范围为："属于浙西，现在江苏省长江以南地区，浙江省北部地区及上海市所构成的地域。"参见氏撰《江南三角洲的乡镇志——以明后半期为主》，载赵毅、林凤萍主编：《第七届明史国际学术讨论会论文集》，东北师范大学出版社 1999 年版，第 340 页。

⑤ 参见森正夫编：《江南三角洲乡镇志书目录》，载日本 1990—1993 年度科学研究费补助金一般项目研究成果报告书，1994 年版。并见氏撰《江南三角洲的乡镇志——以明后半期为主》的相关研究成果概述，载赵毅、林凤萍主编：《第七届明史国际学术讨论会论文集》，东北师范大学出版社 1999 年版，第 340 页。

先生认为清代乡镇志书的数量达到 318 种，其中 208 种保存下来。① 其研究结果与褚先生的结论基本相同，而杨军昌先生在论著中亦主此说。② 然而中国台湾地区学者盛清沂、黄秀政皆认为现存清代乡镇志书有 73 种，由于这项研究开展得较早，加之囿于文献查考的不便与疏漏，很明显台湾地区学者对于清代乡镇志书的总体数目估计得太少。③

　　从方志学的角度对清代乡镇志书进行研究，这方面最早的研究成果，是褚赣生先生的硕士学位论文《明清乡镇志研究》。这项研究，从"明清乡镇志的发展""明清乡镇志发展原因分析""明清乡镇志的特点、价值及其影响"三个基本方面出发，结合具体的志书个案研究，对明清时期乡镇志书编纂的质量高低、利弊得失、资料特点进行了研究述评，探讨了明清时期乡镇志书的发展规律及其内在动力和原因，并对明清时期乡镇志书的地理分布、资料特点、史料价值与社会影响进行了研究探讨，并详细统计了各地乡镇志书的具体数目以及亡佚志书的数目。作者尚有《明清乡镇志发展的历史地理考察》一文④，从历史地理的角度对明清乡镇志书的发展及其空间地理分布特点进行了探讨。此外，黄苇先生等在《方志学》一书中对于清代乡镇志书种类数量、时空分布特征以及清代乡镇志书发

----

　　①　姚金祥：《乡镇志编纂简论》，姚金祥著：《志海学泳集》，方志出版社 2007 年版，第 100 页。并参见姚金祥、何惠明著：《简明方志编纂学》，南海出版公司 1994 年版，第 290 页。

　　②　参见杨军昌著：《中国方志学概论》，贵州人民出版社 1999 年版，第 201 页。

　　③　参见盛清沂：《吾国历代之乡镇志暨本省当前编纂乡镇志问题》，《台湾文献》第十七卷第二期，1966 年版；黄秀政：《论台湾的乡镇志纂修——以〈鹿港镇志〉为例》，天津市地方志办公室编：《海峡两岸地方史志比较研究文集》，天津社会科学院出版社 1998 年版。

　　④　褚赣生著，黄苇教授指导：《明清乡镇志研究》（未刊），复旦大学硕士研究生毕业论文，1987 年；褚赣生：《明清乡镇志发展的历史地理考察》，《历史地理》第 8 辑，1990 年。

展史分期等问题也有相关的论述。① 魏桥等著《浙江方志源流》在相关章节中对于清代浙江乡镇志书的发展及其特征等问题也进行了讨论。② 陈其弟在所著《苏州地方志综录》中对于清代乡镇志书的概况亦有专篇论述。③

　　潘高升先生的《明清以来江南地区乡镇志研究：以〈乌青镇志〉为中心》一文④，重点研究了明清时期江南地区乡镇志的历史演变过程、发展原因、地理分布以及文化内涵等问题，指出"考察明清以来乡镇志的时空分布特征，有助于探讨江南乡镇志发展的社会文化机制"。⑤ 这项研究，以万历《重修乌青镇志》为个案，深入细致地研究了乡镇志书的编纂过程及其中相应的地方认同、区域建构的关系，探讨了明清以来江南乡镇志的演变以及乡镇志书的基本特征，指出乡镇志具有作为"历史记忆"与"文化表述"的基本特征与功用。同时，也以万历《重修乌青镇志》为例，指出了明清江南乡镇志的史料价值与局限性。薛青先生的《江南著名古镇镇志的旅游文化价值》一文⑥，运用"11 世纪以来各种版本的地方志（《苏州府志》《长洲志》《吴县志》《吴江县志》《昆山县志》《周庄镇志》和《同里志》等）历史文献"⑦，主要依据明清时期的著名古镇志书，从旅游资源学、民俗学等角度切入，探讨了古镇镇志反映水乡古镇具有独特的自然景观和生活特征、镇志中所记载的民俗事象、江南著名古镇的风貌与中国传统文化的重要关系等问题，并从理论的视角总

---

　　① 　参见黄苇等著：《方志学》，复旦大学出版社 1993 年版，第 220～226 页。

　　② 　参见魏桥等著：《浙江方志源流》第七章《清代，浙江方志编纂的鼎盛时期》，浙江人民出版社 1988 年版，第 144～197 页。

　　③ 　陈其弟著：《苏州地方志综录》，广陵书社 2008 年版。

　　④ 　潘高升著、郑振满教授指导：《明清以来江南地区乡镇志研究：以〈乌青镇志〉为中心》（未刊），厦门大学硕士学位论文，2006 年。

　　⑤ 　参见潘高升著：《明清以来江南地区乡镇志研究：以〈乌青镇志〉为中心》，第 37 页。

　　⑥ 　薛青著、范能船教授指导：《江南著名古镇镇志的旅游文化价值》（未刊），上海师范大学硕士学位论文，2002 年。

　　⑦ 　参见薛青著《江南著名古镇镇志的旅游文化价值》，文摘部分内容。

结了研究江南著名古镇镇志的意义，指出应当对江南著名古镇志的记载内容进行开发，深入挖掘其中蕴藏的旅游文化价值。

沈渭滨先生的《乡镇志是研究上海人文历史的重要文献——以〈浦溪小志〉为例》和《晚清村镇志纂修的成熟及其人文历史价值——以江南名镇志〈紫堤村志〉为中心的分析》两篇论文①，分别以产生于清代乡镇志书大盛时期的《浦溪小志》和《紫堤村志》为个案，结合志书的具体记载内容进行个案的研究，探讨了清代乡镇志书的历史资料价值和编纂上的特点，并深入研究了乡镇的历史沿革、人文习俗与兴衰起伏等社会现象，由此指出乡镇志书对于研究上海人文历史具有重要的史料价值。唐力行、申浩先生的《地方记忆与江南社会生活图景——评〈上海乡镇旧志丛书〉》一文②，以上海市地方志办公室主编的《上海地区乡镇旧志丛书》为例，介绍了所收录的乡镇志书的资料特点、史料价值等方面的内容，并从"区域经济生活""区域社会结构""移民生活"三个方面出发，结合个案的探讨，对志书内容进行分析解读，探讨了明清乡镇志书对于研究明清时期江南区域社会经济文化的史料价值，并指出该丛书对于研究明清时期江南社会以及区域文化的重要文献资料的功用。此外，曹培根先生的《〈常熟乡镇旧志集成〉及其史料价值》、陈辽的《乡镇旧志集成后地方志功能的提升——读评〈常熟乡镇旧志集成〉》，这两篇文章从不同角度介绍了《常熟乡镇旧志集成》的编纂过程和所收录志书的基本情况、史料价值和社会职能，通过案例的分析，指出明清乡镇志书，对于研究地方史具有重要的文献价值。③

---

①　沈渭滨：《乡镇志是研究上海人文历史的重要文献——以〈浦溪小志〉为例》，《学术月刊》，2002 年第 5 期；《晚清村镇志纂修的成熟及其人文历史价值——以江南名镇志〈紫堤村志〉为中心的分析》，《史林》，2007 年第 2 期。

②　唐力行、申浩：《地方记忆与江南社会生活图景——评〈上海乡镇旧志丛书〉》，《社会科学》，2006 年第 1 期。

③　曹培根：《〈常熟乡镇旧志集成〉及其史料价值》，《江苏地方志》，2008 年第 1 期；陈辽：《乡镇旧志集成后地方志功能的提升——读评〈常熟乡镇旧志集成〉》，《江苏地方志》，2008 年第 1 期。

　　除此之外，冯尔康①、甘兰经②、骆伟③、缪小咏④、钱澄宇⑤、田佳琦⑥、吴滔⑦、尤淑君⑧、陈凯⑨等人的相关研究成果，皆侧重于对清代乡镇志书进行文献学和方志学方面的研究与论述。

　　关于从史学史和历史编纂学的研究角度展开对清代乡镇志书研究的成果，有陈凯的《清代乡镇志书研究二题——以〈上海乡镇旧志丛书〉为例》一文⑩，以清代上海地区的乡镇旧志为研究对象，首先研究了志书在篇目设计方面的特点，指出清代上海地区的乡镇旧志在"新增类目""删削篇目"以及"重点记述"这三个方面具有鲜明的地方特色，并非一味泥古不化，并列举了一些较为著名的乡镇志书的特色资料所在。在此基础上，又对清代上海地区乡镇志书编

---

　　①　冯尔康：《乾嘉以来的江都乡镇志和专志》，《东北史地》，2011 年第1 期。

　　②　甘兰经：《苏州的乡镇志》，载苏州历史学会编印：《苏州历史学会论文选》，1983 年版；又见《苏州大学学报》（哲学社会科学版），1983 年第4 期。

　　③　骆伟：《岭南乡镇志、乡土志述评》，《广东史志》，2003 年第2 期。

　　④　缪小咏：《独树一帜的江苏乡镇志》，江苏省地方志学会编：《江苏当代方志论文选》，方志出版社1995 年版；缪小咏：《历史上苏南乡镇志编纂述略》，《江苏地方志》，1992 年第1 期。

　　⑤　钱澄宇：《南京博物院珍藏江苏稀见方志抄本考略》（上），《江苏地方志》，2013 年第1 期；钱澄宇：《南京博物院珍藏江苏稀见方志抄本考略》（下），《江苏地方志》2013 年第2 期。

　　⑥　田佳琦：《再论乡镇志》，《沧桑》，2012 年第6 期。

　　⑦　吴滔：《在历史现场阅读江南乡镇志》，吴松弟、连晓鸣、洪振宁主编：《走入历史的深处：中国东南地域文化国际学术研讨会论文集》，上海人民出版社2011 年版；吴滔：《在田野中阅读江南乡镇志》，王铭铭主编：《中国人类学评论》（第12 辑），世界图书出版公司北京公司2009 年版。

　　⑧　尤淑君：《台湾乡镇志的发展、运作及其实务问题》，《台湾研究》，2013 年第4 期。

　　⑨　陈凯：《明清乡镇志书概述与学术研究综论》，上海市地方志办公室等编：《上海研究论丛》（第20 辑），上海人民出版社2012 年版；陈凯：《清代乡镇志书研究综述》，《宁夏史志》，2013 年第5 期。

　　⑩　陈凯：《清代乡镇志书研究二题——以〈上海乡镇旧志丛书〉为例》，《史林》，2011 年第1 期。

纂者的学养与识见进行了初步研究，通过对部分志书编纂者的工作
原则、态度和方法的爬梳，指出"至少清代上海各乡镇的志书编纂
者，基本具备做学问的基本素养，编纂志书有自己的想法，能够很
好地发扬史家精神，以述为作，凸显乡邦的区域特色。这些优点，
绝非那些迂腐的学究可比的，这样的著述，也是那些陋儒们所不能
达到的。"①并针对以往学术界对乡镇志书质量优劣的评价问题，进
行了初步的个案探索。此外，褚赣生著《明清乡镇志研究》、刘道
胜著《徽州旧志研究》、张安东著《清代安徽方志研究》等学位论文
对于清代乡镇志书的体例与编纂学特点都有一定的论述。② 在这方
面尚有鲍永军《〈乾隆乌青镇志〉述评》③、蔡一平《英年早殒的方志
纂辑家——孙志熊和他的〈菱湖镇志〉》④、陈其弟《〈汾湖志〉及其
编纂者》⑤、程成贵《光绪〈善和乡志〉(残本)浅析》⑥、考之《九江
早期的方志：〈九江乡志〉》⑦、刘俊《中国唯一入选〈四库全书〉的
村志：〈杏花村志〉》⑧等研究成果可供参考。

　　关于清代乡镇志书编纂者的专题研究成果，中国台湾地区学者
林天蔚先生，在所著《地方文献研究与分论》一书中，通过历史文

---

　　①　参见陈凯：《清代乡镇志书研究二题——以〈上海乡镇旧志丛书〉为
例》，《史林》2011 年第 1 期，第 38 页。

　　②　褚赣生：《明清乡镇志研究》，复旦大学硕士学位论文，1987 年；刘
道胜：《徽州旧志研究》，安徽师范大学硕士学位论文，2003 年；张安东：
《清代安徽方志研究》，安徽大学硕士学位论文，2008 年。

　　③　鲍永军：《〈乾隆乌青镇志〉述评》，《浙江方志》，1996 年第 3 期。

　　④　蔡一平：《英年早殒的方志纂辑家——孙志熊和他的〈菱湖镇志〉》，
《湖州师范学院学报》，1987 年第 1 期。

　　⑤　陈其弟：《〈汾湖志〉及其编纂者》，陈其弟著：《苏州地方志综录》，
广陵书社 2008 年版。

　　⑥　程成贵：《光绪〈善和乡志〉(残本)浅析》，《祁门志苑》，1985 年第 2
期。

　　⑦　考之：《九江早期的方志：〈九江乡志〉》，《九江侨刊》，1998 年第
24 期。

　　⑧　刘俊：《中国唯一入选〈四库全书〉的村志：〈杏花村志〉》，《中国地
方志》，2008 年第 9 期。

献考证的方法，系统考录了清代各类地方志编纂者的基本情况，包括编纂者个人的生平事迹、编纂志书情况等内容。① 这部著作中专门有一部分内容考订研究资料所见清代的志书编纂者和方志学家的生平情况以及所编修志书（其实以广大的修志者为主），其成果以随书光盘形式附见，可供检索使用。陈金林、徐恭时先生所著的《上海方志通考》，不仅对明清时期上海地区的乡镇旧志的版本、卷数、馆藏进行了考索和提要，而且涉及编者生平传记以及编纂过程等相关内容，有助于展开对清代上海地区乡镇志书编纂者生平的研究。② 此外，尚有部分论文对于清代某部具体乡镇志书编纂者的生平情况进行专题研究。③

以上是学术界对于清代乡镇志书进行研究的基本概况。可以看到，学术界的主要关注点，在于对乡镇志书的史料价值、所体现社会职能等问题的研究。然而对于清代乡镇志书的编纂体例、编纂机制、资料特点、框架结构、利弊得失、方志理论，以及志书编纂群体等一系列问题的研究，学术界给予的关注不够多。从史学史、方

---

① 林天蔚著：《地方文献研究与分论》，北京图书馆出版社 2006 年版。
② 陈金林、徐恭时著：《上海方志通考》，曹旭主编《薪火学术丛书》，上海辞书出版社 2007 年版。
③ 这方面的研究成果主要有：蔡一平：《英年早殇的方志纂辑家——孙志熊和他的〈菱湖镇志〉》，《湖州师范学院学报》，1987 年第 1 期；陈其弟：《〈汾湖志〉及其编纂者》，陈其弟著：《苏州地方志综录》，广陵书社 2008 年版；方舟：《徽州乡绅与地方社会：以〈岩镇志草〉为中心》，《徽学》2006 年刊；开铮：《卢学溥与〈乌青镇志〉》，中国人民政治协商会议浙江省桐乡县委员会文史资料工作委员会编：《桐乡县历史名人史料》（二），《桐乡文史资料》第四辑，1986 年版；沈尔立：《十柳山人与〈珠里小志〉——清代秀才周郁宾》，沈尔立著：《珠溪文儒》，上海三联书店 2007 年版；王红花：《论林正青〈小海场新志〉的史料价值》，《盐城工学院学报》（社会科学版），2011 年第 4 期；吴宗泉：《第一部〈白蒲镇志〉及其作者考略》，政协如皋市委员会文史资料研究委员会编辑：《如皋文史》第五辑，1990 年版；谢青、吴微：《余华瑞撰〈岩镇志草〉简述》，《安徽史志通讯》，1984 年第 1 期；殷衍滔：《顾镇生卒年考辨》，《常熟理工学院学报》（哲学社会科学版），2012 年第 9 期；袁增培：《〈澉水新志〉的作者——方溶》，政协海盐县文史资料工作委员会编：《海盐文史资料》第 22 辑，1992 年版。

志学角度展开的论述相对不多，宏观的、理论性的总结较少，而恰恰是这两个方面，对于从内在深层探索清代乡镇志书的特色以及历史地位和功用，具有更为深远的意义。总体来看，关于清代乡镇志书的研究，目前仍显薄弱，这或许是因为清代乡镇志书的数量在庞大的旧志文献中并非举足轻重，且多数研究者对于乡镇志书的价值缺乏足够的认识。如何将其纳入明清史学史以及方志学史的视角中进行探索，不再仅仅是就"文献论文献"，而且从更高的角度挖掘其中的资料特色以及历史价值，需要研究者们进一步深入探讨。此外，对于现存各种清代乡镇志书所进行的考录提要工作，以往学术界的成果多侧重于概述内容与胪列篇目，未能将乡镇志书编纂的文献版本流布以及志书文献价值所在展现出来，所撰提要内容单一、千篇一律，尚未有一个全面完满的总结成果。以上所述问题，皆是在清代乡镇志书的研究中急需给予更多关注的方面。

## 三、基本思路

对于清代乡镇志书进行综合研究，首先需要解决的一个基本问题，即：清代到底有多少种各类乡镇志书？在此基础上，这个问题又进一步演化出关于这些志书的文献版本、编纂者生平、志书在地域空间和历史时段上的分布情况与特点、史料价值等细化问题。著者对于清代乡镇志书的名目与数量进行了更为细致的查考和爬梳，通过利用各种提要、考录等工具文献，以及各类新旧地方志书艺文部分的记载，辑考可以确知的清代乡镇志书名目，明确其编纂者、书名、卷帙、体裁、成书年代、主要版本流布情况等方面的信息，并进一步以考述的形式对志书的编纂者生平履历、著述情况进行考证研究，通过这些研究工作，完成本书下编《清代乡镇志书提要》以及《清代乡镇志书分省一览表》，对于清代 463 种乡镇志书的编纂者、成书年代以及主要版本流布等问题进行了深入探索，并以这项研究成果作为对清代乡镇志书进行专题研究的重要史料支撑和数据基础。此外，基于对清代乡镇志书时段分布上的爬梳整理，著者对于清代乡镇志书编纂发展史进行了分期考察，得出了与以往研究结论不同的分期方案。

　　接下来对于清代乡镇志书的形式与内容两个方面进行专题研究。所谓志书的"形式"，主要就其版本形态而言，著者通过对清代乡镇志书的不同版本进行爬梳探索，从稿本、钞本、印本三个角度切入，分别不同地域情况，对于清代乡镇志书版本的时空分布特征进行了深入研究，有助于我们更好地梳理乡镇志书版本的源流发展，搞清楚这些文献版本的特质所在。所谓志书的"内容"，不仅指其文献史料价值，更包含其中隐藏着的"人"的因素，即乡镇志书编纂者群体。由于清代乡镇志书文献广泛应用与明清社会经济史的研究中，尤其是研究明清以来江南地区市镇发展的重要文献，其史料价值不言而喻，因此著者在这里重点研究报道了两部较为罕见的乡镇志书，即道光《渔闲小志》与道光《佛山街略》，侧重研究这两部志书的编纂者、文献性质、编纂动机以及所蕴含的史料价值，以期对这两部稀见志书进行深入的了解。乡镇志书编纂者可以说是志书的灵魂所系，不同群体类型的志书编纂者，基于他们独特的生平履历、社会关系以及技能专长，赋予所编纂志书不同的文献特色，因此对于乡镇志书编纂者群体及其类型特征进行研究是非常必要的，本书上编即有专章论述这个问题。在通论清代乡镇志书编纂者的群体类型及其特征之后，著者以上海地区乡镇志书编纂者群体为例，重点考察编纂者对于志书篇目框架设计与资料取舍的思考，并就清代上海乡镇志书编纂者的学养识见、技能专长对于志书质量影响的问题展开了探索。兹将本书各章（编）的写作框架与基本内容概述如次。

　　上编为《研究专论》，分为四章。主要对清代乡镇志书的发展历程、清代乡镇志书的版本类型与时空分布特征、清代乡镇志书的编纂者等问题进行专题研究，并对于两部稀见乡镇志书的文献性质、成书年代、文献价值等方面进行了探索。

　　第一章《清代乡镇志书的发展历程》。本章首先概述清代以前乡镇志书的发展脉络，对可查考的宋明时期乡镇志书的名目与数量进行爬梳整理。其次对于清代乡镇志书的命名与别称、体例与体裁、篇目设计与编纂方式等问题进行了探究，以此展现清代乡镇志书的文献概貌。在对于清代乡镇志书名目与数量的查考统计的基础上，著者对清代乡镇志书发展史的分期问题与阶段特征进行了研究，提出了新的分期方案。

第二章《清代乡镇志书的版本类型与时空分布特征》。著者通过广泛的文献搜索，尤其是利用各类古籍目录、版本考录、方志提要，以及各类新旧地方志书的艺文书目或地方文献著录部分、清代乡镇志书的序跋凡例等史料记载①，对于现存清代乡镇志书的版本类型、版本数量与主要的版本流布情况等问题进行了更为细致详尽的查考，尽可能多地著录乡镇志书的不同版本信息，并查考其主要版本的流布情况。所撰《清代乡镇志书考录》侧重著录现存清代乡镇志书的不同版本形态以及主要版本的流布情况。在此成果的基础上，著者对现存的各种清代乡镇志书在 1949 年以前的版本类型、版本数量以及在时空分布上的特征等问题进行了研究，分为三大方面，即清代乡镇志书稿本及其特征、清代乡镇志书钞本及其特征、清代乡镇志书印本及其特征，对于这些志书的不同版本类型及其时空分布特点问题进行了细致的探讨。

第三章《清代乡镇志书的编纂者》。本章首先对清代乡镇志书编纂者群体类型及其特征进行了探索，按照不同的标准划分为相应的编纂者群体类型，并进一步讨论其基本特征以及对于志书编纂的影响。其次选取清代上海地区乡镇志书编纂者群体作为个案进行专题探讨，对上海地区乡镇志书编纂者的基本群体特征、对于志书篇目设计的思考以及编纂者的学养识见等问题进行了研究。此外，志书编纂者的生卒年考订对于部分志书断年具有重要的参考价值，因此对部分清代乡镇志书编纂者的生卒年进行了文献考证。

第四章《稀见清代乡镇志书研究》。在现存清代乡镇志书中，仍有一些稀见珍贵的志书不为我们所熟知。本章选取两部稀见清代乡镇志书——道光《渔闲小志》与道光《佛山街略》进行专题研究，对这两部志书的编纂体例与特色、文献性质与职能，以及其中蕴含

①　关于查考现存清代乡镇志书版本信息所用主要的目录提要著作，详可参见本书《参考文献》第六部分。

的史料价值等问题进行探讨。

上编《结语》部分，首先概述了清代乡镇志书发展的历史背景、发展分期、各种版本类型及其特征，以及志书编纂者类型等问题，其次对于清代乡镇志书的史料价值与学科价值的问题进行了阐述。

下编《志书提要》。本编以各地区清代乡镇志书种类数目的多寡为序，依次分为江苏、浙江、上海、福建、广东、安徽、山西、山东、湖南、四川、陕西、云南、台湾、北京、河南、湖北共16个版块进行提要考录。每个版块下的乡镇志书提要条目分为文献著录与编纂者考述两部分。文献著录包括志书名称、卷帙、编纂者、成书年代、主要版本诸项。其中对于乡镇志书版本的著录，本编以参考文献第六部分所列书目、提要、考录类著作为线索进行查考，并按照年代先后顺序，条列志书流传过程中的主要版本信息，以展现其文本演变流布之次第。编纂者考述则依据史料文献，对志书编纂者的生卒年份、社会背景、生平履历、学识专长、著述情况等内容进行考述。

## 四、难点创新

1. 研究难点

第一，查考清代乡镇志书名目资料文献头绪繁多，鉴别部分志书的性质以及断定成书年代较为困难，而且尚有部分乡镇志书的断年不清楚。

第二，由于清代乡镇志书编纂者绝大多数为里中儒生，知名度不高，因而对于以史料文献考述编纂者生平以及著述情况、技能专长等方面存在一定困难，尚有一部分乡镇志书编纂者无法确知详细生平情况。

第三，清代乡镇志书的版本情况非常复杂，尤其是占较大多数的钞本文献，由于多数无法精确断年，对于钞本文献的时段分布特征的认识尚有进一步推进的余地。

2. 研究创新

第一，所考有明确依据的乡镇志书数量较之以往学术界的通行结论增加近一半，修正了以往流行的不确切说法。

第二，在对于清代乡镇志书进行数量统计与时段分布研究的基础上，提出的乡镇志书发展分期方案，不仅注意到清代中叶与晚清的高潮阶段，更提出要充分注意康熙后期及至乾隆朝以前具有承前启后作用的过渡铺垫期，以及道光后期及至"同治中兴"之前乡镇志书发展的暂时低迷期，并且对康熙朝乡镇志书编修的成就及其历史地位进行了新的评价。

第三，以新的研究视角，对于清代乡镇志书的版本类型与时空分布特征问题进行了研究，尤其是对于清代乡镇志书钞本与印本系统进行了分类梳理，探究其特征所在，以往这方面较少有学术成果出现。

第四，在对于新材料的运用及研究方面，著者对于两部稀见清代乡镇志书进行了专题研究，对其编纂者、文献性质以及史料价值等问题进行了探索，尤其是道光《渔闲小志》，学人罕见其书，具有重要的史料价值。

第五，对现存清代乡镇志书进行系统的辑考著录工作，是本书研究的一个重要组成部分。本书下编《清代乡镇志书提要》突破以往地方志书考录提要的撰写模式，重点查考志书的成书年代、编纂者生平以及主要版本流布线索，尤其是对于编纂者生平的考述，力求以原始文献入手进行考证式研究，使得所论皆有坚实的史料依据。

上编 研究专论

# 第一章 清代乡镇志书的发展历程

乡镇志书在经过宋明时期的萌芽与初步发展之后，在清代得到了进一步的繁荣发展与长足的进步。本章首先概述清代以前乡镇志书的发展脉络，对可查考的宋明时期乡镇志书的名目与数量进行爬梳整理。其次对于清代乡镇志书的命名与别称、体例与体裁、篇目设计与编纂方式等问题进行了探究，以此展现清代乡镇志书的文献概貌。在对于清代乡镇志书名目与数量的查考统计的基础上，著者对清代乡镇志书发展史的分期问题与阶段特征进行了研究，提出了新的分期方案。

## 第一节 宋明时期乡镇志书的发展

乡镇志书的编纂起源于宋代，经过明代的发展演变，其体例不断成熟进步，篇目设计与编纂体裁不断得到完善，记载的内容日益丰富多彩，志书的编纂水准不断得到提高。到了清代，随着全国各地乡镇社会(尤其是江南地区的市镇社会)的发展以及经济、人文事业的繁荣昌盛，乡镇志书的编纂进入了一个新的历史阶段，不仅在数量与种类上大有增加和突破，而且在志书的体例、体裁以及篇目门类的多样化方面展示出非常鲜明的特点，由此成为地方志书文献的一个重要门类与组成部分。

目前可考知的最早出现的乡镇志书为梅尧臣编纂的《青龙杂

志》(佚)，其成书年代约在北宋中期的嘉祐五年之前。① 此后又有林鉴所纂《续青龙志》(佚)，其成书年代或在北宋后期至南宋初期之间。② 由于这两部乡镇志书目前都已亡佚不见，我们无法得知其编纂体例、体裁与篇目构架的具体情形。但仅就其志书命名来看，似有唐宋时期史料笔记著述体例的意味，因此推测，这两部乡镇志书文献有可能较为接近史料笔记的体裁，其作为地方志书的体例尚未完全成熟，仍具有杂史著述的文献性质。这种情况，也是与方志发展史上北宋时期的地方志书体例尚未完全定型，仍在图经与定型志书之间有所变动的历史特征相适应的。目前可以确切考知的宋代乡镇志书共有九种，现仅存一种，其中上海、湖南两个地区各有两种(皆佚)，浙江地区有四种(现存一种)，福建一种(佚)。其名目分别为：梅尧臣所纂《青龙杂志》，卷数不详，成书于北宋中期嘉祐五年之前，已佚；林鉴纂《续青龙志》，卷数不详，北宋后期至南宋初期之间成书，已佚；罗叔韶修、常棠纂宝祐《澉水志》八卷，南宋宝祐四年成书，现存；张即之纂《桃源志》，卷数不详，南宋后期成书，已佚；沈平所纂《乌青志》四卷以及《乌青拾遗》，皆于南宋末年成书，皆已亡佚；南宋时期佚名所纂《安海志》，卷数不详，已佚；李仁刚纂《浯溪志》，卷数不详，成书于南宋中期，已佚；綦光祖纂《浯溪志》，卷数不详，成书于南宋中期，已佚。就宋代乡镇志书的时段分布特征来看，由于绝大部分志书皆亡佚不存，我们只能根据有限的资料线索来明确其志书编纂的历史时期，其中上海地区的两种乡镇志书当在北宋中期以及南宋初期之前成书，浙江地区的四种志书皆成书于南宋后期，福建的一种志书也是成于南宋时期，湖南的两种志书皆成于南宋中期。由此可知，南宋时期编纂的志书占据目前所知宋代乡镇志书的绝大部分数量。就地

20

---

① 按：(明)陈威、喻时修，顾清纂：正德《松江府志》，于卷首胪列"引用诸书"五十余种，其中就有梅尧臣所纂《青龙杂志》一书。此外，(清)宋如林修、孙星衍等纂：嘉庆《松江府志》卷一《疆域志》亦曾引述该志佚文一则。

② 按：(清)宋如林修、孙星衍等所纂嘉庆《松江府志》卷二《山川志》引述此志佚文。

域分布来看，上海与浙江地区合占宋代乡镇志书的 2/3 比重，成为已知宋代乡镇志书最为集中的地区。宋代乡镇志书的地域分布特点在后世乡镇志书发展过程中一直得以延续，明清时期的江苏、浙江以及上海三地，同样是乡镇志书编纂数量最为集中以及修志活跃程度最高的地区所在。

　　关于宋代乡镇志书的特点，我们目前仅能以常棠编纂的宝祐《澉水志》来进行探究。该志在编纂上采用了分纲列目的纲目体形式，分为《地理》《山》《水》《廨舍》《坊巷》《坊场》《军寨》《亭堂》《桥梁》《学校》等十五个大门类进行记载，其中《地理门》下又细分为《沿革》《风俗》《形势》《户口》《赋税》等九个次一级篇目进行专题详述。① 从体裁运用上看，该志卷首有图（即《澉浦所全图》），无人物传记，全篇门类皆为书志体，属于兼备图、志两种体裁的志书。宝祐《澉水志》以这种纲举目张的编纂体裁与篇目框架，对南宋时期澉浦镇的历史、人文、地理等方面的内容进行分门别类的记述，其编纂体例稳当，篇目设计得体，语言叙述凝练有法、详略得当，与南宋"临安三志"在编纂上具有一致的风格与特点，是一部不可多得的宋代名志。因此，《四库全书总目》评介其为："叙述简核，纲目该备，而八卷之书，为页止四十有四……可谓体例精严，藻不妄抒者矣。"②清代学者周中孚亦评价此志为："叙述赅括，体例谨严，而文尤雅洁。盖为一镇作志，自不能多所搜采，故以精简出之。"③所以一直以来宝祐《澉水志》都被奉为编纂乡镇志书的典范之作，对后世乡镇志书的编纂产生了重要的影响。

　　囿于资料所限，我们尚未考得有元代的乡镇志书名目。然而有

---

　　① （宋）罗叔韶修、常棠纂：宝祐《澉水志》，《中国地方志集成·乡镇志专辑》第二十册影印 1935 年《澉水志汇编》铅印本，上海书店出版社 1992 年版。

　　② 参见四库全书研究所整理：《钦定四库全书总目》（整理本），中华书局 1997 年版，第 932 页。

　　③ （清）周中孚著、黄曙辉等标校：《郑堂读书记补逸》卷十二，上海书店出版社 2009 年版，第 1454 页。

的学者认为丰灼编纂的《三茅山志》系目前仅见的元代乡镇志书。①
洪焕椿先生在《浙江方志考》中虽然将此志归入山水志的范畴，但
是在具体考述中引述了陈耆卿所撰《三茅山志序》，其所录陈序云：
"山以志重，而名贤治行、潜德忠贞足为仪范者，与之而昭示乎来
祀。是则其名虽曰山志，实乃乡镇之书也。"②由此来看，陈耆卿似
乎又将丰灼编纂的《三茅山志》当作乡镇书，而洪先生也误以此
志为山水志，在志书分类上出现了矛盾。然检对明人高宇泰撰《敬
止录》卷四十所载陈耆卿序文，两相对照之下，我们发现在"昭示
乎来祀"之后根本不是洪焕椿先生引述的所谓"是则其名虽曰山志，
实乃乡镇之书也"的语句，而是"盖先生文学政事，于往哲无愧"云
云的评赞文字，并以此结尾。③ 由此可知，洪著中所谓"其名虽曰
山志，实乃乡镇之书也"乃是作者自下之按语，却不慎误入所引述
材料中而且未发现讹误所在；后来学者未经检对原书序文，径将此
语认为是陈耆卿原文所述，因此造成了误解。实际上就陈耆卿所述
以及任垧所撰序文来看，这部志书记载了以元代宁波三茅山地区
（今宁波鄞州区与奉化区交界一带）为中心的自然、人文、特产、
风俗等方面的内容，当属于山水志范畴，因此不能将其列入乡镇志
书的行列中。

乡镇志书在明代有了进一步的发展。从数量上看，目前可考知
的明代乡镇志书有 76 种，其中现存 20 种，亡佚 56 种。就其时空
分布特征来看，其中上海地区有 8 种，现存 1 种，亡佚 7 种，在时
段上主要集中在明代中后期的万历、崇祯年间（五种志书）。明代
江苏地区的乡镇志书有 28 种，现存 9 种，亡佚 19 种，其中 23 种

---

① 例如褚赣生、龚烈沸就持此观点，分别参见《明清乡镇志研究》（复
旦大学 1987 年度硕士学位论文）与《宁波古今方志录要》，宁波出版社 2001 年
版。

② 参见洪焕椿编著：《浙江方志考》，浙江人民出版社 1984 年版，第
511～512 页。

③ （明）高宇泰撰：《敬止录》，清道光十九年（1839）刻本。李修生主
编：《全元文》卷一七九二载有此篇序文，参见该书第五十九册，凤凰出版社
2004 年版，第 21 页。

志书的成书时段集中分布于明代嘉靖以后的时期，尤其是明末天启、崇祯年间的志书(12种)占了一半比重，此外嘉靖与万历两朝合计有志书11种，可见明代江苏地区乡镇志书的主要分布时段即为明中叶的嘉靖、万历时期以及明末天启、崇祯年间。浙江地区共有明代乡镇志书27种，现存7种，亡佚20种，明代中后期的嘉靖、万历、崇祯三朝编纂的志书(18种)占其全体数量的2/3比重。此外其他地区的明代乡镇志书的数量较为零散，就时段分布来看，也是基本集中在明代中后期的。明代乡镇志书的这种时空分布特征，恰恰是与明代中后期以来全国各地尤其是江南地区的市镇社会繁荣、经济发展与人文教育昌盛的历史背景相一致的。明代各地区乡镇(尤其是江南地区的市镇社会)的不断繁荣发展与地方人文事业的兴盛，成为编纂乡镇志书的重要物质和文化基础。

从志书体例与编纂体裁的成熟完备以及记载篇目门类的丰富程度上看，明代乡镇志书较之南宋时期的乡镇志书有了更进一步的发展。以董榖纂修的嘉靖《续澉水志》为例，该志虽然沿用了宝祐《澉水志》的纲目体形式，但是在分纲列目的程度上更为精细，每个大类都有次一级细目的设置。例如宝祐《澉水志》仅在《地理门》下细分为《沿革》《风俗》《形势》《户口》等九个细目进行记述，其他诸门并未再行划分次级篇目，而嘉靖《续澉水志》仅在卷之四《贡赋纪》下就分置《区图》《丁产》《税课局》《盐课》《滩荡》《团盘》《屯种》《岁造》共八个细目，主要用来记载当地的赋税、丁产与户口等内容，全志更是分为九个大类共五十一个细目门类进行记述，不仅其分类的细致程度较之宝祐《澉水志》更上一层，而且进一步丰富了相关内容的记载。① 又如嘉靖《续澉水志》卷之五《兵卫纪》下又分为《城池》《军伍》《校场》《砦堠》《铺舍》等次级篇目，而在宝祐《澉水志》中大致与这些篇目记载的内容相对应的乃是《廨舍》《坊巷》《坊场》《军寨》等高一级的大门类，但其所载内容都较为简略单薄，实际

23

————————

① (明)董榖纂修：嘉靖《续澉水志》，《中国地方志集成·乡镇志专辑》第二十册影印1935年《澉水志汇编》铅印本，上海书店出版社1992年版。

上等同于一般志书中的细目所载内容的篇幅容量。因此，董榖在编纂嘉靖《续澉水志》的过程中，便把属于此类情况的大类篇目降格为细目并列处理，这样在篇目大类设置上较之宝祐《澉水志》减少了许多，不仅看上去显得线索明晰、条例清楚，而且在次级细目的设置与编排上更为符合当地实际情况，使得志书各卷各类的篇幅也显得更为均衡，体例更趋精严。

从志书的体裁运用方面来进行比较，宝祐《澉水志》仅有图、志二体，通篇无人物列传，在体裁的综合运用上稍显不足，这当然与记载对象的内容丰富程度有一定关联，但也反映了乡镇志书在初创时期编纂体裁与记载内容方面的不完善情况。而随着当地社会经济的不断发展与记载对象在内容上的日益丰富，嘉靖《续澉水志》在编纂中就增设了《人物纪》一卷，运用传记体裁记述乡里先贤人物，丰富了乡镇志书的记载内容，而且卷首载图较之宝祐《澉水志》亦为多，不仅有舆地形势图，又增加了地理景观图。嘉靖《续澉水志》图、传、志三体兼备，整部志书的内容与形式更趋丰富完备，由此展现了明代乡镇志书较之南宋乡镇志书编纂的长足发展特征。

再以殷聘尹所纂崇祯《外冈志》为例，该志采用了平目体的形式，分为《沿革》《里域》《故迹》《水利》《桥梁》《社学》《风俗》《俗蠹》《寺观》《人物》《物产》等二十八个篇目门类，对明末嘉定外冈镇的地理沿革、街巷里坊、风俗时序、人物先贤等方面进行了综合的记载。[1] 在编纂体裁上仅是志、传二体并用，且卷首无图，其体裁运用较之嘉靖《续澉水志》则显得相对单薄。若将崇祯《外冈志》与宝祐《澉水志》进行比较来看，这两部志书有如下四点共同特征：第一，前者仅有两卷，两三万字之谱，后者虽有八卷，但"为页止四十有四"，两种志书的篇幅都相对不大；第二，两部志书虽然在

---

[1] （明）殷聘尹编纂：崇祯《外冈志》，上海市地方志办公室主编：《上海乡镇旧志丛书》第二册王健标点本，上海社会科学院出版社2004年版。

体例上有所不同①，但是在篇目门类设置上都体现了不厌其烦的特点，或是细分次级门类，虽略必书，或是大量门目并举，不分层级，这种特点与两部志书篇幅之简短单薄以及所需记载对象内容的不甚丰富的实际情况形成了鲜明的对比和反差；第三，两部志书在体裁运用上略显单薄，其中宝祐《澉水志》无人物传记体裁，仅为图、志二体，而崇祯《外冈志》卷首无舆地形势图，仅为志、传二体，这都与清代乡镇志书基本具备的图、传、志三体的特征尚有一定距离；第四，两部志书在叙述上都表现得较为简洁明了，语言凝练精确、不事铺张，在一定程度上我们可以认为崇祯《外冈志》的编纂继承了宋代地方志书的优良传统，具备宋元志书的遗风。然而，崇祯《外冈志》最大的特点就在于保存了珍贵的地方文献史料。该志有《俗蠹》一门，详细记述了无赖蠹民横行乡里的恶习与"打行""撖青""访行""讼师"等风俗②，对于研究明代末期江南市镇的社会经济发展与风俗文化演变具有重要的史料价值。③

综上所述，这些乡镇志书的特征从整体上反映了自宋代以来乡镇志书在体例、体裁以及篇目设计上的不断完善与演进的发展趋势，为清代乡镇志书编纂的繁盛时期到来，以及志书的体例体裁丰富多样、记载方式富于个性的鲜明特点之形成做好了铺垫和准备。

---

①　按：宝祐《澉水志》虽然是属于纲目体志书，但仅为卷一《地理门》下细列小目，其余八个大类皆是门类并列，无次一级的细目划分，因此其篇目框架比重有所轻重不均。

②　（明）殷聘尹编纂：崇祯《外冈志·俗蠹》，上海市地方志办公室主编：《上海乡镇旧志丛书》第二册王健标点本，上海社会科学院出版社2004年版，第12~16页。

③　日本学者森正夫从社会风俗的角度对于崇祯《外冈志》的文献价值进行了探究，指出这部志书"是一部富有创见的作品"，参见氏撰《江南三角洲的乡镇志——以明后半期为主》，载赵毅、林凤萍主编：《第七届明史国际学术讨论会论文集》，东北师范大学出版社1999年版，第344~348页。

表 1-1 宋明时期乡镇志书分省一览表

| 志书名称 | 志书卷数 | 编纂人员 | 成书年代 | 存佚情况 | 所属地区 |
|---|---|---|---|---|---|
| 北宋《青龙杂志》 | 不详 | (宋)梅尧臣纂 | 北宋中期,嘉祐五年前 | 佚 | 上海 |
| 宋代《续青龙志》 | 不详 | (宋)林鉴纂 | 年代不详 | 佚 | 上海 |
| 洪武《贞溪编》 | 十卷 | (明)曹宗儒辑 | 洪武年间 | 佚 | 上海 |
| 正德《大场志》 | 二卷 | (明)周臣纂 | 正德十二年 | 佚 | 上海 |
| 万历《吴淞所志》 | 不详 | (明)马元调纂 | 万历年间 | 佚 | 上海 |
| 万历《干山杂志》 | 不详 | (明)吕廷振纂 | 万历年间 | 佚 | 上海 |
| 万历《九峰志》 | 不详 | (明)李绍文纂 | 万历年间 | 佚 | 上海 |
| 崇祯《外冈志》 | 二卷 | (明)殷聘尹纂 | 崇祯年间 | 存 | 上海 |
| 崇祯《龙华里志》 | 不详 | (明)张所望纂 | 崇祯三年后 | 佚 | 上海 |
| 明代《璜溪志》 | 不详 | 不详 | 年代不详 | 佚 | 上海 |
| 宣德《莺湖八景志》 | 不详 | (明)陈克礼纂 | 宣德五年 | 佚 | 江苏 |
| 天顺《同里先哲志》 | 不分卷 | (明)吴骥纂 | 天顺元年 | 佚 | 江苏 |
| 弘治《平望志》 | 不详 | (明)曹孚纂 | 弘治年间 | 佚 | 江苏 |
| 嘉靖《马迹山志》 | 不详 | (明)钱西青纂辑 | 嘉靖四年 | 佚 | 江苏 |
| 嘉靖《阳山志》 | 三卷 | (明)岳岱纂 | 嘉靖九年 | 存 | 江苏 |

| 志书名称 | 志书卷数 | 编纂人员 | 成书年代 | 存佚情况 | 所属地区 |
|---|---|---|---|---|---|
| 嘉靖《浒墅关志》 | 十八卷 | (明)陈大咸、张裕纂 | 嘉靖十五年 | 存 | 江苏 |
| 嘉靖《凤林备采》 | 不详 | (明)周锡纂 | 嘉靖年间 | 佚 | 江苏 |
| 嘉靖《间史》 | 一卷 | (明)周时复纂 | 嘉靖年间 | 存 | 江苏 |
| 万历《盛湖志》 | 一卷 | (明)卜舜年纂辑 | 万历十二年 | 佚 | 江苏 |
| 万历《晏溪志》 | 不详 | (明)佚名编 | 早于万历十三年 | 佚 | 江苏 |
| 万历《西溪镇志》 | 不详 | (明)佚名编 | 万历十三年 | 存 | 江苏 |
| 万历《浒墅关续志》 | 不详 | (明)蒋宗鲁纂 | 万历三十四年 | 佚 | 江苏 |
| 万历《毗陵高山志》 | 五卷 | (明)顾世登、顾澹生辑 | 万历三十六年 | 存 | 江苏 |
| 万历《浒墅关志》 | 四卷 | (明)王之都纂 | 万历年间 | 佚 | 江苏 |
| 天启《穿山志》 | 不详 | (明)陆钺纂纂 | 万历、天启年间 | 佚 | 江苏 |
| 天启《小海场志》 | 不详 | (明)魏公辅、王元鼎纂辑 | 天启五年 | 佚 | 江苏 |
| 天启《中十场志》 | 四卷 | (明)徐端征修 | 天启年间 | 佚 | 江苏 |
| 崇祯《横谿录》 | 八卷 | (明)徐鸣时纂 | 崇祯二年 | 存 | 江苏 |
| 崇祯《开沙志》 | 二卷 | (明)李尉纂 | 崇祯三年 | 存 | 江苏 |
| 崇祯《平望志》 | 不详 | (明)潘凯纂 | 崇祯四年 | 佚 | 江苏 |

| 志书名称 | 志书卷数 | 编纂人员 | 成书年代 | 存佚情况 | 所属地区 |
|---|---|---|---|---|---|
| 崇祯《平望志》 | 不详 | （明）杨桢纂 | 崇祯年间 | 佚 | 江苏 |
| 崇祯《湖隐外史》 | 不分卷 | （明）叶绍袁纂 | 崇祯年间 | 存 | 江苏 |
| 崇祯《震泽镇志》 | 不详 | （明）吴允夏纂 | 崇祯年间 | 佚 | 江苏 |
| 明末《同里志》 | 不详 | （明）李瓒纂 | 明代末年 | 佚 | 江苏 |
| 明末《双凤里志》 | 八卷 | （明）顾梦麟纂 | 明代末年 | 佚 | 江苏 |
| 明末《双凤乡志》 | 不详 | （明）杨子常纂 | 明代末年 | 佚 | 江苏 |
| 明代《星溪杂志》 | 不详 | （明）夏士炎纂 | 年代不详 | 佚 | 江苏 |
| 明代《顾山镇纪》 | 一卷 | （明）周其新纂 | 年代不详 | 存 | 江苏 |
| 宝祐《澉水志》 | 八卷 | （宋）罗叔韶修、常棠纂 | 宝祐四年 | 存 | 浙江 |
| 南宋《桃源志》 | 不详 | （宋）张即之纂 | 南宋后期 | 佚 | 浙江 |
| 南宋《乌青志》 | 四卷 | （宋）沈平纂 | 南宋末年 | 佚 | 浙江 |
| 南宋《乌青拾遗》 | 不详 | （宋）沈平纂 | 南宋末年 | 佚 | 浙江 |
| 永乐《濮川志略》 | 不详 | （明）濮孟清纂 | 永乐年间 | 佚 | 浙江 |
| 天顺《仙潭事迹》 | 不详 | （明）胡嗣宗纂 | 天顺年间 | 佚 | 浙江 |
| 弘治《蒲岐所志》 | 不详 | （明）陈戴阳、朱声振纂 | 弘治年间 | 佚 | 浙江 |

| 志书名称 | 志书卷数 | 编纂人员 | 成书年代 | 存佚情况 | 所属地区 |
|---|---|---|---|---|---|
| 正德《仙潭志》 | 八卷 | （明）陈霆纂 | 正德十一年 | 存 | 浙江 |
| 嘉靖《增辑乌青志》 | 不详 | （明）陈观纂 | 嘉靖二（三）年 | 佚 | 浙江 |
| 嘉靖《四安镇志》 | 不详 | （明）顾应祥纂 | 约嘉靖中期 | 佚 | 浙江 |
| 嘉靖《续澉水志》 | 九卷 | （明）董穀纂修 | 嘉靖三十六年 | 存 | 浙江 |
| 嘉靖《观海卫志》 | 四卷 | （明）周粟纂 | 嘉靖年间 | 存 | 浙江 |
| 嘉靖《临山卫志》 | 四卷 | （明）朱冠、耿宗道纂 | 嘉靖年间 | 存 | 浙江 |
| 隆庆《鄞西桃源志》 | 五卷 | （明）张桃溪、杜思泉纂 | 隆庆二年 | 佚 | 浙江 |
| 万历《琏市志》 | 二卷 | （明）杨稠、杨辇纂 | 万历元年 | 佚 | 浙江 |
| 万历《桃源乡志》 | 二卷 | （明）张沔、杜校纂 | 万历四年 | 佚 | 浙江 |
| 万历《增补桃源志》 | 不详 | （明）水静、杜复益纂 | 万历二十三年 | 佚 | 浙江 |
| 万历《重修乌青镇志》 | 五卷 | （明）李乐纂 | 万历二十九年 | 存 | 浙江 |
| 万历《桃源志稿》 | 不详 | （明）王养吾纂 | 万历四十年 | 佚 | 浙江 |
| 万历《双林笔记》 | 不详 | （明）陈所志纂 | 万历四十五年 | 佚 | 浙江 |
| 万历《濮溪志草》 | 不详 | （明）周之学纂 | 约万历年间 | 佚 | 浙江 |

续表

| 志书名称 | 志书卷数 | 编纂人员 | 成书年代 | 存佚情况 | 所属地区 |
|---|---|---|---|---|---|
| 万历《菱湖志》 | 一卷 | （明）庞太元纂 | 万历末年 | 佚 | 浙江 |
| 崇祯《石步志》 | 一卷 | （明）叶时标纂 | 崇祯三年 | 存 | 浙江 |
| 崇祯《濮川残志》 | 七卷 | （明）濮孟清原纂、濮侣庄订补 | 约崇祯年间 | 佚 | 浙江 |
| 崇祯《南浔镇志》 | 不详 | （明）潘尔夔纂 | 崇祯年间 | 佚 | 浙江 |
| 崇祯《濮川志略》 | 不详 | （明）濮孟清纂 | 崇祯年间 | 佚 | 浙江 |
| 明末《硖川志》 | 二卷 | （明）潘廷章纂、王简可续纂 | 明代末年 | 存 | 浙江 |
| 明代《乌青续录》 | 不详 | （明）胡顺伯纂 | 年代不详 | 佚 | 浙江 |
| 明代《仙潭续志》 | 不详 | （明）胡道传纂 | 正德至万历间 | 佚 | 浙江 |
| 明代《桃源广记》 | 不详 | （明）何希濂纂 | 年代不详 | 佚 | 浙江 |
| 明代《竹溪小志》 | 不详 | （明）朱金芝纂 | 年代不详 | 佚 | 浙江 |
| 南宋《安海志》 | 不详 | 不详 | 年代不详 | 佚 | 福建 |
| 明初《安海志》 | 不详 | （明）黄庭焕纂 | 洪武年间 | 佚 | 福建 |
| 永乐《安海志》 | 不详 | （明）高元宾纂 | 永乐年间 | 佚 | 福建 |

续表

| 志书名称 | 志书卷数 | 编纂人员 | 成书年代 | 存佚情况 | 所属地区 |
|---|---|---|---|---|---|
| 嘉靖《崇武所城志》 | 三卷 | (明)朱彤纂 | 嘉靖年间 | 佚 | 福建 |
| 万历《螺江志》 | 不详 | (明)陈润纂 | 万历二十五年 | 佚 | 福建 |
| 崇祯《崇武所城志》 | 三卷 | (明)朱彤原纂、陈敬法增补 | 崇祯七年 | 存 | 福建 |
| 南宋《浯溪志》 | 不详 | (宋)李仁刚纂 | 南宋中期 | 佚 | 湖南 |
| 南宋《浯溪志》 | 不详 | (宋)綦光祖纂 | 南宋中期 | 佚 | 湖南 |
| 嘉靖《西樵志》 | 六卷 | (明)周学心纂 | 嘉靖二十五年 | 佚 | 广东 |
| 万历《东里志》 | 不详 | (明)陈天资纂 | 万历二年 | 存 | 广东 |
| 万历《西樵山志》 | 二卷 | (明)霍尚守纂 | 万历十九年 | 佚 | 广东 |
| 明代《九江乡乘》 | 不详 | (明)朱遐纂 | 年代不详 | 佚 | 广东 |
| 弘治《善和乡志》 | 不详 | (明)程复用纂 | 弘治十二年 | 存 | 安徽 |
| 正德《善和乡志》 | 不详 | (明)程昌纂 | 正德十五年 | 佚 | 安徽 |
| 万历《安平镇志》 | 十一卷 | (明)黄履常纂 | 万历二十四年 | 佚 | 山东 |
| 嘉靖《清源志稿》 | 不详 | 不详 | 嘉靖、隆庆年间 | 佚 | 山西 |

资料来源：1.《中国地方志联合目录》《中国地方志总目提要》；

2.《上海方志提要》《江苏旧方志提要》《浙江方志考》。

# 第二节　清代乡镇志书的概貌

本节基于拙著下编《清代乡镇志书提要》的考证工作与文献著录，首先对于清代乡镇志书的数量进行了查考统计，以列表的形式展示可以确知的清代乡镇志书名目，推进了以往关于清代乡镇志书数量统计的研究成果，使之有确切的志书名目可供检对核验。其次，对于清代乡镇志书的命名与别称、体例与体裁、篇目设计与编纂方式等问题进行了探究，分析总结其不同方面的特征，以此展现清代乡镇志书的文献概貌。

## 一、数量统计

对于清代乡镇志书进行系统的研究，首先需要解决的一些基本问题即为：清代共编纂有多少种乡镇志书，这些志书的编纂者、卷帙、成书年代、体例体裁、篇目设计等具体情况是什么样子的，这些志书在时空分布上的特征如何，这些志书的存佚情况以及版本类型、文献流布的情形如何，等等。关于清代乡镇志书的数量统计问题，据褚赣生先生的统计成果，现存清代乡镇志书有 213 种，亡佚志书 110 种，合计 323 种。① 黄苇先生在前述研究成果的基础上，进一步指出："乡镇志经明朝恢复发展，至清代大为兴盛。清代编乡镇志三百二十六种(乡镇志数包括存、佚者，参阅褚赣生《明清乡镇志发展的历史地理考察》，并稍作订补)，其中江苏二百十一种、浙江七十七种、广东十种、福建九种、安徽六种、山东六种、台湾三种、江西一种、湖北一种、湖南一种、陕西一种。较之明代四十九种，清朝乡镇志可谓繁盛。"②日本学者森正夫根据所编《江

32

---

① 褚赣生著：《明清乡镇志研究》，复旦大学硕士学位论文，1987 年，第 32、33 页。

② 黄苇等著：《方志学》，复旦大学出版社 1993 年版，第 220 页。

南三角洲乡镇志目录》进行统计①，指出现存的清代江南三角洲共有乡镇志书共有 192 种。② 此外，姚金祥先生认为清代乡镇志书的数量达到 318 种，其中 208 种保存下来。③ 其研究结果与褚先生的结论基本相同，而杨军昌先生在论著中亦主此说。④ 然而台湾地区学者盛清沂、黄秀政皆认为现存清代乡镇志书有 73 种，由于这项研究开展得较早，加之囿于文献查考的不便与疏漏，很明显台湾地区学者对于清代乡镇志书的总体数目估计得太少。⑤

以上列举了学术界关于清代乡镇志书数量统计的主要研究结论，但这些研究论断的一个共同不足之处，就是对于所给出的清代乡镇志书数量无法进行有具体可考名目的检对与核实。一般研究者多是根据后出的《中国地方志联合目录》等工具著述进行统计，并结合本地区图书目录或者相关的方志提要考录进行查考，然而这类著录类工具书中尚有缺漏讹误之处需要补充修正，而且不同研究者对于乡镇志书的性质、定义、体例等问题在认识上仍有分歧。例如

---

① 森正夫在进行这项考录研究工作中，定义江南三角洲的地域空间范围为："属于浙西，现在江苏省长江以南地区，浙江省北部地区及上海市所构成的地域。"参见氏撰《江南三角洲的乡镇志——以明后半期为主》，载赵毅、林凤萍主编：《第七届明史国际学术讨论会论文集》，东北师范大学出版社 1999 年版，第 340 页。

② 参见森正夫编：《江南三角洲乡镇志书目录》，载日本 1990—1993 年度科学研究费补助金一般项目研究成果报告书，1994 年版。并见氏撰《江南三角洲的乡镇志——以明后半期为主》的相关研究成果概述，载赵毅、林凤萍主编：《第七届明史国际学术讨论会论文集》，东北师范大学出版社 1999 年版，第 340 页。

③ 姚金祥：《乡镇志编纂简论》，姚金祥著：《志海学泳集》，方志出版社 2007 年版，第 100 页。并参见姚金祥、何惠明著：《简明方志编纂学》，南海出版公司 1994 年版，第 290 页。

④ 参见杨军昌著：《中国方志学概论》，贵州人民出版社 1999 年版，第 201 页。

⑤ 参见盛清沂：《吾国历代之乡镇志暨本省当前编纂乡镇志问题》，《台湾文献》第十七卷第二期，1966 年 9 月版；黄秀政：《论台湾的乡镇志纂修——以〈鹿港镇志〉为例》，天津市地方志办公室编：《海峡两岸地方史志比较研究文集》，天津社会科学院出版社 1998 年版。

有人将晚清时期乡土志教科书也算在乡镇志书中，以致文献误收，造成数据统计的偏差；也有人将一些名称较为特殊的乡镇志书误排在方志文献的范畴以外，例如"杂记"（康熙《颜山杂记》）、"文献"（道光《练溪文献》）、"考"（康熙《浯溪考》）等，这些原因造成了学术界对于清代乡镇志书数量统计结果的种种差异。

有因于此，著者在对清代乡镇志书进行系统研究的过程中，通过更为广泛地查考各类方志著录和提要考录著作，并以之为查考线索进行深入探究，尤其是利用了相关地区新旧地方志书的艺文志（卷）部分对于乡镇旧志书目的著录结果，进行更为深入的爬梳整理，目前共考得有确切名目依据的各类清代乡镇志书463种，其中现存278种，亡佚185种。就其地域分布来看，清代江苏乡镇志书有148种，存102种，佚46种；清代浙江乡镇志书有126种，现存71种，亡佚55种；清代上海乡镇志书有123种，现存50种，亡佚73种；清代福建乡镇志书有17种，现存15种，亡佚2种；清代广东乡镇志书有13种，现存11种，亡佚2种；清代安徽乡镇志书有11种，现存9种，亡佚2种；清代山西乡镇志书有6种，现存3种，亡佚3种；清代山东乡镇志书有3种，皆存；清代湖南乡镇志书有3种，现存2种，亡佚1种；清代四川乡镇志书有3种，现存2种，亡佚1种；清代陕西乡镇志书有3种，皆存；清代云南乡镇志书有2种，皆存；清代台湾乡镇志书有2种，皆存；清代北京乡镇志书有1种，现存；清代河南乡镇志书有1种，现存；清代湖北乡镇志书有1种，现存。兹以表格的形式条列所考得的分省清代乡镇志书名目如次。

表1-2　　　　　　　　清代乡镇志书分省一览表

| 志书名称 | 志书卷数 | 编纂人员 | 成书年代 | 存佚情况 | 所属地区 |
| --- | --- | --- | --- | --- | --- |
| 清初《续沙溪志》 | 不详 | （清）曹家珍纂 | 清代初年 | 佚 | 江苏 |

| 志书名称 | 志书卷数 | 编纂人员 | 成书年代 | 存佚情况 | 所属地区 |
|---|---|---|---|---|---|
| 顺治《重编双凤里志》 | 不详 | （明）周芝山原纂、（清）顾中庵续纂 | 顺治初年 | 佚 | 江苏 |
| 顺治《屯村志》 | 一卷 | （清）曹锡缵纂 | 顺治三年 | 存 | 江苏 |
| 顺治《盛湖志》 | 二卷 | （清）仲沈洙纂 | 顺治十年 | 佚 | 江苏 |
| 顺治《浒墅关志》 | 不详 | （清）王之都原纂 | 顺治十三年 | 佚 | 江苏 |
| 顺治《静海乡志》 | 不详 | （清）李氏纂 | 顺治十三年 | 佚 | 江苏 |
| 顺治《沙头里志》 | 十卷 | （清）曹炜纂 | 顺治十七年 | 佚 | 江苏 |
| 顺治《续修马迹山志稿》 | 六卷 | （清）徐震阳纂 | 顺治十八年 | 佚 | 江苏 |
| 顺治《竹镇纪略》 | 不详 | （清）李敬纂 | 顺治末年 | 佚 | 江苏 |
| 康熙《浒墅关志》 | 二十卷 | （清）孙珮纂 | 康熙十一年 | 存 | 江苏 |
| 康熙《续修同里志》 | 不详 | （清）顾栋南纂 | 康熙二十二年 | 佚 | 江苏 |
| 康熙《续同里先哲志》 | 不详 | （清）章梦易纂 | 康熙二十三年 | 佚 | 江苏 |
| 康熙《同里闺德志》 | 一卷 | （清）章梦易纂 | 康熙二十三年 | 存 | 江苏 |
| 康熙《马迹山志》 | 不详 | （清）陈履俨纂 | 康熙三十年 | 佚 | 江苏 |

| 志书名称 | 志书卷数 | 编纂人员 | 成书年代 | 存佚情况 | 所属地区 |
|---|---|---|---|---|---|
| 康熙《开化乡志》 | 二卷 | （清）王抱承纂、侯学愈增订 | 康熙三十四年 | 存 | 江苏 |
| 康熙《吴郡甫里志》 | 十二卷 | （清）陈惟中纂修 | 康熙四十一年 | 存 | 江苏 |
| 康熙《开沙志》 | 二卷 | （清）王锡极纂、丁时需增纂、王之瑚删订 | 康熙五十二年 | 存 | 江苏 |
| 康熙《淞南志》 | 十六卷 | （清）陈元模编 | 康熙五十四年 | 存 | 江苏 |
| 康熙《盛湖志》 | 二卷 | （清）仲沈洙纂，仲栻、仲枢增纂 | 康熙五十五年 | 佚 | 江苏 |
| 康熙《梅里志稿》 | 不详 | （清）蔡名烜纂 | 康熙六十一年 | 佚 | 江苏 |
| 康熙《双凤里志》 | 不详 | （清）顾抱山、胡辑庵增修 | 康熙末年 | 佚 | 江苏 |
| 雍正《陈墓镇志》 | 十六卷 | （清）陈尚隆纂 | 雍正二年 | 佚 | 江苏 |
| 雍正《梅里志》 | 四卷 | （清）吴存礼编 | 雍正二年 | 存 | 江苏 |
| 雍正《平望镇志》 | 四卷 | （清）王樑、王藻等里人公辑 | 雍正十年 | 存 | 江苏 |
| 雍正《星溪杂志》 | 不详 | （清）夏暐辑 | 雍正十一年 | 佚 | 江苏 |

| 志书名称 | 志书卷数 | 编纂人员 | 成书年代 | 存佚情况 | 所属地区 |
|---|---|---|---|---|---|
| 雍正《泾里志》 | 十卷 | （清）程国昶纂、邵灿编订 | 雍正十二年 | 佚 | 江苏 |
| 雍正《北漍志略》 | 一卷 | （清）缪敬持纂 | 雍正十二年下限 | 佚 | 江苏 |
| 雍正《平望志》 | 不详 | （清）邹焕续修 | 雍正年间 | 佚 | 江苏 |
| 乾隆《瞻桥小志》 | 四卷 | （清）王鑑纂 | 乾隆二年 | 存 | 江苏 |
| 乾隆《浒墅关志》 | 二十卷 | （清）孙珮原纂、孙萧增续 | 乾隆四年 | 存 | 江苏 |
| 乾隆《小海场新志》 | 十卷 | （清）林正青纂 | 乾隆四年 | 存 | 江苏 |
| 乾隆《沙头里志》 | 十卷 | （清）曹炜原纂、陆松龄增订 | 乾隆五年 | 存 | 江苏 |
| 乾隆《震泽镇志》 | 不详 | 不详 | 乾隆十一年 | 佚 | 江苏 |
| 乾隆《茜泾记》 | 不详 | （清）蔡时雍纂 | 乾隆十二年 | 佚 | 江苏 |
| 乾隆《淞南续志》 | 二卷 | （清）陈云煌纂 | 乾隆十四年 | 存 | 江苏 |
| 乾隆《信义志》 | 六卷 | （清）陈谔士等辑 | 乾隆十七年 | 佚 | 江苏 |
| 乾隆《贞丰拟乘》 | 二卷 | （清）章腾龙纂 | 乾隆十八年 | 佚 | 江苏 |

续表

| 志书名称 | 志书卷数 | 编纂人员 | 成书年代 | 存佚情况 | 所属地区 |
|---|---|---|---|---|---|
| 乾隆《唐市志》 | 三卷 | （清）倪赐纂 | 乾隆二十三年 | 佚 | 江苏 |
| 乾隆《唐墅征献录》 | 二卷 | （清）倪赐纂 | 乾隆二十三年 | 存 | 江苏 |
| 乾隆《周庄镇志》 | 不详 | （清）陶金梭撰 | 乾隆二十九年 | 佚 | 江苏 |
| 乾隆《吴郡甫里志》 | 二十四卷 | （清）彭方周修，顾时鸿、王立礼纂 | 乾隆三十年 | 存 | 江苏 |
| 乾隆《陈墓镇志》 | 十六卷 | （清）陈尚隆原纂、陈树榖续纂 | 乾隆三十五年 | 存 | 江苏 |
| 乾隆《盛湖志》 | 二卷 | （清）仲沈洙纂，仲栻、仲枢增纂，仲周需再增纂 | 乾隆三十五年 | 存 | 江苏 |
| 乾隆《茜泾记略》 | 不分卷 | （清）倪大临纂 | 乾隆三十七年 | 佚 | 江苏 |
| 乾隆《菉溪志》 | 四卷 | （清）诸世器纂 | 乾隆三十九年 | 存 | 江苏 |
| 乾隆《支溪小志稿》 | 四卷 | （清）顾镇编辑 | 乾隆中叶 | 存 | 江苏 |
| 乾隆《支溪小志》 | 六卷 | （清）顾镇编辑、周昂增订 | 乾隆五十三年 | 存 | 江苏 |
| 乾隆《儒林六都志》 | 二卷 | （清）孙阳顾纂、曹吴霞续纂 | 乾隆五十六年 | 存 | 江苏 |

续表

| 志书名称 | 志书卷数 | 编纂人员 | 成书年代 | 存佚情况 | 所属地区 |
|---|---|---|---|---|---|
| 乾隆《采录同里志》 | 不详 | (清)周羲纂 | 乾隆五十七年 | 佚 | 江苏 |
| 乾隆《采录同里先哲志》 | 不详 | (清)周羲纂 | 乾隆五十七年 | 佚 | 江苏 |
| 乾隆《增辑同里先哲志》 | 不详 | (清)吴洙纂 | 乾隆五十七年 | 佚 | 江苏 |
| 乾隆《杨舍堡城志初稿》 | 不详 | (清)叶廷甲等撰 | 乾隆六十年 | 佚 | 江苏 |
| 乾隆《璜泾志略》 | 二卷 | (清)冯恒纂 | 乾隆年间 | 佚 | 江苏 |
| 乾隆《平望志》 | 不详 | 不详 | 乾隆年间 | 佚 | 江苏 |
| 乾隆《扬州西山小志》 | 一卷 | (清)林溥纂 | 乾隆年间 | 存 | 江苏 |
| 乾隆《分湖志》 | 八卷 | (清)沈刚中纂 | 乾隆前期 | 佚 | 江苏 |
| 乾隆《璜泾志略稿》 | 不分卷 | (清)赵曤撰 | 乾隆末年 | 存 | 江苏 |
| 嘉庆《黎里志》 | 十六卷 | (清)徐达源撰 | 嘉庆八年 | 存 | 江苏 |
| 嘉庆《北湖小志》 | 六卷 | (清)焦循纂 | 嘉庆十二年 | 存 | 江苏 |
| 嘉庆《贞丰拟乘》 | 二卷 | (清)章腾龙原纂、陈勰增辑 | 嘉庆十三年 | 存 | 江苏 |
| 嘉庆《同里志》 | 二十四卷 | (清)周之桢纂 | 嘉庆十六年 | 存 | 江苏 |
| 嘉庆《二续淞南志》 | 二卷 | (清)陈至言纂 | 嘉庆十八年 | 存 | 江苏 |

| 志书名称 | 志书卷数 | 编纂人员 | 成书年代 | 存佚情况 | 所属地区 |
|---|---|---|---|---|---|
| 嘉庆《刘河镇记略》 | 十四卷 | （清）金端表纂 | 嘉庆二十一年，道光三年下限 | 存 | 江苏 |
| 嘉庆《桂村小志》 | 不分卷 | （清）吴卓信纂 | 嘉庆二十三年 | 存 | 江苏 |
| 嘉庆《瓜洲志稿》 | 不详 | （清）王豫、卜萃文纂 | 嘉庆前期 | 存 | 江苏 |
| 嘉庆《震泽备志》 | 二卷 | （清）沈金渠纂 | 嘉庆年间 | 佚 | 江苏 |
| 嘉庆《涂淞遗献录》 | 一卷 | （清）程庭鹭纂 | 嘉庆年间 | 存 | 江苏 |
| 嘉庆《瓜洲志》 | 八卷 | （清）吴耆德、王养度等纂修，冯锦编辑 | 嘉庆中后期 | 存 | 江苏 |
| 嘉庆《练湖志》 | 十卷 | （清）黎世序、刘会恩纂 | 嘉庆十五年 | 存 | 江苏 |
| 道光《增补茜泾记略》 | 不详 | （清）陶氏（陶炳曾祖父）纂 | 道光初年 | 佚 | 江苏 |
| 道光《双凤里志》 | 六卷 | （清）时宝臣纂修 | 道光六年 | 存 | 江苏 |
| 道光《钓渚小志》 | 不分卷 | （清）单学傅纂 | 道光六年 | 存 | 江苏 |
| 道光《浒墅关志》 | 十八卷 | （清）凌寿祺纂 | 道光七年 | 存 | 江苏 |
| 道光《平望志》 | 十八卷 | （清）翁广平撰 | 道光七年 | 存 | 江苏 |

| 志书名称 | 志书卷数 | 编纂人员 | 成书年代 | 存佚情况 | 所属地区 |
|---|---|---|---|---|---|
| 道光《增修鹤市志略》 | 三卷 | （清）周侃、周僖等纂 | 道光八年 | 存 | 江苏 |
| 道光《直塘里志》 | 六卷 | （清）时宝臣修、凌德纯纂 | 道光九年 | 存 | 江苏 |
| 道光《吕四场志》 | 不分卷 | （清）佚名纂 | 道光九年 | 存 | 江苏 |
| 道光《马迹山志》 | 不详 | （清）许可权增纂 | 道光九年 | 佚 | 江苏 |
| 道光《璜泾志稿》 | 八卷 | （清）施若霖纂 | 道光十年 | 存 | 江苏 |
| 道光《分湖志》 | 八卷 | （清）沈刚中纂、陆耀校订 | 道光十年 | 存 | 江苏 |
| 道光《竹镇纪略》 | 二卷 | （清）李敬原纂、佚名增补 | 道光十一年 | 存 | 江苏 |
| 道光《黄溪志》 | 十二卷 | （清）钱墀原著 | 道光十一年 | 存 | 江苏 |
| 道光《唐市志》 | 三卷 | （清）倪赐原纂、苏双翔补纂 | 道光十四年 | 存 | 江苏 |
| 道光《里睦小志》 | 二卷 | （清）顾崇善纂 | 道光十四年 | 存 | 江苏 |
| 道光《静海乡志》 | 三卷 | （清）丁鹿寿纂 | 道光十四年 | 存 | 江苏 |
| 道光《静海乡志大事记》 | 一卷 | （清）丁鹿寿纂 | 道光十四年 | 存 | 江苏 |

续表

| 志书名称 | 志书卷数 | 编纂人员 | 成书年代 | 存佚情况 | 所属地区 |
|---|---|---|---|---|---|
| 道光《恬庄小识》 | 不分卷 | （清）杨希澡编述 | 道光十七年 | 存 | 江苏 |
| 道光《时村志》 | 二十五卷 | （清）冯道立纂 | 道光十七年 | 存 | 江苏 |
| 道光《元和唯亭志稿》 | 不详 | （清）沈宗城纂 | 道光十八年 | 佚 | 江苏 |
| 道光《穿山小识》 | 二卷 | （清）邵廷烈纂 | 道光十九年 | 存 | 江苏 |
| 道光《穿山小识补遗》 | 一卷 | （清）周煜纂 | 道光十九年 | 存 | 江苏 |
| 道光《虞乡志略》 | 十二卷 | （清）邓琳纂 | 道光二十年 | 存 | 江苏 |
| 道光《白蒲镇志》 | 十卷 | （清）姚鹏春纂 | 道光二十一年 | 存 | 江苏 |
| 道光《震泽镇志》 | 十四卷 | （清）沈眉寿、纪磊纂修 | 道光二十二年 | 存 | 江苏 |
| 道光《分湖小识》 | 六卷 | （清）柳树芳辑录 | 道光二十二年 | 存 | 江苏 |
| 道光《光福志》 | 十二卷 | （清）徐傅编 | 道光二十四年 | 存 | 江苏 |
| 道光《北湖续志》 | 六卷 | （清）阮先纂辑 | 道光二十七年 | 存 | 江苏 |
| 道光《元和唯亭志》 | 二十卷 | （清）沈藻采纂 | 道光二十八年 | 存 | 江苏 |
| 道光《增订杨舍堡城志稿》 | 不详 | （清）叶氏族人增纂 | 道光二十八年 | 佚 | 江苏 |
| 道光《信义续志》 | 四卷 | （清）魏孔怀、赵月卿续辑 | 道光末年 | 佚 | 江苏 |

| 志书名称 | 志书卷数 | 编纂人员 | 成书年代 | 存佚情况 | 所属地区 |
|---|---|---|---|---|---|
| 道光《桂村小志》 | 不分卷 | (清)施若霖纂 | 道光年间 | 存 | 江苏 |
| 道光《舜湖纪略》 | 六卷 | (清)王致望纂 | 道光年间 | 存 | 江苏 |
| 咸丰《甘棠小志》 | 四卷 | (清)董醇纂 | 咸丰五年 | 存 | 江苏 |
| 咸丰《北湖续志补遗》 | 二卷 | (清)阮先纂辑 | 咸丰十年 | 存 | 江苏 |
| 同治《无锡斗门小志》 | 不分卷 | (清)佚名纂 | 同治二年 | 存 | 江苏 |
| 同治《两淮通州金沙场志》 | 不分卷 | (清)邱标纂 | 同治五年 | 存 | 江苏 |
| 同治《双凤乡志》 | 不分卷 | (清)佚名纂 | 同治十年 | 存 | 江苏 |
| 同治《重修茜泾记略》 | 不分卷 | (清)倪大临原纂、陶炳曾补辑 | 同治十一年 | 存 | 江苏 |
| 同治《梅李文献小志稿》 | 不分卷 | (清)黄炳宸纂 | 同治十一年 | 存 | 江苏 |
| 同治《泾里续志》 | 十卷 | (清)程国昶等原纂、佚名续纂 | 同治十二年 | 存 | 江苏 |
| 同治《甫里志稿》 | 一卷 | (清)许起、许玉瀛纂 | 同治十三年 | 佚 | 江苏 |
| 同治《盛湖志》 | 不详 | (清)仲廷机纂 | 同治十三年 | 佚 | 江苏 |
| 同治《锡山梅里志》 | 不详 | (清)浦传桂、安起东纂 | 同治年间 | 佚 | 江苏 |

续表

| 志书名称 | 志书卷数 | 编纂人员 | 成书年代 | 存佚情况 | 所属地区 |
|---|---|---|---|---|---|
| 同治《北瀼志略》 | 一卷 | （清）缪敬持原纂、佚名增补 | 同治年间 | 存 | 江苏 |
| 光绪《梅李补志》 | 不分卷 | （清）黄宗城纂 | 光绪初年 | 存 | 江苏 |
| 光绪《湖乡分志》 | 十二卷 | （清）常春锦编 | 光绪三年 | 存 | 江苏 |
| 光绪《续修茜泾记略》 | 不详 | （清）倪大临原纂、陶炳曾补辑、陶宗亮续辑 | 光绪五年 | 佚 | 江苏 |
| 光绪《重修马迹山志》 | 八卷 | （清）许梂等纂 | 光绪六年 | 存 | 江苏 |
| 光绪《周庄镇志》 | 六卷 | （清）陶煦纂 | 光绪八年 | 存 | 江苏 |
| 光绪《杨舍堡城志稿》 | 十四卷 | （清）叶长龄等纂，叶钟敏重辑 | 光绪八年 | 存 | 江苏 |
| 光绪《鰕沟里乘》 | 不分卷 | （清）常春锦编 | 光绪十年 | 存 | 江苏 |
| 光绪《平望续志》 | 十二卷 | （清）黄兆柽纂 | 光绪十三年 | 存 | 江苏 |
| 光绪《甘棠小志》 | 不详 | （清）王开益纂 | 光绪十三年 | 存 | 江苏 |
| 光绪《唐市补志》 | 三卷 | （清）倪赐原纂、苏双翔补纂、龚文洵再补纂 | 光绪十四年 | 存 | 江苏 |

| 志书名称 | 志书卷数 | 编纂人员 | 成书年代 | 存佚情况 | 所属地区 |
|---|---|---|---|---|---|
| 光绪《唐市志补遗》 | 不分卷 | （清）龚文洵纂 | 光绪十六年 | 存 | 江苏 |
| 光绪《盛湖志》 | 十四卷 | （清）仲廷机纂 | 光绪二十二年 | 存 | 江苏 |
| 光绪《甫里志稿》 | 不分卷 | （清）佚名纂 | 光绪二十三年 | 存 | 江苏 |
| 光绪《光福志》 | 十二卷 | （清）徐傅原编、王镛等补辑 | 光绪二十三年 | 存 | 江苏 |
| 光绪《泰伯梅里志》 | 八卷 | （清）吴熙修、刘继增等纂 | 光绪二十三年 | 存 | 江苏 |
| 光绪《黎里续志》 | 十六卷 | （清）蔡丙圻撰 | 光绪二十三年 | 存 | 江苏 |
| 光绪《四镇略迹》 | 不分卷 | （清）马幼良纂 | 光绪二十五年 | 存 | 江苏 |
| 光绪《盛湖志补》 | 四卷 | （清）仲虎腾续纂 | 光绪二十六年 | 存 | 江苏 |
| 光绪《梅李文献三志稿》 | 不分卷 | （清）黄冈纂 | 光绪二十七年 | 存 | 江苏 |
| 光绪《横金志》 | 十八卷 | （清）柳商贤纂 | 光绪二十九年 | 存 | 江苏 |
| 光绪《新续梅李小志》 | 不分卷 | （清）黄冈纂 | 光绪二十九年 | 存 | 江苏 |
| 光绪《龙砂志略》 | 十卷 | （清）王家枚纂 | 光绪三十三年 | 存 | 江苏 |
| 光绪《信义志》 | 六卷 | （清）陈至言纂、於炳炎重订 | 光绪三十三年 | 存 | 江苏 |

| 志书名称 | 志书卷数 | 编纂人员 | 成书年代 | 存佚情况 | 所属地区 |
|---|---|---|---|---|---|
| 光绪《穿山记》 | 不详 | (清)钱浚纂 | 光绪前期 | 佚 | 江苏 |
| 宣统《信义志稿》 | 二十一卷 | (清)赵诒翼纂 | 宣统二年 | 存 | 江苏 |
| 宣统《延陵九里庙志》 | 二卷 | (清)佚名纂辑 | 宣统二年 | 存 | 江苏 |
| 宣统《震泽镇志续稿》 | 十四卷 | (清)沈眉寿、纪磊纂修，龚希髯续纂 | 宣统三年 | 存 | 江苏 |
| 宣统《开沙志》 | 二卷 | (清)王锡极原纂、丁时霈增纂、王之瑚删订、佚名增补 | 宣统三年 | 存 | 江苏 |
| 宣统《河下志稿》 | 十三卷 | (清)王觐宸纂 | 宣统三年 | 存 | 江苏 |
| 宣统《淮安河下志》 | 十六卷 | (清)王觐宸原纂、程业勤增订 | 宣统三年 | 存 | 江苏 |
| 清代《信义志》 | 不详 | (清)张君洲辑 | 年代不详 | 佚 | 江苏 |
| 清代《梅林小志》 | 不详 | (清)方熊辑 | 年代不详 | 佚 | 江苏 |
| 清代《唐墅征献录补编》 | 一卷 | (清)赵元溥纂 | 年代不详 | 存 | 江苏 |
| 清代《唐墅征献录续编》 | 二卷 | (清)张璐纂 | 年代不详 | 存 | 江苏 |
| 清初《濮川小志》 | 不详 | 不详 | 清代初年 | 佚 | 浙江 |

续表

| 志书名称 | 志书卷数 | 编纂人员 | 成书年代 | 存佚情况 | 所属地区 |
|---|---|---|---|---|---|
| 顺治《仙潭志略》 | 不详 | (清)潘谷纂 | 顺治初年 | 佚 | 浙江 |
| 顺治《浔溪文献》 | 四卷 | (清)潘尔夔纂 | 顺治元年 | 佚 | 浙江 |
| 顺治《仙潭后志》 | 不分卷 | (清)胡道传续编、沈戬穀订补 | 顺治四年 | 存 | 浙江 |
| 顺治《临平续记》 | 不详 | (清)潘夏珠纂 | 顺治年间 | 佚 | 浙江 |
| 康熙《重修乌青镇志》 | 不详 | (清)沈嗣骏纂 | 康熙初年 | 佚 | 浙江 |
| 康熙《乍浦九山志》 | 二卷 | (清)李确纂 | 康熙四年 | 佚 | 浙江 |
| 康熙《双林志》 | 六卷 | (清)吴若金纂 | 康熙十二年 | 佚 | 浙江 |
| 康熙《双林补志》 | 十六卷 | (清)吴若金原纂、吴世英补纂 | 康熙十二年 | 佚 | 浙江 |
| 康熙《乍浦九山补志》 | 十二卷 | (清)王寅旭、李天植纂 | 康熙十二年 | 存 | 浙江 |
| 康熙《乍浦九山续志》 | 不详 | (清)李蔗村纂 | 康熙十二年 | 佚 | 浙江 |
| 康熙《仙潭志补》 | 不详 | (清)胡尔嘉纂 | 略早于康熙十三年 | 佚 | 浙江 |
| 康熙《仙潭志余》 | 不详 | (清)陈尚古纂 | 康熙十三年 | 佚 | 浙江 |
| 康熙《新溪注》 | 八卷 | (清)陈尚古纂 | 康熙十三年 | 佚 | 浙江 |

| 志书名称 | 志书卷数 | 编纂人员 | 成书年代 | 存佚情况 | 所属地区 |
|---|---|---|---|---|---|
| 康熙《增订濮川志略》 | 七卷 | (明)濮孟清原纂,(清)濮侣庄订补、濮龙锡增订 | 康熙十四年 | 佚 | 浙江 |
| 康熙《栖里景物略》 | 十二卷 | (清)张之鼐辑 | 康熙二十三年 | 存 | 浙江 |
| 康熙《栖水文乘》 | 不详 | (清)曹菽园辑 | 康熙二十三年 | 佚 | 浙江 |
| 康熙《栖乘类编》 | 不详 | (清)周逸民辑纂 | 略晚于康熙二十三年 | 存 | 浙江 |
| 康熙《乌青文献》 | 十卷 | (清)张园真纂 | 康熙二十七年 | 存 | 浙江 |
| 康熙《鄞西桃源志》 | 五卷 | (明)张桃溪、杜思泉原纂,(清)佚名增订 | 康熙二十七年 | 存 | 浙江 |
| 康熙《桃源乡志》 | 八卷 | (清)臧麟炳纂 | 康熙二十八年 | 存 | 浙江 |
| 康熙《仙潭文献》 | 四卷 | (清)程之彭纂 | 康熙三十年 | 存 | 浙江 |
| 康熙《皋部志》 | 不分卷 | (清)沈铨纂 | 康熙三十八年 | 存 | 浙江 |
| 康熙《东双林志》 | 十六卷 | (清)倪汝进纂 | 康熙三十九年 | 佚 | 浙江 |
| 康熙《同辑双林志》 | 十卷 | (清)谈嗣升、凌维远纂 | 康熙四十一年 | 佚 | 浙江 |
| 康熙《濮川纪略》 | 二卷 | (清)张其是纂 | 康熙前中期 | 佚 | 浙江 |

| 志书名称 | 志书卷数 | 编纂人员 | 成书年代 | 存佚情况 | 所属地区 |
|---|---|---|---|---|---|
| 康熙《双林纪略》 | 不详 | (清)范硕纂 | 康熙五十一年 | 佚 | 浙江 |
| 康熙《浔溪文献》 | 不详 | (清)夏光远纂 | 康熙五十五年 | 佚 | 浙江 |
| 康熙《前朱里纪略》 | 不分卷 | (清)盛爌纂 | 康熙五十六年 | 存 | 浙江 |
| 康熙《再续澉水志》 | 十二卷 | (清)吴为龙纂 | 康熙年间 | 佚 | 浙江 |
| 康熙《金乡镇志》 | 不分卷 | (清)佚名纂 | 康熙年间 | 存 | 浙江 |
| 雍正《栖里续补志略》 | 不详 | (清)韩应潮辑 | 康熙、雍正年间 | 佚 | 浙江 |
| 雍正《梅里志》 | 四卷 | (清)韩存礼纂 | 雍正二年 | 佚 | 浙江 |
| 雍正《硖川志略》 | 一卷 | (清)蒋宏任纂 | 雍正六年 | 存 | 浙江 |
| 乾隆《乍浦九山续补志》 | 不详 | (清)宋景濂纂 | 乾隆二年 | 佚 | 浙江 |
| 乾隆《南浔续志》 | 一卷 | (清)陈可升纂 | 乾隆五(六)年 | 佚 | 浙江 |
| 乾隆《双林支乘》 | 不详 | (清)姚莨客纂 | 乾隆九年 | 佚 | 浙江 |
| 乾隆《乍浦志》 | 六卷 | (清)宋景关纂 | 乾隆二十二年 | 存 | 浙江 |
| 乾隆《南浔文献志稿》 | 二卷 | (清)张鸿寯纂 | 乾隆二十三年 | 佚 | 浙江 |
| 乾隆《南浔文献志》 | 二卷 | (清)张鸿寯纂 | 乾隆二十三年 | 存 | 浙江 |

| 志书名称 | 志书卷数 | 编纂人员 | 成书年代 | 存佚情况 | 所属地区 |
|---|---|---|---|---|---|
| 乾隆《乌青镇志》 | 十二卷 | （清）董世宁纂 | 乾隆二十五年 | 存 | 浙江 |
| 乾隆《南浔文献志》 | 不分卷 | （清）方熊纂 | 乾隆二十六年 | 佚 | 浙江 |
| 乾隆《石步志》 | 一卷 | （明）叶时标原纂，（清）叶四聪订、叶维新重辑 | 乾隆二十七年 | 存 | 浙江 |
| 乾隆《东西林汇考》 | 八卷 | （清）茅应奎纂 | 乾隆三十一年 | 存 | 浙江 |
| 乾隆《濮川风土记》 | 二卷 | （清）杨树本纂 | 乾隆三十二年 | 存 | 浙江 |
| 乾隆《唐栖志略》 | 二卷 | （清）何琪纂 | 乾隆三十四年 | 存 | 浙江 |
| 乾隆《梅里志》 | 十六卷 | （清）杨谦纂 | 乾隆三十八年 | 佚 | 浙江 |
| 乾隆《濮院琐志》 | 八卷 | （清）杨树本纂 | 乾隆三十九年 | 存 | 浙江 |
| 乾隆《琏市志》 | 不详 | （清）嵇瑛纂 | 乾隆四十七年 | 佚 | 浙江 |
| 乾隆《重修南浔镇志》 | 十二卷 | （清）方焘纂 | 乾隆五十年 | 佚 | 浙江 |
| 乾隆《南浔镇志》 | 十二卷 | （清）董肇铠纂 | 乾隆五十一年 | 佚 | 浙江 |
| 乾隆《濮镇记闻》 | 四卷 | （清）胡琢纂修 | 乾隆五十二年 | 存 | 浙江 |

续表

| 志书名称 | 志书卷数 | 编纂人员 | 成书年代 | 存佚情况 | 所属地区 |
|---|---|---|---|---|---|
| 乾隆《重增濮川志略》 | 十四卷 | （明）濮孟清原纂，（清）濮侣庄订补、濮龙锡增订、濮润淞重增 | 乾隆五十四年 | 佚 | 浙江 |
| 乾隆《乍浦志续纂》 | 二卷 | （清）宋景关续纂 | 乾隆五十六年 | 存 | 浙江 |
| 乾隆《花溪志》 | 十八卷 | （清）许良谟纂 | 乾隆五十八年 | 佚 | 浙江 |
| 乾隆《花溪志补遗》 | 一卷 | （清）许良谟纂 | 乾隆六十年 | 存 | 浙江 |
| 乾隆《菱湖小志》 | 十卷 | （清）孙霖纂 | 乾隆前期 | 佚 | 浙江 |
| 乾隆《乌青杂识》 | 不详 | （清）夏骃纂 | 乾隆年间 | 佚 | 浙江 |
| 乾隆《浔溪文献》 | 不详 | （清）庄学德纂 | 乾隆年间 | 佚 | 浙江 |
| 乾隆《濮院志》 | 不详 | （清）屠本仁纂 | 乾隆年间 | 佚 | 浙江 |
| 乾隆《北溪志》 | 不详 | （清）戈温如纂 | 乾隆前中期 | 佚 | 浙江 |
| 乾隆《五大夫里志》 | 不分卷 | （清）潘思汉纂 | 乾隆年间 | 存 | 浙江 |
| 乾隆《湖墅志》 | 不详 | （清）魏标纂 | 乾隆末年 | 佚 | 浙江 |
| 乾隆《硖川新志》 | 二卷 | （清）沈元镇辑 | 乾隆末年 | 佚 | 浙江 |
| 乾隆《三江志略》 | 不详 | （清）陈和编纂 | 乾隆末年 | 佚 | 浙江 |

| 志书名称 | 志书卷数 | 编纂人员 | 成书年代 | 存佚情况 | 所属地区 |
|---|---|---|---|---|---|
| 嘉庆《宝前两溪志略》 | 十二卷 | (清)吴玉树纂 | 嘉庆十二年 | 存 | 浙江 |
| 嘉庆《濮院琐志》 | 八卷 | (清)杨树本纂 | 嘉庆十三年 | 存 | 浙江 |
| 嘉庆《硖川续志》 | 二十卷 | (清)王德浩纂、曹宗载重订 | 嘉庆十七年 | 存 | 浙江 |
| 嘉庆《新市镇续志》 | 八卷 | (清)沈赤然纂 | 嘉庆十七年 | 存 | 浙江 |
| 嘉庆《濮川所闻记》 | 六卷 | (清)金淮纂、濮鏛续纂 | 嘉庆十八年 | 存 | 浙江 |
| 嘉庆《孝感里志》 | 十二卷 | (清)张廉纂 | 嘉庆二十四年 | 存 | 浙江 |
| 嘉庆《双林续记》 | 十三卷 | (清)沈荣晋纂 | 嘉庆二十四年 | 佚 | 浙江 |
| 嘉庆《增修双林续记》 | 不详 | (清)沈荣晋原纂、郑昌祺增修 | 嘉庆二十四年 | 佚 | 浙江 |
| 嘉庆《梅里志》 | 十六卷 | (清)杨谦原纂、李富孙补辑 | 嘉庆二十五年 | 存 | 浙江 |
| 嘉庆《濮川所闻记续编》 | 二卷 | (清)金淮纂 | 嘉庆二十五年 | 存 | 浙江 |
| 嘉庆《上柏志》 | 四卷 | (清)徐熊飞纂 | 嘉庆末年 | 佚 | 浙江 |
| 道光《浒山志》 | 八卷 | (清)高杲、沈煜纂 | 道光五年 | 存 | 浙江 |
| 道光《乍浦备志》 | 三十六卷 | (清)邹璟纂 | 道光六年 | 存 | 浙江 |

| 志书名称 | 志书卷数 | 编纂人员 | 成书年代 | 存佚情况 | 所属地区 |
|---|---|---|---|---|---|
| 道光《珠市志》 | 四卷 | (清)沈焯纂 | 道光七年 | 佚 | 浙江 |
| 道光《菱湖志》 | 不分卷 | (清)沈云飞纂 | 道光十五年 | 存 | 浙江 |
| 道光《渔闲小志》 | 不分卷 | (清)吴展成纂 | 道光十一年 | 存 | 浙江 |
| 道光《乍浦续志》 | 六卷 | (清)许河纂修 | 道光十六年 | 存 | 浙江 |
| 道光《南浔镇志》 | 十卷 | (清)范来庚纂 | 道光二十年 | 存 | 浙江 |
| 道光《安昌志》 | 不分卷 | (清)高骧云辑、韩启鸿补辑 | 道光二十年 | 存 | 浙江 |
| 道光《双林志》 | 不详 | (清)郑士枚纂 | 道光中期 | 佚 | 浙江 |
| 道光《练溪文献》 | 十四卷 | (清)朱闻纂 | 道光二十八年 | 存 | 浙江 |
| 道光《竹里述略稿》 | 一卷 | (清)徐士燕辑纂 | 道光二十九年 | 佚 | 浙江 |
| 道光《澉水新志》 | 十二卷 | (清)方溶纂修、万亚兰补遗 | 道光三十年 | 存 | 浙江 |
| 道光《南浔志稿》 | 二卷 | (清)董恂纂 | 道光年间 | 佚 | 浙江 |
| 道光《南浔备志》 | 四卷 | (清)沈登赢纂 | 道光年间 | 佚 | 浙江 |
| 咸丰《南浔镇志》 | 四十卷 | (清)汪曰桢纂 | 咸丰八年 | 存 | 浙江 |

| 志书名称 | 志书卷数 | 编纂人员 | 成书年代 | 存佚情况 | 所属地区 |
|---|---|---|---|---|---|
| 咸丰《双林镇志》 | 不详 | （清）戴梅檐纂 | 咸丰十一年 | 佚 | 浙江 |
| 同治《竹里述略》 | 十二卷 | （清）徐士燕辑纂 | 同治三年 | 存 | 浙江 |
| 同治《修川小志》 | 二卷 | （清）邹存淦纂 | 同治三年 | 存 | 浙江 |
| 同治《新塍琐志》 | 十四卷 | （清）郑凤锵纂 | 同治五年 | 存 | 浙江 |
| 同治《晟舍镇志》 | 八卷 | （清）闵宝樑纂 | 同治八年 | 存 | 浙江 |
| 同治《双林记增纂》 | 十二卷 | （清）蔡蓉升原纂、佚名增删 | 同治九年 | 存 | 浙江 |
| 同治《濮录》 | 不分卷 | （清）岳昭垲纂 | 同治十二年 | 存 | 浙江 |
| 同治《菱湖志》 | 二十四卷 | （清）卞乃钁纂 | 同治末年 | 佚 | 浙江 |
| 同治《菱湖志稿》 | 三卷 | （清）姚彦渠纂 | 同治末年 | 佚 | 浙江 |
| 同治《菱湖志》 | 三卷 | （清）姚彦渠纂 | 同治末年 | 存 | 浙江 |
| 光绪《菱湖志略》 | 六卷 | （清）王宸褒纂 | 光绪初年 | 存 | 浙江 |
| 光绪《三江所志》 | 不分卷 | （清）陈宗洛原纂、傅月樵补纂、何留学增订 | 光绪元年 | 存 | 浙江 |

| 志书名称 | 志书卷数 | 编纂人员 | 成书年代 | 存佚情况 | 所属地区 |
|---|---|---|---|---|---|
| 光绪《梅里志》 | 十八卷 | （清）杨谦原纂、李富孙补辑、余懋续补 | 光绪二年 | 存 | 浙江 |
| 光绪《定乡小识》 | 十六卷 | （清）张道纂 | 光绪八年 | 存 | 浙江 |
| 光绪《清湖小志稿》 | 八卷 | （清）张宗禄纂 | 光绪八年 | 佚 | 浙江 |
| 光绪《临平记补遗》 | 四卷 | （清）张大昌纂 | 光绪十年 | 存 | 浙江 |
| 光绪《双林志续纂新辑》 | 不详 | （清）蔡汝锽纂 | 光绪十二年 | 佚 | 浙江 |
| 光绪《修川志余》 | 二卷 | （清）钟兆彬纂辑 | 光绪十四年 | 存 | 浙江 |
| 光绪《唐栖志》 | 二十卷 | （清）王同纂 | 光绪十五年 | 存 | 浙江 |
| 光绪《小溪志》 | 八卷 | （清）柴望纂 | 光绪十七年 | 存 | 浙江 |
| 光绪《菱湖镇志》 | 四十四卷 | （清）孙志熊纂 | 光绪十八年 | 存 | 浙江 |
| 光绪《四安镇志》 | 不详 | （清）朱镇纂 | 光绪中叶 | 存 | 浙江 |
| 光绪《临平记再续》 | 三卷 | （清）陈棠、姚景瀛纂 | 光绪二十一年 | 存 | 浙江 |
| 光绪《湖墅小志》 | 四卷 | （清）高鹏年纂 | 光绪二十二年 | 存 | 浙江 |
| 光绪《忠义乡志》 | 二十卷 | （清）吴文江纂 | 光绪二十三年 | 存 | 浙江 |

| 志书名称 | 志书卷数 | 编纂人员 | 成书年代 | 存佚情况 | 所属地区 |
|---|---|---|---|---|---|
| 光绪《清湖小志》 | 八卷 | （清）张宗禄原纂、张统镐续纂 | 光绪二十七年 | 存 | 浙江 |
| 光绪《新市镇再续志》 | 四卷 | （清）费悟纂 | 光绪二十八年 | 存 | 浙江 |
| 光绪《剡源乡志》 | 二十四卷 | （清）赵霈涛纂 | 光绪二十八年 | 存 | 浙江 |
| 光绪《蒲岐所志》 | 二卷 | （清）倪启辰纂 | 光绪三十一年 | 存 | 浙江 |
| 光绪《重增濮川志略》 | 十四卷 | （明）濮孟清原纂，（清）濮侣庄订补、濮龙锡增订、濮润淞等后人重增 | 光绪三十二年 | 存 | 浙江 |
| 宣统《梅里备志》 | 八卷 | （清）余霖纂 | 宣统三年 | 存 | 浙江 |
| 宣统《闻湖志稿》 | 二十卷 | （清）唐佩金纂 | 宣统三年 | 存 | 浙江 |
| 清末《沥海所志稿》 | 不详 | （清）杨肇春编 | 清代末年 | 存 | 浙江 |
| 清代《硖川志稿》 | 不详 | （清）吴志云纂 | 年代不详 | 佚 | 浙江 |
| 清代《光溪志》 | 不详 | （清）陈延恩纂 | 年代不详 | 存 | 浙江 |
| 顺治《月浦志》 | 不详 | 明末清初陆士超纂辑 | 顺治年间 | 佚 | 上海 |
| 清初《续吴淞所志》 | 不详 | （清）刘璟纂辑 | 顺治、康熙年间 | 佚 | 上海 |

| 志书名称 | 志书卷数 | 编纂人员 | 成书年代 | 存佚情况 | 所属地区 |
|---|---|---|---|---|---|
| 康熙《紫隄小志》 | 四卷 | (清)汪永安辑撰，侯棠、秦立增订 | 康熙五十七年 | 存 | 上海 |
| 康熙《淞南志》 | 八卷 | (清)秦立编 | 康熙六十一年 | 存 | 上海 |
| 康熙《临江小志》 | 不分卷 | (清)张震高、朱谨撰 | 康熙末年 | 佚 | 上海 |
| 康熙《临江乡小志》 | 二卷 | (清)张震高撰 | 康熙末年 | 佚 | 上海 |
| 康熙《清浦里志》 | 二卷 | (清)沈微佺著 | 康熙年间 | 佚 | 上海 |
| 康熙《槎溪里志》 | 三卷 | (清)杨志达纂辑 | 康熙年间 | 佚 | 上海 |
| 康熙《朱泾续志》 | 不详 | (清)曹观有续纂 | 康熙年间 | 佚 | 上海 |
| 康熙《九峰志》 | 不详 | (清)诸嗣郢纂 | 康熙年间 | 佚 | 上海 |
| 雍正《鹤沙志》 | 十卷 | (清)朱之屏、黄仲若纂辑 | 康熙、雍正年间 | 佚 | 上海 |
| 雍正《紫隄村小志》 | 三卷 | (清)汪永安辑录，侯棠、秦立增订 | 雍正十一年 | 存 | 上海 |
| 乾隆《白沙志》 | 不详 | (清)孔兼三纂 | 乾隆初年 | 佚 | 上海 |
| 乾隆《杨行志稿》 | 不详 | (清)黄程云纂 | 乾隆初年 | 佚 | 上海 |
| 乾隆《月浦志》 | 不详 | (清)陆慎庵原辑、佚名增纂 | 乾隆九年下限 | 佚 | 上海 |

续表

| 志书名称 | 志书卷数 | 编纂人员 | 成书年代 | 存佚情况 | 所属地区 |
|---|---|---|---|---|---|
| 乾隆《续朱里志》 | 不详 | (清)佚名纂 | 乾隆十七年 | 佚 | 上海 |
| 乾隆《大场续志》 | 不详 | (清)柏学源辑、孙稚川续辑 | 乾隆十七年 | 佚 | 上海 |
| 乾隆《西林志略》 | 六卷 | (清)张端木纂 | 乾隆前期(下限乾隆二十年) | 存 | 上海 |
| 乾隆《西林杂记》 | 一卷 | (清)张端木纂 | 乾隆三十年 | 存 | 上海 |
| 乾隆《真如里志》 | 四卷 | (清)陆立编辑 | 乾隆三十六年 | 存 | 上海 |
| 乾隆《安亭江志稿》 | 三卷 | (清)孙岱纂 | 乾隆三十七年 | 存 | 上海 |
| 乾隆《娄塘志》 | 九卷 | (清)陈曦编 | 乾隆三十七年 | 存 | 上海 |
| 乾隆《江湾里志》 | 六卷 | (清)李保泰、李大智纂辑 | 乾隆四十一年 | 佚 | 上海 |
| 乾隆《南翔镇志》 | 十二卷 | (清)张承先辑 | 乾隆四十七年 | 佚 | 上海 |
| 乾隆《槎溪志稿》 | 不详 | (清)张承先著 | 乾隆四十七年 | 佚 | 上海 |
| 乾隆《干山志》 | 十六卷 | (清)周厚地辑 | 乾隆五十一年 | 存 | 上海 |
| 乾隆《沈巷志稿》 | 不详 | (清)陆旭照、顾后兴合纂 | 乾隆五十五年 | 佚 | 上海 |
| 乾隆《续外冈志》 | 四卷 | (清)钱肇然编 | 乾隆五十七年 | 存 | 上海 |

| 志书名称 | 志书卷数 | 编纂人员 | 成书年代 | 存佚情况 | 所属地区 |
|---|---|---|---|---|---|
| 乾隆《钱门塘市记》 | 一卷 | (清)徐文范纂辑 | 乾隆六十年 | 佚 | 上海 |
| 乾隆《望仙桥志》 | 四卷 | (清)钱桂发纂辑 | 乾隆中期 | 佚 | 上海 |
| 乾隆《峰泖志》 | 不详 | (清)王廷和编纂 | 乾隆后期 | 佚 | 上海 |
| 乾隆《留溪小志》 | 四卷 | (清)吴大复编纂 | 乾隆末年 | 佚 | 上海 |
| 乾隆《金泽小志》 | 四卷 | (清)周凤池纂辑 | 乾隆年间 | 佚 | 上海 |
| 乾隆《贞溪志》 | 不详 | (清)沈懋官辑 | 乾隆年间 | 佚 | 上海 |
| 乾隆《望仙桥志》 | 不详 | (清)佚名纂 | 乾隆年间 | 佚 | 上海 |
| 乾隆《朱里志》 | 不详 | (清)朱履升纂辑 | 乾隆年间 | 佚 | 上海 |
| 乾隆《朱溪纪略》 | 不详 | (清)曹天名纂辑 | 乾隆年间 | 佚 | 上海 |
| 乾隆《鲈乡志略》 | 不详 | (清)周厚地纂辑 | 乾隆年间 | 佚 | 上海 |
| 乾隆《吴淞续志》 | 四卷 | (清)佚名纂辑 | 乾隆年间 | 佚 | 上海 |
| 乾隆《下沙志》 | 不详 | (清)佚名纂 | 乾隆年间 | 佚 | 上海 |
| 乾隆《贞丰志》 | 不详 | (清)陶沚村纂 | 乾隆年间 | 佚 | 上海 |
| 嘉庆《江东续志》 | 不详 | (清)沈瞻泰辑 | 嘉庆初年 | 存 | 上海 |

| 志书名称 | 志书卷数 | 编纂人员 | 成书年代 | 存佚情况 | 所属地区 |
|---|---|---|---|---|---|
| 嘉庆《月浦志》 | 六卷 | （清）陈钧、陆丕绪纂 | 嘉庆元年 | 佚 | 上海 |
| 嘉庆《干巷志》 | 六卷 | （清）朱栋撰 | 嘉庆四年 | 存 | 上海 |
| 嘉庆《杨行志》 | 不分卷 | （清）黄程云原辑贺鸿藻校录 | 嘉庆四年 | 存 | 上海 |
| 嘉庆《罗溪志》 | 不详 | （清）范朝佐纂辑 | 嘉庆九年下限 | 佚 | 上海 |
| 嘉庆《南翔镇志》 | 十二卷 | （清）张承先原辑、程攸熙增订 | 嘉庆十一年 | 存 | 上海 |
| 嘉庆《娄塘镇续志》 | 不详 | （清）潘孝曾辑纂 | 嘉庆十一年 | 佚 | 上海 |
| 嘉庆《寒圩志》 | 不分卷 | （清）杨学渊纂 | 嘉庆十一年 | 存 | 上海 |
| 嘉庆《朱泾志》 | 十卷 | （清）朱栋纂 | 嘉庆十二年 | 存 | 上海 |
| 嘉庆《石冈广福合志》 | 四卷 | （清）萧鱼会、赵稷思编 | 嘉庆十二年 | 存 | 上海 |
| 嘉庆《方泰志》 | 三卷 | （清）王初桐纂辑 | 嘉庆十二年 | 存 | 上海 |
| 嘉庆《安亭志稿》 | 十七卷 | （清）陈树德纂 | 嘉庆十二年 | 存 | 上海 |
| 嘉庆《安亭志》 | 二十卷 | （清）陈树德编辑 | 嘉庆十三年 | 存 | 上海 |
| 嘉庆《沈巷志》 | 不详 | （清）顾后兴续纂 | 嘉庆十五年 | 佚 | 上海 |

续表

| 志书名称 | 志书卷数 | 编纂人员 | 成书年代 | 存佚情况 | 所属地区 |
|---|---|---|---|---|---|
| 嘉庆《大场镇志》 | 五卷 | (清)侯廷铨续辑 | 嘉庆十七年 | 佚 | 上海 |
| 嘉庆《法华镇志》 | 八卷 | (清)王钟编录 | 嘉庆十八年 | 存 | 上海 |
| 嘉庆《珠里小志》 | 十八卷 | (清)周郁宾纂 | 嘉庆二十年 | 存 | 上海 |
| 嘉庆《马陆志》 | 七卷 | (清)封导源编 | 嘉庆二十年 | 存 | 上海 |
| 嘉庆《枫溪小志》 | 不详 | (清)曹相骏辑 | 嘉庆年间 | 佚 | 上海 |
| 嘉庆《续金泽志》 | 六卷 | (清)周凤池原纂、黄汝玉等增订 | 嘉庆年间 | 佚 | 上海 |
| 嘉庆《真如征》 | 二十四卷 | (清)张为金纂 | 嘉庆年间 | 佚 | 上海 |
| 嘉庆《重辑贞溪编》 | 不详 | (清)曹组城重辑 | 嘉庆年间 | 佚 | 上海 |
| 嘉庆《(嘉定)南门志》 | 一卷 | (清)陈瑶纂辑 | 嘉庆年间 | 佚 | 上海 |
| 道光《江湾里志》 | 不详 | (清)盛大镛续纂 | 道光八年 | 佚 | 上海 |
| 道光《金泽小志》 | 六卷 | (清)周凤池原纂、蔡自申等续纂 | 道光十一年 | 存 | 上海 |
| 道光《塘湾乡九十一图志》 | 二卷 | (清)张杞村辑 | 道光十四(五)年 | 存 | 上海 |
| 道光《蒲溪小志》 | 四卷 | (清)顾传金编纂 | 道光十七年 | 存 | 上海 |

续表

| 志书名称 | 志书卷数 | 编纂人员 | 成书年代 | 存佚情况 | 所属地区 |
|---|---|---|---|---|---|
| 道光《七宝镇志》 | 一卷 | （清）陆元勋编纂 | 道光十七年 | 佚 | 上海 |
| 道光《张堰志略》 | 不分卷 | （清）时之瑛纂 | 道光十八年 | 佚 | 上海 |
| 道光《葛隆镇志稿》 | 不详 | （清）赵翰纂辑 | 道光二十年 | 佚 | 上海 |
| 道光《钱门塘镇志》 | 不详 | （清）童善辑纂 | 道光二十一年 | 佚 | 上海 |
| 道光《塘湾乡志》 | 不详 | （清）佚名辑 | 道光前期 | 佚 | 上海 |
| 道光《厂头杂录》 | 不详 | （清）钱以陶辑纂 | 道光年间 | 佚 | 上海 |
| 道光《厂头镇志》 | 不详 | （清）钱以陶辑纂 | 道光年间 | 佚 | 上海 |
| 道光《吴淞里志》 | 不详 | （清）吴文源纂辑 | 道光年间 | 佚 | 上海 |
| 道光《紫隄村志》 | 不详 | 不详 | 道光年间 | 佚 | 上海 |
| 咸丰《黄渡镇志》 | 十卷 | （清）章树福纂辑 | 咸丰元年 | 存 | 上海 |
| 咸丰《寒圩志》 | 不分卷 | （清）杨学渊原纂、佚名增补 | 咸丰元年 | 存 | 上海 |
| 咸丰《紫隄村志》 | 八卷 | （清）汪永安原本、侯承庆续修、沈葵增修 | 咸丰六年 | 存 | 上海 |
| 同治《厂头镇志》 | 八卷 | （清）钱以陶著 | 同治七年 | 存 | 上海 |

| 志书名称 | 志书卷数 | 编纂人员 | 成书年代 | 存佚情况 | 所属地区 |
|---|---|---|---|---|---|
| 同治《下槎杂志》 | 不详 | （清）严贻钟纂辑 | 约同治七年 | 佚 | 上海 |
| 同治《清风泾志》 | 十卷 | （清）陈宗溥纂 | 同治十二年 | 存 | 上海 |
| 同治《张泽志稿》 | 不分卷 | （清）章末初稿、徐复熙增纂 | 同治十二年下限 | 存 | 上海 |
| 同治《南浦恭桑录》《南浦十六保志》 | 不详 | （清）丁宜福纂辑 | 同治十三年 | 佚 | 上海 |
| 同治《江湾志稿》（《江湾续志》） | 十卷 | （清）陆宿海再续纂 | 同治年间 | 佚 | 上海 |
| 同治《引翔乡志》 | 一卷 | （清）王焕崧纂辑 | 同治年间 | 佚 | 上海 |
| 同治《吴淞新志》 | 三卷 | （清）顾车轮纂辑 | 同治年间 | 佚 | 上海 |
| 同治《吴淞志》 | 二卷 | （清）车信臣纂辑 | 光绪八年前 | 佚 | 上海 |
| 光绪《南桥里志》 | 八卷 | （清）宋玉诏纂辑 | 光绪初年 | 佚 | 上海 |
| 光绪《盘龙镇志》 | 不分卷 | （清）金惟鳌纂辑 | 光绪元年 | 存 | 上海 |
| 光绪《罗店镇志稿》 | 不详 | （清）王树棻修，潘履祥总纂，朱诒祥、钱栿分纂 | 光绪五年 | 佚 | 上海 |

续表

| 志书名称 | 志书卷数 | 编纂人员 | 成书年代 | 存佚情况 | 所属地区 |
|---|---|---|---|---|---|
| 光绪《蒸里志略》 | 十二卷 | （清）叶世熊纂 | 光绪九年 | 存 | 上海 |
| 光绪《二十六保志》 | 四卷 | （清）唐锡瑞辑 | 光绪十二年 | 存 | 上海 |
| 光绪《月浦志》 | 十卷 | （清）张人镜纂 | 光绪十四年 | 存 | 上海 |
| 光绪《罗店镇志》 | 八卷 | （清）王树棻修，潘履祥总纂，朱诒祥、钱栤分纂 | 光绪十五年 | 存 | 上海 |
| 光绪《颜安小志》 | 十二卷 | （清）高如圭编撰 | 光绪十六年 | 存 | 上海 |
| 光绪《枫泾小志》 | 不详 | （清）叶世熊纂 | 光绪十七年前 | 佚 | 上海 |
| 光绪《重辑枫泾小志》 | 十卷 | （清）许光墉、叶世熊、费沄修辑 | 光绪十七年 | 存 | 上海 |
| 光绪《外冈志简编》 | 不详 | （清）陆咏荃原纂、陆世益重编 | 光绪十七年 | 佚 | 上海 |
| 光绪《江东志》 | 十二卷 | （清）佚名纂修 | 光绪十九年 | 存 | 上海 |
| 光绪《纪王镇志》 | 四卷 | （清）曹蒙纂 | 光绪二十三年 | 存 | 上海 |
| 光绪《泖塔小志》 | 不详 | （清）阮文善纂 | 光绪二十六年 | 佚 | 上海 |

| 志书名称 | 志书卷数 | 编纂人员 | 成书年代 | 存佚情况 | 所属地区 |
|---|---|---|---|---|---|
| 光绪《淀湖小志》 | 八卷 | （清）诸福坤原著，陈庆林、万以增补著，陶惟坻校订 | 光绪二十八年 | 存 | 上海 |
| 光绪《徐汇记略》 | 一卷 | （清）马良纂 | 光绪二十九年 | 存 | 上海 |
| 光绪《张泽志》 | 十二卷 | （清）封作梅补辑、封文权续补 | 光绪三十年 | 存 | 上海 |
| 光绪《望仙桥乡志稿》 | 不分卷 | （清）张启秦纂辑、陆世益编 | 光绪三十一年 | 存 | 上海 |
| 光绪《法华镇志》 | 八卷 | （清）金祥凤钞补 | 光绪三十三年 | 存 | 上海 |
| 光绪《蒸里志略》 | 不详 | （清）姚鉴纂辑 | 光绪年间 | 佚 | 上海 |
| 光绪《真如续志稿》 | 三卷 | （清）王家芝创修、侯锡恩主纂 | 光绪年间 | 佚 | 上海 |
| 光绪《钱门塘镇志》 | 不详 | （清）童善原辑、童以谦重订 | 光绪年间 | 佚 | 上海 |
| 光绪《菊泉里志》 | 不详 | （清）刘械纂辑 | 光绪年间 | 佚 | 上海 |
| 光绪《莘庄镇志》 | 不详 | （清）佚名纂辑 | 光绪年间 | 佚 | 上海 |
| 光绪《城南志钞》 | 不详 | （清）陈思浩纂辑 | 光绪末、宣统初 | 佚 | 上海 |

续表

| 志书名称 | 志书卷数 | 编纂人员 | 成书年代 | 存佚情况 | 所属地区 |
|---|---|---|---|---|---|
| 光绪《干山志略》 | 一卷 | (清)何廷璋辑 | 光绪末年 | 佚 | 上海 |
| 宣统《续修枫泾小志》 | 十卷 | (清)程兼善重纂 | 宣统二年 | 存 | 上海 |
| 宣统《黄渡续志》 | 八卷 | (清)章圭瑑纂辑 | 宣统三年 | 存 | 上海 |
| 宣统《彭浦里志》 | 八卷 | (清)侯丙吉纂 | 宣统三年 | 存 | 上海 |
| 宣统《重辑张堰志》 | 十二卷 | (清)姚裕廉、范炳垣修辑 | 宣统三年 | 存 | 上海 |
| 清末《闵行镇志》 | 不详 | (清)佚名纂 | 清代末年 | 佚 | 上海 |
| 清末《高桥里志》 | 不详 | (清)佚名纂辑 | 清代末年 | 佚 | 上海 |
| 清末《南塘志》 | 不详 | (清)佚名纂辑 | 清代末年 | 佚 | 上海 |
| 清代《厂头里志》 | 不详 | (清)严典辑纂 | 道光以前 | 佚 | 上海 |
| 康熙《连江里志略》 | 四卷 | (清)郑得来纂 | 康熙八年 | 佚 | 福建 |
| 康熙《海口特志》 | 不分卷 | (清)林以宷纂 | 康熙十三年 | 存 | 福建 |
| 康熙《安海志》 | 不分卷 | (清)佚名纂 | 康熙年间 | 存 | 福建 |
| 雍正《连江里志略》 | 四卷 | (清)郑得来原纂、郑孝锡补订 | 雍正六年 | 存 | 福建 |
| 乾隆《镇海卫志》 | 四卷 | (清)陆云骧纂 | 乾隆十七年 | 存 | 福建 |

| 志书名称 | 志书卷数 | 编纂人员 | 成书年代 | 存佚情况 | 所属地区 |
|---|---|---|---|---|---|
| 道光《安平纪略》 | 不详 | （清）柯希九纂 | 不晚于道光十年 | 佚 | 福建 |
| 道光《长乐梅花志》 | 五卷 | （清）陆元机修、池春雷纂 | 道光八年 | 存 | 福建 |
| 道光《诒经堂重修安平志》 | 不分卷 | （清）柯琮璜纂修 | 道光十五年 | 存 | 福建 |
| 道光《洪塘小志》 | 不分卷 | （清）佚名编 | 道光二十一年 | 存 | 福建 |
| 道光《枫亭志》 | 不分卷 | （清）林朗如纂 | 道光二十五年 | 存 | 福建 |
| 同治《螺洲志》 | 四卷 | （清）白花洲渔增修 | 同治二年 | 存 | 福建 |
| 同治《藤山志》 | 不详 | （清）郑思铨纂 | 同治年间 | 存 | 福建 |
| 同治《藤山志稿》 | 不详 | （清）郑思铨纂 | 同治年间 | 存 | 福建 |
| 光绪《续修安平志》 | 不分卷 | （清）黄其琛续订 | 光绪十年 | 存 | 福建 |
| 光绪《湄州屿志略》 | 四卷 | （清）杨浚纂 | 光绪十四年 | 存 | 福建 |
| 光绪《甘棠城志》 | 不分卷 | （清）刘廷赟纂 | 光绪三十三年 | 存 | 福建 |
| 清代《吉阳里志》 | 不分卷 | （清）陈藩纂 | 年代不详 | 存 | 福建 |
| 顺治《南海九江乡志》 | 五卷 | （清）黎春曦纂 | 顺治十四年 | 存 | 广东 |

| 志书名称 | 志书卷数 | 编纂人员 | 成书年代 | 存佚情况 | 所属地区 |
|---|---|---|---|---|---|
| 康熙《佛山忠义乡志》 | 十卷 | (清)李侍问纂 | 康熙五年 | 佚 | 广东 |
| 雍正《西樵山志》 | 五卷 | (清)罗国器纂 | 雍正四年 | 佚 | 广东 |
| 乾隆《西樵山志》 | 六卷 | (清)罗国器重辑、马符录编 | 乾隆六年 | 存 | 广东 |
| 乾隆《澳门记略》 | 二卷 | (清)张汝霖、印光任纂 | 乾隆十六年 | 存 | 广东 |
| 乾隆《佛山忠义乡志》 | 十一卷 | (清)毛维锜、陈炎宗纂 | 乾隆十七年 | 存 | 广东 |
| 嘉庆《龙山乡志》 | 十四卷 | (清)温汝能纂 | 嘉庆十年 | 存 | 广东 |
| 道光《佛山忠义乡志》 | 十四卷 | (清)吴荣光纂 | 道光十年 | 存 | 广东 |
| 道光《佛山街略》 | 一卷 | (清)佚名纂 | 道光十年 | 存 | 广东 |
| 道光《龙江志略》 | 四卷 | (清)儒林书院纂 | 道光十三年 | 存 | 广东 |
| 光绪《九江儒林乡志》 | 二十一卷 | (清)朱次琦、冯栻宗纂 | 光绪九年 | 存 | 广东 |
| 光绪《梅蔤志》 | 四卷 | (清)梁兆罄纂 | 光绪二十八年 | 存 | 广东 |
| 宣统《龙江志略》 | 四卷 | (清)儒林书院纂 | 宣统年间 | 存 | 广东 |
| 康熙《善和乡志》 | 二卷 | (清)程襄纂 | 康熙八年 | 存 | 安徽 |

| 志书名称 | 志书卷数 | 编纂人员 | 成书年代 | 存佚情况 | 所属地区 |
|---|---|---|---|---|---|
| 康熙《杏花村志》 | 十二卷 | (清)郎遂纂 | 康熙二十四年 | 存 | 安徽 |
| 雍正《休宁孚潭志》 | 四卷 | (清)许绪祖纂 | 雍正元年 | 存 | 安徽 |
| 雍正《岩镇志草》 | 四卷 | (清)佘华瑞纂 | 雍正十三年 | 存 | 安徽 |
| 乾隆《沙溪集略》 | 八卷 | (清)凌应秋辑 | 乾隆二十四年 | 存 | 安徽 |
| 乾隆《橙阳散志》 | 十二卷 | (清)江登云纂 | 乾隆四十年 | 存 | 安徽 |
| 乾隆《采石山志》 | 不详 | (清)曹洛禋纂 | 乾隆年间 | 佚 | 安徽 |
| 嘉庆《橙阳散志》 | 十五卷 | (清)江登云原纂、江绍莲续纂 | 嘉庆十四年 | 存 | 安徽 |
| 光绪《善和乡志》 | 八卷 | (清)程文翰编 | 光绪七年 | 存 | 安徽 |
| 光绪《采石志》 | 不分卷 | (清)李恩绶纂 | 光绪年间 | 存 | 安徽 |
| 清代《采石志》 | 五卷 | (清)曹重斗纂 | 年代不详 | 佚 | 安徽 |
| 顺治《清源志》 | 不详 | (清)和羹修、王颙儒纂 | 顺治十八年 | 佚 | 山西 |
| 顺治《清源志稿》 | 不详 | (清)王颙儒纂 | 顺治年间 | 佚 | 山西 |
| 乾隆《清源乡志稿》 | 不详 | (清)秦为龙纂 | 乾隆五十七年 | 佚 | 山西 |

| 志书名称 | 志书卷数 | 编纂人员 | 成书年代 | 存佚情况 | 所属地区 |
|---|---|---|---|---|---|
| 光绪《清源乡志》 | 十八卷 | （清）王勋祥修、王效尊纂 | 光绪八年 | 存 | 山西 |
| 光绪《平顺乡志》 | 不分卷 | （清）佚名纂 | 光绪十年 | 存 | 山西 |
| 光绪《平顺乡志附录》 | 一卷 | （清）佚名纂 | 光绪十年 | 存 | 山西 |
| 康熙《颜神镇志》 | 五卷 | （清）叶先登修、冯文显纂 | 康熙三年 | 存 | 山东 |
| 康熙《颜山杂记》 | 四卷 | （清）孙廷铨纂 | 康熙四年 | 存 | 山东 |
| 康熙《张秋志》 | 十二卷 | （清）林芃、马之骦纂 | 康熙九年 | 存 | 山东 |
| 康熙《浯溪考》 | 二卷 | （清）王世祯纂 | 康熙四十年 | 存 | 湖南 |
| 乾隆《浯溪新志》 | 十四卷 | （清）宋溶纂修 | 乾隆三十五年 | 存 | 湖南 |
| 乾隆《沧浪乡志》 | 二卷 | （清）高治清纂 | 乾隆四十七年 | 佚 | 湖南 |
| 道光《绥靖屯志》 | 十卷 | （清）李涵元修、潘时彤纂 | 道光五年 | 存 | 四川 |
| 同治《章谷屯志略》 | 不分卷 | （清）吴德煦纂 | 同治十三年 | 存 | 四川 |
| 同治《章谷屯志稿》 | 不详 | 不详 | 同治年间 | 佚 | 四川 |
| 道光《泾阳鲁桥镇志》 | 五卷 | （清）王介纂 | 道光元年 | 存 | 陕西 |

续表

| 志书名称 | 志书卷数 | 编纂人员 | 成书年代 | 存佚情况 | 所属地区 |
|---|---|---|---|---|---|
| 道光《重修辋川志》 | 六卷 | （清）胡元煐纂 | 道光十七年 | 存 | 陕西 |
| 光绪《马嵬志》 | 十六卷 | （清）胡凤丹纂 | 光绪三年 | 存 | 陕西 |
| 乾隆《嶍嘉志书草本》 | 不分卷 | （清）罗仰锜纂 | 乾隆十一年 | 存 | 云南 |
| 乾隆《嶍嘉志》 | 五卷 | （清）王聿修纂 | 乾隆四十六年 | 存 | 云南 |
| 光绪《苑里志》 | 二卷 | （清）蔡振丰编 | 光绪二十三年 | 存 | 台湾 |
| 光绪《树杞林志》 | 不分卷 | （清）林百川、林学源纂 | 光绪二十四年 | 存 | 台湾 |
| 道光《潞阴志略》 | 一卷 | （清）管庭芬纂 | 道光十一年 | 存 | 北京 |
| 同治《洛阳龙门志》 | 二卷 | （清）路朝霖纂 | 同治九年 | 存 | 河南 |
| 同治《鹦鹉洲小志》 | 四卷 | （清）胡凤丹纂 | 同治十三年 | 存 | 湖北 |

资料来源：本书下编《清代乡镇志书提要》。

## 二、命名别称

一般而言，对于地方志书的命名，其规律多是以具体地名（或者雅称别名）加上通称"志"（包括"小志""补志""续志""新志"等称谓）的方式组合而成的。例如刘械纂辑的光绪《菊泉里志》、孙霖编纂的乾隆《菱湖小志》、黄宗城所纂光绪《梅李补志》、黄兆柽编纂光绪《平望续志》、沈元镇纂辑乾隆《碛川新志》等，皆是如此。但是这种命名规律的最终形成，乃是在宋代以后（尤其是南宋以来）地方志书发展走向定型、体例趋于稳定之后的产物。

我们知道，地方志书的发展，在经历了汉魏南北朝时期的地记、隋唐五代的图经这两大阶段之后，及至宋代开始在体例编次与内容安排上逐渐趋于定型和稳固，其所确立的范型与传统对后世的地方志书编纂产生了深远的影响。就地方志书命名形式的演变过程来看，也是随着地方志书在不同阶段的历史发展而最终趋向定型的，在不同发展阶段中，地方志书的命名形式都有各自的时代特征。在汉魏南北朝时期，地记的编纂大为兴盛，就其命名来看，主要是以某地名称加上"记"或者"传"的字样进行组合，例如罗含撰《湘中记》、刘道真撰《钱塘记》、鲍至撰《南雍州记》；刘义庆撰《徐州先贤传》、宋孝王撰《关东风俗传》、习凿齿撰《襄阳耆旧传》，等等。① 以"记"或者"传"的字样作为地方志书的通称，表明了当时地记的编纂深受传统史学体例的影响。一般而言，通称为"记"的地记多是地理与人物的记载并重，延续了《汉书·地理志》以来的地理志书编纂传统；而通名为"传"的地记，尤其是"先贤传""耆旧传""人物传"等，当是以人物传记为重点，在体裁上更加偏重于纪传体的史著形式。汉魏南北朝时期地记由于通称各异而形成的记载侧重的不同取向，正是反映了地记在内容记载上的多样性。隋唐五代时期，地方志书的发展进入了编纂图经的阶段，魏晋南北朝以来的地记著作形式渐趋消失。隋唐五代的图经较之地记而言，在体例与内容上都有了长足的演进，就目前所见保存较为完整的唐代敦煌图经《沙州都督府图经》残卷来看，我们可以知道唐代图经在体例上不仅采用了为后世地方志编纂所遵循的平目体，依照不同的要素门类展开叙述，而且在内容记载上也能够注重在整体的编纂框架中达到地理与人文内容的均衡，避免了魏晋南北朝时期地

---

① 当时编纂的地记中，也有称"录""志"的，例如赵岐撰《三辅决录》、虞预撰《会稽典录》、刘芳撰《徐州人地录》、常璩撰《华阳国志》、韦昭撰《三吴郡国志》、萧绎撰《荆南地志》等。但其数量相对较少，所占比重不大。而且这种名为"志"的地记，实际上更为接近《汉书·地理志》的编纂体例，应当属于地理志书的范畴，与我们一般所认为的地方志书尚有较大距离。

记在内容记载上畸轻畸重、导致体例不纯的弊病。当时各地志书皆以"图经"为名(例如《润州图经》《辽州图经》《饶州图经》等),虽然名称尚属不同,但是唐代图经在体例上已经较为接近后世的平目体志书,在地方志书发展史上具有承上启下的关键作用。从宋代开始,地方志书的编纂体例与内容都开始趋向定型,虽然北宋时期尚有部分地方志书名为图经,但其编纂体例已经改成平目体的形式,只是沿用了传统的志书称谓,实质上已经成为定型的方志。① 及至南宋以降,方志发展最终得以定型,以"临安三志"为代表,标志着地方志书在命名称谓、编纂体例、内容安排上都有了一个可供遵循效法的准则,为元明清时期地方志书的深入发展奠定了基础。地方志发展的最终定型,其在关于志书命名方式上的特征,体现为主要以"志"的称谓作为地方志书的通称,辅以一些沿袭传统史学著作体裁的别称,这在明清时期地方志书的编纂发展史上得到了很好的继承与沿袭。

　　清代乡镇志书的命名方式,主要是以具体地名(或雅称别名)加上"志"(及"小志""补志"等)这一类的通称组合而成的②。例如郎遂纂康熙《杏花村志》、郑得来纂康熙《连江里志略》、程文翰编光绪《善和乡志》等,这些乡镇志书的命名方式就是以实际具体的地名(例如乡、镇、村、里等)加上"志"这一类的通称。又如杨志达纂辑康熙《槎溪里志》、陈尚古所纂康熙《仙潭志余》、周郁宾所纂嘉庆《珠里小志》等乡镇志书的命名方式,则是以当地的别名雅

---

　　① 详见仓修良著《方志学通论》(增订本)的相关论述,华东师范大学出版社 2013 年版,第 186~187 页。

　　② 清代乡镇志书在命名上虽多以"志"为通称,但究其具体称谓,还多有不同之处,可以进一步细化讨论。例如有"小志"(道光《渔闲小志》)、"杂志"(雍正《星溪杂志》)、"续志"(道光《信义续志》)、"新志"(乾隆《小海场新志》)、"合志"(嘉庆《石冈广福合志》)、"备志"(道光《震泽备志》)、"分志"(光绪《湖乡分志》)、"后志"(顺治《仙潭后志》)、"补志"(光绪《唐市补志》)、"散志"(乾隆《橙阳散志》)、"特志"(康熙《海口特志》),以及"志钞"(《城南志钞》)、"志余"(光绪《修川志余》)、"志草"(雍正《岩镇志草》)、"志稿"(黄程云纂乾隆《杨行志稿》)等。

称加上"志"这一类的通称。其中"槎溪"即上海南翔镇的古名雅称，"仙潭"即浙江德清新市镇的别称，"珠里"即指上海青浦古镇朱家角。此外还有以当地具有代表性的地理标志(例如山水、寺塔等)作为志书的名称，例如孙廷铨所纂康熙《颜山杂记》、焦循编纂的嘉庆《北湖小志》、王廷和编纂的乾隆《峰泖志》(此志之前有明代《泖塔记》，民国时期又续纂为《长水塔志》，所载皆是一地)等，其中"颜山"即代表颜神镇、"北湖"指的是扬州城北水网密布、因水而成市镇的北湖地区，而"峰泖"即松江天马山镇一带的标志性地理景观。倘若不细细翻阅这些志书的内容，则会将其误收入山水志或者寺塔志中。除了上述情况之外，清代乡镇志书在命名上还有十类不同的别称，兹分类缕述如次。

### 1. "记"("杂记""续记""记闻")

例如徐文范纂辑乾隆《钱门塘市记》、钱浚纂光绪《穿山记》、张端木纂乾隆《西林杂记》、潘夏珠所纂顺治《临平续记》、胡琢纂修乾隆《濮镇记闻》等乡镇志书皆是以此命名。从编纂体例上来看，这些志书多是采用平目体或纲目体的形式，分门别类进行叙述。以金端表所纂道光《刘河镇记略》为例，该志即分为《发源》《水利》《创始》《形势》《盛衰》《人物》《古迹》《节孝》《街巷》《灾异》《土产》《俗谈》《奇事》《宦迹》等十四卷，虽然个别篇目门类名称较之一般志书而言有些不同(如《发源》《创始》《形势》《盛衰》)，但在其下皆有小注说明。① 一般而言，称"记"的清代乡镇志书，虽然沿袭了一般志书的编纂体例，但在具体设置篇目上仍有一定的机动灵活性。

### 2. "识"("小识""杂识")

例如杨希溓编述道光《恬庄小识》、柳树芳辑录道光《分湖小

---

① 例如该志《创始》卷，其名下注曰："大小刘河 建闸防寇 筑城茜泾 军工战船 炮台镇守"等，则为分纲别目的体例；又如《盛衰》卷，其名下注曰："自宋高宗南渡后起至嘉庆二十一年止"，则是用以说明该卷记载主旨所在。

识》、夏驷所纂乾隆《乌青杂识》等乡镇志书皆是以此命名。所谓
"识"，从语义训诂上来看，与"志""记"等的含义是基本一致的，
因而"小识"即是"小志"的意思，可以说只是换了一种别称而已。
如就杨希濂编述道光《恬庄小识》来看，该志即采用平目体的形式，
详细记载该地河梁、公所、义局、孝义、科名、职官等内容，与一
般的乡镇志书体裁完全一致。即如杨希濂在自序中所说："我儿英
彝、英类，曾仿支溪、徐市各小志，辑《恬庄小识》，俱未之
竟。"①这说明道光《恬庄小识》不仅在体例上借鉴了其他市镇"小
志"的编纂方式以为有所仿照，而且称为"识"者，无非只是一种别
名、别称，实际上就是"《恬庄小志》"。这不仅在语义训诂上可以
等同，而且也可以通过与所借鉴的志书体例进行比对得知。②

### 3. "录"（"杂录"）

例如岳昭垲纂同治《濮录》、钱以陶辑纂道光《厂头杂录》。按
"录"与"记"同义，这类乡镇志书在编纂体例上与前述以"记"为名
的志书是基本一致的，只是在称谓上有所不同。

### 4. "文献"（"遗献"" 征献"）

例如张园真所纂康熙《乌青文献》、张鸿寯编纂乾隆《南浔文献
志》、朱闻所纂道光《练溪文献》；程庭鹭所纂嘉庆《涂淞遗献录》、
倪赐纂乾隆《唐墅征献录》、赵元溥所纂《唐墅征献录补编》、张璐
纂《唐墅征献录续编》等乡镇志书皆是以此命名。凡称"文献"的清
代乡镇志书，其基本特点乃是主要收录地方文人名士传记以及大量
的诗文碑记，按类分载，以突出保存地方文献、以备征考的用意。
以黄炳宸编纂的同治《梅李文献小志稿》来看，该志在总述里中地
理沿革与街巷水道情况后，便按类"集文"，将相关的诗文碑记附

75

---

①　参见（清）杨希濂编述：道光《恬庄小识》，沈秋农、曹培根主编：
《常熟乡镇旧志集成》李克为等标校本，广陵书社 2007 年版，第 916 页。
②　例如道光《恬庄小识》在编纂上借鉴了顾镇编辑、周昂增订的乾隆
《支溪小志》，该志采用的即为平目体的形式。

载于对应的条目下。如记载里中的黄香墓，其后便附载劳必达所撰《汉尚书令孝子墓碑阴记》，以文献资料的形式进行补充说明。这种编纂方式固然能够保存不少珍贵的文献，但是在体例上却有不足之处，容易使得志书变成地方诗文集的汇编，潘镐编纂的《梅里文献小志》即是如此。此外，名为"征献"的乡镇志书有可能多侧重于地方先贤人物传记的载录。以茅应奎所纂乾隆《东西林汇考》为例，其书卷五为《征献志》，卷首小序云："我镇土膏溪秀，人文辈出，或标伟伐于当年，或垂清风于奕世，或一姓而冠盖蝉联，或播迁而缥缃郁起。吏治文学，飞跃互奇，元抱青衿，栖迟各异……皆秀气所钟而野史堪载者也。"①以下则分为"勋贤""儒行""高义""科贡""例仕"诸目收录里中人物列传。这是值得注意的一个特例。

**5. "编"（"类编""续编""简编"）**

例如周逸民辑康熙《栖乘类编》、金淮纂嘉庆《濮川所闻记续编》、曹组城重辑嘉庆《重辑贞溪编》、陆咏荃原纂、陆世益重编光绪《外冈志简编》等乡镇志书皆是以此命名。以"编"为志书称谓，推其渊源，当是深受古代史学编纂传统的影响，以此仿效史著体例、追求高古之意的缘故所致。

**6. "略"（"志略""述略""集略"）**

例如张之鼐辑康熙《栖里景物略》、王家枚所纂光绪《龙砂志略》、徐士燕辑纂同治《竹里述略》、凌应秋辑乾隆《沙溪集略》、佚名纂道光《佛山街略》等乡镇志书皆是以此命名。所谓"略"者，乃是取其概貌、概略的意思而言，并非只是就篇幅而论详略。上述几部乡镇志书，除了道光《佛山街略》仅为一册十二叶的刻本外，其余志书卷帙篇幅都较大，例如康熙《栖里景物略》十二卷、光绪《龙砂志略》十卷、乾隆《沙溪集略》八卷等，其志书称为"略"而卷帙篇

---

①　（清）茅应奎编纂：乾隆《东西林汇考》，《中国地方志集成·乡镇志专辑》第二十二册（上）影印清乾隆三十一年（1766）稿本，上海书店出版社1992年版。

幅却不略，这实际上是编纂者的一种谦逊之辞，表示自己所编纂的志书只能展现当地情况之大略所在。

**7."乘"**

清代乡镇志书中以"乘"为名者仅有六例，分别为：曹菼园辑康熙《栖水文乘》、周逸民辑康熙《栖乘类编》、章腾龙所纂乾隆《贞丰拟乘》、姚葭客所纂乾隆《双林支乘》、章腾龙原纂、陈勰增辑嘉庆《贞丰拟乘》、常春锦编纂的光绪《鰕沟里乘》。"乘"为先秦诸侯国史之体(如《晋乘》)，志书以此为名，不仅是对于传统史学编纂体例的效仿，也表明了编纂者认为"志属史体"的方志学思想。

**8."考"**

清代乡镇志书中以"考"为名者仅此二例：即茅应奎纂乾隆《东西林汇考》、王世禛纂康熙《浯溪考》。按茅应奎纂乾隆《东西林汇考》，原序题作"东西林汇志"，后因每卷以"志"命名(如卷一形胜志、卷二建置志、卷三古迹志等)，为避免重叠而改志书总名为"考"。

**9."征"**

例如张为金所纂嘉庆《真如征》，清代乡镇志书中以"征"为名者仅此一例。此志已佚，因而不得知其体例大概。按"征"与"考"的语义接近，因而推断这种名称的志书体裁，可能与上述乾隆《东西林汇考》类似。

**10."注"**

例如陈尚古纂康熙《新溪注》，清代乡镇志书中以"注"为名者仅此一例。此志已佚，无从得知其大概情况。按"注""记""识"的语义接近，所谓"新溪注"即为"新溪记"或"新溪小识"之类的含义，但对其体例终究不可得知。

综上所述，我们可以知道，清代乡镇志书的命名方式具有极大的多样性与灵活性。虽然多数志书即以"志"这一类通称为名，但也有不少乡镇志书在命名上别出机杼，或取近义别称(如"志""记""识""录"等文义相近)，或仿史著体裁(如"编""乘""考")，体现了编纂志书的不同用意所在。除此之外，我们通过志书的名称，还能对于其编纂方式与文献形态有所认知。以"续志""补志"为名者，必是续补前志而成，例如潘孝曾辑纂的嘉庆《娄塘镇续志》，所续旧志为陈曦所编乾隆《娄塘志》；章圭琭纂辑宣统《黄渡续志》，其所续志书为章树福纂辑的咸丰《黄渡镇志》；而在龚文洵的光绪《唐市补志》编纂之前，即有倪赐所纂乾隆《唐市志》与苏双翔补纂的道光《唐市志》两种，等等。志书名称为"稿""草"者，固然带有编纂者以为志书尚不成熟的谦虚之意，但也展现了志书的基本文献形态。例如沈宗城纂有道光《元和唯亭志稿》，成稿于清道光十八年，其后沈藻采于清道光二十八年纂成道光《元和唯亭志》，则道光《元和唯亭志稿》为沈藻采志书编纂所依据的稿本；黄炳宸所纂同治《梅李文献小志稿》，名为稿本，但其编纂体例与内容记载皆较为完备，当是编纂者谦逊之意，以求更趋完善。

## 三、体例、篇目与编纂体裁

清代乡镇志书的体例，主要有细目并列的平目体、分纲列目的纲目体以及仿照正史的纪传体三种。例如顾传金编纂的道光《蒲溪小志》四卷，分为《名义》《郡县建置沿革》《里至》《形胜》《乡保区图》《风俗》《物产》《列传》《艺术》《艺文》等二十八个类目，并按照细目并列的方式编排次第，属于平目体志书；此外沈藻采所纂道光《元和唯亭志》二十卷也采用了平目体的形式。① 又如臧麟炳纂康熙《桃源乡志》八卷，共有《沿革志》《形胜志》《风俗志》《山川志》《里域志》《田赋志》《古迹志》《列传志》(又分为五类)、《著述》(又

---

① (清)顾传金辑、王孝俭等标点：道光《蒲溪小志》，《江南名镇志系列丛书》，上海古籍出版社2003年版；(清)沈藻采纂、徐维新点校：道光《元和唯亭志》，《苏州工业园区乡镇志丛书·元和唯亭志》，方志出版社2001年版。

分为八类)等共三十个大类目,其在《列传志》之下又细分为《进士》《举人》《贡士》《名宦》《醇儒》《历仕》等十三个次一级门类,在篇目编次上具有纲举目张的特点,是则属于纲目体志书;此外林芃、马之骦编纂的康熙《张秋志》十二卷,其编纂体例也是纲目体。① 再如王同编纂的光绪《唐栖志》二十卷,其第十八卷为《事纪》,以专题分类的形式记载当地大事的编年沿革,第九卷至第十五卷为《人物》,分为孝友、义行、耆旧、列女、寓贤、方外等不同类别的人物传记,是为仿照正史编纂的纪传体志书;此外宋景关所纂乾隆《乍浦志》,其卷六为《外纪》,备述明正统七年以来乍浦当地的大事概略,卷五为人物传,纪传两体兼备,这同样也是采用了纪传体的形式。②

在这三种主要体例中,平目体的产生由来已久,早在魏晋南北朝时期的地记与隋唐五代的图经中,都可以看到这种将记载要目并列进行分别叙述的编纂体例,即使在地方志书发展趋于定型之后,这种编纂体例也一直被后世的志书继承延续下去。纲目体的产生,乃是因为随着地方志书记载内容的不断丰富,原有的类目框架不能适应现实情况的发展,必须在原有的并列平目之下展开分类,进行更为细致的区分与记载。如此一来便形成了纲举目张的编纂体例,实则纲目体乃是由平目体演化而来,在类目区分与框架层级上有了进一步的发展。因此,仓修良先生指出,这种以细目并列为特征的平目体"可视为方志发展中的正宗"。③

清代乡镇志书采用何种编纂体例,一般而言,乃是根据志书的篇幅大小以及记载对象的繁复程度这两个因素来决定的。其中对于

---

① (清)臧麟炳纂、龚烈沸点注:康熙《桃源乡志》,方志出版社 2006年版;(清)林芃修、马之骦纂,李印元校点:康熙《张秋志》,山东阳谷历史文化研究会刊行,2012 年版。

② (清)王同纂:光绪《唐栖志》,《文化塘栖丛书》标点本,浙江摄影出版社 2006 年版;(清)宋景关纂:乾隆《乍浦志》,《乍浦旧志三种》郭杰光整理本,浙江省平湖市史志办公室,2009 年版。

③ 参见仓修良著:《方志学通论》(增订本),华东师范大学出版社 2013年版,第 21 页。

篇幅不大的乡镇志书来说，由于需要记载的内容范围相对不广，因而多是采用平目体的编纂体例；而对于篇幅或卷帙较多的志书，因其所记载的对象内容较为庞杂，需要进行深入细化，则一般多采用分纲列目的纲目体形式进行编纂。例如金惟鳌纂辑的光绪《盘龙镇志》，该志篇幅不大，即是采用平目体的编纂方式，分列《镇巷》《风俗》《物产》《水利》（又分上下）、《田赋》《官署》《义局》《寺庙》《桥梁》《坊圃》《科目》《人物》（又分上下）、《列女》《艺文》（又分上下）、《杂志》诸要目门类进行记载，除了《水利》《人物》《艺文》这三个类目篇幅相对较多，其他的篇目所占比重都较为均匀；宋景关纂乾隆《乍浦志》，共有六卷，即分为《城市》《山川》《武备》《职官》《人物》《外纪》六个类目进行记载。又如吴荣光所纂道光《佛山忠义乡志》，共分为《乡域》《祀典》《官署》《乡学》《乡俗》等十四个大类，每类下又细分为数量不等的各类门目进行分别记载；叶长龄等纂、叶钟敏重辑的光绪《杨舍堡城志稿》，每卷设置一个大类（《建置》《疆域》《山川》《民赋》《武备》《风俗》等共十四个），其下再进一步细分各种门目，这在编纂方式上与道光《佛山忠义乡志》是一致的。

然而以上这个论断仅就清代乡镇志书编纂体例中的多数情况而言的，实际上也存在一些特殊的案例。有的志书篇幅不大却采用分类较为详尽的纲目体形式，例如程国昶等原纂、佚名续纂同治《泾里续志》，全志不过五六万言，篇幅固然不算大，却细细分为十卷共十四个门类，而且在人物门类下又进一步细分为《忠》《孝》《义》《节》《名宦》《科第》《乡贤》等十一个次级细目进行分类记载。还有的志书虽然篇幅卷帙都较多，记载的内容范围也很广泛，但却采用了平目体的编纂形式，例如王同所纂光绪《唐栖志》，"为目凡十四，曰《图说》、曰《山水》、曰《桥梁》、曰《街巷》、曰《遗迹》、曰《祠庙》、曰《梵刹》、曰《人物》、曰《艺文》、曰《碑碣》、曰《冢墓》、曰《事纪》、曰《诗纪》、曰《杂纪》，为卷凡二十。"①这就说

---

① （清）王同纂：光绪《唐栖志·凡例》，《文化塘栖丛书》标点本，浙江摄影出版社2006年版，第12页。

明，清代乡镇志书编纂体例的确定，不仅取决于志书的篇幅卷帙以及所记载的内容范围等因素，而且与编纂者的主观意图有一定的关系，因此不能仅就多数情况一概而论，而是需要再进行深入的考察。

地方志书的篇目不仅受到志书体例与编纂体裁的影响和制约，而且与其记载对象有着密切的关系。志书的篇目设计构架反映了编纂者对于记载对象在内容上的存留去取以及编次顺序，有助于我们探究编纂者的方志思想与修志理念，而且记载对象的变化（尤其是新事物的出现或旧事物的消亡）又决定了志书在篇目上的增删。一般而言，清代各类府州县地方志书的篇目设计，其基本要素为疆域政区、沿革建置、山川水利、物产风俗、户口赋役、职官选举、人物列传、艺文掌故、名胜古迹、琐事异闻等方面的内容，涉及举凡一地的政治、经济、文化、社会、历史、风俗等各方面的情况。例如李兆洛主纂的嘉庆《凤台县志》，其篇目设计构架即为：卷第一《舆地》（《沿革》《疆域》《坊保》《山川》《形胜》《分野》），卷第二《食货》（《风俗》《户口》《田赋》《税课》《盐引》《硝额》《额解》《额支》《捐摊》《赈恤》），卷第三《营建》（《城郭》《公署》《监狱》《汛铺》《仓廒》《书院》《津梁》《坛庙》《义冢》《寺观》《游观》），卷第四《沟洫》，卷第五《官师》，卷第六《选举》，卷第七《艺文》（《载籍》《金石》《词赋》），卷第八《人物》，卷第九《列女》，卷第十《古迹》，卷第十一《图说》，卷第十二《附录》。[①] 大多数的清代乡镇志书在编纂过程中不同程度地借鉴了府州县志的篇目构架，沿袭了其中的篇目设计思路，深受府州县志的编纂体例与篇目设计构架的影响。例如周郁宾所纂嘉庆《珠里小志》，其篇目依次为《界域》《水利》《田赋》《户口》《风俗》《方言》《物产》《里巷》《桥梁》《寺庙》《第宅》《官署》《职官》《科目》《例仕》《封赠》《书院》《义冢》《人物》（又分上下）、《流寓》《艺术》《列女》《方外》《艺文》（又分上下）、《杂

81

————————

① （清）李兆洛主纂：嘉庆《凤台县志》，清嘉庆十九年（1814）刻本。

记》(又分上下),① 这就属于一种较为常规和稳妥的志书篇目设计方式。

当然,也有一些清代乡镇志书的编纂者能够从本地实际情况出发,并不一味照搬照抄府州县志的篇目设计构架,而是能够有所增删去取,使得志书从篇目设计上贴近本地现实。例如叶长龄等纂、叶钟敏重辑的光绪《杨舍堡城志稿》,在篇目设计上虽然"门目略依邑志(按:即光绪《江阴县志》)",对于官修的府州县志体例与篇目有所取用与仿照,但同时根据本地实际情况指出:"学校非镇所有,祥异非镇能该;名宦得一人祀,事异县治,一并从职官,一并附坛庙,则皆当删与并者也。事从其实,故秩祀改为坛庙,神远于人,故坛庙移后古迹,则又当改与移者也。"②对于不应刊载的篇目(《学校》《祥异》)以及"一事两录"的情况进行了删并;由于编纂者主张"神远于人",具有朴素的唯物主义思想,故将《坛庙》篇目移置《古迹》之后,而且对于里中的祥异情况不设篇目进行记载,这些编纂主张都在该志书的篇目框架上得到了体现。需要指出的是,该志书编纂者能够有较为进步开明的思想,勇于破除迷信,对于一般乡镇志书中都有的《祥异》篇目不予设立,这是非常难能可贵的。又如乾隆《南翔镇志》的编纂者张承先对于具体的篇目设计,就有这样的主张:"赋役、户口、保甲、乡约概不载,恐等于邑志也。"③其后该志由程攸熙增订为嘉庆《南翔镇志》,在篇目设计上也坚持了这一点。

晚清时期,随着中国社会近现代化进程的不断深入,一些从西方传入的新式事物逐渐在传统乡镇社会中出现,这在当时编纂的乡

① (清)周郁宾纂:嘉庆《珠里小志》,上海市地方志办公室编:《上海乡镇旧志丛书》第七册戴扬本整理本,上海社会科学院出版社2005年版。

② (清)叶长龄等纂,叶钟敏重辑:光绪《杨舍堡城志稿·凡例》,《张家港旧志汇编·杨舍堡城志稿》黄晓曙等点校本,凤凰出版社2006年版,第16页。

③ (清)张承先撰:乾隆《南翔镇志·凡例》,载上海市地方志办公室编:《上海乡镇旧志丛书》第三册嘉庆《南翔镇志》朱红标点本,上海社会科学院出版社2004年版。

镇志书中得到了一定反映。例如章圭璪纂辑的宣统《黄渡续志》，在卷一《建置》中增加设置了《宪政》《交通》《火政》等篇目。其中《宪政》篇记载了"咨议局""县自治"以及"乡自治"等内容，反映了清末借鉴西方政治理念所开展的立宪政治在乡土社会中的实际运作情形；在《交通》篇目下主要记载了"电线""轮船""邮政"以及"铁路"诸项在当地设立通行的历史沿革，展现了西方现代科学技术对于当地社会环境的影响；而《火政》篇则对于新式的消防措施与救火会的设立进行了记述。① 这些新的篇目要素都是传统乡镇志书中所不曾有过的，宣统《黄渡续志》的编纂者将这些新鲜事物及时地在地方志书中加以记载与反映，体现了志书鲜明的时代性特征。又如黄兆柽编纂的光绪《平望续志》，在卷二最末新设置了《电线》这一篇目，记载"苏垣电报局立竿引线"在当地铺设电线的情况。虽然只有一两百字的篇幅，但编纂者对于新事物作了相应的记载，体现了接受先进新事物的敏锐程度，同时不仅使得志书篇目有了一定的特色和亮点，也保存了重要的文献史料。② 需要指出的是，由于晚清时期东南地域社会受到"欧风美雨"的影响较多，因此，苏浙沪地区编纂的不少乡镇志书，在其志书篇目设计中都能够增设反映时代特征与新事物的篇目，以此展现志书在内容记载上的时代特色。

明清时期地方志书的发展更加趋于成熟和完善，其中一个重要的表现即为志书所采用的编纂体裁纷繁多样、不拘一格。清代各类地方志书所采用的编纂体裁，主要有图、纪、传、表、志五种。这些体裁样式都是从传统史学著作的编纂体例中借鉴仿照而来的，由此可见地方志书的编纂深受古代史学传统的影响。"图"即指卷首所载的舆地图、形势图、景观图等；"纪"一般是指大事纪，概括

① （清）章圭璪纂辑：宣统《黄渡续志》，上海市地方志办公室编：《上海乡镇旧志丛书》第三册杨军益标点本，上海社会科学院出版社2004年版，第9~14页。

② （清）黄兆柽纂：光绪《平望续志》，《吴江乡镇旧志丛刊·平望志(三种)》沈春荣等点校本，广陵书社2011年版，第370页。

叙述该地区历史发展梗概；"传"即为各类人物、先贤、列女传记；"表"则有沿革表、职官表、选举表等名目，是借用表格的形式简洁明了地展示所要叙述的内容；"志"即专志部分，是按照一定的专题范围记载的篇目，例如水利志、职官志、风俗志、艺文志等即是。就清代乡镇志书所采用的体裁来看，其中"志"与"传"是各部志书必不可少的内容，有些乡镇志书即是仅采用这两种体裁进行编纂的。例如周凤池原纂、蔡自申等续纂道光《金泽小志》，卷首无图，通篇无表与大事纪，卷之一为《隶属》《疆域》《水利》《桥梁》《风俗》《土产》；卷之二为《汛防》《祠庙》《古迹》《墓域》；卷之三为《科目》《孝友》《仕宦》《行谊》《艺文》；卷之四为《列女》；卷之五为《游寓》《艺术》；卷之六为《方外》《杂记》，就该志所采用的体裁来看，其中卷一至卷三皆是志体(除去孝友、仕宦、行谊属于传体)，含有疆域志、水利志、风俗志、选举志、艺文志等名目，卷四至卷六为传体，即相关人物(先贤、列女、释道等)的传记。① 又如高如圭编撰的光绪《颜安小志》，无图无表，除了卷八至卷十为人物列传，其余卷帙即为《界域》《水利》《职官》《田赋》《土产》《科名》《艺文》等志。② 皆为其例。当然清代乡镇志书对于编纂体裁的运用不会仅仅局限于这两种，而是将五种体裁进行灵活搭配与综合运用，发挥各种体裁的长处，以此彰显志书在编纂上的优长，突出志书的文献价值。以下对清代乡镇志书所采用的主要体裁进行分类概述。

### 1. 兼具图、纪、传、表、志五种体裁者

例如王同编纂的光绪《唐栖志》，第一卷为《图说》，载有《唐栖市镇图》《下塘漕河图》《超山图》《海云洞图》以及《栖溪讲舍图》等；

---

① (清)周凤池原纂、蔡自申等续纂：道光《金泽小志》，上海市地方志办公室编：《上海乡镇旧志丛书》第七册杨军益标点本，上海社会科学院出版社 2005 年版。

② (清)高如圭编撰：光绪《颜安小志》，上海市地方志办公室编：《上海乡镇旧志丛书》第八册魏小虎标点本，上海社会科学院出版社 2005 年版。

第十八卷为《事纪》，分为行宫、衙署、仓储、塘堤、保甲等方面的专题，记载当地大事沿革①；第九卷至第十五卷为《人物》，分为孝友、义行、耆旧、列女、寓贤、方外等不同类别的人物传记；第八卷为《选举表》，记载明清时期唐栖镇获得各级科举功名者的基本情况；此外其他卷帙即为志体，其中第二卷志《山水》、第三卷志《桥梁》、第七卷志《梵刹》、第十六卷志《艺文》等皆是如此。②又如章圭瑑纂辑宣统《黄渡续志》，卷首载有《黄渡乡图》；卷七《兵事》，对影响当地甚巨的晚清以来的"土匪事"与"粤匪事"进行了专门记载，③ 属于专题大事纪的体裁；卷五《人物》，即人物传记体；卷一记述当地防军，有"营名及管带姓氏、到防年月"表，《宪政》一目下有关于选举情况的简表；此外皆为志体，如卷一志《建置》、卷三志《水利》、卷六志《艺文》等。④ 清代乡镇志书中能够将五种体裁综合运用的情况不为多见。这两部志书在编纂上综合运用各类体裁，既突出了地方特色与文献价值，又彰显了记载内容的不同侧重点，起到了相得益彰的效果。

### 2. 具备图、表、传、志四种体裁者

　　例如陈曦编纂的乾隆《娄塘志》，卷首载有《娄塘镇图》；卷一

---

　　①　此外，同书卷十九为诗纪，卷二十为杂纪，但一为里中文人诗词文章的荟萃，一为乡里掌故杂史的堆砌，与所谓的"大事纪"体裁在性质上相去甚远。

　　②　(清)王同纂：光绪《唐栖志》，《文化塘栖丛书》标点本，浙江摄影出版社 2006 年版。

　　③　(清)章圭瑑纂辑：宣统《黄渡续志》卷七《兵事》云："咸丰以前，里中享承太平几二百年，故前志兵事付之阙如。辛亥以后，两经兵祸，始则红巾发难，窟穴于里南；继以粤匪下窜，镇当孔道，市尘为赭。罹此浩劫，纪之以比晋阳垒培，庶可鉴而鸠乎！"由此可见太平天国运动等动乱兵事对于当地影响之深刻。故虽名为《兵事》，实际上就是以此作为晚清时期黄渡乡历史的大事纪。参见上海市地方志办公室编：《上海乡镇旧志丛书》第三册杨军益标点本，上海社会科学院出版社 2004 年版，第 60 页。

　　④　(清)章圭瑑纂辑：宣统《黄渡续志》，上海市地方志办公室编：《上海乡镇旧志丛书》第三册杨军益标点本，上海社会科学院出版社 2004 年版。

《疆隅志》有《市镇沿革乡都分属表》，卷四《选举志》有《科贡表》；虽然全书通篇称"志"（例如卷一《疆隅志》、卷二《建置志》等），但其中卷五、卷六的《人物志》即为"人物传"的别称；此外，卷三为《水利志》、卷四为《选举志》、卷七为《艺文志》等，皆属专志体裁。① 又如蔡丙圻所纂光绪《黎里续志》，卷首有《黎里镇全图》《忠义祠图》《众善堂图》等多幅舆地形势与地理景观图；卷五有《职官表》《忠义表》《贡生表》《科第表》《袭荫表》等十表；其书卷六至卷十一为人物传，记载里中先贤、仕宦、释道等；此外，卷一至卷四，分别记载了沿革、山水、物产、方言、祠庙、古迹、撰述（即书目著录）等内容，都属于专门志体。② 这一类型的组合在清代乡镇志书的体裁运用中较为多见。

### 3. 具备图、纪、传、志四种体裁者

例如吴荣光编纂的道光《佛山忠义乡志》，卷首有《忠义乡域图》《佛山形势龙脉图》《佛山八景全图》等多种图幅；卷之六为《乡事》，以大事纪编年的体裁叙述佛山忠义乡历史发展脉络；卷之八《名宦》、卷之九《人物》，皆是人物传记体裁；此外其他卷帙皆为志体，例如卷之一《乡域》、卷之五《乡俗》、卷之十《选举》（又分上下）、卷之十一《艺文》（又分上下）等。③ 又如焦循所著的嘉庆《北湖小志》，卷首有北湖河道水网形势图六幅，以及旧迹名胜十图；卷六为《家述》（又分上下），实际上是以焦氏家族为中心叙述北湖地区的大事沿革；卷三、卷四载里中先贤人物列传二十一篇；此外，卷一有《叙水》（又分上下）、《叙地》《叙风俗》等篇，卷二收录里中名胜景观的专记若干篇（《开元寺记》《诵芬庄记》《珠湖草堂记》等），卷五《书人瑞》《书金石》等篇，这些皆属专志体裁，实际

① （清）陈曦编纂：乾隆《娄塘志》，上海市地方志办公室编：《上海乡镇旧志丛书》第一册梅森标点本，上海社会科学院出版社2004年版。

② （清）蔡丙圻撰：光绪《黎里续志》，《吴江乡镇旧志丛刊·黎里志（两种）》陈其弟点校本，广陵书社2011年版。

③ （清）吴荣光纂：道光《佛山忠义乡志》，《中国地方志集成·乡镇志专辑》第三十册影印清道光三十一年（1831）刻本，上海书店出版社1992年版。

上即等同于"风俗志""水利志""金石志"等含义。焦循所编纂的这部里中志书,深受传统史学义法(尤其是《史记》的编纂义例)影响,因此在志书的命名称谓上显得较为特殊。① 由于清代乡镇志书在篇目中设置大事纪的情况不为多见,因此"纪"在这五种体裁的运用中出现的频率相对较低。

### 4. 具备图、传、志三种体裁者

例如叶长龄等纂、叶钟敏重辑的光绪《杨舍堡城志稿》,卷首有《杨舍堡城图》与《杨舍镇全图》;卷十、卷十一分载《人物》与《列女》,自是传体无疑;其余卷帙皆是专志体裁,诸如卷六《风俗》、卷七《物产》、卷九《选举》等,皆是专记镇中相关事物的篇目。② 又如黄兆柽纂光绪《平望续志》,卷首有《平望镇一里开方图》与里中胜景图多幅;卷七、卷八为人物传,分别记载《艺能》《忠义》《寓贤》等篇目;此外卷帙皆属志体,如卷五志《职官》、卷六志《选举》、卷十一志《艺文》(书目)等皆是。③ 如前所述,清代乡镇志书体裁中必不可少的是"志"与"传"两种,此外大多数志书都有卷首图幅(或为舆地、或为景观),是则"图""传""志"三种体裁的组合运用,乃是清代乡镇志书编纂所采用的最基本、最常见的形式,在此基础上进一步发展为"图""传""志""表"四种体裁的运用,这也是较为常见的情况。

### 5. 具备表、传、志三种体裁者

例如朱栋所纂嘉庆《朱泾志》,卷五有《官师表》与《选举表》两种;卷六至卷九则为先贤人物、艺术列女等传记;其余卷一为《疆域志》、卷二为《建置志》、卷三为《水利志》、卷四为《名迹

87

---

① (清)焦循著:嘉庆《北湖小志》,《扬州地方文献丛刊》孙叶峰点校本,广陵书社 2003 年版。

② (清)叶长龄等纂,叶钟敏重辑:光绪《杨舍堡城志稿》,《张家港旧志汇编·杨舍堡城志稿》黄晓曙等点校本,凤凰出版社 2006 年版。

③ (清)黄兆柽纂:光绪《平望续志》,《吴江乡镇旧志丛刊·平望志(三种)》沈春荣等点校本,广陵书社 2011 年版。

志》，皆属专门志体。① 又如高如圭编纂的光绪《章练小志稿》，就其篇目来看，卷三有《学校一览表》与《职官表》；卷四与卷三（名宦）、卷五的各一部分（寓贤、列女）为传记体裁；其他卷帙则分别有《区域沿革》《形胜》《田赋》《户口》《物产》《风俗》《科名》诸志。②

### 6. 具备纪、传、志三种体裁者

例如宋景关所纂乾隆《乍浦志》，卷六为《外纪》，备述明正统七年以来乍浦当地的大事概略；卷五为人物传；其余者，卷一为《城市》、卷二为《山川》、卷三为《武备》、卷四为《职官》，即分别相当于"沿革志""山川志""武备志"与"职官志"，是为三体兼用的类型。③ 又如柯琮璜纂修的道光《讼经堂重修安平志》，卷十有《大事志》，是为"大事纪"的体裁；卷七为《人物志》，属于传记体裁；其他卷帙则有卷二《地理志》、卷三《水利志》、卷四《户籍志》与《物类志》、卷六《职官志》与《选举志》等，皆为书志体裁。④

综上可见，清代乡镇志书的体裁是非常灵活多样的，不同志书对于体裁的运用情况不尽相同，其中最为常见的是图、传、志三体兼备与图、表、传、志四体兼用的形式。个别志书能够做到图、纪、传、表、志五种体裁的综合运用，而另一些内容稍显单薄的志书则仅采用志、传两种体裁。不同体裁的组合运用，表现了志书的编纂特色与编纂者的意图构思，而且对于突显所载内容的价值也具有一定的促进与推动作用。

---

① （清）朱栋纂：嘉庆《朱泾志》，上海市地方志办公室编：《上海乡镇旧志丛书》第五册郭子建标点本，上海社会科学院出版社 2005 年版。

② 按：高如圭编纂的光绪《章练小志》稿本在民国初期由万以增重辑刊行，但基本沿用了原稿的篇目框架与体裁运用形式。

③ （清）宋景关纂：乾隆《乍浦志》，《乍浦旧志三种》郭杰光整理本，浙江省平湖市史志办公室，2009 年版。

④ （清）柯琮璜纂修、陈方圆等校注：道光《讼经堂重修安平志》，《安海乡土史料丛刊第一辑·安平志》，中国文联出版社 2000 年版。

## 四、编纂方式

关于清代乡镇志书的编纂方式，根据不同的分类标准来看，则有如下几种类型。

### 1. 创修与续修

从志书编纂的先后次序来看，清代乡镇志书的编纂方式可以分为创修与续修两种类型。例如李侍问以"阐幽光、扶名教，使一乡故事无任遗佚而已"为己任，创修康熙《佛山忠义乡志》十卷（已佚）。① 又如嘉庆间廪生王介，"尝以乡志为己任，倡义捐金，谋诸同辈，搜罗十余年，……考吾乡志书创自先生，厥功甚伟。"②创修道光《泾阳鲁桥镇志》五卷（现存）。一些清代创修的乡镇志书已经散佚，例如沈徵佺著康熙《清浦里志》三卷，系清代浦东高桥地区首部志书（已佚），其后陆续有沈瞻泰辑嘉庆《江东续志》以及佚名纂修光绪《江东志》十二卷；周凤池纂辑乾隆《金泽小志》四卷，清乾隆年间刊刻，然已散佚，其后有黄汝玉等根据乾隆《金泽小志》增订的嘉庆《续金泽志》稿本六卷，亦亡佚不存，及至清道光年间方有蔡自申等续修的道光《金泽小志》六卷行世。当然也有不少清代创修的乡镇志书与续修志书异同流传下来，例如章树福纂辑的咸丰《黄渡镇志》十卷，系清代嘉定黄渡乡首创志书，后有章圭瓛纂辑宣统《黄渡续志》八卷，皆得流传；陈元模创修康熙《淞南志》十六卷，其后有陈云煌纂乾隆《淞南续志》二卷、陈至言纂嘉庆《二续淞南志》二卷，是为其证。

---

① 参见（清）吴荣光纂：道光《佛山忠义乡志》卷九《人物·孝友》，《中国地方志集成·乡镇志专辑》第三十册影印清道光三十一年（1831）刻本，上海书店出版社1992年版；汪宗准修：民国《佛山忠义乡志》卷十四《人物四·文苑》，《中国地方志集成·乡镇志专辑》第三十册影印1926年版刻本，上海书店出版社1992年版。

② 冯庚修、郭思锐纂：民国《续修泾杨鲁桥镇城乡志》卷七《乡贤志》，《中国地方志集成·乡镇志专辑》第二十八册影印西安精益印书馆1923年版铅印本，上海书店出版社1992年版。

至于续修的清代乡镇志书，例如倪赐纂修乾隆《唐市志》三卷（已佚），其后苏双翔补修道光《唐市志》三卷，至清光绪年间，龚文洵先补纂志书三卷，是为光绪《唐市补志》，稍晚又有撰有《补遗》，是则乾隆《唐市志》之后又有三次续修。又如仲沈洙纂修有顺治《盛湖志》十三卷（已佚），及至康熙年间，仲栻、仲枢增修为康熙《盛湖志》二卷（佚），仲周需于清乾隆年间增纂旧志稿本，是为乾隆《盛湖志》二卷（现存），仲廷机曾于清同治年间编纂有《盛湖志》稿本（已佚），至清光绪二十二年，续修成光绪《盛湖志》十四卷（现存），其后不久仲虎腾又续修光绪《盛湖志补》四卷。由此可见，清代《盛湖志》经过仲氏家族历代不断的努力，共续修五次，这同时也是家族编修志书、以"志学传家"的典范。清代不少乡镇志书都有多次续修的情况，例如清代《同里志》，自顾栋南纂修康熙《续修同里志》以来，先后续修六次①；又如清代《濮院志》，自清初佚名所纂修的《濮川小志》以来，一共续修九次②；再如清代湖州《双林志》，自吴若金纂修康熙《双林志》以来，更是先后续修达到十二次之多③，其中清康熙年间即续修四次，乾嘉年间与晚清时期各自

① 其后所续修的志书，按照时间先后顺序排列分别为：章梦易纂康熙《续同里先哲志》（佚）、章梦易纂康熙《同里闺德志》（存）、周羲纂乾隆《采录同里志》（佚）、周羲纂乾隆《采录同里先哲志》（佚）、吴洙纂乾隆《增辑同里先哲志》（佚）、周之桢纂嘉庆《同里志》（存）。

② 其后所续修的志书，按照时间先后顺序排列分别为：张其是纂康熙《濮川纪略》（佚）、濮龙锡增订康熙《增订濮川志略》（佚）、杨树本纂乾隆《濮川风土记》（存）、杨树本纂乾隆《濮院琐志》（存）、胡琢纂修乾隆《濮镇记闻》（存）、屠本仁纂乾隆《濮院志》（佚）、濮镶续纂嘉庆《濮川所闻记》（存）、岳昭垲纂同治《濮录》（存）、濮润淞等后人纂修光绪《重增濮川志略》（存）。

③ 其后所续修的志书，按照时间先后顺序排列分别为：吴世英补纂康熙《双林补志》（佚）、倪汝进纂康熙《东双林志》（佚）、谈嗣升与凌维远纂康熙《同辑双林志》（佚）、张其是纂康熙《双林纪略》（佚）、姚葭客纂乾隆《双林支乘》（佚）、茅应奎纂乾隆《东西林汇考》（存）、沈荣晋纂嘉庆《双林续记》（佚）、郑昌祺增修嘉庆《增修双林续记》（佚）、郑士枚纂道光《双林志》（佚）、戴梅檐纂咸丰《双林镇志》（佚）、佚名增删同治《双林记增纂》（存）、蔡汝鍠纂光绪《双林志续纂新辑》（佚）。

续修四次，可以说是一个非常惊人的现象，这在清代乡镇志书编纂史上也是绝无仅有的案例。

### 2. 独立修志与合作修志

从志书的编纂组织形式来看，清代乡镇志书的编纂形式又可以分为独立修志和合作修志两种类型。例如徐文范纂辑乾隆《钱门塘市记》、姚鹏春纂修道光《白蒲镇志》、阮先纂辑道光《北湖续志》、王开益纂光绪《甘棠小志》、柴望纂光绪《小溪志》等，皆属于编纂者独立修志的情况。独立编纂的志书，未必都是创修，也有属于续修的范畴。例如前举李侍问以一人之力独自创修康熙《佛山忠义乡志》十卷，这既是独立修志，又属于创修志书；然而张其是纂修的康熙《双林纪略》、姚葭客纂修乾隆《双林支乘》、郑士枚编纂的道光《双林志》等志书，固然是独立修志，但却属于清代《双林志》的续修志书范畴。

由于清代乡镇志书的私撰性质较为浓厚，导致其中以独立修志的形式完成志书编纂的情况较为多见，但也有一部分乡镇志书是经过多人合作编纂而成的。例如浦传桂、安起东合作编纂同治《锡山梅里志》、李天植、王寅旭合作编纂康熙《乍浦九山补志》、谈嗣升、凌维远合作编纂康熙《同辑双林志》等皆是如此。清代合作修志的过程中也有仿照官修府州县志编纂的分工流程进行编纂，例如以潘履祥"一手定稿"总纂的光绪《罗店镇志》为例，其编纂志书的工作流程即借鉴了府州县志的编纂流程与分工，总体上显得较为系统严密，设有总纂、分纂、总阅、总校、分校、采访、绘图、校补等不同职能岗位(其中以分校所配置的修志人员最多，几占全部人员一半比重)①，编纂人员进行专门分工、各司其职，而且总纂者所定立的志书凡例严谨有据、考虑周详，规定了各类目资料去取的基本原则，篇目编次得当，加之重视志书记载的文字校对与史料考

① 参见(清)潘履祥总纂，朱谂祥、钱栩分纂：光绪《罗店镇志·纂校姓氏》，上海市地方志办公室编：《上海乡镇旧志丛书》第十一册杨军益标点本，上海社会科学院出版社2006年版。

订，使得这部志书的学术质量在清代上海乡镇志书中非常突出。此外，合作修志的编纂方式又与编纂者群体类型有密切的关系，例如陈尚隆曾纂雍正《陈墓镇志》(佚)，其子陈树穀续纂为乾隆《陈墓镇志》十六卷，这属于父子合作修志的类型；程国昶与里人忏因居士邵灿，于清雍正十二年"广诹博访，考遗文于断碣荒墟，询逸事于市乡耆旧，网罗搜剔"①，合作编纂雍正《泾里志》则是属于友朋同好合作编修志书的类型；曹相骏曾辑有嘉庆《枫溪小志》(已佚)，后来里人陈宗溥"尝获曹相骏(嘉庆)《枫溪小志稿》，以略而不备，积廿年之久，增葺大半"②，则为同治《清风泾志》，及至清光绪年间，里人叶世熊因"曹雪庄、陈竹士二先生(嘉庆、同治)《枫泾小志》遗稿未刊，熊偕许光墉、费沄，将旧稿增辑付梓"③，所增辑者即为光绪《枫泾小志》，并由叶世熊主其事，有里人许光墉"分纂(光绪)《枫泾小志》，并助资付印"④。这就属于乡里士人根据志书旧稿不断进行增补辑纂、以臻于完善的编纂历程。合作修志的编纂方式实际上与编纂者在修志过程中形成的群体类型有着密切的关联。在本书上编第三章第一节《清代乡镇志书编纂者的群体类型》中进行了归纳总结，其中父子(叔侄)师生、亲友同好、乡里先后、家族延续这四种类型皆是属于多人合作修志的形式，这将在后面进行详细的论述。

---

① (清)程国昶、邵灿原纂，佚名续纂：同治《泾里续志》程国昶《原序》，江苏省江阴县长泾乡党委暨人民政府 1986 年版整刊本。

② (清)许光墉、叶世雄、费沄修辑：光绪《重辑枫泾小志》卷六《志人物·列传下》，上海市地方志办公室编：《上海乡镇旧志丛书》第六册姜汉椿等标点本，上海社会科学院出版社 2005 年版，第 186 页。

③ (清)程兼善重纂：宣统《续修枫泾小志》卷六《志人物·列传下》，上海市地方志办公室编：《上海乡镇旧志丛书》第六册姜汉椿等标点本，上海社会科学院出版社 2005 年版，第 216 页。

④ (清)程兼善重纂：宣统《续修枫泾小志》卷六《志人物·列传下》，上海市地方志办公室编：《上海乡镇旧志丛书》第六册姜汉椿等标点本，上海社会科学院出版社 2005 年版，第 217 页。

# 第三节 清代乡镇志书的发展分期

　　根据表二《清代乡镇志书分省一览表》的查考结果，目前可考知的 463 种清代乡镇志书，就其编纂（或成书）时间分布来看，顺治志有 19 种（存 3 种、佚 16 种），康熙志有 56 种（存 26 种、佚 30 种），雍正志有 16 种（存 7 种、佚 9 种），乾隆志有 101 种（存 43 种、佚 58 种），嘉庆志有 48 种（存 34 种、佚 14 种），道光志有 72 种（存 51 种、佚 21 种），咸丰志有 7 种（存 6 种、佚 1 种），同治志有 35 种（存 23 种、佚 12 种），光绪志有 85 种（存 68 种、佚 17 种），宣统志有 16 种（存 14 种、佚 2 种）。① 清代编纂乡镇志书最多的五个朝代依次为乾隆、光绪、道光、康熙、嘉庆，其中清代中叶的乾嘉时期共有志书 149 种，晚清时期同、光、宣三朝编纂志书 136 种，两个时期的志书数量各占清代乡镇志书总数的三成左右，合占全体六成多的比重。探究清代乡镇志书在不同时期（或朝代）的时段分布，找出其中编纂志书的活跃时期，进而梳理其发展阶段，对于从宏观上把握清代乡镇志书发展史乃至清代地方志编纂史都有重要的参考价值。以下首先将分别考察清代前期、中期、后期②各朝乡镇志书主要的时段分布以及编纂志书的活跃时期等情况，在此基础上著者将对于清代乡镇志书的发展分期及其阶段特征等问题展开探索。

---

　　① 此外尚有八种清代乡镇志书不明确其具体断限或编纂时代。

　　② 学术界对于清代历史的分期方案，除了以清道光中叶（一般以 1840 年为断）为界限，分为清代前期与清代后期（或晚清时期），尚有分为前、中、后三期的习惯，即以顺治、康熙、雍正三朝为清代前期，乾隆、嘉庆（有时延伸至清道光初年）两朝为清代中期（清中叶），道光、咸丰、同治、光绪、宣统五朝为清代后期（或称晚清时期）。本书在此采用后一种方案。

## 一、清代前期的编纂活跃时段

根据著者的统计结果，约有一半比重(10 种)的顺治志编纂于该朝后期(即清顺治十年至顺治十八年)，其中顺治十三年至顺治十八年所编纂的八种乡镇志书占了该朝志书近一半的比重，可谓顺治年间编修乡镇志书的一个活跃时期。① 就康熙朝的志书情况来看，属于其前期(以清康熙二十年为下限)的志书有 18 种，属于中期(以清康熙四十年为下限)的志书有 17 种，后期的则有 16 种②，前期志书的编纂时间主要集中于清康熙八年至康熙十四年，共有13 种志书，而其中又以康熙十二年至十四年间最为活跃(9 种)，约相当于康熙朝编纂乡镇志书年际水平的三倍多③；中期志书的七成数量(12 种)集中在清康熙二十二年至清康熙三十年间，其修志的活跃时期为康熙二十二年至康熙二十四年(7 种)④；后期志书数量的80%分布在康熙末年(清康熙五十一年及以后)，其中又以清康熙五十五年以来的六年时间内最为集中(有 9 种)。雍正朝志书主要集中在其统治后期(即清雍正六年至雍正十三年，9 种)，以雍正十年至雍正十三年编纂志书较为活跃(7 种)。虽然从数量上看，

① 所谓编纂志书的活跃时期(或年份)的提法，乃是相较于各时期志书编纂的年际平均数而言的。例如顺治朝十八年共有乡镇志书 19 种，年际平均为 1.06 种，而从顺治十三年至顺治十八年期间的年际平均数为 1.33，因此可称这段时期为顺治志书编纂的活跃时期。当然同时还需要考虑所处时段在整体中所占的比重大小，不能仅以平均数比较高低而论。再举一例说明：乾隆朝六十年共有乡镇志书 101 种，其年际平均数约为 1.68，其中乾隆十七年编纂的志书有 5 种，高于平均数值近 3 倍，自然可以称为活跃年份；而乾隆四十七年至五十一年编纂的志书有 9 种，其年际水平仅为 1.8，虽略高于平均数，但与其他年份指标相比(例如乾隆五十七年也有 5 种志书、乾隆二十三年4 种志书等)，就不能称其为活跃时期了。

② 康熙朝乡镇志书有 5 种不能明确其具体所属时期。

③ 清康熙十二年与十三年各有 4 种乡镇志书，相当于年际平均数的 4 倍有余，属于该朝修志活跃年份。

④ 清康熙二十三年的乡镇志书 5 种，这同时也是修志活跃的年份之一。

雍正朝较之康熙时期编纂志书减少了近七成，但从清代历史发展脉络上进行考察，一般可以认为雍正朝在文化政策上继续延续了康熙朝（中后期以来）的传统，因而从这种程度上可以将雍正朝编纂志书的活动视作康熙朝的延续，而事实上再将康熙后期编纂乡镇志书的情况与雍正朝相互对比，就会发现在乡镇志书编纂上康熙后期与雍正年间的情况，至少在数量的延续和整体稳定性上有着十分紧密的联系和一脉相承的特点，这也从另一方面印证了前述的观点。因此我们一般可以将雍正朝志书编纂的情况视作康熙末年以来的延续。

## 二、清代中期的编纂活跃时段

及至清代中期，乾隆朝的前、中、后三个阶段编纂乡镇志书的种数大致平均，分别为 26、28、30。[①] 前期志书的一半多数量（14种）集中于清乾隆九年至十八年，而该时段中编纂志书的活跃时期为乾隆十六年与十七年间（8种）、乾隆十七年与十八年间（6种），平均每年三四种志书，约为该朝年际平均水平的 2~3 倍，其他各年则分布较为零散；中期志书的 60%多数量（18种）编纂于清乾隆三十年至乾隆四十年之间，特别是乾隆三十五年至乾隆四十年之间，共有志书 13 种，平均每年两部多，频率较高；乾隆后期志书数量的 80%（24种）集中在该朝最后十年间，尤其是清乾隆五十五年至乾隆六十年之间，产生了后期 2/3 的乡镇志书（18 种），其修志活跃度与频率也是远远高于乾隆朝一般水平的。就该朝编纂乡镇志书的年际平均数与各修志活跃时期的数据比较来看，可以认为乾隆朝编纂乡镇志书的活跃程度相对较为稳定，基本维系在其平均水平的 1.5~2 倍，少数活跃年份达到平均数 3 倍的高值（例如乾隆十七年与乾隆五十七年）。这个数理特征在一定程度上反映了乾隆朝编纂志书的"文治"措施与其推行的较为平稳持重的文化政策相适

95

---

① 其中有十余种乡镇志书只能明确为清乾隆年间编纂，而无法进行更精确的分期。

应，这从其前后三个时期编纂志书数量均匀稳定的特点中也可得出相应结论。然而到了嘉庆年间，清代乡镇志书的发展似乎进入了一个低潮时期。该朝仅编纂志书 48 种，在数量上都不及乾隆朝的一半。在时段分布上主要集中于嘉庆中后期(即清嘉庆十一年至嘉庆二十五年)，数目为 33 种，占嘉庆朝志书数量的 2/3 强，其中清嘉庆十一年至嘉庆十三年(12 种)、嘉庆二十三年至嘉庆二十五年(7 种)两个阶段共编纂志书 19 种，又占了该朝中后期数量的大多数。① 较为活跃的时期是嘉庆十二年(6 种)与嘉庆十七至十八年间(7 种)。在学术思想史与清代政治史上，我们一般都是将清代中期的代表"乾嘉"并举共称的，这也说明了乾嘉两朝在政治与文化的继承发展上具有一脉延续性。嘉庆朝前半期在政治统治上基本上仍是延续了乾隆末年以来的政策，其学术文化的发展也是乾隆时期文治政策进一步深化的结果，因此从文化史的角度上看，也应当将乾嘉两朝合而论之，其原理与前述康雍两朝在政治与文化上的延续关系相类似。

## 三、清代后期的编纂活跃时段

进入清代后期，道光朝前期编纂的乡镇志书有 22 种，其中清道光六年至道光十年共编纂志书十八种，年际分布较为均匀，同时也是道光初年编志的活跃时期；中期志书 28 种，年代上以清道光十四年至清道光二十二年间最为集中，占本朝数目的近八成比重(22 种)，特别是道光十七年至道光二十年间就有 14 种志书问世，平均每年 3.5 种，可见其编纂志书的活跃程度；其后期志书 16 种，在时间分布上集中于头尾两个时间段，即清道光二十一年与二十二年间(5 种)、清道光二十五年至道光三十年间(8 种)。道光朝编纂乡镇志书的活跃程度与乾隆朝的情况较为相似，一样都具有很强的稳定性，基本上维持在一个同类等级数目上。例如道光十年、十一

---

① 按：清嘉庆前期(即嘉庆十年以前)编纂的乡镇志书有七种，嘉庆朝志书中尚有八种不能明确日期所属。

年、十四年及十七年各有 5 种，为平均水准的两倍多。其后的咸丰年间仅有 7 部乡镇志书问世，且集中在咸丰六年以后(5 种)，系清代各朝中志书最少者，仅为道光朝数量的一成尚弱。这自然与咸丰时期各地动乱、造成民不聊生的局面有着一定的关联，因而影响了其文治措施的稳定推行。

到了晚清同治、光绪、宣统时期，乡镇志书的编纂进入了一个全新的活跃时期，三朝合计编纂志书近 140 种，与乾嘉时代近 150 种的结果在数量上形成了分庭抗礼的局面，由此构成了清代乡镇志书编纂发展史上的两大高潮阶段。① 其中同治朝乡镇志书数量约占晚清志书总数的 1/4 比重，且主要集中在同治后期(即清同治六年以后，20 种)，尤其是末后三年最为集中(15 种)，同治十一年至十三年间，平均每年有 5 种志书问世，而同治十二、十三两年的乡镇志书编纂，更是达到了每年 6 种的数量，成为修志活跃度较高的年份。光绪、宣统年间合计有乡镇志书 101 种，占其 3/4 的比重。② 光绪朝前、中、后三个时段的志书种类数量相对平均，各为 28、22、29 种。③ 其前期志书在时段上多分布于清光绪五年至光绪十年(18 种)，平均每年有 3 种志书产生，而光绪七年至十年间(14 种)，属于编纂志书的活跃时期(尤其是光绪八年和光绪十年)；光绪中期的乡镇志书有 22 种，约有一半(10 种)集中在清光绪十四年至光绪十七年间；后期编纂的志书一半多分布在清光绪二十七年至光绪三十三年间(16 种)，其中光绪二十三年的志书更是高达七种，为年际平均数的近 3 倍，光绪二十七年至二十九年也编纂了九种乡镇志书(其中光绪二十八年 4 种)。此外，宣统年间志书以清宣统三年最集中(9 种)。④ 若将宣统朝视为光绪末年政局的

---

① 据统计，晚清同、光、宣三朝修志的年际平均数约为 2.78，而乾嘉时期同比为 1.75，这就说明晚清三朝的修志频率与速度较之乾嘉时期有了很大幅度的提升，因而才能以较短的时间达到与乾嘉时期志书总数大致持平的局面。

② 由于宣统朝仅三年时间，因而可以将其视作光绪朝末年的延续，两朝情况合而论之。

③ 其中 6 部志书无法确知归属哪个时期，仅知其编纂于光绪年间。

④ 部分志书仅能知为清末编纂，一般归入光绪末年或宣统初年之间。

延续，则可以认为光绪后期编纂乡镇志书近五十种，占光宣两朝总数的一半比重。自清光绪后期(光绪二十三年开始)至宣统末年，乡镇志书的编纂数量较之光绪朝前期而言骤然增加，这种变化与当时各地大力编修乡土志、乡土教科书，提倡爱国主义教育的思想浪潮是有所呼应的。

## 四、发展史分期及其基本特征

关于清代乡镇志的发展分期问题，研究者曾有过不同的论断，主要有如下三种意见。首先黄苇先生认为："清朝乡镇志可谓繁盛。康熙间修有二十七种，平均两年多修一种。乾隆间达最高峰，成书五十八种，未及一年修成一种。嘉庆、道光间持续发展，各成志四十种和四十三种。至咸丰间，乡镇志减少。同治、光绪、宣统间，出现又一高潮，共修乡镇志七十六种，平均半年成书一种，盛况空前。"①指出康熙、乾隆、嘉道年间以及同光宣时期为编修志书成绩较为显著的时代，但并未直接将其等同为若干高潮时期，但又以为在"乾隆间达最高峰"，以及同光宣时期"出现又一高潮"，则是即以清中叶的乾隆时期与晚清同光宣时期为两大高潮(高峰)阶段。这一论述兼顾了两方面的问题，无疑是非常审慎而有说服力的。

其次，姚金祥、何惠明在著作中认为可以分为三个高潮阶段，即顺治、康熙两朝为第一高潮，乾隆、嘉庆、道光三朝为第二高潮，同治、光绪、宣统三朝为第三高潮。② 就其所依据立论的志书数目而言③，这些数据与研究考得之有确切名目的同时期乡镇志书

---

① 参见黄苇等著：《方志学》，复旦大学出版社1993年版，第220页。

② 参见姚金祥、何惠明著：《简明方志编纂学》，南海出版公司1994年版，第290页。

③ 例如两位学者以为，顺治、康熙两朝所修乡镇志书，前者8种，后者26种，合计34种，平均2年多修1种；而乾隆、嘉庆、道光三朝分别修志58种、40种和42种，总为140种，不到一年修成一种；同治、光绪、宣统三朝共修成78种，平均半年多修成一志，其中光绪一朝达50种。参见姚金祥、何惠明著《简明方志编纂学》，第290页。

数目进行比较，存在很大的数量差距。例如顺治、康熙两朝当有志书75种，较之上述多出一倍有余；乾嘉道时期当有221种，亦增多一半有余；而同光宣时期当有136种，其中光绪朝当有85种，也存在很大的数量差异。虽然著者也部分认同其中的说法，承认在乾嘉道时期与晚清同光宣时期存在修志发展的历史高潮阶段，但对于顺治、康熙年间志书的发展是否能够算得上高潮的看法，仍有所保留。此外，虽然这个"三高潮"论与本书的主张有所吻合，但是对基于如此不完备的统计数据而得出的结论，则不禁令人对其结论的可靠性来源有所怀疑。

再次，许卫平先生指出，康熙与乾隆两朝是清代修志的两个高潮阶段。他以为在嘉庆中期以后，随着社会危机的日益加深，以及流民四起、动荡不安的时局影响，导致嘉庆一朝现存地方志书仅有325种，清代地方志编纂进入了低迷阶段。① 并进一步指出，在经历道咸之际的中落期后，随着志书编纂数量在清道光中叶以后开始回升，到了同治、光绪、宣统年间，"晚清之际的乡镇志进一步兴盛起来，道光间编纂乡镇志43种，咸丰间虽有减少，而同治、光绪、宣统间高潮又起，共编纂乡镇志76种"②，出现了晚清时期修志的又一高潮阶段。是则许先生所持论断与上述姚金祥、何惠明两位先生的论点基本一致，也是"三高潮"论，不过其论证方式与研究视角有所不同。虽然按照清代各朝所编纂乡镇志书数量能够区分出高潮与低潮的不同发展阶段，但是仍需结合清代不同时期编纂乡镇志书的年际平均数以及编纂志书的活跃时段情况来进行综合的判断，由此方能得出更为确切且符合清代乡镇志书发展情况的历史分期结论。

综合来看，研究者们对于清代中期乾隆朝（或者乾嘉时期）与晚清时期同、光、宣三朝出现编纂乡镇志书的高潮阶段的说法取得

---

① 参见许卫平著：《中国近代方志学》，江苏古籍出版社2002年版，第35~36页。

② 参见许卫平著：《中国近代方志学》，江苏古籍出版社2002年版，第42页。按：许著立论所引据的乡镇志编纂数目，当是来源于黄苇先生等著《方志学》中的资料。

一致的认同，矛盾的聚焦在于清初康熙年间是否有修志的高潮出现，或者说康熙朝编纂乡镇志书的成就是否够得上称为一个高峰阶段的问题。以下就康熙朝乡镇志书编纂的成就与其在清代乡镇志书编纂史上应有的历史地位问题展开论述。

著者认为，若单纯从数量上看，清代前期顺治、康熙、雍正三朝之中，康熙朝编纂的乡镇志书数量最多（近 60 种），说其为清代前期编修乡镇志书的高峰阶段似乎不为过；然而相较于清代中期乾隆朝 101 种、晚清同光宣年间 136 种的辉煌成就，作为以康乾盛世并称行世的康熙朝自然在数量上有所逊色。可最令人不解的是，既然嘉庆朝的修志数量（48 种）几乎与康熙朝追平，而且就表征编纂志书活跃程度的数据指标（即年际平均数）来看，康熙朝为 0.92，而嘉庆朝平均每年修乡镇志两种，其活跃程度竟然为康熙朝的两倍有余，那么不禁可以产生如下疑问：倘若康熙朝的修志成就足以使之列为清代乡镇志书发展史上的一个高潮阶段，那么在总体数量基本追平，而修志活跃程度远胜于之的嘉庆朝，为何不能单列为一个高潮阶段呢？或者有人以为，以康熙朝在清代历史乃至整个中国历史发展中的地位，加之康熙朝的文治武功政绩卓著，应当有理由将其独立分期成段，但是政治史上的卓越地位岂能简单替换为文化史上的相应位置？若按照这样的机械反映论思路，则晚清三朝外忧内患、民不聊生，但乡镇志书的编纂却迈上了一个更高的巅峰，那么是否应当直接以政治、历史的地位来衡量，就因为这个时期的国力不盛、饱受凌辱，而将其乡镇志书编纂史上的地位取消呢？倘若真的如此，无疑这便是不尊重清代乡镇志书发展的客观历史之表现。

此外，著名方志学家仓修良教授对于方志史发展阶段的分期问题，也根据自己的治学研究心得提出不能完全按照数量进行统计分析，这也许能够有助于我们找到正确的研究路向所在。因为仓修良先生于 1990 年在齐鲁书社出版的《方志学通论》初版第二章中，曾有过关于方志发展史"四个高潮"的提法①，后来仓先生在研究中认识到单纯以可知的著作数量作为划分高潮的依据是不正确的，而

---

① 即指魏晋南北朝、宋、明、清四个时期。

且如果划分的高潮阶段越多，就越显示不出其应有的历史意义与重要性，所以接受了其他学者的建议，修正了错误的说法，为此还特别在《方志学通论》修订本中做了详细的说明。① 通过以上的论断剖析与质疑辩难，我们知道，单纯以志书数量的多少来划定发展阶段，无疑是有一定片面性的，上述的两难疑问即是这种研究思路所带来的弊病。

这里就涉及如何定位康熙朝编纂乡镇志书事业的成就与价值问题。所谓"事业"不仅包括那些可见可测的确定性指标（例如数量、时间等），还应当包括看不见的、非物质的影响因素。因为我们认为，不能简单以编纂的志书数量作为衡量一个时期志书事业的地位高下，那么还应当考虑的是文化的、制度上的因素。即以康熙朝修纂乡镇志书的情况而论，其在数量上固然属于清代前期三朝最多者，但放在整个清代乡镇志书编纂史上来看，则分量相对较轻。另一方面，我们从清代历史发展的趋势可以了解，清代乾隆时期的全盛，其在政治、经济以及文化上的基础都是由康熙、雍正诸朝奠定并不断发展演进而来的，所谓康乾盛世，不仅是一种两个时代交相辉映的表现，更是经由康熙朝的积淀和雍正朝的励精图治，祖孙三代前赴后继，不仅在政策方针上具有一脉相承的稳定性②，而且在推行实践上更有渐进的演化，经由一定时期的积累，方才达到了乾隆时期乃至整个乾嘉时期的国力辉煌和鼎盛。这是众所周知的史实。所以我们看到，康熙朝对于乾隆时期盛世顶峰的达到，实际上具有一种一脉相承、推波助澜以致水到渠成的功效，但同时并不磨灭其本身所取得的政绩与成就。因为在任何一种事物发展的过程中，其巅峰或高潮状态并不是一下子凭空达到的，必须得有前期不断的积累演变，到了一定的临界点方能产生质变，从而表现为最高

---

① 参见仓修良：《修订本前言》，载氏著《方志学通论》（修订本），方志出版社2003年版，第5~9页；又收入氏著《方志学通论》（增订本），华东师范大学出版社2013年版，第4~6页。

② 包括在修志政策与制度规定上的延续性和稳定性。例如清康熙十一年、康熙二十二年都有关于定期修纂府州县志以及搜集地方文献资料的政令颁布。

的峰值数量。乡镇志编纂史上的高潮阶段同样也是如此。所以对于康熙朝的修志成就，我们应当做如下的论断：首先，康熙朝是清代前期乡镇志书发展史上的最高阶段，虽然历史上的康熙朝文治武功堪称盛世，但将其作为整个清代乡镇志书发展史上的第一次高潮阶段似有不妥；其次，从清代顺治朝后期开始，乡镇志书编纂活动趋于兴盛，经过康熙朝（暨雍正时期）的进一步发展，及至清代中叶的乾隆时期（或乾嘉时代）达到了最盛顶峰，因此康熙朝的修志事业对于乾隆时期乡镇志发展巅峰时期的到来，具备文化意义上的承上启下与积累推进的作用。

　　基于上述各方面的讨论结果，以及之前关于清代各时期乡镇志书的时段分布与编纂活跃时期的研究，兹将清代乡镇志书发展史分为如下四个阶段，并结合清代历史发展脉络以及文化史的演进，概述每个时期的基本特征如次。

### 1. 复苏积累期

　　这指的是清初顺治后期至康熙中期这段时间，即清顺治十年至康熙三十年。随着清王朝陆续统一全国与现实政治统治的需要，因明末清初大规模战乱流离所导致的各项文化事业停滞的状态开始有序恢复起来。从顺治后期开始，清政府对于方志编修事业日趋重视，修志活动得到复苏。清顺治十八年因河南巡抚贾汉复编纂顺治《河南通志》，借此契机颁布诏令开展全国性的编纂府州县志活动，从此方志编修事业有了制度和政策上的依据和保证。此外，随着清初江南地区的日渐恢复，各地乡镇的社会经济与人文交流开始恢复并进一步发展。对于清代乡镇志书的编纂而言，在这个历史背景下，顺治后期的乡镇志书编纂活动开始日趋增多。康熙朝前期延续了这种发展趋势，编纂志书的数量总体上和顺治朝保持平稳的接续，而且在部分时段中，其修志活跃程度大有提高①，呈现局部迅速发展的态势。随着国内外政治形势日趋稳定，康熙中叶的国力达

102

---

　　① 例如清康熙十二年至康熙十四年有乡镇志书9种，达到顺治朝一半水平，平均每年三种志书问世，高于康熙朝平均水准两倍余。

到了清代前期的鼎盛状态，及至清康熙三十年所编纂的乡镇志书约有 30 种，占康熙朝总数的一半比重。

### 2. 第一高峰期（含过渡递进时期）

这指的是清代中期乾嘉两朝及至道光中叶（以 1840 年为断）这段历史时期。其中乾嘉时期乡镇志书编纂达到了历史的巅峰，合计 149 种。在第一个高峰期到来之前，实际上还有一个延续了复苏积累期的特征、并为乾嘉时期志书编纂鼎盛时期到来做了充足铺垫的过渡递进时期，即从康熙中后期开始直至雍正末年的三四十年的这段时间。特别是从康熙后期（尤其是该朝最后十年期间）开始，文治政策得到进一步加强，地方编纂志书的活动也更趋兴盛，与此相应的是，乡镇志书编纂稳中有进，继续保持其前期、中期的增加幅度，这也体现了康熙朝文治政策的相对稳定性。由于雍正朝为时不长，但在文化政策上基本延续了康熙末年以来的制度，所以在这层意义上不妨将其与康熙末年合而论之，反而能够更好地体现经由康熙朝中后期、及至雍正朝数十年间的一脉相承态势。合计康熙后期（从清康熙五十一年开始）及至雍正一朝近 1/4 世纪的时代中，编纂乡镇志书 30 余部，较之几乎同等时段长度的康熙前期和中期的数量都有较大幅度的提升，这也从数据上证明了如前所述的这段时期中为了修志高峰到来而做好铺垫和过渡、并在志书编纂方面不断持续演进的乡镇志书发展态势。

乾隆朝的乡镇志书编纂，尤其到了乾隆三十年以后直至末年这段时间（即中后期）更是达到了峰值，合计编纂志书占该朝总数的约一半比重。嘉庆朝前期数年基本上仍是乾隆末年政治、经济、文化在时代上的延续，其中后期（清嘉庆十一年至嘉庆二十五年）所编志书占该朝总数一半，属于前中期交界的嘉庆十一年至嘉庆十三年间即编纂 12 种乡镇志书，平均每年 4 种，为该朝平均数的两倍。总体来看，嘉庆朝在志书数量上基本保持了乾隆中叶以来的发展幅度，具有很强的文化稳定性，这种比较稳定的发展趋势一直要保持到清道光中叶。道光朝前期的乡镇志书数量与嘉庆朝中期（或者中后期）持平（22 种），且在年际分布上更显均匀，甚少数量的波动幅度与变化的振幅。就其编纂志书的活跃程度来看，数值较高的年份以及时期分别为：清道光十年、十一年以及十四年，分别为5种，为平均水准的两倍多；而清道光六年至道光十五年期间更是编纂了31种志书，占该朝数量的一半左右，这足以证明其修志活跃程度在继承乾嘉时期以来的优良传统基础上，展现出稳中有进的态势，而且达到了道光朝乡镇志书发展的巅峰状态。这样的数理特征也在某种程度上表达了自乾嘉以来及至道光中叶的近百年延续三代稳定发展的文化政策格局，已经达到了变化的临界点。

### 3. 短暂低迷期

这指的是从清道光后期开始（始于道光二十一年）的，其间经历咸丰朝志书发展的最低潮阶段，约至所谓"同治中兴"（清同治五年）前的一段时期。道光朝后期历经了鸦片战争，"天朝的崩溃"对于国家的影响不仅是在政治、军事上的败绩，而且对于文化事业也产生了深远的影响。就乡镇志书编纂活动而论，道光后期十年仅有16种志书问世，年际平均水平仅1.6，小于该朝平均数2.4，后期编纂的志书一半集中在道光朝最后六年中（8种），其年际水平仅为1.33，这表明到了道光末年，乡镇志书的发展开始趋于停滞和低迷。许卫平先生曾指出所谓低迷期当开始于清嘉庆中期①，但就我们根据志书时段分布数据来看，尽管嘉庆中叶开始内忧外患频繁，已经不再是最安稳的太平盛世，但由于文化政策的长时期稳定性效应，使之不至于随着政治环境的变化而有立刻的回应与衰变。换句话说，这种低迷期的到来，也是要有一个积累的过程才能触动临界点的。咸丰年间更是天灾人祸频仍，外国列强的入侵与国内民众起义交相发生，导致本朝政治环境颇为混乱繁杂。咸丰朝的乡镇志书编纂水平，跌入了清代的最低谷（仅有7种），年际平均一种都不

---

① 参见许卫平著：《中国近代方志学》，江苏古籍出版社2002年版，第35~36页。需要说明的是，许先生立论着眼点固然是嘉庆朝所有方志的编纂发展史而言的，但文化事业之于政治、经济形势的反映，是否会有如此即时的效应，还是需要再思考的。低谷期（低迷期）的到来，总还是要有一定时间的酝酿与积累的。

到。这表明从道光末年开始至咸丰年间，乡镇志书的发展已经进入了暂时的低潮阶段，这一直要持续到同治初年所谓"中兴"格局的出现、国内政治环境有所稳定改善为止。

### 4. 第二高峰期

这指的是从清同治后期开始(约同治十年)，经光绪中叶(光绪十四年)、讫于宣统末年的一个阶段。在此期间，伴随着新的历史演进趋势与国内政治文化环境的改善，乡镇志书的发展走出了前一个低迷期，开始达到晚清时期乡镇志书编纂的又一高峰，合计总数高达 116 种，与第一高峰期遥相呼应。其中又有近六十种乡镇志书编纂于清光绪中期(始于清光绪十四年)及至宣统末年的近 1/4 世纪当中，占据了第二高峰期的一半比重。在时段分布上看，同治朝编纂的乡镇志书近一半集中于最后三年时间，其年际分布平均值达到了 5，为该朝平均水准的两倍多。光绪前期延续了自同治朝后期以来的乡镇志书发展趋势，其中清光绪七年至光绪十年编纂志书 14 种，占光绪前期志书种类的一半比重，远高于本朝平均水准。① 从清光绪十四年开始，慢慢迎来了乡镇志书发展的第二个高峰阶段，其较为活跃的年份与时期分别为清光绪二十三年(7 种)、光绪二十八年(4 种)；清光绪二十二年至二十三年(10 种)、光绪二十八年至二十九年(7 种)、光绪三十一年至三十三年(8 种)②。这里我们看到，光绪中后期以来乡镇志书的编纂不仅在数量上有了新的突破，就其编纂的活跃程度而言，其分布的年份以及时期数量，在整个清代乡镇志书编纂史上也是罕见的，足以证明其修志事业的活跃程度。当然这种现象的出现，与当时各地大力编修乡土志、提倡爱国主义教育的理念也是分不开的。

---

① 就清光绪前期乡镇志书编纂的活跃年份来看，其中光绪八年与光绪十年各有 5 种，占据前期志书发展主要时段里的两个高值。

② 若将清宣统朝编纂的乡镇志书视作清光绪末年以来的延续，那么清光绪三十年以后编纂的乡镇志书更是高达 25 种，占其后期发展中数量比重的八成左右。

# 第二章 清代乡镇志书的版本 类型与时空分布特征

　　现存清代乡镇志书的版本类型、版本数量及其演变流布情况是非常繁复的。理清这些方面的问题，不仅有利于我们正确地查考著录现存的清代乡镇志书文献，而且这方面的研究成果对于我们深入探究清代乡镇志书的编纂刊印方式与发展历程以及研究乡镇志书的版本源流史，都具有重要的文献价值。以往学术界多利用《中国地方志联合目录》的著录成果来查考现存清代乡镇志书主要版本的流布情况，然而随着近年来对于清代乡镇志书的文献学研究与整理刊布工作的不断进展，我们发现有不少现存的清代乡镇志书为《中国地方志联合目录》所缺载①，而且该书所著录的部分清代乡镇志书在断年、编纂者以及版本信息等方面有不确之处，需要给予修正。② 此外，虽然在近年陆续刊布的有关清代乡镇志书的整理校勘

---

　　① 例如罗国器重辑、马符录编乾隆《西樵山志》六卷，程国昶等原纂、佚名续纂同治《泾里续志》十卷，吴展成所纂道光《渔闲小志》不分卷，梁兆矕纂光绪《梅菉志》十四卷等清代乡镇志书，皆为《中国地方志联合目录》所缺载。

　　② 兹举数例说明：朱栋所纂嘉庆《朱泾志》十卷，成稿于清嘉庆十二年，《中国地方志联合目录》误作清嘉庆九年纂修；张承先原辑、程攸熙增订之嘉庆《南翔镇志》十二卷，《中国地方志联合目录》误断为清乾隆年间所纂；章圭璪所纂辑宣统《黄渡续志》八卷，现存清宣统三年（1911）初刊本，《中国地方志联合目录》未载；濮孟清原纂，濮侣庄订补、濮龙锡增订、濮润淞等后人重增之光绪《重增濮川志略》十四卷，成书于清光绪三十二年，《中国地方志联合目录》误断为清康熙十四年所纂；金惟鳌纂辑之光绪《盘龙镇志》不分卷，《中国地方志联合目录》误作"金惟鳌 圭钦纂"，以为二人所纂修，且著录之卷数亦误作三卷。

著作中附有整理者所撰的前言说明或解题文字，交代了志书的版本著录与流布情况①，但囿于某些清代乡镇志书文本流传的复杂性以及搜集查找稀见志书文献的难度②，加之整理者的研究水平参差不齐，虽然点校整理志书的成果后出转精，但其中对于某些清代乡镇志书版本的查考著录亦难免有失误之处。③ 目前尚未见到较为系统全面地查考和著录现存清代乡镇志书各种版本信息的研究成果。有因于此，著者在研究中通过广泛的文献搜索，尤其是利用各类古籍目录、版本考录、方志提要，以及各类新旧地方志书的艺文书目或地方文献著录部分、清代乡镇志书的序跋凡例等史料记载④，对于现存清代乡镇志书的版本类型、版本数量与主要的版本流布情况等问题进行了更为细致详尽的查考，尽可能多地著录乡镇志书的不同版本信息，并查考其主要版本的流布情况。所撰《清代乡镇志书考

---

　　① 　例如上海社会科学院出版社在2004—2006年陆续推出的《上海乡镇旧志丛书》，据该丛书编纂体例的要求，整理者皆撰有《整理说明》，其中对于清代上海地区乡镇志书的版本情况皆有所考述与说明。此外单本清代乡镇志书整理做得较好的，有吴之兴所撰《〈岩镇志草〉提要》(载《徽州社会科学》2004年第5期)以及黄山市徽州区人民政府等2004年版吴之兴点校本《岩镇志草》，其中对于雍正《岩镇志草》的志书版本异同以及流布情况有较好的考述。

　　② 　例如整理者对于康熙《紫隄村小志》与康熙《紫隄小志》这两种乡镇志书文本间的关系，由于缺乏足够的文献佐证，加之这两种志书在记载下限上的差异以及文字上的异同，目前仅能认为或者是该志原稿本的两种异钞本形式，但无法加以确证。参见何建木撰《〈紫隄小志〉整理说明》，载上海市地方志办公室编：《上海乡镇旧志丛书》第十三册，上海社会科学院出版社2006年版。

　　③ 　兹举数例说明：周郁宾纂：嘉庆《珠里小志》，初刻于清嘉庆二十年(1815)，《上海乡镇旧志丛书》第七册戴扬本所撰《整理说明》误作清嘉庆三十年(嘉庆朝只有二十五年，显是误植所致)；封导源编：嘉庆《马陆志》，有清嘉庆二十年(1815)刻本，《上海乡镇旧志丛书》第一册戴扬本撰《整理说明》误著为清嘉庆二年(1797)刻本；张启秦纂辑、陆世益编：光绪《望仙桥乡志稿》，成稿于清光绪三十一年(1905)，而《上海乡镇旧志丛书》第二册杨军益整理本误断为民国志书。

　　④ 　关于查考现存清代乡镇志书版本信息所用主要的目录提要著作，详可参见本书《参考文献》第六部分。

录》侧重著录现存清代乡镇志书的不同版本形态以及主要版本的流布情况。在此成果的基础上，我们拟对现存的各种清代乡镇志书在1949年以前的版本类型、版本数量以及在时空分布上的特征等问题进行研究。

现存清代乡镇志书的版本类型可分为写本和印本两大类。其中写本乡镇志书又可分为稿本与钞本两种类型。① 清代的稿本乡镇志书，例如张杞村辑纂的道光《塘湾乡九十一图志》，有清道光十四年(1834)稿本；柳商贤所纂光绪《横金志》，有清光绪二十九年(1903)稿本；吴德煦所编纂的同治《章谷屯志略》，有清同治十三年(1874)稿本，等等。清代的钞本乡镇志书，例如王钟编录的嘉庆《法华镇志》，有清光绪十三年(1887)陈丽江钞本；佚名所纂同治《无锡斗门小志》，有清末钞本；胡道传续编、沈戬穀订补的顺治《仙潭后志》，有清光绪二年(1876)周衡钞本，等等。印本清代乡镇志书又可细分为刻本、活字本、铅印本、石印本、影印本、油印本以及新式标点校勘整理本等不同类型。例如吴熙修、刘继增等所纂光绪《泰伯梅里志》，有清光绪二十三年(1897)泰伯庙东院住持许巨楫校初刻本；高杲、沈煜所纂道光《浒山志》，有清道光十一年(1831)初刊活字本；陈宗洛原纂、傅月樵补纂、何留学增订的光绪《三江所志》，有1938年版《绍兴县志资料》第一辑铅印本；佚名所编道光《洪塘小志》，有1927年版杨遂重编石印本；林百川、林学源所纂光绪《树杞林志》，有台湾大通书局1984年版《台湾文献史料丛刊》第一辑第7册影印本；臧麟炳编纂的康熙《桃源乡志》，有浙江省宁波市天一阁博物馆藏1934年油印本；蔡振丰所编光绪《苑里志》，有台湾银行经济研究室1959年版《台湾文献丛刊》(第48种)排印本；陆云骧所纂乾隆《镇海卫志》，有中州古籍

---

① 实际上还有一类以刻本为基础的钞录校勘本，例如清人董世宁所纂乾隆《乌青镇志》，有上海图书馆藏严辰手校清乾隆二十五年(1760)刻本。由于著者在查考现存清代乡镇志书的文献形态与版本流布状况时仅见此一例介于刊印本与钞录文本两者性质之间的校勘文本，未能确切知悉该类校勘本志书的具体数目，且考虑到数量统计问题，故暂不予列入讨论范围。

出版社 1993 年版黄超云校注本，等等。

　　根据著者在本书下编《清代乡镇志书提要》中所查考著录的现存清代乡镇志书的主要流布版本及其类型的情况来看，现存清代乡镇志书共有稿本 75 种，不同历史时期的钞本 198 种，合计写本 273 种。其中可以基本明确为清代钞本的约有 70 种，民国时期钞本四十余种，此外有将近一半种数的钞本无法确知其成书年代。各类版式的新旧印本 621 种。其中清代的刻本 149 种，活字本 8 种，铅印本 9 种，石印本 1 种，合计清代印本 167 种；成于民国的刻本 10 种，铅印本 30 种，油印本 4 种，石印本 2 种，影印本 2 种，晒印本 1 种，合计民国印本 49 种。清代至民国时期刊行流布的清代乡镇志书各印本类型达 216 种，除此之外的 405 种清代乡镇志书印本皆属于 1949 年以后陆续刊布的各类新式古籍整理的版本类型①，这约占现存清代乡镇志书版本种类数目的 45%。以下就现存清代乡镇志书的三大版本类型(即稿本、钞本、印本)及其时空分布特征的问题展开论述。

---

　　①　中华人民共和国成立以来对于现存清代乡镇志书的文献整理工作，主要有点校、影印以及汇刊(包含点校与影印方式)三种形式。以点校本形式整理清代乡镇志书的，例如康熙《善和乡志》有黄山书社 2009 年版《安徽历代方志丛书·祁阊志》(外四部)点校本，嘉庆《马陆志》有上海社会科学院出版社 2004 年版《上海乡镇旧志丛书》第 1 册戴扬本标点本，咸丰《紫隄村志》有上海古籍出版社 2008 年版《江南名镇志》丛书王孝俭等人标点本，等等。影印与汇刊乡镇志书的工作方式虽然有类似之处，然而单独影印刊布主要是针对那些流传罕见的志书以及孤本志书而言，例如梁兆罋所纂光绪《梅菉志》系清代孤本乡镇志书，及至 2009 年方由广东省吴川市地方志办公室通过各种途径整理影印稿本出版，又如方悟所纂光绪《新市镇再续志》，原稿本藏日本东京大学东洋文化研究所，至 20 世纪 90 年代由陈桥驿先生引进复制本，现有浙江省湖州市新市镇人民政府 2008 年版影印钞稿本等。汇刊的形式多是聚集大量同一类型的志书文献，以原书(原稿)影印或者标点整理后编入丛刊，前者如上海书店 1992 年版《中国地方志集成·乡镇志专辑》影印本、广西师范大学出版社 2012 年版《西樵历史文化文献丛书》影印刻本等；后者即如方志出版社 2006 年版《淮安文献丛刻》、广陵书社 2014 年版《周庄旧志三种》整理合刊本等。

# 第一节 志书稿本及其基本特征

现存的清代乡镇志书稿本共有 75 部，分属于 72 种志书。就地域分布情况来看，其中苏浙沪地区志书的稿本共有 65 部（其中浙江 24 部、江苏 22 部、上海 19 部），合占现存总数的近九成比重①，此外的 10 部稿本零散分属于安徽（4 种）、广东（2 种）、北京（1 种）、云南（1 种）、四川（1 种）、福建（1 种）。由于苏浙沪地区清代乡镇志书的稿本最为集中，能够最大限度地展现清代乡镇志书稿本的特征所在，因此本节将重点探讨清代上海、江苏、浙江地区乡镇志书稿本的基本情况。

一般来说，志书皆仅有一部定稿文本，然而这里却有两个例外情形。其中嘉庆《安亭志》稿本系两部旧志稿合并而成，即上海图书馆所藏清乾隆三十七年（1772）孙岱所纂《安亭江志稿》稿本以及清嘉庆十二年（1808）陈树德所纂《安亭志稿》稿本，为"一志两合稿"的情况；而邹存淦所纂同治《修川小志》，更是有上海图书馆藏清同治三年（1864）稿本、台湾地区藏清同治三年（1864）邹氏手定底稿本、清同治十三年（1874）重订本这三种不同性质与年代的稿本，属于"一志三底稿"的范畴，从中可以探究同治《修川小志》从

---

① 此外，安徽省有 4 种，分别为：凌应秋辑乾隆《沙溪集略》，安徽省博物馆藏清乾隆二十四年（1759）稿本；江登云纂乾隆《橙阳散志》，国家图书馆藏清乾隆四十年（1775）稿本；程文翰编光绪《善和乡志》，安徽省图书馆藏清光绪七年（1881）残钞稿本；李恩绶纂光绪《采石志》，安徽省博物馆藏清光绪年间稿本。福建省有 1 种，即陆云骧纂乾隆《镇海卫志》，福建师范大学图书馆藏清乾隆十七年（1752）辑录钞稿本。广东省有 2 种，即张汝霖、印光任纂乾隆《澳门记略》，广东省图书馆藏《四库全书》底本精钞本；梁兆罄纂光绪《梅蒙志》，广东省图书馆藏清光绪二十八年（1902）稿本。四川省有 1 种，即吴德煦纂同治《章谷屯志略》，南京大学图书馆藏清同治十三年（1874）稿本。云南省有 1 种，即罗仰锜纂乾隆《嶍嵯志书草本》，国家图书馆藏清乾隆十一年（1746）稿本。北京市有 1 种，即管庭芬纂道光《澂阴志略》，国家图书馆藏清道光十一年（1831）稿本。

最初写定到最终定稿的过程中编纂者对于资料如何进行增删去取的情形。

就清代乡镇志书稿本的时段分布特征来看，在全国范围内，有康熙稿本 2 部、乾隆稿本 15 部、嘉庆稿本 6 部、道光稿本 10 部、咸丰稿本 2 部、同治稿本 11 部、光绪稿本 23 部、宣统稿本 6 部。以乾、嘉、道时期与晚清同、光、宣时期这两个时段最为集中，这一特征也是与清代乡镇志书编纂史上的两大高峰阶段的表现相呼应的。

再就不同地域的情况进行分别考察。现存清代上海乡镇志书的稿本有 19 部，其中康熙稿本 1 部、乾隆稿本 3 部、嘉庆稿本 2 部、道光稿本 1 部、咸丰稿本 2 部、同治稿本 2 部、光绪稿本 6 部、宣统稿本 2 部。如前所述，从全国范围来看，清代乡镇志书编纂的两个高潮阶段分别是在乾嘉至道光中叶与晚清同、光、宣时期，现存上海地区编纂的晚清时期(同、光、宣年间)志书稿本有 10 部，占该地现存总数的一半比重，这个统计结果能够与清代后期乡镇志书编纂高潮阶段相互印证。然而从现存清代上海地区乾、嘉、道时期志书稿本数量所占比重(1/3 弱)来看，却对于前一志书编纂高潮阶段的结论印证力度不甚明显。① 现存清代江苏乡镇志书的稿本有 22 部，其中乾隆稿本 3 部、嘉庆稿本 4 部、道光稿本 6 部、光绪稿本 6 部、宣统稿本 3 部；乾嘉至道光中叶(清代前期)的志书稿本有 10 部，晚清光绪、宣统年间稿本有 9 部，这两个时期的稿本数量都占到该地区总数的一半左右，能够与清代乡镇志书编纂发展的前后期两个高潮阶段特征相吻合。现存清代浙江乡镇志书的稿本有 24 部，其中康熙稿本 1 部、乾隆稿本 4 部、道光稿本 2 部、同治稿本 8 部、光绪稿本 8 部、宣统稿本 1 部，晚清同、光、宣时期的稿本数量占到了该地现存志书稿本总数的 2/3，而乾隆、道光年

111

---

① 据统计数据来看，在清代乾嘉至道光中叶时期，上海地区的乡镇志书编纂同样有一个高潮阶段，但从现存该时期稿本数量与所占总数的比重也同样无法给出对于前一期发展高潮阶段的有力佐证。

间的稿本志书数量仅占总数的 1/4。从时间分布的角度来考察清代浙江地区的乡镇志书编纂历程，我们发现在乾嘉至道光中叶期间共编纂了近五十种志书，约占目前可考知的 126 种清代浙江乡镇志书的四成比重。而晚清同、光、宣时期所编纂的志书虽亦有 32 种，但所占比例仅为 25%。也就是说，在清代浙江地区乡镇志书的编纂史上，其在前期志书编纂的兴盛程度，大大高于晚清时期，但是从该地区现存的清代志书稿本数量及其所占比重来分析，却无法得到对于上述这一结论的有力佐证。

　　之所以会形成这种现存稿本在时间分布与数量比重方面与之前已经确证的结论不能尽数吻合的情形，乃是因为志书稿本的存佚情况与时段分布，有着一定的规律性与随机性。一般来说，时代越晚近，则稿本文献存留的概率越大，留下来的文本数量，较之更早的时期也会相应越多，这可称为规律性。虽然从时段分布上来看，较为晚近的文献所占的数量一般会相对高些，但是从整体进行分析，则所存留的文献在时段上的分布特征，即均匀分布或者前后轻重比例不同，具有一定的偶然性与随机性。例如从全国范围来看，现存晚清同、光、宣时期的乡镇志书稿本就有 40 部，占现存稿本总数的近 55%，而乾嘉至道光中叶编纂的稿本约有 25 部，仅占总数的 1/3 比重。现存清代浙江与上海两地区编纂的乡镇志书稿本，虽然各自数量与清代江苏地区的情况基本一致，但是此两者现存清代乡镇志书稿本在时段分布上多是偏重于晚清同、光、宣时期，且在这一时段分布的稿本数量都占各自总数的比重都在一半以上，由此导致"前轻后重"的格局形成，无法将前期志书编纂的高潮阶段特征展现出来。然而现存清代江苏乡镇志书的稿本在时段分布上表现为前后期都比较均匀，且数量较为平均，因此能够将志书编纂的两个高潮阶段的结论较好地展现出来，与我们之前确证的分析结论一致。这种在数量和时段上均匀分布的现象，从统计学的角度来看，仍然带有一定的偶然性和随机性。由此可知现存清代乡镇志书稿本在时段分布上的差异所在。

# 第二节　志书钞本及其基本特征

　　现存清代乡镇志书在 1949 年之前的不同历史时期所形成与流布的钞本共有 198 种。就地域分布情况来看，其中清代江苏乡镇志书钞本有 70 种，清代上海乡镇志书钞本有 49 种，清代浙江乡镇志书钞本有 43 种，其他地区各类清代乡镇志书钞本合计有 36 种。清代上海、江苏、浙江地区的乡镇志书钞本种类数约占到全体总数的 82%，成为清代乡镇志书钞本最为集中的地域，对于探讨志书钞本的时空分布及其基本特征具有典型的意义。这些清代乡镇志书的钞本在版本类型、成书年代、文献性质、完整程度等方面的特征都不尽相同，需要细致加以区分。而且钞本与祖本之间的关系①、同一版本体系中各钞本间的关系等问题也较为复杂②，需要进行具体的

---

　　① 这里所界定的乡镇志书"祖本"，有原稿本、刻本、钞本等多种形态。兹举例说明：浙江省图书馆藏钞本同治《晟舍镇志》，其祖本即为浙江大学图书馆藏清同治八年（1869）该志原稿本；江西师范大学图书馆藏传钞本道光《璜泾志稿》，即以该志书清道光十年（1830）初刻本为祖本；山东大学图书馆藏钞本光绪《光福志》，其祖本即为 1929 年苏城毛上珍铅印本；民国时期江苏周文青传钞冯养泉所藏道光《时村志》本，即以冯氏所藏该志下册残钞本为祖本。

　　② 主要是从时间上的关系进行考察。某些清代乡镇志书在其版本的流布过程中，产生了在同一版本体系内多种钞本先后流布或同时并传的情况。例如张端木所纂乾隆《西林杂记》，其成书于清乾隆三十年，至嘉庆十一年重刻，在后世版本流布过程中，曾有清光绪十二年（1886）秦荣光跋钞本、清光绪十六年（1890）秦荣光钞本几乎同时并传，后来清光绪十二年钞本亡佚，到了民国时期，即变成光绪十六年钞本与民国钞本渐次先后流传的情形。又如何琪所纂乾隆《唐栖志略》，清乾隆五十四年初刻刊行，后有清钱塘罗氏恬养斋钞本（按：恬养斋即清人罗以智的藏书楼名号，罗氏卒于 1860 年，则此恬养斋钞本最晚当在咸丰末年前成书），至清同治十一年（1872）又出现了朱文藻钞本，两种清代钞本并行流布于世。但后出的朱氏钞本与罗氏钞本之间是别本并列关系，还是有所袭承钞录，囿于馆藏所限，无法进行确核。

考辨分析。因此，首先需要依照一定的标准来对这个纷繁复杂的钞本系统进行不同类型的划分。

## 一、志书钞本的分类

第一，按照成书年代的先后可将其分为清钞本与民国钞本两类。例如邹存淦纂同治《修川小志》，有中国国家图书馆藏清光绪五年（1879）邹氏师竹友兰室钞本；范来庚纂道光《南浔镇志》，有上海图书馆藏清光绪三十一年（1905）钞本；臧麟炳纂康熙《桃源乡志》，有浙江省宁波市天一阁博物馆藏1924年胡蕃钞本；倪启辰纂光绪《蒲岐所志》，有浙江省温州市图书馆藏1936年钞本，等等。

第二，可根据钞本与稿本之间的关系区别为原稿钞本与传钞本。例如诸福坤原著，陈庆林、万以增补著，陶惟坻校订的光绪《淀湖小志》，有民国陶惟坻批校原稿钞本；邱标所纂同治《两淮通州金沙场志》，有中国科学院图书馆藏孙傲经畬楼藏稿本传钞本；张之鼐所辑康熙《栖里景物略》，有浙江图书馆藏清嘉庆间传钞本；杨学渊原纂、佚名增补的咸丰《寒圩志》，有上海博物馆藏清传钞本，等等。

第三，根据文本的完整程度与钞录的精细程度标准，又可以分出残钞本与精钞本两种类型。例如佚名编纂的康熙《安海志》，有福建师范大学图书馆藏残钞本；郑思铨所纂同治《藤山志稿》，有福建省图书馆藏郑丽生春禊斋残钞本；董醇编纂的咸丰《甘棠小志》，有湖北省图书馆藏精钞本，等等。

此外，随着晚清民国以来刊行文献的工艺技术发展进步，还可以分出一类以新式印刷技术为媒介的特殊钞本，例如程之彭所纂康熙《仙潭文献》，有浙江省图书馆藏1946年知虚子周轸油印残钞本；赵诒翼所纂宣统《信义志稿》，有北京大学图书馆藏民国晒印钞本，等等。当然还可以根据钞本与所据祖本之间的关系、同一版本体系中各钞本间的关系进行类型划分，例如可再分为钞录稿本、钞录印本、传钞本；以及同时并传钞本、先后流布钞本等类型，但这实际上已经关涉现存钞本类型的清代乡镇志书的版本流布模式问题。

现存清代不同地区所编乡镇志书的各类钞本，从其所属时段分布的情况来看，据著者统计，其中可以基本明确为清代钞本的约有 70 种，属于民国时期的钞本 40 余种，此外有将近一半版本数量的钞本无法确知其具体年代归属。就各地区的不同情况来看，现存清代上海乡镇志书的各类钞本有 49 种，其中基本可以明确为清代钞本的约 20 种（大多数钞本能够确定具体年代或历史时期），民国时期的钞本约 10 种；现存清代江苏乡镇志书的各类钞本有 70 种，其中基本可以明确为清代钞本的约为 18 种（仅有 8 种能够确定具体年代或历史时期），民国时期的钞本 20 余种；现存清代浙江乡镇志书的各类钞本有 43 种，其中基本可以明确为清代钞本的约 23 种（约有 13 种能够确定具体年代或历史时期），民国时期的钞本约 11 种。此外，现存清代其他地区所纂乡镇志书的各类钞本有 36 种，其中基本可以明确为清代钞本的约 10 种，民国时期的钞本 8 种。由于清代苏浙沪地区的乡镇志书钞本种类数约占到全体总数的八成以上，能够从整体上展现清代乡镇志书钞本的面貌，以下本节将重点分别剖析清代上海、江苏、浙江乡镇志书钞本的特征。

## 二、上海地区钞本的特征

从时段分布情况来看，现存清代上海乡镇志书的各类钞本，其成书年代多集中于清末光绪年间与民国（前期）这两个时间段。在这近 20 种清代志书钞本中，将近有一半数量的钞本（共有 10 种）具有如下三种特征，即：第一，所依据的志书在清代与民国时期一直未付刊印；第二，钞本年代与该志成书（稿）年代相隔较远；第三，在 1949 年以前仅以写本(钞本、稿本)形式流布。①

例如王钟编录的嘉庆《法华镇志》，成书于清嘉庆十八年（1813），目前可确知的最早流布的钞本为清光绪十三年（1887）陈丽江钞本，距离成书时间已有 75 年，此后又有清光绪三十三年（1907）金祥凤残钞本，该志在清末与民国时期仅以钞本形式流布，无印本，且无稿本的流传线索可考，由此推测该志的清光绪十三年钞本或是基于更早的乡里民间所流传钞本而来的。又如杨学渊原纂、佚名增补的咸丰《寒圩志》，其于清道光间进行增补的稿本成型于清咸丰元年（1851），及至清光绪十年（1884）方有庄仁锦钞本出现，系该志流布过程中可考知的最早钞本类型，它距离志稿完成已经过去了三十多年，其后又有上海博物馆藏清传钞本，当据清光绪十年本传钞，该志在 1949 年以前也一直未有印本，仅以一稿本、二钞本的形式流传。再如顾传金编纂的道光《蒲溪小志》，其成书于清道光十七年（1837），可确知最早的钞本为上海博物馆藏清末

① 有个别清代钞本基本符合所述第一、第三两条特征，但其钞本年代距离稿本（或成书）年代较近。例如章枟初稿、徐复熙增纂的同治《张泽志稿》，其成稿时间为清同治十二年，现藏上海博物馆的清同治间钞本（当成书于清同治十二至十三年间）为最早流布的钞稿本，基本是在该志成稿后钞、稿两种类型的文本同时并行。又如金祥凤所纂光绪《法华镇志》，成书于清光绪三十一年，当年即有钞补本与志书一起流传，且在清末与民国时期一直是以写本形式流布。又有清代钞本特征仅符合上述第二条归纳，但属于写本、印本混合流传的情形，例如张端木所纂乾隆《西林杂记》，成书于清乾隆三十年（1765），在当年与清嘉庆十一年（1806）分别有两种刻本刊行（初刻本后亡佚），然而该志最早的钞本为清光绪十二年（1886）秦荣光跋钞本（后亡佚）与上海博物馆藏清光绪十六年（1890）秦荣光钞本，现存最早钞本距离其所据祖本又相隔近一个世纪，这类案例在清代钞本中仅此一件，但属于在清代上海乡镇志书民国钞本所具有的基本特征。此外，又如封导源所编嘉庆《马陆志》，清嘉庆二十年成书，当年即有初刻本行世，其后又有上海图书馆藏清嘉庆间（末年）钞本流传，虽然钞本与成书年代较为靠近，但这属于写本与印本混合流传的模式，完全与本书归纳的特征不吻合，属于较为特别的情况。由于上述案例在现存的上海乡镇志书清钞本中所占比重不大，故而对于上海乡镇志清代钞本特征的界定，仍当依照正文所述。

李氏钞本，距离成书至少过去半个世纪，其后陆续有上海图书馆藏钞本、江苏省镇江图书馆藏钞本等传钞清末本流传。

现存清代上海乡镇志书的民国间钞本，其特征除了基本沿袭清代钞本之外①，也在原有的基础上产生了一些变化，即：

## 1. 仅以写本（稿、钞）形式流传，而且在1949年以前未见刊本，但钞本年代与该志成书（稿）年代较近

张启秦纂辑、陆世益编的光绪《望仙桥乡志稿》，成稿于清光绪三十一年（1905），未见刊，至民国初年即有钞本（现藏上海市嘉定博物馆）嗣后又有杨大璋过录稿本，两种钞本距离成稿年代皆不久远。又如诸福坤原著，陈庆林、万以增补著，陶惟垁校订的光绪《淀湖小志》，成稿于清光绪二十八年（1902），民国间有陶惟垁批校原稿钞本流传，直至2005年该志方有《上海乡镇旧志丛书》点校整理本刊行。

## 2. 钞本年代与该志成书（稿）年代相隔较远，且以写本、印本多元流布的模式流布

张承先原辑、程攸熙增订的嘉庆《南翔镇志》，清嘉庆十一年成书，有清刻本两种流传而无清代钞本行世，及至民国时期方有钞本，形成钞本、刻本多元流布的模式。又如张端木纂乾隆《西林杂记》，成书于清乾隆三十年，在清代已经有两种刻本（一种亡佚）与两种光绪间钞本（一种亡佚）流传，民国期间又形成一种钞本，其成书时间较之该志的成书刊刻时期或者清代钞本年代，都有较长的历史间隔，由此形成了清代与民国时期不同的刻本、钞本多元流布的格局。

---

① 例如周厚地所辑乾隆《干山志》，清乾隆五十一年成书，未见清钞本流传，目前可确知最早的钞本为松江天马山中峰寺通量本传钞本，系20世纪40年代以后（新中国成立之前）形成的文本，且仅以钞本流布。

117

以上所归纳的特征要点，在现存清代上海乡镇志书的民国间钞本中都有所展现，基本各占一半比例。虽然清代上海乡镇志书的民国钞本种数远少于其清钞本，但随着时代的发展演进，钞本在产生与流布过程中固然一方面会沿袭前代的特征，但同时也会出现与时俱进的变化，从这些案例中我们可以发现不同历史时期文本流布过程中的因袭与沿革损益。

### 三、江苏地区钞本的特征

现存清代江苏乡镇志书的 70 种各类钞本中仅有 40% 不到的钞本（实际上约为 25 种）可以基本确知其成书年代或时代归属（其中能够有较为明确成书年代的清钞本仅 8 种），另外十余种钞本仅知属于清代或民国，不能进行较为明晰的确认。因此在讨论清代江苏乡镇志书的各类钞本特征之时，我们采取合而论之的方式，对其近 40 种清代以及民国时期的乡镇志书钞本进行考察。

相较于清代上海乡镇志书各类钞本的特征，我们发现，在清代江苏乡镇志书的近 40 种成书于 1949 年以前的钞本中，有 3/4 的钞本类型符合前述上海乡镇志书清代钞本的两大特征，即：其一，所依据的志书在清代与民国时期一直未刊印；其二，在 1949 年以前仅以写本（钞本、稿本）形式流布。

例如章梦易纂康熙《同里闺德志》，清代与民国时期一直无刊本，仅有清康熙二十三年（1684）钞本流布；佚名纂同治《无锡斗门小志》，仅以清末钞本的形式流布（现藏北京师范大学图书馆）；邱标纂同治《两淮通州金沙场志》，在 1949 年以前无印本传世，仅有孙徵经舊楼藏稿本传钞本、上海图书馆藏残钞本流传；时宝臣修、凌德纯纂道光《直塘里志》，有清道光九年（1829）稿本，清同治间又有钞稿本流传，等等。据著者统计，有 30 种钞本符合上述两大特征，这也体现了明清以来江南地区人文风俗演进的同一化趋势。然而更进一步来看，清代江苏乡镇志书的各类钞本更为鲜明之特色在于"一志一钞"的组合模式①，由于这些志书稿本皆无存，所以在某种程度上甚至可以认为，这样的钞本即大致具备稿本的性质与职能。例如顾崇善纂道光《里睦小志》、黄炳宸纂同治《梅李文献小志稿》、龚文洵纂光绪《唐市志补遗》、黄冈纂光绪《梅李文献三志稿》、佚名纂辑宣统《延陵九里庙志》等 25 部志书，在清代及民国时期都是仅以一部钞本的形式流布的。

　　清代上海乡镇志书在 1949 年以前流传的各类钞本，固然有"一志一钞"的情况（例如乾隆《干山志》，仅有民国钞本），但同时存在"一志多钞"（例如嘉庆《法华镇志》，有两种清光绪年间钞本）②、"一志一稿一钞"（例如同治《张泽志稿》，即稿本与钞本同时流传）、"一志一稿多钞"（例如咸丰《寒圩志》，有稿本一种及清钞本两种）乃至出现一部志书钞、印本不同数量组合流布的情况（例如嘉庆《马陆志》，有清嘉庆二十年初刻本，与之同时流传者，还有清嘉庆间钞本与民国铅印本），而且属于这些类别的钞本各自所占比例不一，与同一系统内的其他版本组合流传的模式较为复杂，因而无法特别地突显出其中某一类型的特色，这一点和清代江苏乡镇志书钞本集中展现"一志一钞"的鲜明特征相比无疑是逊色的。

---

　　①　所谓"一志一钞"，其含义不仅指某部志书只以一种钞本流布而无其他传本，而且也可以是指某部志书的有多种版本流传，而其钞本仅有一种。例如"一稿一钞"，即属于这个钞本类型的特征，兹举例说明：赵曜撰乾隆《璜泾志略稿》，有清乾隆末年稿本与清钞本共同流布；徐傅编道光《光福志》，即有清道光二十四年（1844）稿本与清顾莼思无邪室钞本（现藏苏州图书馆）组合，等等。当然所谓"一志一钞"的组合流布模式并非仅限于以纯粹以写本为流布途径的乡镇志书，还以写本与印本的综合流布的模式出现，这种情况下的印本（多为初印本）多为钞本所祖。例如章腾龙原纂、陈勰增辑嘉庆《贞丰拟乘》，有清嘉庆十五年（1810）聚星堂初刻本，南京大学图书馆所藏钞本即以初刻本为其祖本。

　　②　据著者查考，清代江苏所编纂的乡镇志书各类钞本也存在"一志多钞"的情况，但所占比重甚微。例如彭方周修，顾时鸿、王立礼纂乾隆《吴郡甫里志》，有上海图书馆藏钞本与湖北省图书馆藏钞本两种；董醇纂咸丰《甘棠小志》，有上海图书馆藏钞本与湖北省图书馆藏精钞本两种，仅见此二例。

此外约 1/4 的钞本(合计 14 种),其基本特征表现为:第一,在清代与民国时期即有印本(含初刻本、铅印本、油印本等)刊行;第二,主要以钞本(多数为一种)与印本(主要是清代志书初刻本)结合的形式流传①。这与上述清代上海乡镇志书的民国间钞本第二个基本特征有类似之处,但其突出的地域特色仍是钞本的唯一性。另者,钞本多依据乡镇志书的清代初刻本演化而来。② 例如仲沈洙纂,仲栻、仲枢增纂,仲周需再增纂的乾隆《盛湖志》,清乾隆三十五年(1770)初刻,后有钞本一种流布,即以初刻本为祖本;时宝臣纂修的道光《双凤里志》,有清道光六年(1826)《娄水艺文汇钞》初刻活字本,南京博物院藏旧钞本即以此初刻本为文献底本;又邵廷烈所纂道光《穿山小识》,初刻于清道光二十一年(1841),及至清光绪二十年(1894)有《小方壶斋舆地丛钞补编》铅印本,南京博物院所藏该志清光绪三十一年(1905)钞本与上述两个印本皆属同一版本体系。根据著者统计,除了乾隆《吴郡甫里志》、咸丰《甘棠小志》各有两种钞本流布之外,其余 10 部乡镇志书现存的十种钞本皆具备"一志一钞"的唯一性特征。综上合计,具备"一志一钞"特征的现存清代江苏乡镇志书各类钞本占有总数九成的比重,其钞本唯一性的特色十分鲜明。

## 四、浙江地区钞本的特征

在现存清代浙江乡镇志书的 43 种各类钞本中,基本可以明确为清代钞本的有 23 种(其中 13 种能够确定具体年代或历史时期)。与江苏乡镇志书钞本的情况相比较,浙江地区的这类清代钞本中有 18 种具有"一志一钞"的特征,即志书版本流布过程中的钞本仅有

① 此外有两例属于稿本与钞本组合流布的情况,即:柳商贤所纂光绪《横金志》,有清光绪二十九年(1903)稿本与江苏省苏州市图书馆所藏钞本;姚鹏春所纂道光《白蒲镇志》,有清道光二十一年(1841)姚氏稿本与上海图书馆藏钞本。

② 除去光绪《横金志》、道光《白蒲镇志》,其钞本乃是以这两种志书的稿本为依据。

一种(此外部分志书还有印本、稿本等并行流传)，占其清代钞本种数的2/3强；在这其中又有近一半(8种)系完全以钞本形式流布，约占清代钞本种数的1/3。例如胡道传续编、沈戴穀订补的顺治《仙潭后志》，仅有清光绪二年(1876)周衡钞本一种流布，而无其他版本；朱闻所纂道光《练溪文献》，亦仅有清同治间岱云书室钞本流传；范来庚编纂的道光《南浔镇志》，有清道光二十一年(1840)初刻本，而其流布的钞本仅有一种，即上海图书馆藏清光绪三十一年(1905)钞本；徐士燕辑纂的同治《竹里述略》，虽然有浙江图书馆藏清同治三年(1864)稿本，但是仅有一种传钞稿本(现藏南京大学图书馆)，等等。这个特征与江苏乡镇志书钞本那种"一志一钞"的鲜明特色是一致的。

　　另外，我们从江、浙两地清代乡镇志书钞本鲜明的"一志一钞"特色进行推断，可以认为至少这两地写本志书的流通程度相对不高，尤其是较之清代上海乡镇志书在1949年以前的钞本所具备的那种复杂情况而言，更为如此。根据著者统计，现存清代上海乡镇志书在1949年以前的各类印本有40种，其中清代印本27种(清刻本23种)；现存清代江苏乡镇志书在1949年以前的各类印本有75种，其中清代印本58种(清刻本55种)；现存清代浙江乡镇志书在1949年以前的各类印本有57种，其中清代印本42种(清刻本37种)。据此可知在清代与民国时期，清代上海乡镇志书的刊行程度较之江、浙两省的情况来看是较低的，因而其志书以钞本流行的程度较高，辗转钞录的志书就出现了"一志一钞""一志多钞""一稿一钞""一稿多钞"乃至多种钞本并行的复杂情况，由此形成了清代上海乡镇志书的钞本体系纷繁复杂的性质。

　　第二个特征是浙江的这些清代乡镇志书钞本的成书年代与该志成书(稿)年代距离较远。这一点又与前揭上海乡镇志书清代钞本的基本特征相吻合。例如：张之鼐所辑康熙《栖里景物略》，有清康熙二十三年(1684)稿本，而其传钞本成于清嘉庆年间，至少相隔一百十余年时间；许良谟所纂乾隆《花溪志补遗》，成稿于清乾隆六十年(1795)，其间仅以稿本流传，而该志的张氏小清仪阁钞本成于清光绪三十四年(1908)，相隔一百多年时间；王德浩纂、

121

曹宗载重订的嘉庆《硖川续志》，清嘉庆十七年（1812）初刻，最早
的钞本为清光绪八年（1882）诚朴堂钞本，间隔了七十年才出现；
凡此皆是其例。据著者统计，在这 23 种清代钞本中，其文本成书
年代与该志成书（稿）年代相隔较远的有 10 种，约占其一半比重。
究其原因所在，乃是在这些晚出钞本形成之前，该志书已经有稿
本、印本或目前无法考知的旧钞本次第流布，这些前期流布的文献
版本，成了后出钞本的钞录所据。例如何琪所纂乾隆《唐栖志略》，
初刻于清乾隆五十四年（1789），又于清嘉庆七年（1802）增补刊刻，
此后陆续出现以刻本为钞录依据的上海图书馆藏清钱塘罗氏恬养斋
钞本（不晚于咸丰末年）、南京图书馆藏清同治十一年（1872）朱文
藻钞本；又如胡道传续编、沈戬毂订补的顺治《仙潭后志》，据考
证该志成于清顺治四年（1647），而目前可知最早的钞本成于清光
绪二年（1876），若在这两百多年间该志书从无任何写本或印本曾
在乡里流布，则此晚清钞本真是不知有何依据。这就说明在该钞本
形成之前，必然有某种形式的文本流传，以成为晚出钞本写定的文
献依据，只是囿于资料所限，目前无法对这种情况下的钞本进行版
本学上的追踪溯源。

　　综上所论，由于地缘上的优势，浙江地区乡镇志书的清代钞本
不仅具有江苏志书钞本那种鲜明的"一志一钞"特征，而且又与上
海乡镇志书清代钞本的年代特征相吻合，兼具两地所长，从而能够
综合地展现出该地区志书清代钞本的特色。

## 第三节　志书印本及其基本特征

　　现存清代与民国时期的 216 种清代乡镇志书印本又可细分为刻
本、活字本、铅印本、石印本、影印本、油印本等不同类型。其中
清代刻本 149 种，民国刻本 10 种；清代活字本 8 种；清代铅印本 9
种，民国铅印本 30 种；清代石印本 1 种，民国石印本 2 种；民国
油印本 4 种，影印本 2 种，晒印本 1 种。合计清代各类印本 167
种，民国各类印本 49 种。由此可见，近九成数量的清代印本属于

刻本类型，约占 1949 年以前清代乡镇志书各类印本数的 70%；而在民国印本中，新式铅印本占据其 60% 多的比重。以下首先讨论清代乡镇志书的各类刻本及其特征。

就地域分布情况来看，在民国之前刊行的 149 种清代乡镇志书各类刻本中，清代上海地区的乡镇志书刻本有 23 种，清代江苏地区的乡镇志书刻本有 50 种，清代浙江地区乡镇志书刻本有 37 种，苏浙沪三地区合占全体总数的约 74% 比重。此外，清代其他地区乡镇志书在民国以前流传的刻本有 39 种。

从时段分布特征来看，综合全国范围的数据进行统计，在民国之前刊行的清代乡镇志书各类刻本中，有顺治刻本 1 种、康熙刻本 11 种、雍正刻本 1 种、乾隆刻本 23 种、嘉庆刻本 32 种、道光刻本 33 种、咸丰刻本 5 种、同治刻本 8 种、光绪刻本 32 种、宣统刻本 1 种（尚有两种刻本不明年代），主要集中于清代前期乾、嘉、道年间（近 60% 比重）与晚清同、光、宣时期（三成比重不到）。

再就不同地区的时段分布情况进行分别的考察。在民国以前刊行的清代上海地区的乡镇志书刻本有 23 种，其中乾隆刻本 2 种、嘉庆刻本 15 种、咸丰刻本 2 种、同治刻本 1 种、光绪刻本 2 种、宣统刻本 1 种；乾嘉时期的刻本种数占约全部的 2/3 比重，其中嘉庆刻本 60% 的集中在嘉庆中叶时期，以清嘉庆十年至十二年这个时段的分布最为集中。清代江苏地区的乡镇志书在民国之前的刻本有 50 种，其中康熙刻本 2 种、雍正刻本 1 种、乾隆刻本 6 种、嘉庆刻本 7 种、道光刻本 15 种、咸丰刻本 2 种、同治刻本 2 种、光绪刻本 13 种①；乾、嘉、道时期（清代前期）的刻本种数占全体的近 60%，晚清同、光年间志书刻本种数占全体数量的 30%。清代浙江地区乡镇志书的民国前刻本有 37 种，其中康熙刻本 3 种、乾隆刻本 6 种、嘉庆刻本 7 种、道光刻本 10 种、咸丰刻本 1 种、同治刻本 1 种、光绪刻本 9 种；乾、嘉、道时期（截至清道光中叶）的刻本种数占全体一半多比重，晚清同、光年间志书刻本种数约占

123

----

① 其中尚有两种刻本不明具体历史年代。

全体数量的 1/3 弱。此外清代其他地区乡镇志书在民国以前流传的刻本有 39 种，其中顺治刻本 1 种、康熙刻本 6 种、乾隆刻本 9 种、嘉庆刻本 3 种、道光刻本 8 种、同治刻本 4 种、光绪刻本 8 种；乾嘉时期刻本种数与晚清同光时期的各占全体 1/3 比重。

由此可见，这些清代乡镇志书刻本在时段分布上的特征，无论是从全国总体的情况进行宏观的考察，还是分别不同地域进行个案的分析，其结论都同样能够与前述关于清代乡镇志书发展史上前后两个高峰阶段的基本与历史时段相为印证与吻合。

清代乡镇志书刻本又可细分为初刻本、重刻本、覆刻本、增补刻本等不同类型。① 例如：宋溶纂修的乾隆《浯溪新志》，有清乾隆三十八年(1770)清泉官舍初刻本；孙志熊所纂光绪《菱湖镇志》，有清光绪十九年(1893)临安孙氏初刻本。吴存礼编纂的雍正《梅里志》，有清道光四年(1824)华乾重刻本；张端木所纂乾隆《西林杂记》，有清嘉庆十一年(1806)爱日楼重刻本。仲廷机所纂光绪《盛湖志》、仲虎腾续纂的光绪《盛湖志补》，皆有 1925 年周庆云覆刻吴江仲氏本。杨谦原纂、李富孙补辑的嘉庆《梅里志》，有清嘉庆二十五年(1820)增补初刻本；邹璟纂道光《乍浦备志》，有清道光二十三年(1843)补刻本。据著者统计，清代乡镇志书初刻本有 111 种，占其清代刻本种数 3/4 比重。②

---

① 清代编纂的乡镇志书，其初刻本绝大多数是在本朝形成的，因此在这个意义上将"清代乡镇志书的初刻本"在时段上归属、等同于清代的刻本范畴似乎没有疑义。但是在清末所编纂的某些乡镇志书，其初刻本却是形成于民国时期的。例如余霖所纂宣统《梅里备志》，1922 年由阅沧楼初版刊行；又如王锡极原纂、丁时需增纂、王之瑚删订、佚名增纂的宣统《开沙志》，虽然于清宣统三年(1911)铅印刊行，但其初刻本乃是横山草堂 1919 年刊本。是则存在清代乡镇志书的初刻本为民国间刊本的特殊情形，然仅见此二例，且其在全部清代乡镇志书初刻本种类数中所占的比重甚微，倘若忽略不计，亦不至于影响统计分析的结论。因此，为了行文叙述之方便起见，此下述及"清代乡镇志书的初刻本"，皆将其等同归属清代刻本的范畴，特此说明。

② 实际上清代乡镇志书初刻本当有 113 种，包括了宣统《开沙志》、宣统《梅里备志》两种民国间初刻本。

## 一、志书初刻本

就清代乡镇志书初刻本的时段分布特征来看，清代乡镇志书初刻本最为集中的形成时段分别为嘉庆年间（26 种）、道光年间（24 种）、光绪年间（21 种）、乾隆年间（18 种）、康熙年间（10 种），其中乾嘉至道光中叶的初刻本约 60 种，占全部清代刻本种数的一半以上。再就不同地区的时段分布情况进行分别的考察：清代上海乡镇志书的初刻本有 16 种，其中乾隆间 2 种、嘉庆间 12 种、咸丰与光绪年间各一种，嘉庆间初刻本占上海地区比重的 3/4。清代江苏乡镇志书的初刻本有 41 种，其中康熙间 3 种、雍正间 1 种、乾隆间 6 种、嘉庆间 5 种、道光间 13 种、咸丰间 2 种、同治间 1 种、光绪间 10 种，其中乾嘉年间及道光中叶以前的初刻本约占一半比重，晚清同、光年间初刻本约占 30%。清代浙江乡镇志书的初刻本有 26 种，其中康熙间 2 种、乾隆间 5 种、嘉庆间 7 种、道光间 5 种、咸丰间 1 种、光绪间 6 种，乾嘉间初刻本约占一半比重。此外，清代其他地区乡镇志书的初刻本有 28 种，其中顺治间 1 种、康熙间 5 种、乾隆间 7 种、嘉庆间 2 种、道光间 6 种、同治间 2 种、光绪间 5 种，乾、嘉、道时期的初刻本占总数的一半多比重。

综合以上的分析，我们看到，清代乡镇志书初刻本在时段分布上的特征与主要集中的历史时期，都能够与前述关于清代乡镇志书编纂发展史上的第一个高峰阶段的特征相适应。以下将对清代乡镇志书初刻本的特征展开论述。

第一，在这 111 种清代乡镇志书初刻本中，有近 1/3（37 种）在清代与民国时期仅以初刻本的形式流布，而无其他写本或印本流传。

例如萧鱼会、赵稷思所编嘉庆《石冈广福合志》，在 1949 年以前仅有清嘉庆十二年（1807）初刻本流传；杨希濂编述的道光《恬庄小识》，在清代与民国时期亦仅有清道光十七年（1837）初刻本流布；许楗等纂光绪《重修马迹山志》，亦仅有清光绪六年（1880）初刻本流行。就地域空间分布情况来看，符合此类特征的清代上海、江苏、浙江乡镇志书初刻本分别有 2 种、15 种、7 种，此外符合条件的清代其他地区乡镇志书初刻本有 13 种，其中江苏志书的初刻本占其中近一半的比重，且多为光绪间本(7 种，约占一半)。从时段分布情况来看，在此类清代乡镇志书初刻本中，有康熙间本 4 种、乾隆间本 4 种、嘉庆间本 7 种、道光间本 5 种、咸丰间本 1 种、同治间本 2 种，其中最多者为光绪间本 14 种，合计具备此类特征的晚清同、光年间志书初刻本约占其全体比重的 45%。

第二，有近 1/4 比重(26 种)的清代乡镇志书初刻本，在其后世流布过程中仅有钞本文献出现，而无其他写本或印本。

例如陈维中纂修的康熙《吴郡甫里志》，除了有清康熙四十一年(1675)树德堂初刻本，便仅以钞本形式流传；王鉴所纂乾隆《瞻桥小志》，仅有清乾隆二年(1737)初刻本与后世钞本一种流传；彭方周修，顾时鸿、王立礼所纂乾隆《吴郡甫里志》，除了清乾隆三十年(1765)初刻本，尚有现藏于上海图书馆与湖北省图书馆的两种钞本行世。符合这种特征的清代乡镇志书初刻本最多的仍是江苏省，据统计有 13 种清代初刻本，占此类总数的一半，同比浙江、上海两地的对应初刻本种数总和为 8 种，仅占其数的六成。其中道光间初刻本最多(6 种)，约占全部的一半比重，此外乾、嘉道、时期的此类初刻本约占全体总数之九成多，这说明成书于清代中后期的江苏乡镇志书初刻本，其在后世主要以钞本形式流布。而从全国范围来看，此类中 22 种清代中后期乡镇志书初刻本也是以这种"初刻本—钞本"的形式流布的，其比例更是高达近九成。

第三，约有三成比重(30 种)的清代乡镇志书初刻本在民国以前即有续刊本流传(主要以重印、补刻等形式)。

例如陈曦编纂的乾隆《娄塘志》，清乾隆三十七年(1772)成稿，初刻于清嘉庆十年(1805)(《瞙邑志林》初刻本)，及至咸丰四年(1854)重印，在光绪十七年(1891)又进行了修补重刻，是则此志初刻本后又有重印本与补刻本。又如孙珮所纂康熙《浒墅关志》，初刊于清康熙十二年(1673)，乾隆年间又有孙鼏增续重印本；吴存礼编雍正《梅里志》，初刻于清雍正二年(1724)，此后又有清道光四年(1824)华乾重刻本、清同治八年(1869)吴政祥补刻本行世。这一点又可分为如下三方面特征进行论述。

### 1. 初刻本后仅有清代续刊本流传

焦循所纂嘉庆《北湖小志》,初刻本后又有清道光六年(1826)江都焦氏雕菰楼刊《焦氏丛书》本、清光绪二年(1876)衡阳魏氏刊《焦氏丛书》本流传;又如翁广平所撰道光《平望志》,初刻本成于清道光二十年(1840),及至清光绪十三年(1887)有吴江黄兆柽重刻本。这方面特征体现在以清代江苏与浙江两省乡镇志书的初刻本(11种)居多,且在时段分布上集中于清代中后期的乾、嘉、道年间,约占两省此类初刻本数目的七成。据统计,共有15种清代乡镇志书初刻本符合这项特征,占本大类初刻本数目的一半比重。

### 2. 初刻本后兼有清代与民国时期续刊本(多为新式铅印本)流传

上述陈曦编纂的乾隆《娄塘志》,在《瞀邑志林》初刻本之后不仅有3种续刊本次第流布(其中清同治间刻本亡佚),及至民国时期又有1914年铅印本与1936年娄塘梅祖德线装铅印清光绪间刻本两种行世;又如朱栋所撰嘉庆《干巷志》,有清嘉庆六年(1801)初刻本,其后有清光绪二十九年(1903)干巷乡先哲祠重印本、1933年高燮重印清嘉庆本流传。

### 3. 初刻本后不仅有清代续刊本,还有钞本流传

周煜编纂的道光《穿山小识补遗》,不仅有清光绪二十年(1894)《小方壶斋舆地丛钞补编》铅印本续刊行世,尚有清光绪三十一年(1905)钞本流传;又如吴荣光所纂道光《佛山忠义乡志》,清道光十一年(1831)初刻,其后有清同治十三年(1874)刻本与钞本一种流布。

第四,约有两成多比重(25种)的清代乡镇志书初刻本在民国时期续刊。这类情况又可再分为三个方面的细化特征进行讨论。

127

### 1. 初刻本后仅有民国印本流传

王初桐纂辑的嘉庆《方泰志》，初刻于清嘉庆十二年（1807），后仅有 1915 年嘉定陈乃钧铅印本；章树福纂辑的咸丰《黄渡镇志》，清咸丰三年（1853）章氏寿研堂初刻，至 1923 年有章钦亮重校铅印本行世，等等。具备这方面特征的清代初刻本有 11 种，约占此类种数的一半。其初刻本年代以乾嘉时期较为集中，就地域分布来看则以江苏的占最多。

### 2. 初刻本后兼有清代与民国时期续刊本（多为新式铅印本）流传

这与上述第三点特征的第二方面一致。有 7 种清代乡镇志书初刻本在流传过程中兼有清代与民国时期续刊本，时段分布上仍是以嘉庆间为主（近一半）。

### 3. 初刻本后不仅有民国印本，还有钞本流传

范来庚纂道光《南浔镇志》，初刻本为清道光二十一年（1840）刊本，钞本成于清光绪三十一年（1905），至 1936 年有《南林丛刊》铅印本行世。又如陈树德编辑嘉庆《安亭志》，清嘉庆十三年（1808）初刻，1916 年与 1937 年分别有油印本和铅印本流传，此外尚有南京博物院藏昆山图书馆钞本一种行世。具备此方面特点的初刻本仍以嘉庆间本为主。

需要附带论及的是，后世钞本流传的清代乡镇志书初刻本 41 种，占其总数的 1/3 多，其中最主要的特点仍是仅以钞本形式流布，这在上面所讲的清代初刻本第二大类特征中已有论及。就地域分布来看，在后世有各类钞本流传最多的是清代江苏乡镇志书的初刻本（16 种），约占全体四成比重；从时段上看，以占全体半数的乾嘉时期初刻本（20 种）在后世有钞本流传。虽然清代江苏乡镇志书在初刻以后的流传中多有钞本流传，但就钞本流传的频度、钞本系统的繁复性，以及清代乡镇志书刊刻的印本化程度综合比较来看，清代江苏乡镇志书初刻本在此所体现的钞本流布较多的特征，与清代上海乡镇志书钞本的复杂特征相比还是有所不及的。

## 二、清代活字本与民国刻本

第一，尚有清代活字本与民国间刻本。这两类印本种数（18种）合计不到 1949 年以前的清代乡镇志书各类印本总类数的一成。从时空分布特征来看，这 8 种活字本仅见刊于清代江苏、浙江两地（其中江苏 5 种、浙江 3 种），而以清嘉庆间本为主（一半比重）。在清代乡镇志书的活字本中，其六成多的数量（5 种）系仅以初刊版本的形式流布，且无其他版本行世。① 例如陈元模编纂的康熙《淞南志》，其活字本初刊于清嘉庆十八年（1813），再无别本流传；张廉所纂嘉庆《孝感里志》，仅有清嘉庆二十四年（1819）初刊活字本；叶长龄等纂、叶钟敏重辑的光绪《杨舍堡城志稿》，亦仅有清光绪九年（1883）江阴叶氏初刻活字本行世。

第二，占全部种数 3/4 的清代活字初刻本，在后世流传过程中无其他印本形式产生。除了如上所述仅以自身版本流传外，尚有一种活字本有后续的钞本流布（即时宝臣纂修的道光《双凤里志》）。

清代乡镇志书的民国刻本共计 10 种，其中江苏 6 种、浙江 3 种、其他地区 1 种，在这类民国刻本中，有初刻本 2 种、覆刻本 2 种、增补刻本 1 种②，清代乡镇志书初刻本为民国间印本的案例亦仅见于此。

## 三、新式印本

及至清末民初时期，随着西方先进的印刷工艺技术的传入和普

---

① 这一点同时也是清代江苏乡镇志书活字本流传的主要特征，占全部数量一半比重。

② 民国初刻本有：王锡极原纂、丁时需增纂、王之瑚删订、佚名增纂宣统《开沙志》，清宣统三年（1911）初版铅印，横山草堂 1919 年初刻印行；余霖纂宣统《梅里备志》，有 1922 年阅沧楼初刻本。民国覆刻本有仲廷机纂光绪《盛湖志》与仲虎腾续纂光绪《盛湖志补》两种，因版片被毁不存，及至 1925 年由周庆云根据初印校本覆刻，参见广陵书社 2011 年版《吴江乡镇旧志丛刊·盛湖志（四种）》之点校说明与《中国地方志联合目录》第 334 页附注。

及应用，产生了铅印本、石印本、油印本、影印本等诸多以全新的技术手段刊行、翻印清代乡镇志书的版本类型。例如叶世熊编纂的光绪《蒸里志略》，于清宣统二年（1910）铅印刊行；张承先原辑、程攸熙增订的嘉庆《南翔镇志》，有1924年南翔凤翥楼重校铅印本；佚名编纂的道光《洪塘小志》，有1927年版杨遂重编石印本；臧麟炳编纂的康熙《桃源乡志》，有民国油印本；朱次琦、冯栻宗所纂光绪《九江儒林乡志》，有民国影印初刻本，等等。在清末即采用新式的铅印技术刊行所编纂乡镇志书最多的是上海与江苏两个地区，目前已知的共有7部乡镇志书采用新式铅印技术刊行，其刊印时代主要集中在清光绪、宣统年间。即：①王树棻修，潘履祥总纂，朱诒祥、钱枏分纂的光绪《罗店镇志》，清光绪十五年（1889）铅印刊行；②许光墉、叶世熊、费沄修辑的光绪《重辑枫泾小志》，清光绪十七年（1891）铅印刊行；③叶世熊所纂光绪《蒸里志略》，清宣统二年（1910）铅印刊行；④程兼善重纂宣统《续修枫泾小志》，清宣统三年（1911）铅印出版；⑤邵廷烈所纂道光《穿山小识》，清光绪二十年（1894）《小方壶斋舆地丛钞补编》铅印本；⑥周煜编纂的道光《穿山小识补遗》，清光绪二十年（1894）《小方壶斋舆地丛钞补编》铅印本；⑦王锡极原纂、丁时需增纂、王之瑚删订、佚名增纂宣统《开沙志》，清宣统三年（1911）铅印本。此外，四川有一部清宣统年间刊行的铅印志书①；浙江有一部清光绪年间刊行的石印本乡镇志书，以及一部清宣统年间刊行的铅印本志书。②

　　据著者统计，自晚清以来直至民国期间，采用这些新式印刷工艺刊行的清代上海乡镇志书印本有17种，约占全体的1/3比重，其中清代铅印本4种（光绪间本与宣统间本各两种）、民国铅印本11种、民国影印本与油印本各一种，以民国铅印本的比重最大（近2/3）。清代江苏乡镇志书的新印本有14种，其中清代铅印本3种

---

　　①　即吴德煦编纂的同治《章谷屯志略》，清宣统二年（1910）《振绮堂丛书》铅印本。

　　②　分别为：高鹏年编纂的光绪《湖墅小志》，清光绪二十二年（1896）仁和黄氏石印本；唐佩金所纂宣统《闻湖志稿》，清宣统三年（1911）铅印本。

（光绪间本2种、宣统间本1种）、民国铅印本9种、民国油印本与晒印本各一种，民国铅印本的比重占2/3。清代浙江乡镇志书的新式印本也有14种，其中清代铅印本1种（宣统间本）、清代石印本1种（光绪间本）、民国铅印本10种、民国油印本2种，民国铅印本占全体比重的七成多。此外清代其他地区乡镇志书的新式印本仅有4种，其中清宣统间铅印本与民国影印本各一种，民国石印本2种。合计新式印本总数49种，其中清代铅印本9种、清代石印本1种、民国铅印本30种、民国油印本4种、民国石印本2种、民国影印本2种、民国晒印本1种，近八成比重的新式印本采用了运用较为普遍的铅印技术刊印志书，其中75%的清代乡镇志书民国刊本采用了铅印本的形式。

综上可见，江、浙、沪三地集中了晚清以来乡镇志书新式印本种类数的90%，这从一个侧面展现了在中国社会近现代化的历史背景下，以江、浙、沪为代表的东南地域在沐浴"欧风美雨"、引进先进生产技术并付诸实践的过程中接受先进新事物的敏锐程度。虽然新式印本在清代乡镇志书1949年以前的各类印本种数中所占比重不大①，然而采用新式印刷技术刊行清代乡镇志书，使得新式印本能够在较短的历史时期内有一定程度的社会普及程度与流布的数量比重，这体现出新兴技术力量对于社会文化演进的推动作用，也由此形成了清代乡镇志书在流传过程中文献复杂多样、版本多元流布的局面。

---

① 清末至民国时期采用新式印刷技术所刊行的清代乡镇志书的版本类型共有49种，约占1949年以前刊行的清代乡镇志书各版本数量（216种）的22.6%，约占现存清代乡镇志书各类印本数量（621种）的7.9%。

# 第三章　清代乡镇志书的编纂者

编纂者是一部志书的灵魂所系。志书编纂者的社会身份、生平履历、社会关系以及学识专长等因素都会对志书的篇目特色以及文献价值形成一定的影响。本章首先对清代乡镇志书编纂者群体类型及其特征进行了探索，按照不同的标准划分为相应的编纂者群体类型，并进一步讨论其基本特征以及对于志书编纂的影响。其次选取清代上海地区乡镇志书编纂者群体作为个案进行专题探讨，对上海地区乡镇志书编纂者的基本群体特征、对于志书篇目设计的思考以及编纂者的学养识见等问题进行了研究。此外，志书编纂者的生卒年考订对于部分志书断年具有重要的参考价值，因此对部分清代乡镇志书编纂者的生卒年进行了文献考证。

## 第一节　编纂者的群体类型及其基本特征

处于不同历史时期的清代乡镇志书编纂者，构成了一个数量庞大、身份各异、关系复杂、类型多元的特殊人群。在这近五百位编纂者的群体中，各人的社会身份、社会关系、生平履历以及专长技能不尽相同，由此形成了志书编纂者的不同特色。例如从科举仕途顺畅与否来看，有的金榜题名、学优则仕；有人流连场屋，乃至终生布衣。从编纂者的学识程度与技能专长来看，有人精于史学研究，明了传统史学的义法，擅长舆地之学与文献考据；有的编纂者能够将自己的一技之长（例如擅长测量田亩、熟悉地方河道水利事业等）体现在志书资料的去取与篇目设计的增删当中，使其中部分篇目与内容具备独到之处。从志书编纂的理念与修志实践情况来看，有些编纂者具备编修其他地方志书（如主修、参修府州县志书）或编纂家谱的经历，能够将自己的主张付诸实践；有些编纂者能够不拘泥于旧例，对于篇目设计颇有思考和见地。然而从相反的一面来看，有些志书编纂者却在修志过程中因袭成型的府州县志体例与篇目框架，颇重古今历史与地理沿革与人物传记的撰述；更有些不甚注重志书性质与体例的文人雅士，则在志书中将大量的诗文唱和一并搜罗堆累，载入艺文部分或者附于人物传记，使之变相地成为诗文集的汇总，由此产生了"文人修志"的弊端。总之，这些清代乡镇志书编纂者所表现的特征是不尽相同的，基于他们各自的社会身份、生平履历与专长技能的情况，构成了不同的修志群体类型，由此对于志书编纂也产生了深刻的影响，甚至直接影响志书质量的高下。因此，从类型划分的思路入手，展开对于清代乡镇志书编纂者的研究，不仅能够理清这个数量庞大且成分复杂的人群所具备的不同社会背景与人际关系，而且我们依照不同的标准划分其群体类型，探索其专长技能在志书编纂中的展现程度，进而能够深刻认识到这些社会关系的、思想学术的背景条件对于志书编纂过程与志书学术质量的重要影响。以下从人物的社会身份、专长技能的角度入手，按照五种大类的标准，对于清代乡镇志书编纂者的群体类型及其特征展开论述。

## 一、科举功名（学历程度）

著者基于本书下编《清代乡镇志书提要》的研究成果，根据所考述的各位志书编纂者的生平传记资料，查考了近430位清代乡镇志书编纂者的社会身份、生平履历与专长技能的情况①，由此编撰

---

① 目前已查考到的463种清代各类乡镇志书中，有34部志书编纂者佚名或不详，更有一人纂修多部志书的情况。例如秦立纂有康熙《淞南志》与康熙《紫隄小志》两部志书，又参与编纂雍正《紫隄村小志》；时宝臣纂有道光《双凤里志》与道光《直塘里志》两部志书；常春锦纂有光绪《湖乡分志》与光绪《鰕沟里乘》两部志书，等等。在清代江浙地区，多有一人纂修两部志书，或者同时参加几部志书的分纂或修订工作的现象。在统计查考乡镇志书作者的过程中，若除去这些重复的编纂者，大约能够得到430位编纂者的信息。

成《清代乡镇志书编纂者身份专长一览表》。在此基础上，我们以人物的社会身份为切入点，根据不同的分类标准来论述由此演化出来的清代乡镇志书编纂者不同的群体类型。

　　首先根据各人所获科举功名或学历程度来看，清代乡镇志书编纂者群体主要可以分为以进士、举人为代表的社会精英知识分子，与以未获高一级科举功名的诸生为代表的社会中下层知识人士这两种群体类型。根据著者统计，在近 430 位可考的乡镇志书编纂者中，属于进士出身者 26 名，例如乾隆《西樵山志》的编纂者罗国器，系清雍正五年进士①；道光《珽市志》的编纂者沈焯，系清乾隆六十年进士②；光绪《泰伯梅里志》的编纂者吴熙，系清乾隆二年进士③；光绪《唐栖志》的编纂者王同，系清光绪三年进士④，等等。属于举人出身者 45 名，例如乾隆《支溪小志》的编纂者周昂，系清乾隆三十五年举人⑤；乾隆《濮镇记闻》的编纂者胡琢，系清乾隆三十九年举人⑥；道光《诒经堂重修安平志》的编纂者柯琼璜，

---

　　①　（清）郭汝诚主修、罗家政等总纂：咸丰《顺德县志》卷十一《选举二》，顺德区地方志办公室点校本，中山大学出版社 1993 年版，第 304 页。

　　②　卢学溥修、朱辛彝等纂：民国《乌青镇志》卷三十《寓贤》，《中国地方志集成·乡镇志专辑》第二十三册影印 1936 年版刻本，上海书店出版社 1992 年版。

　　③　参见吴熙乾隆十年（1745）履历，秦国经主编：《中国第一历史档案馆藏清代官员履历档案全编》第十六册，华东师范大学出版社 1997 年版，第 252 页；以及（清）裴大中等修、秦缃业等纂：光绪《无锡金匮县志》卷十六《选举》，《中国地方志集成·江苏府县志辑》第二十四册影印清光绪七年（1881）刻本，江苏古籍出版社 1991 年版。

　　④　屈映光续修、陆懋勋续纂，齐耀珊重修、吴庆坻重纂：民国《杭州府志》卷一百十一《选举五·进士》，《中国地方志集成·浙江府县志辑》第二册影印 1912 年版铅印本，上海书店出版社 1993 年版。

　　⑤　（清）顾镇编辑、周昂增订：乾隆《支溪小志》卷三《人物志·科第》，沈秋农、曹培根主编：《常熟乡镇旧志集成》朱绍曾标点本，广陵书社 2007 年版，第 209 页。

　　⑥　参见（清）严辰纂：光绪《桐乡县志》卷十九《艺文志·史部》"《濮镇记闻》六卷"条下注，《中国地方志集成·浙江府县志辑》第二十三册影印清光绪十三年（1887）刻本，上海书店出版社 1993 年版。

系清道光元年举人①；光绪《罗店镇志》的总纂潘履祥，系清同治九年举人②，等等。合计那些作为"社会精英知识分子"的、具有进士与举人身份的清代乡镇志书编纂者占总人群比例仅为两成不到（约 16.5%），而在全体中所占比例最高的是广大具备"诸生"（生员）身份的社会中下层知识人士，合计总数近 330 名，约占清代乡镇志书编纂者群体总数的八成比重。③ 例如雍正《陈墓镇志》的编纂者陈尚隆为廪生，嘉庆《罗溪志》的编纂者范朝佐为国学生，同治《清风泾志》的编纂者陈宗溥为贡生，光绪《淀湖志》的编纂者万以增为增生，等等。然而在"诸生"这一类型的编纂者群体中，有一半以上的编纂者根据相关志书、文献所载的生平传记资料，仅知其为清代某时期或某地区生员出身，而究竟是廪生、附生、贡生、监生等何种具体的科举功名身份，则史料中多是语焉未详，多是仅以"诸生"两字笼统言之。例如康熙《杏花村志》的编纂者郎遂，即"由诸生入太学"④；康熙《佛山忠义乡志》的编纂者李待问，系"邑诸生"⑤；乾隆《北溪志》编纂者戈温如，其生平在传记资料中即作"乾隆间诸生"，凡此情形皆对于更为精确地区分群体类型和统计数量造成了障碍和难度。此外还有乡间"布衣"即未获功名者有 10

---

① 陈方圆等校注：《安海乡土史料丛刊第一辑·安平志》，中国文联出版社 2000 年版，第 177 页。

② 参见(清)潘履祥总纂，朱诒祥、钱栩分纂：光绪《罗店镇志》卷之四《选举志·举人》，上海市地方志办公室编：《上海乡镇旧志丛书》第十一册杨军益标点本，上海社会科学院出版社 2006 年版，第 162 页；光绪《罗店镇志·纂校姓氏》。

③ 此外尚有十余位志书编纂者不详其科举出身情况，例如嘉庆《瓜洲志》编纂者冯锦，据传记资料仅知其时任江都县瓜洲巡检司；《厂头杂录》的编纂者钱以陶，仅知其为当地热心公益事业的乡绅；同治《章谷屯志略》的编纂者吴德煦，时任章谷屯屯务官，等等，凡此皆不予计入。

④ (清)漆日榛修、桂超万纂：道光《贵池县志·人物志·文苑》本传，清道光二十六年(1846)刻本。

⑤ (清)吴荣光纂：道光《佛山忠义乡志》卷九《人物·孝友》，《中国地方志集成·乡镇志专辑》第三十册影印清道光三十一年(1831)刻本，上海书店出版社 1992 年版。

人，例如嘉庆《二续淞南志》的编纂者陈至言，"字谔士，布衣，能诗，工行草书"①；道光《分湖志》的编纂者沈刚中，"以布衣终"②，等等。及至清末民初时期，随着科举制度的废除与西方新式教育体系与观念的东渐与普及深入，有些乡镇志书编纂者已不具备传统的科举出身，而是拥有了现代高等教育的求学学历与学位文凭，成为新知识分子的一员。例如光绪《法华镇志》的编纂者金祥凤，"民国四年北洋大学土木科毕业，得工科学士学位，现任上海水泥工程师"③。又如宣统《黄渡续志》的编纂者章圭瑑，"由进士馆奏派日本，游学法政大学毕业"④。虽然这在清代乡镇志书编纂者群体中属于个别案例，但也可以看到西学东渐的深入程度以及晚清以来的中国社会近现代化进程对于乡镇志书编纂者所产生的重要影响与时代特色。

由此来看，在清代乡镇志书编纂者群体中，其绝大多数为社会中下层知识分子，而作为社会精英的进士、举人在编纂者群体中所占比重远不如前者。这一情况，一方面能够与中国古代科举制度的金字塔分布特征相印证，另一方面可以表明，清代乡镇志书的编纂具有较为广泛的社会基础，某种程度上体现出了"平民修志"的特色，这不仅是在与官修特征鲜明的清代各府州县志的编纂情况进行比较之后得出的结论，而且就清代乡镇志书的私撰性质而言，所论也是相适应的。然而需要指出的是，科举功名的高下并不能够与志

---

① （清）金吴澜等修、汪堃等纂：光绪《昆新两县续修合志》卷三十一《人物十二·文苑二》，《中国地方志集成·江苏府县志辑》第十六册影印清光绪六年（1880）刻本，江苏古籍出版社1991年版。

② （清）柳树芳录：道光《分湖小识》卷二《人物上·隐逸》，《吴江乡镇旧志丛刊·分湖三志》沈春荣等点校本，广陵书社2008年版，第137～138页。

③ 胡人凤续辑：民国《法华乡志》卷四《学校》附录《大学毕业生》，上海市地方志办公室编：《上海乡镇旧志丛书》第十二册许洪新标点本，上海社会科学院出版社2006年版，第166页。

④ （清）章圭瑑纂辑：宣统《黄渡续志》卷四《选举·毕业奖励》，上海市地方志办公室编：《上海乡镇旧志丛书》第三册杨军益标点本，上海社会科学院出版社2004年版，第36页。

书编纂的质量高低成正比。即如清代所编纂的各类府州县志而言，我们知道，虽然在官修志书的体制下能够以政府的力量和权威动员、征发所需要的各类资源，而且在志书编纂的人员聘请、经费拨给、资料配备等方面，较之私人纂修而言都有莫大的便利和优越的条件，较之私人纂修志书来看，在官修体制下编纂府州县志，不仅能够让那些举人、进士身份的社会精英分子参与，而且更容易聘请到学有专长者主其事。虽然也涌现出不少成功的案例，但是仍有一些府州县志的编纂或是因袭旧的框架体系，仅仅做资料的增补更新，缺乏对史料的考辨、篇目的去取，以及对于旧志整体上的增补修订，最后使得续纂或新编的志书体现不出应有的特色。此外尽管清代对于修志有着各类制度上的要求和约束，但是仍有地方官员对编纂志书敷衍了事，聘用一些乡曲陋儒钞撮资料、堆累文献以草草完工，而有些具备学识专长、懂得著述体例的编纂者，或囿于修志条款的约束，无法在编纂实践中展现才情，只能因循旧有框架进行局部的增删去取。因此在这样一些不利情形下，就不免使得所修志书的质量大打折扣，造成了清代各府州县志的质量参差不齐、高下不一的局面，未能充分体现官修志书的优越性所在。这一点同中国古代史学史上官修史书与私撰史著的矛盾利弊与质量高下的争论是极其相似的。可见，官修地方志书的优越物质条件并不能完全保证所修志书的质量一定高超，甚至还会出现平庸无奇的志书。即就清代乡镇志书而论，并非获得科举功名越高者所编纂的志书质量就一定高，其中也有平凡之作；相反作为"草根"的社会中下层知识分子所编志书有时候更能一展才情，更能显现特色。例如清乾隆间进士张端木所纂《西林杂记》，将大量长短篇幅不一的诗文、碑记附载于地理条目之下，使得这部志书变相地成了地方诗文的"汇刊"之作，明显是自乱体例，完全混淆了地理志书与地方文献汇编之间的界限。倘若忽略了其中作为志书叙述框架和线索的那些极其简明的地理要素名目，这部志书就成了一部地方文学作品的合集，很难看出有地方志书的鲜明标志了。与此相反的是，仅为诸生功名的乡间文人吴展成，虽然是擅长诗词的文学家，但其所纂道光《渔闲小志》却没有重蹈"文人修志"的弊病，也并非仅以搜罗文献掌故为务，相反他在这部志书的编纂中体现出了对于志书体例的精心构思安排，加之能够发挥文学特长，使得这部志书极具宋元志书的风格，体例精当、语言凝练、详略得当。所以仅以科举功名程度直论修志者水平高低乃至志书质量高下，无疑是非常片面的。这里以科举功名高低进行的群体类型区分，仅能表明清代乡镇志书编纂的平民性、基层性特征，而这种群体类型对于志书编纂的实际影响（尤其是关于志书的质量问题），则又需要做具体的分析。真正对于乡镇志书编纂有决定性影响的群体类型，乃是基于人物的社会关系与专长技能这两方面标准来划分的，前者一般对于志书编纂的途径、形式与分工模式等有所制约，而后者对于志书编纂的体例构思、篇目设计以及特色篇目产生的有重要影响。这两方面的问题将在下文展开具体的论述。

## 二、社会职业（职能分工）

从社会职业（职能分工）的标准来看，清代乡镇志书编纂者的群体类型又有官员、学者、文人（主要指专长于书画艺术、诗歌文学的所谓"文人雅士"）的区别，以下从三个方面展开论述。

首先，根据著者统计，在清代乡镇志书编纂者群体中，系官员身份者102人。其中各地的州县学教谕、训导有28人（以训导职居多，有22人），这一类基层教职官员群体占了官员类型的近三成比重。例如嘉庆《濮川所闻记》的编纂者濮镕，曾任云和县教谕①；同治《新塍琐志》的编纂者郑凤锵，"以大挑得教职，[清道光二十四年]选开化县教谕"②；光绪《忠义乡志》的编纂者吴文江，"由增

---

① （清）杨树本纂：嘉庆《濮院琐志》卷二《选举》，《中国地方志集成·乡镇志专辑》第二十一册影印浙江省图书馆藏传钞本，上海书店出版社1992年版。

② （清）郑凤锵纂：同治《新塍琐志》卷首同治五年孔宪采《序》，《中国地方志集成·乡镇志专辑》第十八册影印嘉兴市图书馆藏清光绪间稿本，上海书店出版社1992年版。

贡生遵筹饷例用，遇缺（先）[选]训导"①；光绪《张泽志》的编纂者封作梅，"光绪庚子岁贡，候选训导"②，等等。任各地知县、知州者42人（其中知县28人，占2/3比重），例如道光《安昌志》的编纂者高骧云，历任河北密云、蓟州、良乡、房山等七州县长官③；同治《菱湖志》的编纂者卞乃譒，"咸丰九年秋，署娄县[知县]"④；乾隆《乌青镇志》的编纂者董世宁，乾隆三十六年任开化府知府⑤，等等。各地区府县学教授4人，例如乾隆《江湾里志》的编纂者李保泰，曾任扬州府学教授。⑥高级官员、朝廷重臣有7人，例如道光《佛山忠义乡志》的编纂者吴荣光，历任翰林院编修、江南道监察御史、军机章京、福建浙江湖南等地按察使、布政使、后升任湖南巡抚、署理湖广总督，系清代中叶的封疆大吏。⑦又如咸丰《甘棠小志》的编纂者董醇，系晚清时期的朝廷重臣，历任总

① （清）吴文江纂：光绪《忠义乡志》卷十二《人物传三》，《中国地方志集成·乡镇志专辑》第二十四册影印上海图书馆藏清光绪二十七年（1901）刻本，上海书店出版社1992年版。

② （清）封作梅补辑、封文权续补：光绪《张泽志》卷七《选举志·贡生》，上海市地方志办公室编：《上海乡镇旧志丛书》第九册姜汉椿等标点本，上海社会科学院出版社2005年版，第45页。

③ 参见赵润东撰：《一代清官高骧云》，载中国人民政治协商会议北京市房山区委员会文史工作委员会编：《房山文史资料》（第十六辑），2003年版，第158~165页。

④ （清）孙志熊纂：光绪《菱湖镇志》卷三十《殉难》，《中国地方志集成·乡镇志专辑》第二十四册影印清光绪十九年（1893）临安孙氏刻本，上海书店出版社1992年版。

⑤ 文山壮族苗族自治州地方志编纂委员会编纂：《文山壮族苗族自治州志》（第六卷），云南人民出版社2002年版，第276页。

⑥ （清）梁蒲贵等修、朱延射等纂：光绪《宝山县志》卷九《列传·文学》，《中国地方志集成·上海府县志辑》第九册影印清光绪八年（1882）学海书院刻本，上海书店出版社2010年版。

⑦ 参见[美]恒慕义主编：《清代名人传略》下册本传，中国人民大学清史研究所《清代名人传略》编译组译，青海人民出版社1992年版，第13~16页。

理衙门大臣，以全权大臣身份与比利时等国签署商约，后升任都察院左都御史、兵部尚书，以户部尚书致仕。① 此外有各类杂色官员21人（多为中央部院中层文官，合计14人）。② 合计清代各州县的知县、教谕（训导）身份的乡镇志书编纂者占本类全体总数的一半多数量，基层社会的政府官员与教育机构主事者在官员修志群体中占据较大比重，这一特征也能与上述清代乡镇志书编纂的基层性特点相应。另外一个特点，即这类多数的乡镇志书编纂者多是出于自发意愿编修乡镇志书，而将其视作个人著述，并非有行政事务上的规定和要求，因而基本不带有官修的色彩。但也有例外者，如主修顺治《清源志》的时任知县和羹，"欲纂辑［志书］，苦无绪理可寻。……幸有荐绅先生王心孩（按：即王颙儒），自为诸生时即究心于人物、山川、风土之盛，或采之曩喆之传记，或得之父老之睹闻，始兼综靡遗。……爰相商确，佐以府志而纂辑［顺治《清源志》］，以付剞劂。"③顺治《清源志》的编纂，乃是时任知县聘请了当地名流王颙儒主笔而成的，从史料的叙述来看，这部志书的编纂无疑是具有一定的官方色彩，这与一般乡镇志书私撰的性质不同。

其次，具有学者资格的乡镇志书编纂者群体是一个较难给出精确身份界定的类型。因为在中国传统社会中，尚乏有具备现代科学

① 参见（清）国史馆编修：《清国史》第十一册《新办大臣传·董恂列传》，中华书局影印嘉业堂钞本，1993年版，第795~797页。
② 例如康熙《开沙志》的编纂者王之瑚，曾任礼部员外郎、福建道监察御史；乾隆《采石山志》的编纂者曹洛禋，曾任国子监司业、翰林院侍读学士；光绪《九江儒林乡志》的编纂者冯栻宗，曾任刑部贵州司主事；光绪《龙砂志略》的编纂者王家枚，曾任主事与度支部浙江司行走，等等。此外尚有任职宗人府、国子监、六部各司，以及地方巡检司、屯务官等，其名目较为驳杂。
③ （清）和羹撰：《清源县志序》，（清）王勋祥修、王效尊纂：光绪《清源乡志》卷首，《中国地方志集成·乡镇志专辑》第二十九册影印清光绪八年（1882）梗阳书院刻本，上海书店出版社1992年版。

研究意义的、以某种具体的学科研究为专门职业的学术工作者①，故而在中国传统社会语境中所指称的学者，一般皆是定义为学有所长、知识渊博、著述丰富的知识分子与文人学士。然而所谓学问的渊博与著述的丰富程度，及其学术价值的高低，本身又是很难以精确量化的，存在不同的价值取向和判断标准。因此，我们这里对于具有学者资格的清代乡镇志书编纂者群体进行类型的界定与划分，除了有公认的在学术史上有一定地位和学术成就的通儒学者这一类型外(例如嘉庆《梅里志》的编纂者李富孙、嘉庆《桂村小志》的编纂者吴卓信、嘉庆《北湖小志》的编纂者焦循等三人，不过数量很少)，还应当包括如下两种类型。

**1. "学而优则仕"的官员型学者**

例如康熙《颜山杂记》的编纂者孙廷铨，清代顺治、康熙两朝重臣，学问渊博，著有《孙文定公全集》；道光《佛山忠义乡志》的编纂者吴荣光，官至湖南巡抚、署理湖广总督，"文章学术具有渊源"②；光绪《九江儒林乡志》的编纂者朱次琦，曾任山西襄陵知县，为清代著名经学家，推崇朱熹理学、强调经世致用，等等。据著者统计，属此类型的乡镇志书编纂者有 8 人，即：董醇、顾镇、李敬、陆耀、孙廷铨、王聿修、吴荣光、朱次琦，只能说构成了一

---

① 以乾嘉史学三大家为例：钱大昕曾任内阁中书、翰林侍讲学士等职；王鸣盛亦曾任礼部侍郎、光禄寺卿；赵翼曾任贵西兵备道，虽早年辞官，但仍主讲地方书院多年，从事教育事业，皆非以学术研究为专门职业者。此外，阮元、毕沅皆为朝廷重臣，仕途任重、公务繁忙，但也都取得了不凡的学术成就。当然也有例外，例如清代通儒、经学家焦循因会试不第、绝意仕途，闭门著述多年，著述丰富；史学家吴卓信富于藏书，毕生即以著述为业，不喜科举功名，从而在历史地理考证与经学研究方面取得了巨大成就。此二者基本上就是现代意义的专门化学术研究工作者，但从整体上看，这种类型的纯粹学者在清代乡镇志书编纂者群体中所占比例十分微小，因为中国传统社会中的知识分子，都是注重学与仕相结合的，少有纯粹的以学术研究为职业的现代意义的专家学者。

② 汪宗准修：民国《佛山忠义乡志》卷十四《人物一·名臣》，《中国地方志集成·乡镇志专辑》第三十册影印 1926 年版刻本，上海书店出版社 1992 年版。

个很小的群体。虽然以朱次琦、董醇等人的学术成就来看，也可列入前述的那些通儒学者一类，但本书为了统计的精细化与标准化考虑，暂将其单列一类。这些官员型学者基本都具有进士的身份，实际上也属于上述以进士、举人为代表的社会精英知识分子的群体类型。实际上，清代部分著名学者的学术历程与其科举功名、仕宦履历是紧密联系着的，而且一些高级官员本身就是博学多闻、学有所承的知识精英，因此很难对其身份进行完全的、单纯的机械区分，这同时也反映出清代乡镇志书编纂者群体类型上的多面性与复杂程度。这类编纂者所修的乡镇志书，多是其退休致仕或暂时赋闲在家时候的产物，由于离开了纷繁复杂的政治环境，从繁忙公务中得以解脱，能够在较为闲适的生活环境中以著述自娱，一展所学与才华。例如清初重臣孙廷铨在致仕以后，"长夏无事，兼所居近山，松下多风，亦不甚暑，聊疏乡里间事以遣怀"①，因以编纂康熙《颜山杂记》。但这种看似轻松的"聊疏乡里间事以遣怀"著述态度，实际上只是编纂者谦虚低调的说法，综观这部志书，虽然在篇目设计方面稍有不完备之处，且稍有地方文史笔记杂录之嫌，但编纂者对于地方文献史料采择与考订之精核，尤其是保存了记载琉璃工艺的重要科技史料，提升了这部志书的文献价值。此外，吴荣光在退休赋闲之后编纂的道光《佛山忠义乡志》，不仅体例精当，而且为了针砭时弊，表达对于佛山地区浓厚商业风气对于世道人心的影响，因而在志书中注重对于当地风俗民情在清代中叶演变的记述，使之在地方风俗史研究上具体重要的参考价值。

### 2. 注重文献整理刊刻、藏书丰富的地方学者

例如道光《分湖小识》的编纂者柳树芳，留意里中文献，"先辈遗书未刊者悉刊之"。② 同治《鹦鹉洲小志》的编纂者胡凤丹，曾主

---

① （清）孙廷铨撰：康熙《颜山杂记·自序》，《淄博市地情史料丛书》李新庆校注本，齐鲁书社 2012 年版，第 5 页。

② （清）金福曾等修、熊其英等纂：光绪《吴江县续志》卷二十二《人物七·文苑下》，《中国地方志集成·江苏府县志辑》第二十册影印清光绪五年（1879）刻本，江苏古籍出版社 1991 年版。

持湖北官书局，后在杭州设立退补斋，汇刊《金华丛书》165种，且藏书丰富，筑"十万卷楼"以藏之。此外，光绪《忠义乡志》的编纂者吴文江，"性喜聚书，庋置九千余卷，独坐一楼（按：即瓶醲楼），昕夕批阅无厌倦，留心掌故"①，等等。这一类型的志书编纂者多是以乡邦文献的搜集整理为己任，所编纂的乡镇志书多侧重于地方历史文献掌故的保存与整理。

再次，在传统时代，"文人"一词的定义也是非常广泛而边界模糊的，不仅指那些舞文弄墨的、擅长文学诗歌与书法绘画的雅人，也包括乡里那种学有所长、知识渊博、藏书丰富的饱学儒士。也就是说，上面界定的具备学者资格的志书编纂者，同时也是包含在更为广泛的"文人"群体中的一部分。而且文人群体中多数是"诸生"身份的中下层知识分子。为了有针对性地展开论述，这里将"文人"类型的志书编纂者群体分为两种情况进行考察。一为那些身份较为明确的、专长于书画艺术与诗歌文学创作的"文人雅士"。如道光《钓渚小志》的编纂者单学傅，为清代诗人、诗评家；康熙《开沙志》的编纂者丁时霈，即为里中文坛领袖；乾隆《重修南浔镇志》的编纂者方烝，其身份为诗人、书画家，等等。② 另一类是在乡里间学问渊博、"好为著述"的儒生。从史料记载来看，这一类型的乡镇志书编纂者多为诸生出身，虽然在乡里有一定的文名，但其著述流传下来的并不多。例如康熙《续修同里志》的编纂者顾栋南，"品行端洁，邃于经学，不读无用之书，于濂洛关闽诸儒有心契，一时高士名流咸器重之"，然所著之书皆佚不存③；嘉庆《枫

---

① （清）吴文江纂：光绪《忠义乡志》卷十二《人物传三》，《中国地方志集成·乡镇志专辑》第二十四册影印上海图书馆藏清光绪二十七年（1901）刻本，上海书店出版社1992年版。

② 凡此类有明确身份界定的"文人雅士"编纂者，在《清代乡镇志书编纂者身份专长一览表》中都有标识，而社会身份为诸生（或布衣），其对此专长言之不详或著作多亡佚者，则偏属于里中儒士这一类型为多。

③ （清）周之桢纂：嘉庆《同里志》卷之十四《人物志五·文学》，《吴江乡镇旧志丛刊·同里志（两种）》沈春荣等点校本，广陵书社2011年版，第165页。

溪小志》的编纂者曹相骏，传记中说他"博学多闻，研究经史，闭门著述，考古证今"①，似乎也是一位博通古今之士，但其著作仅辑有《枫溪诗存》，所纂志书亦亡佚不存；道光《枫亭志》的编纂者林朗如，"博览群书，手不释卷……辑《瓯邹楼诗草》并《杂录》，以著述自娱"②，可查考的著作仅有这三种。通过查考这类编纂者人群的传记文献，我们发现这样一个现象：这类人群的传记文字，在其叙述中多用"博学多闻""博览书籍""涵古茹今""惟好著书"等字样，给人的印象是皆为里中饱学通儒学士，然而对于著述的记载，要么含混言之为"著述宏富""著述甚丰"，要么仅罗列三两部著作名称（多为亡佚不见者），且就这些著作的性质来推断，多是诗集文稿（例如倪赐《语溪诗存》、曹炜《一庵随录》等）或者文献辑录（如汪曰桢之《南浔碑刻志》、沈刚中所撰《石刻考录》等）类型的著作，其存佚情况不甚详细，真正属于学术研究与经世致用的文史考证与水利田亩类的著作较为少见。由此或可推断，这些称誉乡里的饱学儒生实质上多是属于里中文人雅士这一范畴，更为擅长诗文唱和或者文献的辑录比次，因此在群体类型所属上就和"文人雅士"这一编纂者群体类型产生了交集。当然也不排除志书记载中多有过誉之辞。

属于"文人群体"的乡镇志书编纂者也存在着不同的撰述取向。有些重蹈了章学诚所极力反对的"文人修志"的弊病，在志书中大量收录诗文唱和，使之成为变相的地方文学著作集，这在上文已有列举说明。有的编纂者完全不顾及地方志书的著述体例，混淆地方志书与家乘谱牒的文献性质界限，将志书变成了一家一族之史乘谱牒。例如张廉所纂嘉庆《孝感里志》，考虑到当地张氏家族分派别系既广，以致派系纷乱、族人难以溯源祖辈派系的情况，于是"欲

---

① （清）许光墉、叶世雄、费沄修辑：光绪《重辑枫泾小志》卷六《志人物·列传下》，上海市地方志办公室编：《上海乡镇旧志丛书》第六册姜汉椿等标点本，上海社会科学院出版社 2005 年版，第 176~177 页。

② 宋慎杰纂：《枫亭志续编·人物传》，福建省仙游县枫亭文化研究会编《枫亭文化研究》郑秋鉴等点校本。

合成一谱，则转苦部数之过重，用是辑成［嘉庆］《孝感里志》十二卷，自始祖尧叟公，详列其事，下及各邨始祖，别其支派，列其系图，且拟字递百字，一代以一字统之，庶几无误，诚善术也。"①采用了家谱的理念与撰述体例编纂里中志书。虽然就其篇目来看仍与一般地方志书无甚二致（例如该志卷三篇目《名臣》《仕宦》《选举》，卷四篇目《孝友》《儒林》等，都是常见的乡镇志书篇目框架），但是在这些篇目下的叙述，则完全依照各房谱系先后排列先祖事迹进行记述，等于是将一部张氏合谱拆散分布于志书篇目之下。这样编纂的志书，不仅在体例上显得不伦不类，而且在某种程度上成了一家一姓的家传谱牒，失去了作为乡镇志书的文献性质。此外，也有具备真才实学的里中文士，不仅重视著述体例，而且对于文献的辑考比次，采取了极为严谨的著述态度，不仅避免了"文人修志"的弊端，反而能发挥自己的文学特长，使得志书语言叙述更为凝练，从体例设计到文字修饰，都倾注了心血，终于编纂出品质优良的志书，不仅彰显地方特色，更加展现了志书的学术水准。前举吴展成的道光《渔闲小志》就是一个很好的例子。此外晚清时期的湖州乡里诸生孙志熊，虽然也是雅好诗文的儒生，有《陶诗笺注》《诵清芬馆杂纂》等文学著作，但就其编纂的光绪《菱湖镇志》来看，不仅体例谨严，而且尤其重视文献掌故的考辨，保留了珍贵的里中著述。对于这部志书，"同郡俞先生樾、陆先生心源，今之魁硕也，皆诧为不刊之作，趣付梓，其精审可知矣。"②能够得到俞樾、陆心源这样的通儒硕学的高度评介，也足以体现此志的精到之处。

　　总之，属于"文人群体"类型的清代乡镇志书编纂者与上述"诸生"类型的编纂群体之间有很大的共通之处，不仅"文人群体"的志

145

---

　　①　（清）戴殿泗撰：嘉庆《孝感里志序》，（清）张廉纂：嘉庆《孝感里志》卷首，《中国地方志集成·乡镇志专辑》第十八册影印上海图书馆藏清嘉庆二十四年（1901）活字本，上海书店出版社1992年版。

　　②　（清）杨岘撰：《孙君墓志铭》，《迟鸿轩文弃续》，清光绪十九年（1893）刻本。又见（清）孙志熊纂：光绪《菱湖镇志》卷首，《中国地方志集成·乡镇志专辑》第二十四册影印清光绪十九年（1893）临安孙氏刻本，上海书店出版社1992年版。

书编纂者在身份上多出于"诸生"群体，都是中下层知识分子，而且在各自群体中都存在不同的编纂志书的倾向，这是与各人不同的生平履历以及学问深浅有密切关系的，因而需要进行具体分析，不可一概而论其优劣得失。

## 三、社会关系(社交网络)

从社会关系的标准来看，清代乡镇志书编纂者群体又可分为四种不同人际关系圈层的类型，其中"亲友同好"与"乡里先后"的群体类型占多数。以此类标准划分的编纂者群体类型，其特征与清代乡镇志书编纂方式的确定有着极为密切的联系。

### 1. 父子(叔侄)师生

据著者统计，清代乡镇志书编纂者群体中属于父子关系者有五对，属于叔侄关系者两对，属于师生关系者两对(李天植、王寅旭；方溶、万亚兰)。其基本特征是子弟承父师之业，在时代上前后相续，于同一地区的志书编纂，以续纂或者增纂的形式推陈出新。例如陈尚隆曾纂雍正《陈墓镇志》(已佚)，其子陈树毂续纂为乾隆《陈墓镇志》十六卷；余懋曾续补光绪《梅里志》十八卷，其子余霖又续纂为宣统《梅里备志》八卷；陈元模编有康熙《淞南志》十六卷，其子陈云煌纂为乾隆《淞南续志》二卷，等等。此外叔侄关系也属于此类型，例如李天植(即李确)曾纂有康熙《乍浦九山志》二卷(已佚)，清康熙四年成书，其侄李蔗村于清康熙十二年纂成《乍浦九山续志》；濮侣庄曾订补康熙《濮川志略》，其侄濮龙锡纂为康熙《增订濮川志略》，都是叔侄编纂者群体的代表。

### 2. 亲友同好

这一群体类型的基本特征是共同合作编纂，分工协作、各司其职，或为分纂篇目，或为增订辑补，或为刊印事务奔波，编纂者通过共同努力，各尽其责，最终完成志书的编修。例如光绪《罗店镇志》，即由王树菜主修、潘履祥总纂、朱诒祥与钱枏分纂志书，其分工方式与清代官修府州县志的编纂流程较为类似，这或许是因为王树棻时任知县，因而将官修志书的流程引入乡镇志书的编纂当中，使得这部志书的编纂不免带有了一丝官修的色彩。又如清雍正十二年夏，程国昶与里人忏因居士邵灿"广谘博访，考遗文于断碣荒墟，询逸事于市乡耆旧，网罗搜剔"①，共同查访文献资料并进行整理考订，合作编纂雍正《泾里志》。以上两则案例属于友朋同好合作、共同编修志书的情形。至于亲戚间合作纂修乡镇志书的案例，如有陈树德曾辑"（嘉庆）《安亭志［稿］》，于两邑孝节、艺文多所阐发"，② 其甥孙岱"以留心文献为己任，搜存补亡，阅五年辑《安亭人物志》三卷粗讫，遂捐馆舍，不溃于成"，③ 此后陈树德将两人的志稿合并进行改删，分辑新志书的"沿革"等部分十七卷，而以孙岱所纂旧稿为新志的"人物传"，在两部志稿的基础上，因以成嘉庆《安亭志》。这是较为多见的乡镇志书编纂形式。

### 3. 乡里先后

这指的是在不同历史时期由乡里士人根据志书旧稿不断进行增补辑纂、以臻于完善的编纂历程。例如清代金山庠生曹相骏，曾辑有嘉庆《枫溪小志》（已佚）。后来里人陈宗溥"尝获曹相骏（嘉庆）《枫溪小志稿》，以略而不备，积廿年之久，增葺大半"④，则为同治《清风泾志》。及至清光绪年间，里人叶世熊因"曹雪庄、陈竹士二先生（嘉庆、同治）《枫泾小志》遗稿未刊，熊偕许光墉、费沄，

---

① （清）程国昶、邵灿原纂，佚名续纂：同治《泾里续志》程国昶《原序》，江苏省江阴县长泾乡党委暨人民政府1986年版整刊本。

② （清）张鸿等修、王学浩等纂：道光《昆新两县志》卷三十《游寓》，《中国地方志集成·江苏府县志辑》第十五册影印清道光六年（1826）刻本，江苏古籍出版社1991年版。

③ （清）陈树德、孙岱纂：嘉庆《安亭志》陈树德《跋》，上海市地方志办公室编：《上海乡镇旧志丛书》第二册王健标点本，上海社会科学院出版社2004年版，第329页。

④ （清）许光墉、叶世雄、费沄修辑：光绪《重辑枫泾小志》卷六《志人物·列传下》，上海市地方志办公室编：《上海乡镇旧志丛书》第六册姜汉椿等标点本，上海社会科学院出版社2005年版，第186页。

将旧稿增辑付梓，一乡掌故赖不湮没。"①所增辑者即为光绪《枫泾小志》。由叶世熊主其事，尚有里人许光埔"分纂（光绪）《枫泾小志》，并助资付印"②，费沄对于志书的编修，"亦与有力焉。"③又如明末清初士人潘尔夔，因客居南浔，编纂顺治《浔溪文献》四卷，"镇之有志自尔夔始，是后夏光远、陈可升、庄学德、张鸿寯、方熊、方焘、董肇铿屡次增订，汇为一编，尔夔原本遂不复可识别矣。"④这里所谓的"屡次增订，汇为一编"，系指在此之后，陆续有夏光远增辑的康熙《浔溪文献》（按：即康熙《增辑南浔志》，已佚)⑤；陈可升所著乾隆《浔溪文献》一册，"一名《浔南掌故》，又名[乾隆]《南浔续志》"⑥；庄学德所纂编纂乾隆《浔溪文献》、张鸿寯所著乾隆《南浔文献志》（按：即乾隆《重增南浔志》），以及方熊编纂的乾隆《南浔文献志》二卷问世，在不同时期由乡里士人陆续编纂增辑，至于乾隆《南浔文献志》后出转精。由此可见，一部乡镇志书的最终定型或者后出转精，都要经历一段较长的历史时期，通过不同时代的编纂者的努力，或者增补，或者修订，经由每

① （清）程兼善重纂：宣统《续修枫泾小志》卷六《志人物·列传下》，上海市地方志办公室编：《上海乡镇旧志丛书》第六册姜汉椿等标点本，上海社会科学院出版社2005年版，第216页。
② （清）程兼善重纂：宣统《续修枫泾小志》卷六《志人物·列传下》，上海市地方志办公室编：《上海乡镇旧志丛书》第六册姜汉椿等标点本，上海社会科学院出版社2005年版，第217页。
③ （清）程兼善重纂：宣统《续修枫泾小志》卷六《志人物·列传下》，上海市地方志办公室编：《上海乡镇旧志丛书》第六册姜汉椿等标点本，上海社会科学院出版社2005年版，第217页。
④ （清）汪曰桢纂：咸丰《南浔镇志》卷十四《寓贤》，《中国地方志集成·乡镇志专辑》第二十二册(下)影印清同治二年(1863)刻本，上海书店出版社1992年版。
⑤ （清）汪曰桢纂：咸丰《南浔镇志》卷二十九《著述一》，《中国地方志集成·乡镇志专辑》第二十二册(下)影印清同治二年(1863)刻本，上海书店出版社1992年版。
⑥ （清）汪曰桢纂：咸丰《南浔镇志》卷二十九《著述一》，《中国地方志集成·乡镇志专辑》第二十二册(下)影印清同治二年(1863)刻本，上海书店出版社1992年版。

个阶段的努力，最终使得这部志书不断升级更新，达到一个更高的水准。这种编纂志书的方式同样展现了一定地域中的乡土认同感以及修志者对于乡邦文化延续的一种责任所系。

### 4. 家族延续修志

如同经学史上有某一家族数代专治一经（例如清代仪征刘氏四代人专治《左传》，经学传家）、传承家学的美谈一样，清代乡镇志书编纂者群体中也存在着某些家族几代人"修志传承"的情形。经过查考确认，清代各地共有 8 个家族具备"修志传承"的特质，形成了一种较为特殊的编纂者群体类型。其中主要集中在清代江浙地区（6 个），较为著名的有吴江仲氏家族数代纂修《盛湖志》、江阴叶氏家族四代人次第编纂《杨舍堡城志》、盛大镛与陆宿海祖孙跨三代纂修《江湾里志》等。① 以清代吴江仲氏家族为例，明末清初仲沈洙，著述丰富、学问渊博，"讲学浙西，从游日众。……其学大旨在守程朱之说，不为异端所惑。"②编纂顺治《盛湖志》二卷（已佚）。及至其孙辈仲栻、仲枢，在旧志基础上增纂为康熙《盛湖志》；仲枢胞侄仲周霈，又增纂为乾隆《盛湖志》行世。迨清同治年间，仲周霈之玄孙仲廷机，又编纂有同治《盛湖志》十四卷（已佚）。此后其家族成员仲虎腾亦曾续纂光绪《盛湖志补》四卷。又如江阴叶氏家族，祖父叶廷甲学有渊源，"抱经卢氏、清如郑氏，俱治经有法，［廷甲］并师事之。……生平雅好典籍，构静观楼，置书五万余卷。有名臣遗老著述未布者，必梓行之。"③编纂乾隆《杨舍堡

---

① 此外尚有：黄炳宸、黄宗城、黄冈祖孙三代陆续编纂《梅里志》，沈徵佺及其家族后裔沈瞻泰先后编纂《江东志》，陆慎庵及至其曾孙辈（陆丕绪、陈钧）四代递修《月浦志》，王颢儒、王效尊家族祖孙三代先后编修《清源乡志》，以及郑得来、郑孝锡族祖孙跨越三代编纂《连江里志》。

② （清）仲廷机纂：光绪《盛湖志》卷九《儒林》，《吴江乡镇旧志丛刊·盛湖志（四种）》沈春荣等点校本，广陵书社 2011 年版，第 137 页。

③ （清）叶长龄等纂，叶钟敏重辑：光绪《杨舍堡城志稿》卷十《人物·儒林》，《张家港旧志汇编·杨舍堡城志稿》黄晓曙等点校本，凤凰出版社2006 年版，第 154 页。

城志初稿》，已佚。其长孙叶长龄，系清代著名学者李兆洛的弟子，"家故有静观楼，庋藏群籍甲全邑。……江、戴、钱、阮之绪，罔不兼综毕贯"①可见也是一位学有所承者，他在祖辈志稿的基础上，编纂《杨舍堡城志稿》，其子叶钟敏又重辑为光绪《杨舍堡城志稿》十四卷行世。通观这些"家族修志"编纂者群体的基本特征，乃是富于藏书、学有所自的书香门第，祖辈皆注重地方文献的传承，编纂有志书稿本，因而后代能够在祖辈基础上陆续增纂编订，推陈出新，形成"志学传承、数代修志"的佳话，这也是清代乡镇志书编纂者群体中一个较为引人注目的现象。

## 四、专长技能（学术专长）

编纂者的专长技能对于所编志书质量的影响最为直接，这不仅能够从志书的体例编次、篇目设计、序跋凡例中有不同程度的反映，尤其是一些特色篇目的增设，更是与编纂者的专长侧重有较大的关系，因而这类群体类型的特色尤其明显。以下分为三个方面分别进行介绍。

### 1. 具有编纂地方志书实践经验者

据著者统计，在四百多位可考生平的清代乡镇志书编纂者中，有曾主修或参修各类府州县志（或乡土志）的实践经验者计有 37 人，约占全体总数的一成不到。例如宣统《续修枫泾小志》的编纂者程兼善，曾总纂光绪《於潜县志》，又分纂《嘉善县志》。② 又如雍正《平望镇志》的主要编纂者潘昶，"乾隆甲子，吴江令陈荚缠聘

① 陈思修、缪荃孙纂：民国《江阴县续志》卷十五《人物一·文苑》，《中国地方志集成·江苏府县志辑》第二十六册影印 1921 年版刻本，江苏古籍出版社 1991 年版。

② （清）程兼善重纂：宣统《续修枫泾小志》卷八《志艺文·书目》，上海市地方志办公室编：《上海乡镇旧志丛书》第六册姜汉椿等标点本，上海社会科学院出版社 2005 年版，第 285 页。所增补传记资料参见高如圭原纂、万以增重辑：民国《章练小志》卷五《寓贤》。

修邑志，所撰《名宦》《文学》《艺能》《列女》诸传，《风俗》《御寇》诸志，悉有体要。"①曾参与乾隆《吴江县志》的编纂，并撰写多篇志传。再如潘履祥，"光绪丙子，知县梁蒲贵聘修邑志（按：即光绪《宝山县志》），与朱延射并总其成。继修辑（光绪）《罗店镇志》，以一手定稿。"②以潘履祥"一手定稿"总纂的光绪《罗店镇志》为例，不仅其编纂志书的工作流程较为系统严密，设有总纂、分纂、总阅、总校、分校、采访、绘图、校补等不同职能岗位（其中以分校所配置的修志人员最多，几占全部人员一半比重）③，编纂人员进行专门分工、各司其职，而且总纂者所定立的志书凡例严谨有据、考虑周详，规定了各类目资料去取的基本原则，篇目编次得当，加之重视志书记载的文字校对与史料考订，使得这部志书的学术质量在清代上海乡镇志书中非常突出。这些编纂者具有修志的实践经验，熟悉编纂志书的基本工作流程，因而在自己编纂乡镇志书的时候能够轻车熟路，充分发挥经验优势，不仅对于志书的编纂分工能较为得体，而且对于志书的体例与篇目的设计与构架都能显得较为成熟，由此提高了编纂工作的效率与志书的水准。

### 2. 长于史学研究，注重地理沿革与文献考据者

例如乾隆《钱门塘市记》的编纂者徐文范，"历二十余年，撰成《东晋南北朝舆地表》二十七卷，……同时阳湖洪亮吉撰《东晋南北朝疆域志》，世号精核，文范书实较胜之，王鸣盛、钱大昕推许甚至。"④又如

---

① （清）翁广平撰：道光《平望志》卷八《文苑》，《吴江乡镇旧志丛刊·平望志（三种）》沈春荣等点校本，广陵书社 2011 年版，第 146~147 页。

② 张允高等修、钱淦等纂：民国《宝山县续志》卷十四《文学》，《中国地方志集成·上海府县志辑》第九册影印 1921 年版铅印本，上海书店出版社 2010 年版。

③ 参见（清）潘履祥总纂，朱诒祥、钱枬分纂：光绪《罗店镇志·纂校姓氏》，上海市地方志办公室编：《上海乡镇旧志丛书》第十一册杨军益标点本，上海社会科学院出版社 2006 年版。

④ 童世高编纂：民国《钱门塘乡志》卷八《人物志上·文学》，上海市地方志办公室编：《上海乡镇旧志丛书》第二册许洪新等标点本，上海社会科学院出版社 2004 年版，第 103 页。

道光《潋水新志》的编纂者方溶，"所著《禹贡分笺》一书，考据精确，疏解简明，当世推为善本。"①又如乾隆《濮院志》的编纂者屠本仁，清嘉庆中任丽水县教谕，"其学工于考证，雪钞露纂，至老不辍。诸生请业者勖以经史，使不囿俗学。好金石，时手拓而疏证之。……性严介而廉肃，士不堪附，既去乃见思焉。"②在任期间促成李遇孙编撰《括苍金石志》，又曾辑嘉庆《丽水县志》，然仅成《沿革表》。这类编纂者所修志书，对所记载资料多加考按，具有严谨的学术研究作风，提高了史料的可信度。

### 3. 拥有社会民生所需的专门技能者

例如光绪《二十六保志》的编纂者唐锡瑞，"善堪舆、医学，能丈量田亩，……历办浙西河工并海宁州备塘河工"③；康熙《双林纪略》的编纂者范硕，"读书娴经济，所著《水利管见》刊入《县志》"④；光绪《月浦志》的编纂者张人镜，"董理一乡公务，专致力于农田水利，……先后请拨巨款，三次修筑海塘，五次开浚马路干河"⑤，等等。这些具有民生所需的专门技能的志书编纂者不仅在乡里社会的日常事务运作中发挥自己的专长并造福乡里，而且在编纂志书的过程中，尤其是在篇目设计方面，能够将自己所长展现出

---

①　（清）王彬修、徐用仪纂：光绪《海盐县志》卷十七《人物传·文苑》，《中国地方志集成·浙江府县志辑》第二十一册影印清光绪三年（1877）蔚文书院刻本，上海书店出版社1993年版。

②　夏辛铭纂：民国《濮院志》卷十九《人物二》，《中国地方志集成·乡镇志专辑》第二十一册影印1927年版刻本，上海书店出版社1992年版。

③　吴馨、江家嵋修，姚文枬纂：民国《上海县志》卷十五《人物下》，《中国地方志集成·上海府县志辑》第四册影印1936年版铅印本，上海书店出版社2010年版。

④　蔡蒙续纂：民国《双林镇志》卷二十《人物》，《中国地方志集成·乡镇志专辑》第二十二册（下）影印上海商务印书馆1917年版铅印本，上海书店出版社1992年版。

⑤　陈应康总纂：民国《月浦里志》卷十二《人物志·德义》，上海市地方志办公室编：《上海乡镇旧志丛书》第十册魏小虎标点本，上海社会科学院出版社2006年版，第135~136页。

来，体现志书的鲜明个性所在。例如，高如圭编纂光绪《颜安小志》，所设《田赋》一门，记载赋则、田亩、税额颇详；叶世熊编纂光绪《蒸里志略》，其中关于赋额、课役的记载较为具体；唐锡瑞所辑光绪《二十六保志》，详于田亩、赋额的记载，数字精详，关注水利兴修，将其技能所长融于志书修纂与篇目资料的去取中，备见特色。

表 3-1　　　　　　清代乡镇志书编纂者身份专长一览表

| 编纂者 | 社会身份 | 学识专长 | 所编志书 |
|---|---|---|---|
| 柏学源 | 诸生 | — | 乾隆《大场续志》 |
| 卞萃文 | 举人 | 诚笃嗜学，非经世书不读，务为体用之学 | 嘉庆《瓜洲志稿》 |
| 卞乃龎 | 诸生、娄县知县 | 久在军中，娴战守，慷慨敢任事 | 同治《菱湖志》 |
| 蔡丙圻 | 监生、候选县丞、补用直隶州知州 | — | 光绪《黎里续志》 |
| 蔡蓉升 | 廪贡生、训导、任武义、桐庐等县学教谕 | 敦品励学，与门下士创湖州蓉湖书院 | 同治《双林记增纂》 |
| 蔡汝鍠 | 举人 | 兵法吏治，皆所究心，有文名，工楷法 | 光绪《双林志续纂新辑》 |
| 蔡时雍 | 诸生、里中遗老 | 精坟典之术、堪舆之学，博采旧闻 | 乾隆《茜泾记》 |
| 蔡振丰 | 诸生、丘逢甲之表兄 | 协助丘逢甲等进行爱国主义活动，好文学 | 光绪《苑里志》 |
| 蔡自申 | 举人 | — | 道光《金泽小志》 |
| 蔡名烜 | 县学生 | — | 康熙《梅里志稿》 |

153

| 编纂者 | 社会身份 | 学识专长 | 所编志书 |
|---|---|---|---|
| 曹洛禋 | 举人、国子监司业、翰林院侍读学士 | — | 乾隆《采石山志》 |
| 曹蒙 | 诸生、文学家 | 为文古茂渊朴，尤工近体诗 | 光绪《纪王镇志》 |
| 曹菽园 | 诸生 | 工诗文，喜撰述 | 康熙《栖水文乘》 |
| 曹炜 | 诸生 | 笃学励行，世家争延至塾师，好著述 | 顺治《沙头里志》 |
| 曹吴霞 | 副贡生 | — | 乾隆《儒林六都志》 |
| 曹相骏 | 庠生 | 博学多闻，研究经史，闭门著述，考古证今 | 嘉庆《枫溪小志》 |
| 曹重斗 | 诸生、出身仕官之家 | 好学嗜古 | 《采石志》 |
| 曹宗载 | 贡生 | 注重礼教 | 嘉庆《硖川续志》 |
| 曹组城 | 诸生 | 读书好古 | 嘉庆《重辑贞溪编》 |
| 曹观有 | 诸生 | — | 康熙《朱泾续志》 |
| 曹天名 | 诸生 | — | 乾隆《朱溪纪略》 |
| 常春锦 | 贡生 | — | 光绪《鰕沟里乘》、光绪《湖乡分志》 |
| 车信臣 | 诸生 | — | 同治《吴淞志》 |
| 陈藩 | 诸生 | — | 《吉阳里志》 |
| 陈钧 | 举人 | 藏书甚富，日事批阅，详加注释，注重当地水利、荒政记载 | 嘉庆《月浦志》 |

| 编纂者 | 社会身份 | 学识专长 | 所编志书 |
|---|---|---|---|
| 陈可升 | 诸生 | — | 乾隆《南浔续志》 |
| 陈庆林 | 同盟会成员、南社组织者、诗人 | 编纂《湖北乡土历史教科书》《直隶乡土历史教科书》《江西乡土历史教科书》等 | 光绪《淀湖小志》 |
| 陈尚古 | 诸生 | — | 康熙《新溪注》 |
| 陈尚隆 | 廪生 | | 雍正《陈墓镇志》 |
| 陈树德 | 国子监生 | 博学好古，尝辑乡先贤黄淳耀年谱 | 嘉庆《安亭志》 |
| 陈树榖 | 府佾生 | 文学 | 乾隆《陈墓镇志》 |
| 陈惟中 | 庠生 | | 康熙《吴郡甫里志》 |
| 陈曦 | 附贡生、四库馆誊录、议叙州同，钱大昕妹婿 | 诗最工集杜 | 乾隆《娄唐塘志》 |
| 陈勰 | 诸生 | | 嘉庆《贞丰拟乘》 |
| 陈炎宗 | 进士 | 主讲岭南义学，留意地方文献 | 乾隆《佛山忠义乡志》 |
| 陈元模 | 诸生 | 绩学砥行，留心地方历史地理 | 康熙《淞南志》 |
| 陈云煌 | 廪生、山阳县训导 | — | 乾隆《淞南续志》 |
| 陈至言 | 布衣 | 能诗，工行草书 | 乾隆《信义志》 |
| 陈宗洛 | 诸生 | 秉性慈善，热心里中慈善公益事业 | 《三江所志》 |
| 陈宗溥 | 贡生、训导 | 敦本力学，热心公益事业，创办书院；光绪年间参与嘉兴府县志编修 | 同治《清风泾志》 |

续表

| 编纂者 | 社会身份 | 学识专长 | 所编志书 |
|---|---|---|---|
| 陈瑨 | 诸生 | — | 嘉庆《[嘉定]南门志》 |
| 陈思浩 | 诸生 | — | 光绪《城南志钞》 |
| 陈棠 | 诸生 | — | 光绪《临平记再续》 |
| 陈和 | 诸生 | — | 乾隆《三江志略》 |
| 柴望 | 诸生 | — | 光绪《小溪志》 |
| 程国昶 | 诸生 | 好学，留心地方掌故文献 | 雍正《泾里志》 |
| 程兼善 | 贡生、训导 | 总纂光绪《於潜县志》，分纂《嘉善县志》 | 宣统《续修枫泾小志》 |
| 程景韩 | 贡生 | — | 宣统《淮安河下志》 |
| 程文翰 | 诸生 | 热心地方公益事业，多为善举 | 光绪《善和乡志》 |
| 程襄 | 布衣 | 博通经史之学，尤长于《春秋》 | 康熙《善和乡志》 |
| 程攸熙 | 诸生 | 博学多闻，热心公益，修族谱 | 嘉庆《南翔镇志》 |
| 程之彭 | 诸生 | — | 康熙《仙潭文献》 |
| 池春雷 | 诸生 | — | 道光《长乐梅花志》 |
| 戴梅簪 | 诸生 | — | 咸丰《双林镇志》 |
| 单学傅 | 庠生、诗人、诗评家 | 文史著述丰富 | 道光《钓渚小志》 |

| 编纂者 | 社会身份 | 学识专长 | 所编志书 |
|---|---|---|---|
| 丁鹿寿 | 举人、湖北广济知县 | 奖掖人才，有政绩 | 道光《海门县志》、道光《静海乡志》 |
| 丁时霈 | 诸生、文学家 | 博学多闻，精于医术 | 康熙《开沙志》 |
| 丁宜福 | 诸生 | — | 同治《南浦恭桑录》(《南浦十六保志》) |
| 董醇 | 进士、晚清重臣 | 协修《清文宗实录》、主修《清穆宗实录》 | 咸丰《甘棠小志》 |
| 董世宁 | 监生、乌镇同知、开化府知府 | — | 乾隆《乌青镇志》 |
| 董恂 | 府学生 | 工诗词，能医，亦通经学 | 道光《南浔镇志》 |
| 董肇铿 | 县学生 | — | 乾隆《南浔镇志》 |
| 邓琳 | 举人、金坛县教谕、国子监学录 | — | 道光《虞乡志略》 |
| 范炳垣 | 诸生 | — | 宣统《重辑张堰志》 |
| 范朝佐 | 国学生 | 博学好古 | 嘉庆《罗溪志》 |
| 范来庚 | 县学生 | 留心地方文献 | 道光《南浔镇志》 |
| 范硕 | 县学生 | 注重经济之学，《水利管见》刊入县志 | 康熙《双林纪略》 |
| 方焘 | 府学生、诗人 | 文学书画 | 乾隆《重修南浔镇志》 |
| 方溶 | 恩贡生、於潜县训导 | 潜心经学，熟悉地理，著有《禹贡分笺》一书，考据精确 | 道光《潋水新志》 |

续表

| 编纂者 | 社会身份 | 学识专长 | 所编志书 |
|---|---|---|---|
| 方熊 | 县学生 | 文学诗歌 | 乾隆《南浔文献志》 |
| 费悟 | 诸生 | — | 光绪《新市镇再续志》 |
| 费沄 | 庠生 | — | 光绪《枫泾小志》 |
| 封导源 | 诸生 | 续修《封氏族谱》 | 嘉庆《马陆志》 |
| 封文权 | 布衣 | 博览群书，于宋儒性理之学钻研颇深，工书法；编纂《华亭娄县续志稿·艺文志》 | 光绪《张泽志》 |
| 封作梅 | 贡生、候选训导 | 擅长地理之学，著《春秋列国疆域图说》 | 光绪《张泽志》 |
| 冯恒 | 诸生 | 家富藏书 | 乾隆《璜泾志略》 |
| 冯锦 | 江都县瓜洲巡检司 | — | 嘉庆《瓜洲志》 |
| 冯栻宗 | 进士、刑部贵州司主事、前吉林理刑 | — | 光绪《九江儒林乡志》 |
| 冯文显 | 庠生 | — | 康熙《颜神镇志》 |
| 傅月樵 | 诸生 | — | 光绪《三江所志》 |
| 高杲 | 诸生 | — | 道光《浒山志》 |
| 高如圭 | 国学生 | 热心地方公益，留心地方文献 | 光绪《颜安小志》 |
| 高骧云 | 举人、知县 | 吏治清廉，政绩卓著 | 道光《安昌志》 |
| 高鹏年 | 诸生 | 文人 | 光绪《湖墅小志》 |

| 编纂者 | 社会身份 | 学识专长 | 所编志书 |
|---|---|---|---|
| 龚文洵 | 诸生 | 为人乐善好施，擅长书法 | 光绪《唐市补志》、光绪《唐市志补遗》 |
| 龚希霱 | 京师法律学堂专科毕业生，宣统二年部试奖给副榜贡生 | — | 宣统《震泽镇志续稿》 |
| 顾崇善 | 诸生 | 善书法，工诗词 | 道光《里睦小志》 |
| 顾传金 | 诸生 | 家道殷实，热心本镇公益，倡议建桥便民 | 道光《七宝镇小志》 |
| 顾栋南 | 诸生 | 邃于经学，人品端正，好直言规谏 | 康熙《续修同里志》 |
| 顾时鸿 | 增生 | — | 乾隆《吴郡甫里志》 |
| 顾镇 | 进士、宗人府主事、与修玉牒 | 生平尤邃于诗礼，所著诗古文词成一家言 | 乾隆《支溪小志》 |
| 顾车轮 | 诸生 | — | 同治《吴淞新志》 |
| 顾后兴 | 诸生 | — | 乾隆《沈巷志稿》 |
| 管庭芬 | 诸生、书画家 | — | 道光《澂阴志略》 |
| 高鹏年 | 诸生 | — | 光绪《湖墅小志》 |
| 戈温如 | 诸生 | — | 乾隆《北溪志》 |
| 韩应潮 | 布衣 | 工诗，风雅绝俗 | 雍正《栖里续补志略》 |
| 韩启鸿 | 诸生 | — | 道光《安昌志》 |
| 何留学 | 诸生 | — | 光绪《三江所志》 |
| 何琪 | 布衣 | 博学多闻，工书法 | 乾隆《唐栖志略》 |

| 编纂者 | 社会身份 | 学识专长 | 所编志书 |
|---|---|---|---|
| 何廷璋 | 诸生 | 曾纂修光绪《干山何氏族谱》 | 《干山志略》 |
| 和羹 | 副榜贡生、清源知县 | 留心方志撰述 | 顺治《清源志》 |
| 侯承庆 | 庠生 | 修上谷东西族谱 | 道光《紫隄村志》 |
| 侯廷铨 | 举人 | 长于经学，著《春秋氏族考》《周易简金》 | 嘉庆《大场镇志》 |
| 侯棠 | 诸生 | — | 雍正《紫隄村小志》 |
| 侯锡恩 | 诸生 | — | 光绪《真如续志稿》 |
| 胡道传 | 诸生 | 甘贫嗜学 | 顺治《仙潭续志》 |
| 胡尔嘉 | 诸生 | — | 康熙《仙潭志补》 |
| 胡凤丹 | 诸生、湖北道员、著名学者、藏书家 | 生平乐善好施，热心文化事业，汇刊《金华丛书》，创立退补斋 | 同治《鹦鹉洲小志》、光绪《马嵬志》 |
| 胡元煐 | 举人、泾阳知县 | 重修道光《泾阳县志》 | 道光《重修辋川志》 |
| 胡琢 | 举人、平阳县训导 | 谙习掌故 | 乾隆《濮镇记闻》 |
| 黄炳宸 | 诸生 | 文学诗歌 | 同治《梅李文献小志稿》 |
| 黄程云 | 诸生 | — | 嘉庆《杨行志》 |
| 黄冈 | 府学生 | — | 光绪《新续梅李小志》、光绪《梅李文献三志稿》 |
| 黄其琛 | 诸生 | — | 光绪《续修安平志》 |

| 编纂者 | 社会身份 | 学识专长 | 所编志书 |
|---|---|---|---|
| 黄兆桎 | 举人、福建道监察御史 | — | 光绪《平望续志》 |
| 黄宗城 | 举人、沛县训导 | 勇于任事，以行善为务，擅长文学 | 光绪《梅李补志》 |
| 黄汝玉 | 诸生 | — | 嘉庆《续金泽志》 |
| 黄仲若 | 诸生 | — | 雍正《鹤沙志》 |
| 贺鸿藻 | 诸生 | — | 嘉庆《杨行志》 |
| 嵇瑛 | 诸生 | — | 乾隆《琏市志》 |
| 纪磊 | 增广生 | 工诗，擅长《易经》 | 道光《震泽镇志》 |
| 江登云 | 武进士、地方武官 | — | 乾隆《橙阳散志》 |
| 江绍莲 | 庠生 | — | 嘉庆《橙阳散志》 |
| 蒋宏任 | 监生 | — | 雍正《硖川志略》、雍正《硖川山水志》 |
| 焦循 | 举人、清代学术大师 | 学问渊博，长于经学；参与纂修嘉庆《扬州府志》 | 嘉庆《北湖小志》 |
| 金淮 | 监生 | 熟悉地方掌故 | 嘉庆《濮川所闻记》 |
| 金瑞表 | 布衣 | 留心地方文献 | 道光《刘河镇记略》 |
| 金惟鳌 | 贡生 | 著有《龙江水利考》 | 光绪《盘龙镇志》 |
| 金祥凤 | 北洋大学土木科毕业、工程师 | — | 光绪《法华镇志》 |
| 柯琮璜 | 举人、泉州府教授 | 参与编纂道光《晋江县志》，任采访 | 道光《诒经堂重修安平志》 |
| 柯希九 | 诸生 | — | 道光《安平纪略》 |

161

| 编纂者 | 社会身份 | 学识专长 | 所编志书 |
|--------|----------|----------|----------|
| 孔兼三 | 诸生 | — | 乾隆《白沙志》 |
| 郎遂 | 监生 | 诗歌文学 | 康熙《杏花村志》 |
| 黎春曦 | 特用出身、山东武定州知州、明末遗老 | 留意地方文献 | 顺治《南海九江乡志》 |
| 李保泰 | 进士、扬州府学教授、国子监博士 | — | 乾隆《江湾里志》 |
| 李恩绶 | 附贡生、文学家 | 清末镇江文坛领袖人物 | 光绪《采石志》 |
| 李富孙 | 拔贡生、清代著名学者 | 博学多闻，湛深经术 | 嘉庆《梅里志》 |
| 李敬 | 进士、刑部左侍郎 | — | 《竹镇纪略稿》 |
| 李侍问 | 诸生 | 留心地方文献掌故 | 康熙《佛山忠义乡志》 |
| 李天植 | 举人、文学家、明末遗老 | 工诗歌、古文辞 | 康熙《乍浦九山志》 |
| 李蔗村 | 增广生 | 性喜吟咏，兼善骈体 | 康熙《乍浦九山续志》 |
| 李涵元 | 监生、屯务官 | — | 道光《绥靖屯志》 |
| 李大智 | 诸生 | — | 乾隆《江湾里志》 |
| 林百川 | 附生 | — | 光绪《树杞林志》 |
| 林朗如 | 举人 | 排难解纷，造福乡间，博览群书，著述自娱 | 道光《枫亭志》 |
| 林芃 | 诸生 | — | 康熙《张秋志》 |
| 林学源 | 诸生、任训导职 | — | 光绪《树杞林志》 |
| 林以宷 | 布衣 | — | 康熙《海口特志》 |

续表

| 编纂者 | 社会身份 | 学识专长 | 所编志书 |
|---|---|---|---|
| 林正青 | 国子监拔贡生、淮海小海场盐大使 | 留心文献，熟习掌故；佐修乾隆《福州府志》 | 乾隆《小海场新志》 |
| 林溥 | 进士、知县 | 主修同治《即墨县志》 | 乾隆《扬州西山小志》 |
| 凌寿祺 | 增生 | 留心地方文献掌故 | 道光《浒墅关志》 |
| 凌维远 | 县学生 | 博闻强识，专研古文 | 康熙《同辑双林志》 |
| 凌应秋 | 诸生 | — | 乾隆《沙溪集略》 |
| 刘廷赞 | 诸生 | — | 光绪《甘棠城志》 |
| 刘璟 | 诸生 | — | 清初《续吴淞所志》 |
| 刘械 | 诸生 | — | 光绪《菊泉里志》 |
| 柳商贤 | 举人、宁海知县 | 为官有政绩，造福一方；分纂同治《苏州府志》 | 光绪《横金志》 |
| 柳树芳 | 太学贡生、诗人 | 留心地方文献掌故，刊刻先贤著述 | 道光《分湖小识》 |
| 陆立 | 庠生 | 品学为乡里矜式 | 乾隆《真如里志》 |
| 陆丕绪 | 诸生 | — | 嘉庆《月浦志》 |
| 陆松龄 | 诸生 | 为人有矩矱，绩学不倦 | 乾隆《沙头里志》 |
| 陆宿海 | 诸生 | 专心里中善举，长于易学 | 同治《江湾志稿》 |
| 陆耀 | 进士、湖南巡抚 | 学优品端，为官有政绩，注重运河水利，著有《运河备考》 | 道光《分湖志》 |

续表

| 编纂者 | 社会身份 | 学识专长 | 所编志书 |
|---|---|---|---|
| 陆元机 | 诸生 | — | 道光《长乐梅花志》 |
| 陆元勋 | 庠生 | 奋志于学，学问赅博 | 道光《七宝镇志》 |
| 陆云骧 | 布衣 | 留心地方文献掌故 | 乾隆《镇海卫志》 |
| 陆士超 | 诸生 | — | 顺治《月浦志》 |
| 陆旭照 | 诸生 | — | 乾隆《沈巷志稿》 |
| 陆咏荃 | 诸生 | — | 光绪《外冈志简编》 |
| 梁兆罄 | 举人 | 留心地方文献掌故 | 光绪《梅蓁志》 |
| 罗国器 | 进士 | | 雍正《西樵山志》 |
| 罗仰锜 | 贡生、中旬州判 | 造福一方，有政绩 | 乾隆《崿嘉志书草本》 |
| 马符录 | 贡生、陆丰县训导 | — | 乾隆《西樵山志》 |
| 马幼良 | 庠生 | — | 光绪《四镇略迹》 |
| 马之骦 | 拔贡生 | — | 康熙《张秋志》 |
| 马良 | 诸生 | — | 光绪《徐汇记略》 |
| 茅应奎 | 贡生、昌化县学教谕 | 好学博洽，喜远游 | 乾隆《东西林汇考》 |
| 闵宝樑 | 附贡生、常州府总捕、水利通判 | — | 同治《晟舍镇志》 |
| 倪赐 | 诸生 | 长于古诗文辞，精通礼学 | 乾隆《唐市志稿》 |
| 倪大临 | 举人 | | 乾隆《茜泾纪略》 |
| 倪启辰 | 诸生 | | 光绪《蒲岐所志》 |
| 倪汝进 | 诸生 | 博学多闻，精研地理；曾续修族谱 | 康熙《东双林志》 |

| 编纂者 | 社会身份 | 学识专长 | 所编志书 |
|---|---|---|---|
| 潘昶 | 县学生 | 分纂乾隆《吴江县志》，撰写多篇志传 | 雍正《平望镇志》 |
| 潘尔夔 | 诸生 | 能文工书，创修镇志 | 顺治《浔溪文献》 |
| 潘谷 | 贡生 | — | 顺治《仙潭志略》 |
| 潘履祥 | 举人、拣选知县 | 擅长史学；与朱延射总纂光绪《宝山县志》 | 光绪《罗店镇志》 |
| 潘思汉 | 诸生 | — | 乾隆《五大夫里志》 |
| 潘时彤 | 举人 | 纂修嘉庆《华阳县志》、道光《昭烈忠武陵庙志》 | 道光《绥靖屯志》 |
| 潘孝曾 | 诸生 | | 嘉庆《娄塘镇续志》 |
| 彭方周 | 拔贡生、苏州元和县分防县丞 | — | 乾隆《吴郡甫里志》 |
| 濮承钧 | 国学生 | 能诗工文 | 嘉庆《濮川所闻记》 |
| 濮镛 | 副榜贡生、云和教谕 | 精舆地、掌故之学 | 嘉庆《濮川所闻记》 |
| 濮龙锡 | 庠生 | 德行高尚，好读《左传》，肆力古文诗词 | 康熙《增订濮川志略》 |
| 濮侣庄 | 国子生 | 留心地方文献，以著述表彰先贤功绩 | 康熙《增订濮川志略》 |
| 濮润淞 | 国学生 | 擅长医学 | 乾隆《重增濮川志略》 |

续表

| 编纂者 | 社会身份 | 学识专长 | 所编志书 |
|---|---|---|---|
| 浦传桂 | 国子生 | — | 同治《锡山梅里志》 |
| 钱墀 | 诸生 | 参与嘉庆年间《吴江县志》纂修，任采访 | 道光《黄溪志》 |
| 钱桂发 | 诸生、钱大昕之父 | 学问渊博，人品高尚 | 乾隆《望仙桥志》 |
| 钱枬 | 增生 | 热心里中善举 | 光绪《罗店镇志》 |
| 钱以陶 | 乡绅 | 留心地方文献 | 《厂头杂录》 |
| 钱肇然 | 诸生、钱大昕族弟 | 擅长医学 | 乾隆《续外冈志》 |
| 秦立 | 诸生 | 专精史学，留心风俗、赋法、水利事业；补编雍正《嘉定县志》 | 康熙《淞南志》 |
| 秦为龙 | 举人、广灵县教谕 | 注重地方教育事业 | 乾隆《清源乡志稿》 |
| 邱标 | 贡生 | 立品端方，乡里楷模，工于诗，善书法 | 同治《两淮通州金沙场志》 |
| 阮先 | 国学生、詹事府主簿、阮元从弟 | — | 道光《北湖续志》、咸丰《北湖续志补遗》 |
| 阮文善 | 诸生 | — | 光绪《泖塔小志》 |
| 邵灿 | 诸生 | 留意地方文献掌故 | 雍正《泾里志》 |
| 邵廷烈 | 扬州府学教授 | 好古博学，留心地方文献，刊刻先贤著述 | 道光《穿山小识》 |
| 佘华瑞 | 诸生、桐城县训导 | 学问渊博 | 雍正《岩镇志草》 |

| 编纂者 | 社会身份 | 学识专长 | 所编志书 |
|---|---|---|---|
| 沈焯 | 进士、台州府学教授 | — | 道光《琎市志》 |
| 沈赤然 | 举人、知县 | — | 嘉庆《新市镇续志》 |
| 沈登瀛 | 府学生 | 热心乡里公益事业，留心乡邦文献 | 道光《南浔备志》 |
| 沈刚中 | 布衣 | 家富藏书，学问渊博 | 乾隆《分湖志》 |
| 沈戬谷 | 进士、枣强县令、明末遗老 | 诗词经史，天文律吕、西儒历法音算之学 | 顺治《仙潭后志》 |
| 沈金渠 | 诸生、文学家 | 肆力于诗 | 嘉庆《震泽备志》 |
| 沈葵 | 贡生 | 学问渊博，擅长天文地理，著有《天文管见》《地理胪指》等 | 咸丰《紫隄村志》 |
| 沈眉寿 | 诸生 | 究心理学，尤注意乡邦文献 | 道光《震泽镇志》 |
| 沈荣晋 | 贡生 | 肆力于诗古文 | 嘉庆《双林续记》 |
| 沈嗣骏 | 庠生 | 留心乡邦文献 | 康熙《重修乌青镇志》 |
| 沈煜 | 举人、余杭县教谕 | — | 道光《浒山志》 |
| 沈云飞 | 贡生 | — | 道光《菱湖志》 |
| 沈藻采 | 监生 | — | 道光《元和唯亭志》 |
| 沈瞻泰 | 诸生 | — | 光绪《江东续志》 |
| 沈徵佺 | 诸生 | 博通经史、诸子百家 | 康熙《清浦里志》 |
| 沈宗城 | 举人 | — | 道光《唯亭志稿》 |

续表

| 编纂者 | 社会身份 | 学识专长 | 所编志书 |
|---|---|---|---|
| 沈懋官 | 诸生 | — | 乾隆《贞溪志》 |
| 沈元镇 | 诸生 | — | 乾隆《硔川新志》 |
| 盛大镛 | 诸生 | 博览书史，热心公益，以乡邦文献为己任 | 道光《江湾里志》 |
| 盛熿 | 恩贡生、德清县训导 | — | 康熙《前朱里纪略》 |
| 施若霖 | 贡生 | — | 道光《璜泾志稿》 |
| 时宝臣 | 诸生 | 嗜学多闻，留心乡邦文献 | 道光《直塘里志》、道光《双凤里志》 |
| 时之瑛 | 诸生 | — | 道光《张堰志略》 |
| 宋景关 | 贡生、诗人、宋景濂之弟 | 肆力于诗古文辞，著作等身 | 乾隆《乍浦志》、乾隆《乍浦志续纂》 |
| 宋景濂 | 廪膳生、诗人、宋景关之兄 | — | 乾隆《乍浦九山续补志》 |
| 宋溶 | 举人、祁阳知县 | — | 乾隆《浯溪新志》 |
| 宋玉诏 | 诸生 | — | 光绪《南桥里志》 |
| 苏双翔 | 诸生 | 博览书籍，精于礼学 | 道光《唐市志》 |
| 孙岱 | 监生 | 潜心经史百家，以留心文献为己任 | 乾隆《安亭人物志》 |
| 孙霖 | 诸生、文学家 | 工诗好游 | 乾隆《菱湖小志》 |
| 孙萧 | 增广生 | — | 乾隆《浒墅关志》 |
| 孙珮 | 副榜贡生 | 参与编纂康熙《吴县志》 | 康熙《浒墅关志》 |

续表

| 编纂者 | 社会身份 | 学识专长 | 所编志书 |
|---|---|---|---|
| 孙廷铨 | 进士、清初重臣 | 擅长史传，历任要职皆能善于其官 | 康熙《颜山杂记》 |
| 孙阳顾 | 庠生 | 学问渊博，著述甚丰 | 乾隆《儒林六都志》 |
| 孙志熊 | 增生 | 以乡邦文献为己任 | 光绪《菱湖镇志》 |
| 孙稚川 | 诸生 | — | 乾隆《大场续志》 |
| 谈嗣升 | 县学生 | 沉潜笃学，慷慨好施 | 康熙《同辑双林志》 |
| 唐佩金 | 庠生、书画家 | 工诗，善书画 | 宣统《闻湖志稿》 |
| 唐锡瑞 | 乡绅 | 善堪舆、医学，能丈量田亩，热心里中公益事业 | 光绪《二十六保志》 |
| 陶炳曾 | 附贡生 | 品学兼优，精医理，为人乐善不倦 | 同治《续修茜泾记略》 |
| 陶金梭 | 太学生 | 雅好文学，曾纂修族谱 | 乾隆《周庄镇志》 |
| 陶煦 | 监生、候选翰林院待诏 | 与陶焘共修（光绪）《周庄陶氏家谱》 | 光绪《周庄镇志》 |
| 陶宗亮 | 国学生 | 品高行洁，为善不吝 | 《茜泾记略》 |
| 陶惟坻 | 诸生 | — | 光绪《淀湖小志》 |
| 陶汜村 | 诸生 | — | 乾隆《贞丰志》 |
| 童善 | 诸生 | 擅长医学，于贫病尤多方施济；修辑《童氏族谱》，撰《家乘》 | 《钱门塘镇志》 |
| 童以谦 | 贡生 | — | 光绪《钱门塘镇志》 |

169

续表

| 编纂者 | 社会身份 | 学识专长 | 所编志书 |
| --- | --- | --- | --- |
| 屠本仁 | 举人、丽水县教谕 | 工于考证、好金石；促成李遇孙编撰《括苍金石志》，又曾辑嘉庆《丽水县志·沿革表》，纂修嘉庆《嘉兴县志》，颇得称誉 | 乾隆《濮院志》 |
| 万亚兰 | 诸生 | 谈经论史，考据详明 | 道光《澂水新志》 |
| 万以增 | 增生、南社社员 | 笃志医学，博通中西诸学说 | 光绪《淀湖志》 |
| 汪永安 | 增生 | 潜心养性，读书著述 | 咸丰《黄渡镇志》 |
| 汪曰桢 | 举人 | 擅长史学，著有《二十四史月日考》《南浔碑刻志》 | 咸丰《南浔镇志》 |
| 王抱承 | 诸生 | — | 康熙《开化乡志》 |
| 王宸褒 | 乡绅 | — | 光绪《菱湖志略》 |
| 王初桐 | 诸生、知县、州同知 | 所至政简刑清，惟好著书；编纂嘉庆《寿光县志》《纪纪》、嘉庆《嘉定县志》 | 嘉庆《方泰志》 |
| 王德浩 | 廪生 | 留心乡邦文献 | 嘉庆《硖川续志》 |
| 王焕崧 | 附贡生、五品衔训导 | 通晓经史，善吟咏 | 同治《引翔乡志》 |
| 王家枚 | 举人、主事、度支部浙江司行走 | 攻辞章骈俪之学，嗜书成癖，于邑中先辈著作竭意搜罗 | 光绪《龙砂志略》 |

续表

| 编纂者 | 社会身份 | 学识专长 | 所编志书 |
|---|---|---|---|
| 王鉴 | 诸生 | — | 乾隆《瞻桥小志》 |
| 王介 | 廪生 | 尝以乡志为己任，倡义捐金，谋诸同辈；编纂《宝田堂王氏家乘》 | 道光《泾阳鲁桥镇志》 |
| 王觐宸 | 诸生、清末翰林王鸿翔之子 | 熟悉河下地区风俗掌故 | 宣统《河下志稿》 |
| 王立礼 | 副榜贡生、候选教职 | — | 乾隆《吴郡甫里志》 |
| 王樑 | 国子生 | 以诗名于时，著述收入《四库》存目 | 雍正《平望镇志》 |
| 王世禛 | 进士、文学家、国子监祭酒、刑部尚书 | 清初诗坛领袖人物 | 康熙《浯溪考》 |
| 王同 | 进士、刑部主事、紫阳书院山长 | 曾协助丁丙补钞《文澜阁四库全书》 | 光绪《唐栖志》 |
| 王锡极 | 拔贡生、辰州通判 | 修族谱牒，参与纂修康熙《镇江府志》 | 康熙《开沙志》 |
| 王效尊 | 举人、赵城县训导、内阁中书衔，王颙儒族孙 | 主编光绪《太原县志》、光绪《太谷县志》 | 光绪《清源乡志》 |
| 王勋祥 | 山西徐沟知县 | — | 光绪《清源乡志》 |
| 王养度 | 扬州府江防同知、收藏家 | — | 嘉庆《瓜洲志》 |
| 王寅旭 | 诸生，系李天植门生 | — | 康熙《乍浦九山补志》 |
| 王镛 | 监生 | 分纂民国《吴县志》 | 光绪《光福志》 |

续表

| 编纂者 | 社会身份 | 学识专长 | 所编志书 |
|---|---|---|---|
| 王颙儒 | 进士、曹州知州，系王效尊族祖 | 协助和羹编纂顺治《清源志》 | 顺治《清源志稿》 |
| 王聿修 | 举人、知县、史学家 | 编纂曾编纂乾隆《嵝嘉县志》、乾隆《禹州志》《续纂禹州志》《叶县志》《确山县志》《珙县志》等 | 乾隆《嵝嘉志》 |
| 王豫 | 诸生 | 工诗，辑有《江苏诗徵》；曾编纂《焦山志》 | 嘉庆《瓜洲志稿》 |
| 王藻 | 国子生 | 参与《大清一统志》编纂，任检阅之职 | 雍正《平望镇志》 |
| 王之瑚 | 进士、礼部员外郎、福建道监察御史 | 为官有政绩，注重民生问题 | 康熙《开沙志》 |
| 王钟 | 附贡生 | 嘉庆十九年，参与编纂《上海县志》；二十三年，参与编修《松江府志》 | 嘉庆《法华镇志》 |
| 王致望 | 贡生 | 文人雅士 | 道光《舜湖纪略》 |
| 王廷和 | 举人 | — | 乾隆《峰泖志》 |
| 王树棻 | 知县 | — | 光绪《罗店镇志稿》 |
| 王家芝 | 诸生 | — | 光绪《真如续志稿》 |
| 魏孔怀 | 庠生 | — | 道光《信义续志》 |
| 魏标 | 诸生 | 诗人 | 乾隆《湖墅志》 |
| 温汝能 | 举人、中书舍人 | 藏书数万卷，日事考索，性好施急难 | 嘉庆《龙山乡志》 |

| 编纂者 | 社会身份 | 学识专长 | 所编志书 |
|---|---|---|---|
| 翁广平 | 府学生、举孝廉方正 | 擅长史学，撰有《吾妻镜补》 | 道光《平望志》 |
| 吴存礼 | 监生、巡抚 | 纂修康熙《通州志》、康熙《广宗县志》 | 康熙《梅里志》 |
| 吴大复 | 诸生 | — | 乾隆《留溪小志》 |
| 吴德煦 | 章谷屯屯务官 | — | 同治《章谷屯志略》 |
| 吴耆德 | 扬州府江防同知、江苏徐州道 | — | 嘉庆《瓜洲志》 |
| 吴荣光 | 进士、翰林院编修、湖南巡抚、署理湖广总督 | 文章学术具有渊源 | 道光《佛山忠义乡志》 |
| 吴若金 | 县学生 | — | 康熙《双林志》 |
| 吴文江 | 增贡生、选训导，藏书家 | 藏书丰富，热心乡里公益事业；校勘县志，改订讹误 | 光绪《忠义乡志》 |
| 吴熙 | 进士、浙江武义知县 | — | 编纂《泰伯梅里志》 |
| 吴玉树 | 太学生 | 著述有体例 | 嘉庆《宝前两溪志略》 |
| 吴展成 | 诸生、词人 | 肆力于诗古文辞，生平著作甚富 | 道光《渔闲小志》 |
| 吴洙 | 诸生 | — | 乾隆《增辑同里先哲志》 |
| 吴卓信 | 诸生、著名学者 | 擅长史学与地理考据，著有《汉书地理志补注》《汉三辅考》《三国补志》等书 | 嘉庆《桂村小志》 |

续表

| 编纂者 | 社会身份 | 学识专长 | 所编志书 |
|---|---|---|---|
| 吴文源 | 诸生 | — | 道光《吴淞里志》 |
| 吴志云 | 诸生 | — | 清代《硖川志稿》 |
| 吴世英 | 诸生 | — | 康熙《双林补志》 |
| 夏光远 | 贡生、永嘉县训导 | — | 康熙《增辑南浔志》 |
| 夏暐 | 诸生 | 参与纂修康熙《昆山县志》 | 雍正《星溪杂志》 |
| 夏驷 | 贡生 | — | 乾隆《乌青杂识》 |
| 徐达源 | 太学生、候选布政司理问、翰林院待诏，系袁枚弟子 | 工诗古文，善画墨梅；著有《吴郡甫里人物考》 | 嘉庆《黎里志》 |
| 徐复熙 | 诸生 | — | 同治《张泽志稿》 |
| 徐傅 | 诸生 | 好藏书，博涉经史，留心里中掌故 | 道光《光福志》 |
| 徐士燕 | 廪生 | 印学 | 道光《竹里述略稿》、同治《竹里述略》 |
| 徐文范 | 监生 | 擅长史学，历二十余年撰成《东晋南北朝舆地表》 | 乾隆《钱门塘市记》 |
| 徐熊飞 | 举人 | — | 嘉庆《上柏志》 |
| 许光埔 | 附贡生 | 生平乐于为善 | 光绪《枫泾小志》 |
| 许河 | 附贡生 | 笃好汉儒之学 | 道光《乍浦续志》 |
| 许良谟 | 诸生 | 学问渊博，于乡邦文献尤所留意 | 乾隆《花溪志》、乾隆《花溪志补遗》 |
| 许起 | 职贡生 | 工诗古文，擅长书法、医学 | 同治《甫里志稿》 |

| 编纂者 | 社会身份 | 学识专长 | 所编志书 |
|---|---|---|---|
| 许绪祖 | 府庠生 | — | 雍正《休宁孚潭志》 |
| 许椷 | 诸生、文学家 | 文学诗歌 | 光绪《重修马迹山志》 |
| 许玉瀛 | 府学生 | — | 同治《甫里志稿》 |
| 萧鱼会 | 诸生 | — | 嘉庆《石冈广福合志》 |
| 杨浚 | 举人、内阁中书、藏书家、学者 | 留心地方文献，汇刊先贤著述；参与篆修同治《淡水厅志》 | 光绪《湄州屿志略》 |
| 杨谦 | 廪生 | — | 乾隆《梅里志》 |
| 杨树本 | 副榜贡生、江西宁州州同、湖北鹤峰知州 | 擅长史学，著有《春秋事几终始》《纪元备考》《杨氏宗支考》 | 乾隆《濮川风土记》、乾隆《濮院琐志》、嘉庆《濮院琐志》 |
| 杨希濂 | 诸生 | 喜为诗，兼工金石学；编纂《常熟恬庄杨氏族谱》 | 道光《恬庄小识》 |
| 杨学渊 | 恩贡生 | 学问宏博，诗律书法，无不专精 | 嘉庆《寒圩志》 |
| 杨志达 | 诸生 | — | 康熙《槎溪里志》 |
| 杨肇春 | 诸生 | — | 清末《沥海所志稿》 |
| 严典 | 诸生 | — | 清代《厂头里志》 |
| 严贻钟 | 诸生 | — | 同治《下槎杂志》 |
| 姚鹏春 | 贡生 | 性嗜金石 | 道光《白蒲镇志》 |

| 编纂者 | 社会身份 | 学识专长 | 所编志书 |
|---|---|---|---|
| 姚彦渠 | 诸生、学者 | 擅长地理、历史之学，著有《禹贡正诠》《春秋会要》 | 同治《菱湖志》 |
| 姚裕廉 | 贡生、内阁中书 | — | 宣统《重辑张堰志》 |
| 姚鉴 | 诸生 | — | 光绪《蒸里志略》 |
| 姚景瀛 | 诸生、藏书家 | 藏书丰富 | 光绪《临平记再续》 |
| 姚葭客 | 诸生 | — | 乾隆《双林支乘》 |
| 叶长龄 | 贡生、就职训导，系李兆洛弟子 | 藏书丰富，学问广博 | 光绪《杨舍堡城志稿》 |
| 叶世熊 | 庠生、议叙训导 | 参与编纂光绪《松江府志》、光绪《青浦县志》，任采访有功；纂修《叶氏支谱》 | 宣统《蒸里志略》 |
| 叶四聪 | 举人、两淮中正场盐课大使 | — | 乾隆《石步志》 |
| 叶廷甲 | 附贡生、文献学家 | 长于经学，家富藏书；所校补刊刻之《徐霞客游记》堪称善本 | 乾隆《杨舍堡城志初稿》 |
| 叶维新 | 诸生 | — | 乾隆《石步志》 |
| 叶先登 | 进士、颜神镇通判 | — | 康熙《颜神镇志》 |
| 叶钟敏 | 庠生 | — | 光绪《杨舍堡城志稿》 |
| 余霖 | 举人 | 协助沈增植续修《浙江通志》，并协助金甸丞编纂《秀水县志》 | 宣统《梅里备志》 |

续表

| 编纂者 | 社会身份 | 学识专长 | 所编志书 |
|---|---|---|---|
| 余懋 | 诸生，系清同治翰林余弼之弟 | 擅长医术，多任义举，对里中文献多所留意 | 光绪《梅里志》 |
| 於炳炎 | 诸生 | — | 光绪《信义志》 |
| 岳昭垲 | 国子监算学生 | 参与纂修道光《嘉兴府志》，任采访，并分校《人物志》 | 同治《濮录》 |
| 岳洙传 | 贡生、新城县训导 | 擅长金石学 | 嘉庆《濮川所闻记》 |
| 臧麟炳 | 诸生 | — | 康熙《桃源乡志》 |
| 张承先 | 诸生 | 精通明代掌故，有史才 | 乾隆《槎溪里志》 |
| 张栋 | 国子生 | 专肆力于诗画 | 雍正《平望镇志》 |
| 张端木 | 进士、知县 | — | 《江东志》、乾隆《西林记略》 |
| 张大昌 | 举人 | 留心乡邦文献 | 光绪《临平记补遗》 |
| 张道 | 诸生 | — | 光绪《定乡小识》 |
| 张鸿寯 | 诸生 | — | 乾隆《南浔文献志》 |
| 张廉 | 贡生 | 刻志经史之学，著有《季汉书辨疑》《春秋论》《列代史论》 | 嘉庆《孝感里志》 |
| 张璐 | 诸生 | — | 《唐墅征献录续编》 |
| 张其是 | 诸生 | 文人 | 康熙《濮川纪略》 |

| 编纂者 | 社会身份 | 学识专长 | 所编志书 |
|---|---|---|---|
| 张启秦 | 廪生 | 淹贯经史辞章，尤精小学，曾受上海圣约翰大学之聘 | 光绪《望仙桥乡志稿》 |
| 张杞村 | 俏生 | — | 道光《塘湾乡九十一图志》 |
| 张人镜 | 诸生 | 热心公益事业，专致力于农田水利建设；编纂《张氏宗谱》 | 光绪《月浦镇志》 |
| 张园真 | 府学生 | 文人 | 康熙《乌青文献》 |
| 张震高 | 诸生 | — | 康熙《临江小志》 |
| 张之鼐 | 诸生 | 博览群书，长于诗文文人 | 康熙《栖里景物略》 |
| 张宗禄 | 附贡生 | 文人雅士 | 光绪《清湖小志》 |
| 张为金 | 诸生 | — | 嘉庆《真如征》 |
| 章圭璪 | 进士、度支部主事，留学日本法政大学 | 擅长史学，与朱寿鹏、汪锡增等同辑《光绪朝东华续录》，著有《二十四史使节表》 | 宣统《黄渡续志》 |
| 章耒 | 拔贡生 | 潜心力学，精通天文、历算、舆地之学 | 同治《张泽志》 |
| 章梦易 | 府庠生 | 潜心经学诸子 | 康熙《续同里先哲志》 |
| 章树福 | 诸生 | — | 咸丰《黄渡镇志》 |
| 章腾龙 | 武生 | — | 乾隆《贞丰拟乘》 |
| 赵需涛 | 诸生 | 藏书丰富、文人雅士 | 光绪《刽源乡志》 |

| 编纂者 | 社会身份 | 学识专长 | 所编志书 |
|---|---|---|---|
| 赵曤 | 监生 | 文人雅士、好吟咏 | 乾隆《璜泾志略稿》 |
| 赵诒翼 | 贡生、签用县丞 | — | 宣统《信义志稿》 |
| 赵月卿 | 诸生 | 擅书法 | 道光《信义续志》 |
| 赵翰 | 诸生 | — | 道光《葛隆镇志稿》 |
| 赵稷思 | 诸生 | — | 嘉庆《石冈广福合志》 |
| 赵元溥 | 诸生 | — | 《唐墅征献录补编》 |
| 郑得来 | 贡生 | 参编康熙《仙游县志》 | 康熙《连江里志略》 |
| 郑凤锵 | 举人、开化县训导 | 教导有方 | 同治《新塍琐志》 |
| 郑士枚 | 诸生 | — | 道光《双林志》 |
| 郑思铨 | 诸生 | — | 同治《藤山志》、同治《藤山志稿》 |
| 郑孝锡 | 诸生 | — | 雍正《连江里志略》 |
| 钟兆彬 | 诸生 | — | 光绪《修川志余》 |
| 仲虎腾 | 赐袭骑都尉、江南提标左营中军备守 | 参订光绪《黎里续志》 | 光绪《盛湖志补》 |
| 仲沈洙 | 诸生、明末遗老 | 擅长程朱理学 | 顺治《盛湖志》 |
| 仲栻 | 庠生 | — | 康熙《盛湖志》 |
| 仲枢 | 举人、拣选知县、宗人府宗学教习，汪琬弟子 | 淹贯百家，精通易理，诗文并负重名 | 康熙《盛湖志》 |

179

| 编纂者 | 社会身份 | 学识专长 | 所编志书 |
|---|---|---|---|
| 仲廷机 | 举人、严州知府、道员 | 生平笃志好学,好为乡里善举 | 同治《盛湖志》 |
| 仲周霈 | 举人、定州深泽知县 | — | 乾隆《盛湖志》 |
| 周昂 | 举人、宁国府训导 | 音韵学 | 乾隆《支溪小志》 |
| 周凤池 | 布衣 | — | 乾隆《金泽小志》 |
| 周厚地 | 诸生 | 多有地方文史著述 | 乾隆《干山志》 |
| 周羲 | 诸生 | 工文章书法 | 《采录同里先哲志》 |
| 周逸民 | 诸生 | 善堪舆地理之学、文人雅士 | 康熙《栖乘类编》 |
| 周郁宾 | 诸生 | 精熟史学,撰有《辽金纪事本末》《历代官制沿革考》 | 嘉庆《珠里小志》 |
| 周之桢 | 诸生 | 诗歌书画、金石碑版 | 嘉庆《同里志》 |
| 周煜 | 诸生 | — | 道光《穿山小识补遗》 |
| 朱次琦 | 进士、山西襄陵知县、著名学者、经学家 | 推崇朱熹理学,注重经世致用;擅长史学,著有《国朝名臣言行录》《五史实征录》 | 光绪《九江儒林乡志》 |
| 朱栋 | 诸生 | 著述丰富,考证明确 | 嘉庆《干巷志》、嘉庆《朱泾志》 |
| 朱瑾 | 诸生 | 有文名 | 康熙《临江小志》 |
| 朱闻 | 诸生 | — | 道光《练溪文献》 |
| 朱诒祥 | 附生 | | 光绪《罗店镇志》 |

续表

| 编纂者 | 社会身份 | 学识专长 | 所编志书 |
|---|---|---|---|
| 朱镇 | 附贡生 | 擅长地理与考据之学 | 光绪《四安镇志》 |
| 朱履升 | 诸生 | — | 乾隆《朱里志》 |
| 朱之屏 | 诸生 | — | 雍正《鹤沙志》 |
| 诸福坤 | 增贡生 | 博学多闻，雅好文学 | 光绪《淀湖小志》 |
| 诸世器 | 贡生 | 擅长地理，考证明信，著有《诗释地》 | 乾隆《箓溪小志》 |
| 庄学德 | 诸生 | — | 乾隆《浔溪文献》 |
| 邹存淦 | 国学生、候选布政司理问、藏书家 | 著有《五代史记钞》《己丑曝书记》等书 | 同治《修川小志》 |
| 邹璟 | 诸生、援例授职州同 | 文人学士 | 道光《乍浦备志》 |

资料来源：本书下编《清代乡镇志书考录》。

## 第二节　清代上海地区乡镇志书编纂者研究[①]

　　清代上海地区乡镇志书编纂者基于各人不同的社会身份、社会关系、生平履历以及专长技能等因素，在志书的编纂中能够赋予其不同的特色，并展现自己的专长。因此，在综合梳理清代上海地区乡镇志书编纂者的群体概况与类型特征之后，我们将侧重从志书编纂者对于篇目设计的思考以及编纂者所具备的学养识见这两方面展开专门论述，借此具体展现清代上海地区乡镇志书编纂者的特点与

181

---

　　① 本节主要内容曾以《清代乡镇志书研究二题——以〈上海乡镇旧志丛书〉为例》为题，刊于《史林》2011 年第 1 期。

优长所在。

## 一、编纂者概况

根据表三《清代乡镇志书编纂者身份专长一览表》著录的资料信息进行统计，目前可以确知的清代上海地区乡镇志书编纂者约有114名，占清代乡镇志书编纂者群体总数的1/4强。在清代上海地区乡镇志书编纂者群体中，首先根据各人所获科举功名或学历程度来看，具有进士与举人出身者共有8人（其中进士3名、举人5名），占该地编纂者群体总数的一成不到。例如道光《金泽小志》的编纂者蔡自申，系"道光壬辰科（按：即清道光十二年）经魁"①；光绪《罗店镇志》的总纂潘履祥，系同治九年庚午并补同治元年壬戌恩科经魁②；乾隆《西林志略》的编纂者张端木，系乾隆七年进士③；宣统《黄渡续志》的编纂者章圭瑑，系"光绪甲辰科（按：即清光绪三十年）刘春霖榜［进士］"④，等等。除去终身布衣者（即乾隆《金泽小志》的编纂者周凤池、光绪《张泽志》的编纂者封文权）与获得新式高等教育学历文凭者（即光绪《法华镇志》的编纂者金祥凤、宣统《黄渡续志》的编纂者章圭瑑）各两人，共有94名志书编

① （清）周凤池原纂、蔡自申等续纂：道光《金泽小志》卷之三《科目》，上海市地方志办公室编：《上海乡镇旧志丛书》第七册杨军益标点本，上海社会科学院出版社2005年版，第43页。

② 参见（清）潘履祥总纂，朱诒祥、钱枬分纂：光绪《罗店镇志》卷之四《选举志·举人》，上海市地方志办公室编：《上海乡镇旧志丛书》第十一册杨军益标点本，上海社会科学院出版社2006年版，第162页；光绪《罗店镇志·纂校姓氏》。

③ 秦国经主编：《中国第一历史档案馆藏清代官员履历档案全编》第十七册，华东师范大学出版社1997年版，第348页。

④ （清）章圭瑑纂辑：宣统《黄渡续志》卷四《选举·科贡》，上海市地方志办公室编：《上海乡镇旧志丛书》第三册杨军益标点本，上海社会科学院出版社2004年版，第31页。

纂者系诸生出身①，约占清代上海地区乡镇志书编纂者群体总数的82.5%。例如乾隆《槎溪里志》的编纂者张承先为"嘉定［南翔］诸生"②，嘉庆《罗溪志》的编纂者范朝佐为国学生③，光绪《盘龙镇志》的编纂者金惟鳌为贡生④，等等。如本章第一节相关研究所揭示的，约占清代乡镇志书编纂者群体总数的八成比重者乃是那些数量巨大的、具备"诸生"（生员）身份的社会中下层知识人士，这一结论与清代上海地区乡镇志书编纂者的基本情况是相匹配的。

其次，从社会职业（或职能分工）的标准来看，在清代上海地区乡镇志书编纂者中，具备各级官员身份者有12人，约占全体总数的一成多比重。其中又以训导、知县等职为主，例如宣统《续修枫泾小志》的编纂者程兼善，"光绪丙午岁贡，［嘉善优贡生］，就职训导"⑤；宣统《蒸里志略》的编纂者叶世熊，"议叙训导"⑥；嘉庆《方泰志》的编纂者王初桐，"历署新城、淄川、平阴、寿光、潍

---

① 实际上"诸生"出身的编纂者有102位，其中尚有八名乡镇志书编纂者系以诸生身份出任各色官职，例如同治《清风泾志》的编纂者陈宗溥，"咸丰庚申岁贡，就职训导"；宣统《重辑张堰志》的编纂者姚裕廉，"光绪壬辰岁贡，内阁中书"；乾隆《娄唐塘志》的编纂者陈曦，"附贡生，四库馆誊录，议叙州同"，等等。凡此皆列入另类进行考察。

② （清）陈树德、孙岱纂：嘉庆《安亭志》卷十八《人物三·寓贤》，上海市地方志办公室编：《上海乡镇旧志丛书》第二册王健标点本，上海社会科学院出版社2004年版，第302～303页。

③ （清）潘履祥总纂，朱诒祥、钱栯分纂：光绪《罗店镇志》卷之五《人物志上·文学》，上海市地方志办公室编：《上海乡镇旧志丛书》第十一册杨军益标点本，上海社会科学院出版社2006年版，第213页。

④ （清）金惟鳌纂辑：光绪《盘龙镇志·科目·贡生》，上海市地方志办公室编：《上海乡镇旧志丛书》第七册姜汉椿等标点本，上海社会科学院出版社2005年版，第61页。

⑤ （清）程兼善重纂：宣统《续修枫泾小志》卷四《志选举·贡生》，上海市地方志办公室编：《上海乡镇旧志丛书》第六册姜汉椿等标点本，上海社会科学院出版社2005年版，第119页。

⑥ （清）程兼善重纂：宣统《续修枫泾小志》卷六《志人物·列传下》，上海市地方志办公室编：《上海乡镇旧志丛书》第六册姜汉椿等标点本，上海社会科学院出版社2005年版，第216页。

县等知县，宁海州同知"①，皆是其证。此外，藏书丰富、学问渊博且有文史著述的乡里饱学之士有二十余人，例如嘉庆《月浦志》的编纂者陈钧，不仅为举人出身，而且"藏书甚富，日事批阅，详加注释……著(嘉庆)《月浦志》，于水利、荒政倍加详密。"②又如咸丰《紫隄村志》的编纂者沈葵，一生著述丰富，有《周易全旨便读》(未梓)、《地理胪指》《十国春秋摘录》《类经摘注》《斳山何氏医案》《青灯蔓草二集》《盆植百咏》等十余种文史著作。③ 再如光绪《望仙桥乡志稿》的编纂者张启秦，"淹贯经史辞章，尤精小学，书法精篆、隶、八分，擅篆刻。……宣统三年，受上海[圣]约翰大学之聘"，④ 担任大学教职。这些饱学之士基于其渊博的知识和深厚的学养，所编纂的志书能够做到体例谨严、考证明晰，并且能够在编纂过程中将自己的学识处处展现，形成一些有特色的篇目内容。当然在编纂者群体中还有一些雅好文学艺术的风雅之士，例如乾隆《娄唐塘志》的编纂者陈曦，擅长诗歌文学，"诗最工集杜"⑤；嘉庆《寒圩志》的编纂者杨学渊，"学问宏博，文才敏捷，手录书盈

① (清)王初桐纂辑：嘉庆《方泰志》卷二《吏隐》，上海市地方志办公室编：《上海乡镇旧志丛书》第一册吴宣德标点本，上海社会科学院出版社 2004 年版，第 48~49 页。

② (清)张人镜纂：光绪《月浦志》卷之五《人物志上·儒林》，上海市地方志办公室编：《上海乡镇旧志丛书》第十册魏小虎标点本，上海社会科学院出版社 2006 年版，第 189~191 页。

③ (清)汪永安原本、侯承庆续修、沈葵增修：咸丰《紫隄村志》卷八《文籍》，上海市地方志办公室编：《上海乡镇旧志丛书》第十三册顾积仁标点本，上海社会科学院出版社 2006 年版，第 245~247 页。

④ 杨大璋纂：民国《望仙桥乡志续稿·人物志第九》，上海市地方志办公室编：《上海乡镇旧志丛书》第三册许丽莉标点本，上海社会科学院出版社 2004 年版，第 51 页。

⑤ (清)张启秦纂辑、陆世益编：光绪《望仙桥乡志稿·人物·流寓》，上海市地方志办公室编：《上海乡镇旧志丛书》第二册杨军益标点本，上海社会科学院出版社 2004 年版，第 78 页。

几篋，其作文讲法脉而尚经籍，诗律书法，无不专精"①。然而这些文人雅士编纂的志书，除了体例一仍旧志规划、不能根据当地实际情况而有所去取以外，最重要的弊端就是滥收诗文，导致志书记载的比重失衡，从而影响了乡镇志书的撰述性质与篇目安排。例如松江文人周厚地所辑乾隆《干山志》，必于各种名目要素下以附注的形式载录大量的诗文，有些甚至与所载条目无多大关系，如此则使得这部志书间接变成了一部地方诗文集汇总，进而影响志书的性质，使之为例不纯，重蹈了"文人修志"的弊病。

再次，从编纂者的社会关系角度来看，清代上海地区的乡镇志书编纂者所形成的群体，可以分为亲友同好、乡里先后以及家族延续修志三种类型。其中较为多见的是以亲友同好、乡里先后的类型编纂志书，这与清代乡镇志书编纂者在社会关系基础上形成的群体类型的总特征是一致的。② 例如乾隆初年，杨行里人孔兼三曾纂有《白沙志》稿本(后久佚)，黄程云系"孔君壁邻至友"，"得闻颠末，依样葫芦，编辑成集(按：即乾隆《杨行志稿》，已佚)"。③ 是为里中友朋同好编纂志书的典型。又如陈树德、孙岱舅甥合纂以成嘉庆《安亭志》，则属于亲友合作纂志的案例，这已在上节中有详细阐述。至于乡里先后续纂志书的情况，则有徐文范曾编纂乾隆《钱门塘市记》一卷(已佚)；及至清道光年间，里人童善"[以里中]纪述阙如，苦心搜辑，撰志(按：即道光《钱门塘镇志》，已佚)二卷，

① (清)杨学渊纂：嘉庆《寒圩志·科目》，上海市地方志办公室编：《上海乡镇旧志丛书》第五册孟斐标点本，上海社会科学院出版社2005年版，第13页。

② 据统计，以社会关系为基础形成的清代上海地区乡镇志书编纂者群体类型中，友朋同好合作修志的类型有七组案例，乡里先后续纂志书的类型有十一组案例。

③ (清)黄程云原辑、贺鸿藻校录：嘉庆《杨行志·凡例》，上海市地方志办公室编：《上海乡镇旧志丛书》第十册曹光甫标点本，上海社会科学院出版社2006年版。

未及成书卒。"①到了清光绪年间，方由童以谦重订旧稿，为光绪
《钱门塘镇志》行世。此外上海地区乡镇志书编纂者还有家族延续
修志的编纂者群体类型，虽然在这一点上不如清代江苏地区的特征
更具备典型意义，但也同样表现了一个家族在几代人编纂志书的前
赴后继、不断积累的过程中所形成的"志学传承"的优良特质。例
如盛大镛、陆宿海外祖孙三代编纂《江湾里志》，使之不断臻于完
善；陆丕绪因为"其曾伯祖（按：即陆慎庵）向辑（乾隆）《月浦志》
（已佚）"，② 与友人陈钧共同编纂嘉庆《月浦志》六卷，家族跨越四
代纂修里中志书。这是清代上海地区乡镇志书编纂者群体中一个较
为引人注目的特征。

　　复次，在清代上海地区乡镇志书编纂者中，有些人曾参与其他
地方志书的编纂工作，熟悉编纂志书的基本工作流程，具备一定的
实践经验，因而在自己编纂乡镇志书的时候，能够充分发挥经验优
势，使得志书的体例构架与篇目设计都能较为成熟稳当，提高了编
纂志书的效率。例如宣统《续修枫泾小志》的编纂者程兼善，曾总
纂光绪《於潜县志》，又分纂《嘉善县志》。③ 又如潘履祥，"光绪丙
子，知县梁蒲贵聘修邑志（按：即光绪《宝山县志》），与朱延射并
总其成。继修辑（光绪）《罗店镇志》，以一手定稿。"④以潘履祥"一
手定稿"总纂的光绪《罗店镇志》为例，不仅其编纂志书的工作流程

---

① 童世高编纂：民国《钱门塘乡志》卷八《人物志上·文学》，上海市地
方志办公室编：《上海乡镇旧志丛书》第二册许洪新等标点本，上海社会科学
院出版社 2004 年版，第 105 页。

② （清）陈钧、陆丕绪纂：嘉庆《月浦志》陈钧《原序》，（清）张人镜纂：
光绪《月浦志》卷首附，上海市地方志办公室编：《上海乡镇旧志丛书》第十册
魏小虎标点本，上海社会科学院出版社 2006 年版。

③ （清）程兼善重纂：宣统《续修枫泾小志》卷八《志艺文·书目》，上海
市地方志办公室编：《上海乡镇旧志丛书》第六册姜汉椿等标点本，上海社会
科学院出版社 2005 年版，第 285 页。所增补传记资料参见高如圭原纂、万以
增重辑：民国《章练小志》卷五《寓贤》。

④ 张允高等修、钱淦等纂：民国《宝山县续志》卷十四《文学》，《中国
地方志集成·上海府县志辑》第九册影印 1921 年版铅印本，上海书店出版社
2010 年版。

较为系统严密，设有总纂、分纂、总阅、总校、分校、采访、绘图、校补等不同职能岗位(其中以分校所配置的修志人员最多，几占全部人员一半比重)①，编纂人员进行专门分工、各司其职，而且总纂者所定立的志书凡例严谨有据、考虑周详，篇目编次得当，加之重视志书记载的文字校对与史料考订，使得这部志书的学术质量在清代上海乡镇志书中非常突出。

此外，长于史学研究、注重地理沿革与文献考据的编纂者，在志书中能够体现史学研究特长，对于所载内容多加考按，提高了资料的可信度与志书的文献价值；还有一些热心里中公益事业的编纂者，本身具备社会民生所需的专门技能，例如测量田亩、兴修水利，熟悉里中赋役的发派和荒政事业的运作，因而在其编纂的志书中能够以特色的篇目记述展现专门技能的特色。例如唐锡瑞所辑光绪《二十六保志》，不仅对于田亩、赋额的记载数据精详，而且关注水利事业与公益善举，这与唐氏作为里中有名望的乡绅的社会背景以及热心里中公益事业的特点是密切相关的；又如金祥凤钞补的光绪《法华镇志》，其卷首载有按照现代地图学理念绘制的舆图，突破了传统地理学的绘图模式，可以说是清代乡镇志书编纂的一大进步，这不仅展现了晚清上海地区在思想文化领域上受到现代化进程与新式科学技术的深刻影响，而且也与金祥凤本人具备新式的高等教育经历、易于接受新事物的背景是分不开的。由此可见，编纂者本人的生平履历以及学识专长，对于乡镇志书编纂特色的形成是具有重要影响意义的。

## 二、对篇目设计的思考

关于清代上海地区乡镇志书的体例编次、篇目设计以及资料特点的宏观研究，有唐力行、申浩撰写的关于《上海乡镇旧志丛书》

---

① 参见(清)潘履祥总纂，朱谂祥、钱枬分纂：光绪《罗店镇志·纂校姓氏》，上海市地方志办公室编：《上海乡镇旧志丛书》第十一册杨军益标点本，上海社会科学院出版社2006年版。

的书评，该文介绍了丛书收录的 69 种乡镇旧志(其中清代乡镇志书 43 种)的基本情况及其资料特点、史料价值等方面的内容①，有利于我们进一步认识和发掘其中的重要资料。在具体的志书研究方面，沈渭滨先生以《浦溪小志》和《紫堤村志》为例，运用具体志料，从历史沿革、人文风俗、水利建设、地方经济等方面介绍了志书的资料特点，为我们继续研究志书提供了范本。② 除此之外，学术界关注的，仍旧是以利用志书的资料进行其他课题研究为主，对于志书本身的研究与思考有所不足，还有待进一步地深入挖掘。

　　清代不同历史时期存留下来的众多乡镇志书，它们的资料特点如何，体例编次是否得当，篇目设计是否得体、有无创新等，这些问题都是我们需要进一步研究探索的。但是我们也要看到，确实有不少乡镇志书不仅在体例编次上重重因循，乏有创新，甚至连最基本的资料考订辩证的工作都没有做好。因而有学者指出，这些乡镇志书的编纂者多为"乡曲陋儒"，不懂得著述的体例与法度，要么在编纂志书的过程中仅仅因袭旧志前例，在篇目设计上依样画葫芦，要么设置烦琐的要素节目，使得编次不得法；又或者是盲目堆砌文献，不加考据甄别，或者是滥收诗文记述，使得志书成为文人唱和的别集汇总，遗漏了重要的历史文献，最终造成志书的编纂质量在总体上不够高的恶劣影响。这的确指出了症结所在，是我们必须直面的问题。然而，是否所有的清代乡镇志书都基本如此？有没有资料精审、编纂得法的志书？如果这些乡镇志书大多是错误百出的，那么我们如何能将其作为研究资料去放心利用？清代编纂乡镇志书的那些乡绅、士人，果真都是些迂腐的学究，不识学术的大体吗？在翻阅大量的清代乡镇志书后，我们感到，至少在其中有不少志书还是做到了体例严谨、编次得法的，而且多有资料的考订辨

188

---

　　① 唐力行、申浩：《地方记忆与江南社会生活图景——评〈上海乡镇旧志丛书〉》，《社会科学》，2006 年第 1 期。

　　② 沈渭滨：《乡镇志是研究上海人文历史的重要文献——以〈浦溪小志〉为例》，《学术月刊》，2002 年第 5 期；《晚清村镇志纂修的成熟及其人文历史价值——以江南名镇志〈紫堤村志〉为中心的分析》，《史林》，2007 年第 2 期。

正，不至于都是"错误百出"。有因于此，本篇将研究考察的视角转到县志以下的乡镇志书，以清代上海地区镇旧志的编纂者群体为考察对象，详细讨论这些乡镇志书编纂者对于志书的体例编次、篇目设计以及资料收录去取的思考定夺与具体实践。

明清时期乡镇志书的编修大盛，到了清代，随着全国各地尤其是江南地区市镇经济的发展，大凡集市繁荣、经济活跃的乡镇地区，多有编修本地志书的举措，由此乡镇志书的数量大增，这是方志发展史上的一个重要特征。虽然大多数的乡镇志书，在基本的体例编次、篇目设计上，仍是"仿县志例"①或"仿郡志体"②，无法跳出传统地方志书编纂的基本范式，但是在具体篇目的设计上，各地的志书编纂者或结合本地的实际情况，或根据自身所长，对其中的篇幅增删、目次调整做了一番工作，突出本地的资源特色，或结合时代发展的特点，增补了反映时代特色以及新事物的内容，这些都是以往或者同时其他志书所未能做到的。以下拟从清代上海地区乡镇志书编纂者对于志书新增类目、删削篇目以及重点记述篇目等三个方面所展开的思考与实践及其成效来考察清代上海地区乡镇志书的编纂特点以及篇目设计如何来反映地方的特色。

第一，清代上海地区乡镇志书编纂者设置新增类目，其动因多是前志记载的相关内容不够具体明晰，或者分类含糊，不能突出重点，并且这些要素在后来得到了发展、需要编纂者增大篇幅或者新增子目来进行记述的。这种情况，在清代各地的乡镇旧志中比较普遍，特别在续志中表现得比较明显，这属于增补的范畴；其中比较有时代和地区特色的类目，乃是因为时代的发展，新事物的出现而体现在志书中的，晚清上海地区部分乡镇志书编纂者所设立的新增篇目，就很好地体现了这个时代历史的特征。例如宣统《续修枫泾

---

① （清）许光墉、叶世雄、费沄修辑：光绪《重辑枫泾小志·顾福仁序》，上海市地方志办公室编：《上海乡镇旧志丛书》第六册姜汉椿等标点本，上海社会科学院出版社 2005 年版。

② （清）周厚地辑：乾隆《干山志·序》，上海市地方志办公室编：《上海乡镇旧志丛书》第九册王永顺等标点本，上海社会科学院出版社 2005 年版。

小志》的编纂者就注意到："会馆为南北公共，故增入许序；……平粜章程，较他处为善，因亦附后；……学堂系新政创建，不可不载"。① 由此可见，该志书的编纂者显然注意到了公共基础设施的重要，故而开列各地会馆一目；而各级学堂的创办普及，是清末新政的重要措施，志书的编纂者及时将其记录于志书之中；平粜、米价、荒政、赈济等项目，在晚清基层社会中都是非常重要的公共事务，乡绅士人在其中起着重要的领导和中介作用，故而本志的编者将其开列新目，加以详细记录。除此之外，宣统《续修枫泾小志》的编纂者还能够体察历史发展的潮流，增加了"铁路"一门，记载铁路的运行线路以及路程情况，这些内容，都是以往历史时期的志书所不具备的。这些乡镇志书的编纂者虽然身处乡里，远离大都巨邑，但是敏锐地关注了新事物的出现，具备了现代化的意识，及时地将这些内容反映到志书的编纂过程中，新增了有时代特色的类目，保存了重要的资料，对于我们研究近代以来上海地区城乡的互动以及近代化进程的推进，都是十分重要的。又如，章圭璨在纂辑宣统《黄渡续志》的过程中，接续咸丰《黄渡镇志》的记载内容，及时反映了上海地区在晚清时期六十年间的变化，在志书类目的设计上，编纂者除了增加"兵事"一卷，又有"宪政""交通""火政""善举""工商"等反映社会近代化的要素类目，还能够详细记述新政机构、公共消防、慈善赈灾、工商产业等内容，使之既与传统的志书编纂类目有别，又很好地突出了鲜明的时代特色。

　　第二，清代上海地区乡镇志书的编纂者对于志书基本篇目框架的设计思路，在一定程度上还是因袭了传统修志的体例与相应的弊端，无法完全逃脱旧传统的影响与束缚，尤其是各种县邑志书类目、凡例无形的规范影响，但是一些具有识见和眼光的编纂者，就能够结合本地实际情况，或者结合自身的特长所在，不拘泥于传统，在编纂过程中灵活设计志书的体例，大胆巧妙地创设符合新时

190

---

　　① （清）程兼善重纂：宣统《续修枫泾小志·凡例》，上海市地方志办公室编：《上海乡镇旧志丛书》第六册姜汉椿等标点本，上海社会科学院出版社2005年版。

代发展要求的记载类目，不求备全，但求精专，重在能够突出本地的特色，避免志书记载的千篇一律的弊病，这一点是非常难能可贵的。例如一般地方志书的《艺文志》部分，其中记载乡贤的著述，必定古今兼备、唯恐遗漏，不肯放过一字，但是嘉庆《南翔镇志》的编纂者对于艺文部分如何记述则有自己独到的见识，提出："诗文为不朽盛业，然风云月露之词，于志何关？兹特采其可备文献者，录入《文苑》；切于本里之人与事者，仿近时志乘例，细书分注于各条之下；又诗文颇繁，前人已美不胜收，时贤概从割爱。"①明清时期的南翔，文教昌盛，士人迭出，按照传统的惯例，志书必定要在艺文部分大书特书，细大不捐，以求最大限度地保存乡邦文献；但是志书的编纂者本着经世务实的精神，不务虚名，凡非"切于本里之人与事者"，一概不录，这样我们看到的保存下来，多为记述乡邦历史、重大事件、以及关涉水利、赈灾、经济等内容的文献，很好地体现了经世致用的原则，也为艺文类搜集文献篇目立定了一个很实用的原则。此外，关于岁时、占侯、方言部分的记载，编纂者认为"[与]吴俗大略相同，邑志及之，已不免赘，……概置不录"②，这些不录的类目，恰是志书编纂的常规要素，一般志书的编纂，都要或多或少着些笔墨，但是作者经济务实的态度，以及要对志书重点类目详细记载的本意③，使志书的编纂在某种程度上突破了常规，但这恰恰很好地体现了地方独有的特色，避免了江南地区志书编纂在某些门类记载上的类同与千篇一律的弊病。同治

---

① （清）张承先著、程攸熙增订：嘉庆《南翔镇志·凡例》，上海市地方志办公室编：《上海乡镇旧志丛书》第三册朱红标点本，上海社会科学院出版社2004年版。

② （清）张承先著、程攸熙增订：嘉庆《南翔镇志·凡例》，上海市地方志办公室编：《上海乡镇旧志丛书》第三册朱红标点本，上海社会科学院出版社2004年版。

③ 按（清）张承先著、程攸熙增订的嘉庆《南翔镇志·凡例》云："贤达、文学、孝义、隐逸诸传，尤加意搜访，较邑志颇详。"该志书的编纂者认为南翔为文教士人之邦，故而要集中篇幅，突出记载关键内容，对于一些各地类同的门类，则省略不录，使得本志的专门性比较突出，很好地体现出地方独有的特色。

《厂头镇志》的编纂者对于篇目设计安排的去取考虑，也体现了这种实用主义的精神，其编纂者钱以陶认为："天文分野，全邑所值尚属微茫，况兹下里，又何足道？其田赋、户役，邑有定征，亦可从略。"①传统的地方志书叙述疆域沿革，多仿照正史地理志的体例，记载星域分野，以求史志一体的功效，但其实这样做只是浪费篇幅，于民生实际毫无意义；有些地区经济并不十分发达，则赋役征税之事并不突出，如果一味从县志、府志中钞录敷衍，则只是为了求全，无法突出重点，本志的编纂者正是意识到了这一点，果断地将天文、田赋、户役等目略去不载。②又如，咸丰《黄渡镇志》的编纂者以为："镇与县不同。城池、学校，镇皆无有，赋役、户口，则县志统之，物产、风俗、祥异，非异他所者不录。"③因此，咸丰《黄渡镇志》重点突出其水利方面的内容，包括各条支流河浜水道，以及开浚河道、兴修水利的详情，用两卷的篇幅记载了这些内容，为我们研究江南地区基层社会的水利提供了详尽的资料，远胜过那些刻意追求面面俱到、四平八稳的志书。

---

① （清）钱以陶著：同治《厂头镇志·凡例》，上海市地方志办公室编：《上海乡镇旧志丛书》第三册魏小虎标点本，上海社会科学院出版社 2004 年版。

② 如果单从文献保存的角度来说，这样做是不利的，尽管散在其他文献中有相关的记载，但是作为地方志书而言，其专门性的要求，就需要把相关的内容进行专题式的汇总，以求最大限度保存资料；但是中国传统社会编纂地方志，更多的着眼点是在于"史"的眼光，如何删削，如何体例得当，义法明晰，是编纂者所要追求的，事实上他们编纂志书的一个重要期许，就是在保存乡邦文献掌故的同时，为故乡所在留下一部信史，以资后人的考徵。之所以会有去取，也是了从史学的角度对文献资料进行的技术加工；但如果从地方经济的差异性来看，倒是容易理解的：明清时期江南经济的发展，在不同的地域存在着差别，有些地方经济发达，又是农业重镇，自然赋税、课役倍重，自然成了必须重点记载的门类，其他地区如果没有这方面的特征，赋税都是定额，如官方程式，按时缴纳，则记载也无多大意义，这或许是当时编纂者考虑的一个方面。

③ （清）章树福纂辑：咸丰《黄渡镇志·凡例》，上海市地方志办公室编：《上海乡镇旧志丛书》第三册邹怡标点本，上海社会科学院出版社 2004 年版。

更加值得注意的是，光绪《重辑枫泾小志》的编纂者将"闺秀、方外有著作可传者，亦录入《艺文》。"①中国的传统社会，一向不注重女性的权益，虽然不乏文采出众的女子，但因为这层厚重的束缚，后世皆不得其详概，这是非常可惜的，《重辑枫泾小志》的编纂者在这一点上的大胆创举似乎有突破传统的功劳，关注以往不为世人所重视的人群，为文献采集增加了一个重要的途径，同时也反映出编纂者开明的眼光和见识。

第三，清代的一些乡镇志书编纂者，在如何设计篇目、突出重点，以反映本地独有特色的问题上，还是费了一定的思量与谋虑，尽管有些志书的编纂者为图便捷，直接将县志的体例套用到乡镇志书的编纂上，但是从上海地区留存的清代乡镇旧志来看，有部分的编纂者还是具备了开明的见解，并不因循守旧，或根据自己的特长，记载相关地情，如水利、赋役、田亩等，或者以本地特色为出发点，重点记述这方面的内容，形成较强的专题记述门类。例如，南翔镇在明清时期文教兴盛，但是以往的志书对于这方面的人物、事迹记载不详，嘉庆《南翔镇志》的编纂者看到康熙年间旧志的缺点，在编纂新志时，就提出了这样的鲜明主张："[编纂志书]不敢蹈袭，另立体例，贤达、文学、孝义、隐逸诸传，尤加意搜访，较邑志颇详。"②一般来看，关于人物传记方面的资料，县志、府志要比乡镇志全面详尽得多，这主要是因为府县志的修纂，能够运用更多的资料进行整理纂述，这远非某个乡镇一己之力可以为之；但是嘉庆《南翔镇志》的编纂者为了突出本地文教的优势，详加访求文献资料，对文人雅士的记载尤为究心，使得志书在这方面的成就超过了上一级志书，突出了自己的独有特色。又如咸丰《黄渡镇志》的编纂者认为："惟吴淞江系湖海通渠，黄渡跨江成市，最为扼

---

① （清）许光墉、叶世雄、费沄修辑：光绪《重辑枫泾小志·凡例》，上海市地方志办公室编：《上海乡镇旧志丛书》第六册姜汉椿等标点本，上海社会科学院出版社2005年版。

② （清）张承先著、程攸熙增订：嘉庆《南翔镇志·凡例》，上海市地方志办公室编：《上海乡镇旧志丛书》第三册朱红标点本，上海社会科学院出版社2004年版。

要，……故于水利独详"。① 故而在志书中用两卷的大篇幅记载吴淞江的水利情况，包括周围的河道浜港、开浚河道、兴修水利等事，突出了地区利害所在，使得这部乡镇志书的地域特色较为鲜明。

关于志书篇目的去取改定，除了结合本地实际情况外，志书编纂者本人的才能，有时候也是决定志书特色的重要因素，例如光绪《二十六保志》的编纂者唐锡瑞，"擅长堪舆、医学，尤其精通丈量田亩，曾在南汇区为松江育婴堂、在嘉定县为上海清节堂丈量土地数万亩"②，因为有这方面的才能，在志书中对于田亩、赋额的数目记载极为精审，为其他乡镇志书乃至县志、府志所不及者；此外唐氏对于地方水利兴修以及基层公共建设，也很有自己的见解，可以说是晚清基层社会乡绅的典范，绝非那种顽固不化的冬烘学究，由此可见，乡镇志书编纂者自身的特长素质，对于所纂志书质量的优劣及特色的形成，具有重要的影响作用。

此外，清代上海地区乡镇志书编纂者所搜集运用的特色资料，以及所创设的具有鲜明特征的志书门类与篇目还有很多案例，以上所论只是就其主要者列举大端。兹以表格的形式反映其所设立的特色篇目如次。

表 3-2　　　　　　　　　　　　乡镇志书特色篇目

| 乡镇志书 | 特色篇目 |
| --- | --- |
| 王钟编录：嘉庆《法华镇志》 | 文献存目，特别是徐光启所著 |
| 章耒初稿、徐复熙增纂：光绪《张泽志稿》 | 文献部分的记述占据一半的篇幅 |

194

---

① （清）章树福纂辑：咸丰《黄渡镇志·凡例》，上海市地方志办公室编：《上海乡镇旧志丛书》第三册邹怡标点本，上海社会科学院出版社2004年版。

② 张剑光：《〈（清）二十六保志〉整理说明》，上海市地方志办公室编：《上海乡镇旧志丛书》第十二册，上海社科院出版社2006年版。

| 乡镇志书 | 特色篇目 |
|---|---|
| 章树福纂辑：咸丰《黄渡镇志》 | 《艺文》收录乡贤著作，其下多录序跋 |
| 章圭璇纂辑：宣统《黄渡续志》 | 《艺文》书目注明刊布情况，保存部分序跋 |
| 张承先著、程攸熙订：嘉庆《南翔镇志》 | 程氏增订，《艺文》书目增入四库者皆注出 |
| 高如圭编纂：光绪《颜安小志》 | 《艺文》载录序跋，辑佚诗文作品 |
| 唐锡瑞辑：光绪《二十六保志》 | 《方言》一门，保存相当多的口语资料 |
| 许光墉、叶世雄等辑：光绪《重辑枫泾小志》 | 《风俗》一门，保存当时乡间俚语 |
| 周厚地辑：乾隆《干山志》 | 《风俗》一门，保存方言、语音、谚语 |
| 钱以陶著：同治《厂头镇志》 | 《方言（附谶语）》中保存当时的方言及俚语 |
| 王钟编录：嘉庆《法华镇志》 | 《土产》一门，增补县志所缺花木草虫尤多 |
| 唐锡瑞辑：光绪《二十六保志》 | 详于田亩、赋额，数字精详，关注水利兴修 |
| 章树福纂辑：咸丰《黄渡镇志》 | 详于水利之事，记载详细 |
| 高如圭编纂：光绪《颜安小志》 | 《田赋》一门，记载赋则、田亩、税额颇详 |
| 叶世熊纂：光绪《蒸里志略》 | 关于赋额、课役，记载颇详 |
| 金祥凤钞补、王钟编录：嘉庆《法华镇志》 | 卷首载有按照现代地图学理念绘制的舆图 |
| 许光墉、叶世雄等辑：光绪《重辑枫泾小志》 | 专门设立篇目，保存枫溪竹枝词 |

续表

| 乡镇志书 | 特色篇目 |
|---|---|
| 章圭璚纂辑：宣统《黄渡续志》 | 增加记载新事物，例如宪政、交通、火政等 |
| 唐锡瑞辑：光绪《二十六保志》 | 对于善举、私祠的记载，颇有地方特色 |
| 高如圭编纂：光绪《颜安小志》 | 《兵纪》以日记体形式记载太平军战事 |
| 许光塘、叶世雄等辑：光绪《重辑枫泾小志》 | 附有考订、刊误，订正误舛 |
| 张承先著、程攸熙订：嘉庆《南翔镇志》 | 改沿革叙述为表 |
| 王钟编录：嘉庆《法华镇志》 | 各类目下附载文献，并考订按语、训诂注释 |

## 三、编纂者的学养识见

学术界对于对清代方志学者以及方志编纂者的研究，主要集中在对重要的人物及其理论思想的方面，特别是对其中的代表人物如章学诚、戴震、洪亮吉、孙星衍等乾嘉史学大家的研究成果不断，已经有了深厚的学术积累，这里兹不赘述，但是对于广大的普通方志编纂者却缺乏必要的研究。台湾地区的林天蔚先生以资料考订的方法，专门研究过可考的清代方志编纂者和方志学家，其中涉及一部分清代乡镇志书编纂者的生平资料。① 张英聘先生在研究明代南直隶地区方志时考察过编纂人员及其分工职能的问题，为我们以后研究清代乡镇志书编纂的组织分工流程以及编纂人员生平情况提供

———————

① 林天蔚著：《地方文献研究与分论》，北京图书馆出版社 2006 年版。此书专门有一部分内容考订研究资料所见清代的方志学家（其实以广大的修志者为主），其成果以随书光盘形式附见，可供检索使用。

了研究范例①，除此之外，就著者所见似乎没有专门的关于清代乡镇志书编纂者的研究成果出现。事实上，在清代不同历史时期参与各地乡镇志书编修的，除了我们熟知的学者文士、通儒大家，还有官员、士绅、文人、吏胥等不同社会身份的人物，这样一个数量庞大的编纂者群体，确实值得我们好好研究。但是关于他们的资料比较稀少和零散，要研究其方志编纂思想或者方志学理论，往往只能依靠序跋或者文集里面的片言只字，将这些资料进行汇总分类，才能进行系统的探究。特别是对于清代县以下的基层社会而言，那些参与编修乡镇志书的文人雅士，虽然多有钻故纸堆的冬烘学究，不明如何进行著述，只知道盲目堆砌资料，但是这些编纂者群体中固然不乏一些具有远见卓识者。囿于资料的零散缺乏，我们对于这些清代乡镇志书编纂者关于修志的具体主张和思想认识情况还是不很清楚，所以如何对现存的地方志书进行有深度的挖掘，提取有效信息资料，这是我们今后研究清代乡镇志书的时候需要关注的方向。

　　既然我们都认为，历史上留存的那些数量浩瀚的地方志书，是传统文化的宝贵遗产，但又有意见认为这些志书大多是些不懂得学术的迂腐儒生编纂的，似乎就没有什么价值了，如此巨大的反差，到底我们该如何适从？从以上所进行的探究，我们可以看到，至少在清代江南地区的乡镇基层社会，还是有不少的乡镇志书是修纂得法、体例严谨的，体现了编纂者为了存留一方信史的史家意识。②

---

　　①　张英聘著：《明代南直隶地区方志研究》，东方历史学术文库，社会科学文献出版社 2005 年版。此书的基础为其博士学位论文，在该书第三章《南直隶方志的编纂组织》中，作者研究了修志人员的构成与分工、职责与分工以及修志制度与经费保障，并附载《南直隶方志修纂姓氏署名表》和《南直隶部分文人名士参与修志情况统计表》两种。虽然作者研究的不是清代，但是这样的研究成果所提供的思路和方法，足以为我们继续研究清代的修志人员等问题提供范本和借鉴。

　　②　在现代学术分类中，地方志编纂者与历史研究者是完全不同性质的，但是在传统中国社会，地方志的编纂者，因为受着传统史学的熏陶，他们普遍接受的是史志一体的观点，认为编纂志书就是在为一方保存文献与信史，以备后人的考证，这里说的史志一体的观点，主要还是从史志职能同一化的角度来阐发的，这在今后讨论史志关系时会专门予以探讨，此不赘述。

因此，我们要对以上这种针锋相对的论断所进行的反思，则需要先考察这样两个问题：第一，清代乡镇志书的修纂者是否真的多是些一无是处的冬烘先生？到底懂不懂得如何做学问？第二，由这些人编纂的乡镇志书，是否多数不堪使用？我们以清代上海地区的乡镇志书为例进行具体的考察研究，关于这两个问题的答案，其实多数已经在前面的研究中作出了回答。因为乡镇志书编修质量的优劣，很大程度上体现了编纂者的才学高下与见识高明与否。这里仅就清代上海地区乡镇志书编纂者的史家意识、工作原则等方面展开论述，以考察这类乡镇志书编纂者群体是否具备做学问、编史书的基本学术素质。

在中国传统社会中，知识人普遍接受的是史志一体、史志同一的观点，特别是编纂地方志的士人们，更加意识到自己的工作是在保存乡邦文献掌故，留存一方之信史，以备后人的考察借鉴，所以他们在具体的工作中，都会不自觉地以史家自许，这一方面是来自所受的经史不分家的儒家教育决定的，另一方面就是中国传统史学的实用主义精神对他们的影响。既然以史家自许，那么在编纂过程中，特别是对资料的考订整理，都要遵循的基本原则就是考信，或者说是"无一字无来历"的乾嘉考据精神，力求做到"网罗散佚，博采旧闻"①。例如，嘉庆《法华镇志》的编纂者王钟，在自叙编纂经历时，就谈到要"搜访不厌详，讨论不厌精，且有待焉"②。原本其所编纂的志书已经完工，别人建议他及时刊布，但是他仍以"且有待焉"推脱。对此我们固然可以理解为这可能只是编纂者表示客气谦虚之语，但是就这部乡镇志书的总体质量来看和编纂层次来看，确实是增补再三，在各种门类下附载不同的文献记载，并有考订按语、训诂注释，有利于我们更好地解读文献。在资料的搜集整

① （清）许光墉、叶世雄、费沄修辑：光绪《重辑枫泾小志》张绍文《序》，上海市地方志办公室编：《上海乡镇旧志丛书》第六册姜汉椿等标点本，上海社会科学院出版社2005年版。

② （清）王钟编录：嘉庆《法华镇志·弁言》，上海市地方志办公室编：《上海乡镇旧志丛书》第十二册许洪新标点本，上海社会科学院出版社2005年版。

理与考订甄别方面，也有不少的典范：咸丰《黄渡镇志》的编纂者章树福，主张"事涉疑似，甄录必慎"①；嘉庆《南翔镇志》编纂者张承先与修订者程攸熙，以"非确有明证，不敢滥登"②为资料采录的原则；同治《厂头镇志》的著者钱以陶，在考订资料时，以"有闻见异辞者，则两存其说，以俟考正"③为基本准则，这些都是与传统史家严谨求实的精神一脉相贯的，也是他们编纂的乡镇志书质量较高的主要原因。

特别值得注意的是，有的乡镇志书编纂者已经把现代学术规范的要求，运用于志书的编纂过程中。古代学者的著述，征引多不注明出处，或是按照己意稍做改删，以化为己有，以致错误因袭、漏洞百出，这是传统学术的一个弊病所在。因而光绪《重辑枫泾小志》的编纂者在编修志书的过程中，"引书必用原文，或略节字句以省观览，或参用诸书者，亦必分注明晰"④，引文必有出处，节略必有说明，这是现代学术研究的基本规范，但是在传统的旧时代里，能明确做到这一点，是非常可贵的。又如宣统《黄渡续志》的编纂者章圭璖，以"地图系专门之学，仆病未能，故地图请钱志澄君代绘"⑤，不掠人之美，在自序中交代清楚，体现出谦逊朴实的学术品格和良好的道德风范。

---

① （清）章树福纂辑：咸丰《黄渡镇志·凡例》，上海市地方志办公室编：《上海乡镇旧志丛书》第三册邹怡标点本，上海社会科学院出版社2004年版。

② （清）张承先著、程攸熙增订：嘉庆《南翔镇志·凡例》，上海市地方志办公室编：《上海乡镇旧志丛书》第三册朱红标点本，上海社会科学院出版社2004年版。

③ （清）钱以陶著：同治《厂头镇志·凡例》，上海市地方志办公室编：《上海乡镇旧志丛书》第三册魏小虎标点本，上海社会科学院出版社2004年版。

④ （清）许光墉、叶世雄、费沄修辑：光绪《重辑枫泾小志·凡例》，上海市地方志办公室编：《上海乡镇旧志丛书》第六册姜汉椿等标点本，上海社会科学院出版社2005年版。

⑤ （清）章圭璖纂辑：宣统《黄渡续志·序》，上海市地方志办公室编：《上海乡镇旧志丛书》第三册杨军益标点本，上海社会科学院出版社2004年版。

地方志书是一方资料文献的综合汇编，但是"综合"不能等同于"大杂烩"，如何处理好文献的海量保存与凸显地方特色的关系，协调两者的比重，也是志书编纂者需要考虑的问题，否则按照上一级志书的类目去填格子，将所见资料全部塞入，不仅读来使人昏昏，也丧失了方志的地方特色。故而在处理资料、设计篇目的时候对于所搜集的资料如何进行去取加工，则是考验编纂者识见和学术功力的很好的试金石。例如，咸丰《黄渡镇志》的编纂者，一反传统志书对于学校、城池、风俗等常规内容四平八稳的记载，结合本地实际，认为："镇与县不同。城池、学校，镇皆无有，赋役、户口，则县志统之，物产、风俗、祥异，非异他所者不录，惟吴淞江系湖海通渠，黄渡跨江成市，最为扼要，……故于水利独详。"①因此，该志书的编纂者采取人无我有、详略得宜的原则，以"水利"一门为重点，用了两卷的篇幅进行记述，突出了地方独有特色。如果四平八稳、不分主次地叙述所有类目，势必导致志书个性的丧失。又如所知，乡镇志书在保存地方文献的方面具有很大的作用，但是否需要照单全收各类性质的乡土文献资料？如果从学术研究的角度来看，我们希望志书中搜集的资料最好是细大不捐，而这样的志书，无疑就成了资料汇纂，丧失了著述的体例与作为乡镇志书的本质所在。但在清代上海地区乡镇志修纂者的眼中，地方志书既然具备一方史书的功能，如果对材料不加笔削，没有自己的编纂原则，则有编次不当、为例不严之讥，所以嘉庆《南翔镇志》的编纂者对乡里文献的收录有自己独特的标准，提出："诗文为不朽盛业，然风云月露之词，于志何关？兹特采其可备文献者，录入《文苑》，切于本里之人与事者，仿近时志乘例，细书分注于各条之下，又诗文颇繁，前人已美不胜收，时贤概从割爱。"②我们看到，

---

① （清）章树福纂辑：咸丰《黄渡镇志·凡例》，上海市地方志办公室编：《上海乡镇旧志丛书》第三册邹怡标点本，上海社会科学院出版社2004年版。

② （清）张承先著、程攸熙增订：嘉庆《南翔镇志·凡例》，上海市地方志办公室编：《上海乡镇旧志丛书》第三册朱红标点本，上海社会科学院出版社2004年版。

嘉庆《南翔镇志》的编纂者收录文献的原则，主要是以重古略今、契合本地民生为准的，具有很强的实用主义精神和务实的原则，而这一点，恰恰同中国传统史学注重实际功效的经世致用的精神是一致的；试想一个迂腐不识时务者，如何能够把握好这样的处理原则呢？又如光绪《蒸里志略》的编纂者，虽然说明该志书编纂的内容"大半采自邑志"，但"邑志所载，散入诸门，不能一览了然，而此编则专为蒸里一隅而言，较之邑志，易于翻阅"①，虽然这部志书编得比较平稳，缺乏上揭几部乡镇志书那样鲜明的特色，但是作为一种资料汇编而言，能够把各类零散的文献资料归总，并按照一定的类目组织起来，以便于查考，则无疑具有很强的专题性和针对性。

综合以上的论述，我们认为，有相当数量的清代上海地区乡镇志书的编纂者基本具备做学问的基本素养，编纂志书有自己的想法，能够很好地发扬史家精神，以述为作，凸显乡邦的区域特色。这些优点，绝非那些迂腐的学究可比的，这样的著述，也是那些陋儒们所不能达到的。

## 第三节　清代乡镇志书编纂者生卒年丛考

江庆柏先生曾指出对于清代人物生卒年进行考订的研究工作有如下几方面的学术意义，即：避免文献误收与重复、避免人物排序混乱（主要是社会伦理关系方面）、避免对于文献史料的误读。② 这对于考证清代乡镇志书编纂者的生卒年来讲也是如此，通过考证，不仅能够梳理编纂者的生平履历，而且对于部分乡镇志书（尤

---

① （清）叶世熊纂：光绪《蒸里志略·程兼善序》，上海市地方志办公室编：《上海乡镇旧志丛书》第八册许洪新标点本，上海社会科学院出版社 2005 年版。

② 参见江庆柏撰：《清代人物生卒年表·前言》，人民文学出版社 2005 年版。

其是稿本、钞本类型的志书）的成书年代与志书断年有着重要的参考价值。兹举一例说明：北京师范大学图书馆古籍善本部藏吴展成所纂道光《渔闲小志》一册，清代精钞稿本，全志无序跋文字说明成书（或成稿）年代。通过考证吴氏生平履历，知道其生年为 1745 年，而志书稿本记载下限为清道光十一年（1831），这就说明该志钞稿本的形成当不早于是年，而以人生百岁为限来分析，则吴氏卒年当在 1831 年（或 1832）至 1845 年之间，即清道光中后期，由此进一步推定该钞稿本的形成年代当亦在此范围之内，对于志书断年也有一定的参照价值。由此可见考证编纂者生卒年的工作在对于清代乡镇志书进行研究中的重要性。因此，在对于清代乡镇志书编纂者的生平研究过程中，考证了 25 位清代乡镇志书编纂者的生卒年情况，其中绝大多数为江庆柏先生编著之《清代人物生卒年表》以及其他年表、考录、提要类著述所未收录者，并得以进一步修正江先生的考订结论与《清人诗文集总目提要》等论断不确者数处。兹将所考证的这部分清代乡镇志书编纂者生卒年之文字条目，以人物姓氏音序排列如次。

## 一、蔡汝锽（1845—1886）

江庆柏编著《清代人物生卒年表》等书皆未著录。据清人施补华撰《泽雅堂文集》卷八《蔡元襄哀辞》："光绪丙子举于乡，……[光绪]丙戌十月，竟以疾卒于家，年四十二。"[1]是则蔡汝锽生于 1845 年，病逝于清光绪十二年（1886）。著有《求是居释经》、光绪《双林志续纂新辑》（未成）。[2]

---

① （清）施补华撰：《泽雅堂文集》，《清代诗文集汇编》第七百三十一册影印清光绪十九年（1893）陆心源刻本，上海古籍出版社 2010 年版。

② 蔡蒙续纂：民国《双林镇志》卷三十《艺文》，《中国地方志集成·乡镇志专辑》第二十二册（下）影印上海商务印书馆 1917 年版铅印本，上海书店出版社 1992 年版。

## 二、曹宗载（1753—1824）

据民国《海宁州志稿》卷十五《艺文志·典籍十五》曹宗载本传，其卒年（清道光四年）七十二岁，则曹宗载的生年当在1753年是。江庆柏编著《清代人物生卒年表》误作1754年，① 柯愈春著《清人诗文集总目提要》误作1742年，② 皆当改正。协助王德浩重订嘉庆《硖川续志》二十卷。③

## 三、董世宁（1715—1771以后）

江庆柏编著《清代人物生卒年表》等书皆未著录。据清乾隆二十二年（1757）董世宁履历，其云："汉军正红旗包衣，汉军赛东阿管领下。监生，年四十三岁。……分签掣浙江湖州府同知缺。"④乾隆三十六年（1771）任开化府知府。⑤ 由此可以推知董世宁生于1715年，其卒年不详，或在清乾隆末年。编纂乾隆《乌青镇志》十二卷。

## 四、丁时霈（1631？—1712？）

康熙《开沙志》与《清代人物生卒年表》《镇江人物辞典》等书对

---

① 参见江庆柏编著：《清代人物生卒年表》第712页，人民文学出版社2005年版。

② 参见柯愈春著：《清人诗文集总目提要》上册第816页，北京古籍出版社2001年版。

③ （清）李圭原修、许传沛原纂，刘蔚仁续修、朱锡恩续纂：民国《海宁州志稿》卷十五《艺文志·典籍十五》，《中国地方志集成·浙江府县志辑》第二十二册影印1922年版续修铅印本，上海书店出版社1993年版。

④ 秦国经主编：《中国第一历史档案馆藏清代官员履历档案全编》第十七册，华东师范大学出版社1997年版，第709~710页。

⑤ 文山壮族苗族自治州地方志编纂委员会编纂：《文山壮族苗族自治州志》（第六卷），云南人民出版社2002年版，第276页。

于丁时需生卒年的记载皆付阙如。按康熙《开沙志》成书于清康熙五十一年(1712)，而该志上卷《耆英》中载有丁时需享寿之数，则丁氏最晚卒于1712年。又据宣统《开沙志》所载丁时需本传："其于方名书数之学无不通晓，而医道尤极精妙。寿至八十[二]①，颜如童子，识者以为有得于内养之功云。"②由此推测其生年当不晚于1631年。增纂康熙《开沙志》二卷。

## 五、方焘(约1729—1798?)

江庆柏编著《清代人物生卒年表》等书皆未著录。据刘承幹撰《山子诗钞自跋》："《浔溪诗征》言先生《诗钞》十一卷，编年自戊寅讫丁巳，不著年号，计其时当在乾嘉间。……卷末有《戊午除夕》四诗，定位戊午一岁作，丁巳之后，意先生不日归道山……"③方焘当是清乾嘉时人无疑。按此"戊午岁"，即指清嘉庆三年(1798)，又据方焘所撰《山子诗钞》卷十一《戊午除夕四首》诗第一首："抱憾未完身内事，问年已届古稀辰"，则此年方焘约七十岁，则其生年约当在1729年。至于其卒年，据刘承幹所说可能在1798年或此后不久。著有乾隆《重修南浔镇志》十二卷，"与董肇铠(乾隆)《[南浔镇]志》大同小异"。④ 著有《山子诗钞》十一卷。

---

① 据(清)王锡极原纂、丁时需增纂、王之瑚删订、佚名增补：宣统《开沙志》上卷《耆英》所载丁时需寿数补，《中国地方志集成·乡镇志专辑》第十四册影印清宣统三年(1911)铅印本，上海书店出版社1992年版。

② (清)王锡极原纂、丁时需增纂、王之瑚删订、佚名增补：宣统《开沙志》上卷《乡贤》，《中国地方志集成·乡镇志专辑》第十四册影印清宣统三年(1911)铅印本，上海书店出版社1992年版。

③ (清)方焘著、刘承幹撰：《山子诗钞》卷末，《丛书集成续编》第一百三十册影印《吴兴丛书》本，上海书店出版社1994年版。

④ (清)汪曰桢纂：咸丰《南浔镇志》卷三十《著述二》按语，《中国地方志集成·乡镇志专辑》第二十二册(下)影印清同治二年(1863)刻本，上海书店出版社1992年版。

## 六、方溶（1764—1853）

江庆柏编著《清代人物生卒年表》等书皆未著录。据清人方溶撰《澉水新志序》落款，可知在清道光三十年（1850）时，方氏已八十七岁，则方溶生年当在 1764 年。关于方溶的卒年，据袁增培撰《〈澉水新志〉的作者——方溶》一文的说法，以为方氏享年九十岁，据此则其卒年当在 1853 年。① 然而该文作者以方溶"约生于乾隆中叶"，未能考得具体生年，当是查检未细之故。著有《禹贡分笺》、道光《澉水新志》十二卷。

## 七、方熊（1715—约 1761）

方熊系乾隆《重修南浔镇志》编纂者方恚之兄。江庆柏编著《清代人物生卒年表》等书皆未著录。按方熊所编纂乾隆《南浔文献志》稿本断年在清乾隆二十六年（1761），又据方恚所撰《重修南浔镇志序》云，其兄方熊得到松陵潘氏稿本后，亟思补辑志书，旋因病殁不克果成。则可知方熊卒年当在 1761 年前后。关于方熊的生年考订，本书参照了南开大学古籍与文化研究所编：《清文海》第四十册的考证结论。② 著有乾隆《南浔文献志》二卷、《带湖草堂集》《飞崖诗删》八卷。③

## 八、顾镇（1700—1771）

关于清人顾镇的生卒年，学术界有四种不同考证结果。其中

① 参见政协海盐县文史资料工作委员会编：《海盐文史资料》第二十二辑，1992 年版，第 22 页。

② 南开大学古籍与文化研究所：《清文海》第四十册，国家图书馆出版社 2010 年版，第 445 页。

③ （清）汪曰桢纂：咸丰《南浔镇志》卷三十《著述二》，《中国地方志集成·乡镇志专辑》第二十二册（下）影印清同治二年（1863）刻本，上海书店出版社 1992 年版。

沈秋农、曹培根主编《常熟乡镇旧志集成》所收录的《（乾隆）支溪小志·点校说明》以为其生卒年当是 1720—1792 年。① 而江庆柏依据周昂所撰《宗人府主事虞东顾先生行状》，以为其生卒年当是1700—1771 年。② 殷衍滔撰有《顾镇生卒年考辨》一文，分别考证剖析四种说法，以为顾镇生卒年当是 1700—1771 年，其考据结论可信，今从其说。③ 编辑乾隆《支溪小志》稿本四卷，已佚。

## 九、李富孙（1764—1844）

关于清代学者李富孙的生年，江庆柏编著的《清代人物生卒年表》著录为 1784 年，④ 而恒慕义主编《清代名人传略》所载本传则作 1764 年。⑤ 此外，王德毅编《中国历代名人年谱总目》、黄惠贤主编《二十五史人名大辞典》等书皆以其生年为 1764 年。两说未审是非。今检李富孙自撰《校经庼自订年谱》，其云：“乾隆二十九年（1764），甲申八月初九日辰时生。”⑥ 是则可知李富孙生年确为1764 年，江说误。至于李富孙的卒年，按其自撰年谱的下限为道光二十三年十一月，则一般文献记载中以为李富孙卒于公历 1843年的说法当属不确。又据清人张廷济所撰《桂馨堂集·感逝诗》云：

---

① 参见沈秋农、曹培根主编：《常熟乡镇旧志集成》，广陵书社 2007年版，第 174 页。

② 参见江庆柏编著：《清代人物生卒年表》，人民文学出版社 2005 年版，第 620 页。

③ 殷衍滔：《顾镇生卒年考辨》，《常熟理工学院学报》（哲学社会科学版），2012 年第 9 期。

④ 参见江庆柏编著：《清代人物生卒年表》，人民文学出版社 2005 年版，第 296 页。

⑤ （美）恒慕义主编：《清代名人传略》中册，中国人民大学清史研究所《清代名人传略》编译组译，青海人民出版社 1992 年版，第 432 页。

⑥ 参见四川大学古籍整理研究所编：《儒藏·史部·儒林年谱》第四十三册影印清道光二十四年（1844）刻本，四川大学出版社 2007 年版。

"李兄芎芷同门，名富孙，……道光二十三年癸卯除夕卒，年八十。"①可知李富孙卒于公历 1844 年 2 月 17 日。编纂嘉庆《梅里志》十六卷。

## 十、李天植（1591—1672）

江庆柏编著《清代人物生卒年表》等书皆未著录。关于李天植的生卒年，魏禧于"辛亥九月"撰《与周青士书》后有"壬子七月自记"，云李天植于当年三月去世。按魏禧生卒年为 1624—1681 年，其所谓"辛亥九月"当在清康熙十年（1671），"壬子七月"当在清康熙十一年（1672）。是则李氏卒年为清康熙十一年（1672）。据乾隆《乍浦志》卷五《隐逸》本传以及所引王涟所作墓志铭文，可知李天植享年八十二岁，由此推知其生年当为 1591 年。② 中华书局胡守仁等校点本《魏叔子文集外篇》卷之六《与周青士书》云："潜夫名天植，崇祯癸酉登贤书，今年八十二矣。"则是以康熙十年时李天植已八十二岁，恐误。③ 检乾隆《乍浦志》所引《与周青士书》，原文即作"八十一岁"，良是。④ 又据乾隆《乍浦志续纂·小引》所录李天植《九山志后序》，云："康熙四年八月，龙湫山人李确潜初氏撰，时年七十有五。"⑤可推知康熙十年辛亥时，李天植当为八十一岁。编纂康熙《乍浦九山志》二卷，已佚。

① （清）张廷济撰：《桂馨堂集》，《清代诗文集汇编》第四百九十册影印清道光二十八年（1848）刻本，上海古籍出版社 2010 年版。
② （清）宋景关纂：乾隆《乍浦志》卷五《隐逸》，浙江省平湖市史志办公室 2009 年版《乍浦旧志三种》郭杰光整理本，第 36 页。
③ 参见胡守仁等校点本《魏叔子文集》第 280～282 页，中华书局 2003 年版。
④ 参见浙江省平湖市史志办公室 2009 年版《乍浦旧志三种》郭杰光整理本乾隆《乍浦志》，第 36 页。
⑤ （清）宋景关纂：乾隆《乍浦志续纂·小引》，浙江省平湖市史志办公室 2009 年版《乍浦旧志三种》郭杰光整理本，第 75 页。

## 十一、林正青（约 1678—1739 以后）

江庆柏编著《清代人物生卒年表》等书皆未著录。关于林正青生年的考证，据王红花所撰《论林正青〈小海场新志〉的史料价值》一文所说："直到雍正六年（1728）命运之神才垂青于他，已耳顺之年的林正青蒙老同学蔡世远（时为礼部侍郎）赏识并举荐"，由此论定其生年当在 1668 年。① 而李恺玉、李石根等撰《两淮十三场现存最古的场志——清乾隆四年刻本〈小海场新志〉初步研究》一文，则以为林正青"于雍正十二年（1734）年届六十"，则其生年约为 1675 年前后。② 按林佶系林正青之父，据其所著《朴学斋诗稿》卷一《乙酉生日》诗，推知林佶生年为 1660 年。由此来看，若林正青生于 1668 年，其父彼时尚不满十岁，何能生子？可知王红花所考论之生年说不确。若按照李恺玉、李石根等人的研究结论，则林佶十六岁为人父，传统社会中男子（尤其是读书人）一般在十八岁开始成家立业较为普遍，此说虽有几年误差，然尚属可信。又考虑到蔡世远与林正青属同学辈分，蔡氏生于 1681 年，林正青年纪当与其相仿佛为是，则林正青生年约在 1680 年前后。又据林正青编纂乾隆《小海场新志》乾隆四年（1739）谢道承撰序文："林子苍岩以通今学古之身，志在用世；名场历蹶，郁不得申者垂四十年。"③可知林正青约自 1700 年左右便开始参加科举乡试，一直未能中举走上仕途。而在明清时期，士人一般二十余岁便需务力举子业，则至雍正末年时，林子青已然年届花甲，这与李恺玉、李石根等人的考述结果更为近似。综上所论，本书将林正青生年定在 1678 年左右，惜尚无确切史料予以证实，姑备此说。推其卒年，当在清乾隆中叶。编纂

---

① 参见《盐城工学院学报》（社会科学版）2011 年第 4 期。

② 参见中国人民政治协商会议江苏省大丰县委员会文史资料研究委员会等编印：《大丰县文史资料》第六辑，1986 年版。

③ （清）林正青纂：乾隆《小海场新志》卷首谢道承《序》，《中国地方志集成·乡镇志专辑》第十七册影印清乾隆四年（1739）刻本，上海书店出版社1992 年版。

乾隆《小海场新志》十卷，佐修《福州府志》。

## 十二、柳树芳（1787—1850）

江庆柏编著《清代人物生卒年表》等书皆未著录。检清人沈曰富撰《受恒受渐斋集》卷四《太学贡生柳君墓志铭并序》云："道光三十年（1850）正月二十二日，太学贡生吴江柳君卒于其家大胜村之宅，年六十四。"①由此推知柳树芳生年为1787年。辑录有道光《分湖小识》六卷。

## 十三、罗仰锜（1677—1746 以后）

江庆柏编著《清代人物生卒年表》等书皆未著录。据罗氏在清雍正七年（1729）的履历，云其"年五十三岁"，是则推知罗仰锜生年为1677年。② 其卒年不详，似当在清乾隆中后期。纂有乾隆《崿嘉志书草本》。

## 十四、沈金渠（1775—1819）

据清人张士元撰《春风庐诗集序》云："沈汉甫以嘉庆己卯某月卒。"检嘉庆二十四年（1819）干支即为己卯，则沈金渠卒于1819年。张氏序文又云："汉甫少余二十年"，张士元生于1755年，则沈金渠之生年即为1775年。③ 江庆柏编著《清代人物生卒年表》误

---

① （清）沈曰富撰：《受恒受渐斋集》，《清代诗文集汇编》第六百二十八册影印清光绪丁亥（1887）刻本，上海古籍出版社2010年版。
② 秦国经主编：《中国第一历史档案馆藏清代官员履历档案全编》第十一册，华东师范大学出版社1997年版，第370页。
③ （清）沈眉寿、纪磊纂修，龚希襄续纂：宣统《震泽镇志续稿》卷十一《书目》"春风庐诗集"条，《吴江乡镇旧志丛刊·震泽镇志续稿》沈春荣等点校本，广陵书社2009年版，第271~272页。

作生年为 1765 年，当改。① 编纂（道光）[嘉庆]《震泽备志》二卷（已佚），稿本藏于家。②

## 十五、沈嗣骏（？—1675）

江庆柏编著《清代人物生卒年表》等书皆未著录。据清人杨雍建编《抚黔奏疏》卷之一所载康熙十九年十二月初二日奏本《题为报父丁忧事》："查[铜仁府署知府沈鉁生之父]沈嗣骏于康熙十四年十月二十二日在籍病故。"③是则可知沈嗣骏卒于 1675 年，生年不详。编纂康熙《重修乌青镇志》，已佚。

## 十六、沈煜（？—约 1830）

江庆柏编著《清代人物生卒年表》等书皆未著录。道光《浒山志》初刻于道光十一年（1831），据该志卷四中高杲所说："今春开雕，竹坡、鹿园并归道山，因补次其崖略。"④按"竹坡"即里人胡梯青，道光《浒山志》卷首有清道光六年（1826）胡氏序文，落款作"时年七十四岁"，又据同书卷四本传，知其享寿七十六岁，⑤ 由此可知胡梯青卒于清道光八年（1828）。检道光《浒山志》卷首清道光十一年（1831）高杲序文："数年来胡丈竹坡、沈子鹿园先后归道

---

① 江庆柏编著：《清代人物生卒年表》，人民文学出版社 2005 年版，第 363 页。

② （清）沈眉寿、纪磊纂修，龚希翯续纂：宣统《震泽镇志续稿》卷九《文苑》、卷十一《书目》，《吴江乡镇旧志丛刊·震泽镇志续稿》沈春荣等点校本，广陵书社 2009 年版，第 204、271 页。

③ 沈云龙主编：《近代中国史料丛刊续编》第三十三辑（第三百二十三号），台湾文海出版社有限公司 1976 年版，第 175~176 页。

④ （清）高杲、沈煜纂：道光《浒山志》卷四，《慈溪文献集成》（第一辑）王清毅等点校本，杭州出版社 2004 年版，第 44 页。

⑤ 参见（清）高杲、沈煜纂：道光《浒山志》卷四，王清毅等点校本，杭州出版社 2004 年版，第 43 页。

山矣。"结合高氏在同书卷四中所说的情况，可以推知沈煜当卒于清道光九年（1829）至清道光十年（1830）之间，故暂定沈煜卒年为1830年。然而浙江省中日关系史学会中日地方志比较研究课题组所刊布的研究成果《慈溪历代修志人物录》，对于沈煜生卒年情况则考定为1768—1824年，① 童银舫所撰《姚北宗谱考录》一文亦同此结论。② 虽未审其确定沈氏生年有何依据，然而根据上述史料考证的结果，我们可以确定的一点是，沈煜的卒年当在清道光八年（1828）之后，故而将其卒年定在1824年是错误的。与里人高杲共同编纂道光《浒山志》八卷。

## 十七、宋景关（1724—1797）

江庆柏编著《清代人物生卒年表》等书皆未著录。据宋景关纂《乍浦志续纂·小引》落款云："壬子夏五，宋景关跋，时年六十有九。"③按乾隆年间干支属壬子者为1792年，由此推知宋景关生年为1724年。又据道光《乍浦续志》卷五《文苑》本传，云其卒年七十四，是则宋景关卒于1797年。④ 编纂乾隆《乍浦志》六卷、乾隆《乍浦志续纂》二卷。

## 十八、王焕崧（1817—1890）

据王焕崧自撰《冬荣室诗钞》载清光绪十二年（1886）所作之《七十双寿》诗推算，可知其生年为1817年。又据该书所载王增禧跋

---

① 参见浙江省中日关系史学会中日地方志比较研究课题组官方网站"方志人物"栏目。

② 参见沈迪云主编：《地方文献论文集——萧山·地方文献国际学术研讨会》，三晋出版社2010年版，第386页。

③ （清）宋景关纂：乾隆《乍浦志续纂·小引》，参见浙江省平湖市史志办公室2009年版郭杰光整理本，第75页。

④ （清）许河纂修：道光《乍浦续志》卷五《文苑》，参见浙江省平湖市史志办公室2009年版郭杰光整理本，第25页。

语，知王焕崧卒年七十四岁，则王焕崧卒于 1890 年。① 编纂同治《引翔乡志》(已佚)。

## 十九、吴耆德(1766—1824 以后)

江庆柏编著《清代人物生卒年表》等书皆未著录。据道光四年(1824)十一月履历所载："吴耆德，浙江人，年五十九岁"，② 可推知其生年为 1766 年。卒年不详，或在清道光、咸丰间。与王养度等纂修嘉庆《瓜洲志》八卷。

## 二十、吴文江(1857—1897)

江庆柏编著《清代人物生卒年表》等书皆未著录。据吴文江于清光绪二十三年(1897)夏五月口授之光绪《忠义乡志例言》云："奈草创甫成，尚需厘订，心力交瘁，二竖遘灾，正不自知其沉疴之能起否，因嘱儿子崇峤将全稿奉刘丈雨棠(按：即刘绍琮)，并将采访条例朗诵数过，凡为登稿时所更定者，口授词句，一一增录，成例言十有六则，大致略备于此。"③可知吴氏在完成光绪《忠义乡志》书稿时已经身染重病。检光绪《忠义乡志》卷十二本传："稿初脱，病危，执其友刘绍琮手，谆谆以志事相托，语不及私，年四十一卒，远近惜之。"④又据清光绪二十七年刘绍琮跋："[光绪《忠义

---

① (清)王焕崧撰：《冬荣室诗钞》，中国科学院图书馆藏清光绪三十三年(1907)铅印本。参见江庆柏编著：《清代人物生卒年表》第 62 页，人民文学出版社 2005 年版。

② 秦国经主编：《中国第一历史档案馆藏清代官员履历档案全编》第三册，华东师范大学出版社 1997 年版，第 583 页。

③ (清)吴文江纂：光绪《忠义乡志·例言》，《中国地方志集成·乡镇志专辑》第二十四册影印上海图书馆藏清光绪二十七年(1901)刻本，上海书店出版社 1992 年版。

④ (清)吴文江纂：光绪《忠义乡志》卷十二《人物传三》，《中国地方志集成·乡镇志专辑》第二十四册影印上海图书馆藏清光绪二十七年(1901)刻本，上海书店出版社 1992 年版。

乡志》]经始于癸巳孟春，讫丁酉再易稿，而可舟以积劳致疾，竟于是秋卒已。"①是则吴文江卒于清光绪二十三年丁酉（1897），推知其生年当在 1857 年。

## 二十一、吴熙（1710—?）

江庆柏编著《清代人物生卒年表》等书皆未著录。据乾隆十年（1745）吴熙履历，云："年三十六岁"，则其生年为 1710 年。② 其卒年不详，似当在乾隆末年、嘉庆初期。编纂《泰伯梅里志》八卷。

## 二十二、徐士燕（1819—1864 以后）

江庆柏编著《清代人物生卒年表》等书皆未著录。据徐士燕为其父徐同柏所编的《岁贡士寿臧府君年谱》记载："［嘉庆］二十四年（1819）己卯，四十五岁。六月十七日，子士燕生，字谷孙。"③是则可知徐士燕生年为 1819 年。卒年不详，其所编纂之同治《竹里述略》十二卷，成书于清同治三年（1864），则其卒年当在此年之后。编有道光《竹里述略稿》一卷（已佚）。

## 二十三、杨树本（1731—1816）

江庆柏编著《清代人物生卒年表》等书皆未著录。据嘉庆《濮院琐志》卷首载嘉庆十三年（1808）所撰《自序》，知其当年七十八岁，

---

① （清）刘绍琮撰：《光绪忠义乡志跋》，（清）吴文江纂：光绪《忠义乡志》卷末，《中国地方志集成·乡镇志专辑》第二十四册影印上海图书馆藏清光绪二十七年（1901）刻本，上海书店出版社 1992 年版。

② 秦国经主编：《中国第一历史档案馆藏清代官员履历档案全编》第十六册，华东师范大学出版社 1997 年版，第 252 页。

③ （清）徐士燕编：《岁贡士寿臧府君年谱》，北京图书馆编：《北京图书馆藏珍本年谱丛刊》第一百三十五册影印《嘉业堂丛书》本，北京图书馆出版社 1999 年版。

推知杨树本生年当为 1731 年。① 又据民国《濮院志》卷十九本传记载，知杨树本享年八十六岁，是则杨树本卒年当在 1816 年。② 编纂乾隆《濮川风土记》二卷（稿本）、乾隆《濮院琐志》八卷、嘉庆《濮院琐志》八卷。

## 二十四、仲廷机（1816—1889）

江庆柏编著《清代人物生卒年表》等书皆未著录。检仲廷机清咸丰十一年（1861）履历，云该年四十六岁，故推知仲廷机生年当为 1816 年。③ 又据光绪《盛湖志补》卷二《宦绩》所载本传，云"年七十四卒"，④ 则可知仲廷机卒于 1889 年。编纂同治《盛湖志》十四卷，已佚。

## 二十五、邹存淦（1829—1903 以后）

江庆柏编著《清代人物生卒年表》等书皆未著录。按《中国藏书家通典》著录邹存淦生年为 1849 年，⑤ 而《修川小志》成书于同治三年，依此则当时邹氏年仅十六岁。窥诸邹存淦撰写的同治《修川小志·自序》之文意及其措辞、语气，显然出于老成持重者之口吻，其说恐不确。又据《海宁三大文化丛书·邑人辞典》，其中著

① （清）杨树本纂：嘉庆《濮院琐志》卷首嘉庆十三年《自序》，《中国地方志集成·乡镇志专辑》第二十一册影印浙江省图书馆藏传钞本，上海书店出版社 1992 年版。

② 夏辛铭纂：民国《濮院志》卷十九本传，《中国地方志集成·乡镇志专辑》第二十一册影印 1927 年版刻本，上海书店出版社 1992 年版。

③ 秦国经主编：《中国第一历史档案馆藏清代官员履历档案全编》第三册，华东师范大学出版社 1997 年版，第 505 页。

④ （清）仲虎腾续纂：光绪《盛湖志补》卷二《宦绩》，《吴江乡镇旧志丛刊·盛湖志（四种）》沈春荣等点校本，广陵书社 2011 年版。

⑤ 李玉安、黄正雨编著：《中国藏书家通典》，中国国际文化出版社 2005 年版，第 708 页。

录邹存淦生卒年情况为"1819—约 1903 年左右"，然而未审该说有何文献依据。① 今检邹存淦自撰《师竹庐主人记年编》，可知其生年当为清道光九年（1829）。② 又据国家图书馆藏毛奇龄撰《兼本杂录》清康熙间刻本后所附清光绪戊戌年（1898）邹存淦所写题跋，时云其年七十，由此推知其生年亦是 1829 年，可为《师竹庐主人记年编》所述之佐证。由此可知前揭两说皆误。然而《师竹庐主人记年编》下限仅至清光绪二十九年（1903），故不得知邹存淦之确切卒年，推测邹氏卒年或在民国初期。编纂同治《修川小志》二卷。

---

① 参见《海宁三大文化丛书·邑人辞典》，上海辞书出版社 2002 年版，第 55 页。

② （清）邹存淦撰：《师竹庐主人记年编》，国家图书馆藏清光绪间稿本。

# 第四章 稀见清代乡镇志书研究

在现存清代乡镇志书中，仍有一些稀见珍贵的志书不为我们所知。这些志书或者保存了珍贵的文献资料，对于进一步研究相关地区的历史具有重要的史料价值，或者其编纂体例与文献性质较为特殊，需要我们进一步对其进行甄别审定。因此，本章选取两部稀见清代乡镇志书——道光《渔闲小志》与道光《佛山街略》进行专题研究，对这两部志书的编纂体例与特色、文献性质与职能，以及其中蕴含的史料价值等问题进行探讨。

## 第一节 道光《渔闲小志》研究①

北京师范大学图书馆古籍善本部所藏道光《渔闲小志》一册，清代精钞稿本，不分卷，不著编纂者。稿本共八十二页，半页八行，行二十字，全书约一万余字。按"渔闲"即指清代嘉兴县余贤埭（渔闲里），在县治东南约二十里处，位于永丰、新丰、大彭三乡之间。今属嘉兴市余新镇所辖范围。"市曰余贤，亦曰渔里，又曰榆里。"②这部志书在编纂上采用了平目体的形式，分为《界域》

---

① 本节文字以《清代孤本道光〈渔闲小志〉研究》为题，刊于《广西地方志》2014年第5期。

② （清）吴展成纂：道光《渔闲小志·界域》，吴上德、杨耀祖等点校本，浙江省嘉兴市南湖区余新镇人民政府，2008年版，第5页。

《水利》《桥梁》《巷坊（附村落）》《寺庙》《古迹》《物产》《名胜》《人物》《节烈》《方外》《著述》《杂录》共十三个门类对这个方圆"市仅二里"的渔闲里在清代前中期历史情况与人文风俗等方面内容进行了记载和综述。该志于《中国地方志联合目录》《中国地方志总目提要》《浙江方志考》诸多目录提要书中皆未著录，且国内外其他图书馆皆未有别本收藏，实为清代孤本乡镇志书。及至 2000 年，浙江省嘉兴市地方学者俞国林等据北京师范大学图书馆古籍善本部所藏志书稿本进行钞录，并影印复制了文献，此方志得重回故里。①2008 年，嘉兴市南湖区余新镇人民政府组织编委会，推出了由吴上德、杨耀祖等人整理的道光《渔闲小志》校点注释本（暨画册一本），仅印行一千册。后来此志原稿影印本收入学苑出版社 2009 年版《北京师范大学图书馆藏稀见方志丛刊续编》第四册。另据著者调查所知，此志在浙江嘉兴地区尚有据北京师范大学图书馆古籍善本部所藏原稿本复印件制作的珍藏影印本文献二十册，分散于相关藏书者手中，不过一直无缘得见。因为复制文本数量有限，加之流传范围不广，方志学界以及地方史志研究者对于这部志书所知甚少，乃至相关的地方志办公室皆未有收藏。在阅读这部稀见的乡镇志书后，感到这部志书叙述简明扼要，文笔简明凝练，成功勾勒出了地方特色；且编次行文颇有章法，注重撰述体例，在整体上具有宋元志书的遗风，绝非一般乡曲陋儒随意编纂诗文著述可为。另外志书中所记载的清代渔闲里人文风俗、地方特产以及文化掌故等情况，对于研究清代嘉兴地区历史发展乃至江南人文风俗，都具有极高的史料价值。兹根据《北京师范大学图书馆藏稀见方志丛刊续编》所收录影印本，以及该志校点注释本，对这部乡镇志书的相关问题进行探析。

217

## 一、成书时间与编纂者

关于道光《渔闲小志》的成书年代与编纂者的信息，据学苑出

---

① （清）吴展成纂：道光《渔闲小志》校点本《前言》，吴上德、杨耀祖等撰，浙江省嘉兴市南湖区余新镇人民政府，2008 年版。

版社 2009 年版《北京师范大学图书馆藏稀见方志丛刊续编》的著录简介，系为清道光年间佚名编纂。2008 年版校点注释本同此。而根据校点注释本吴上德、杨耀祖等人所撰《前言》与《后记》部分的叙述，则又认为成书于清道光十五年（1836）前后，可能是清人邹如璧所编纂。① 通检志书，既无序跋可资考证线索，那么只能依据纪事下限来断定志书成稿年代。在《寺庙》一门所载"普光寺"条下记述历史沿革，有"本朝道光十一年（1832）重修"一语，为全志纪事下限。② 故而道光《渔闲小志》文本的写定时间当不早于清道光十一年③，就其记载的内容来看，该志反映了截至道光十一年的该地区人文风俗与自然地理的综合特征。校点注释本提出的道光十五年说既未经史料确证，且不知所论资料凭据，因而不予从之。

道光《渔闲小志》原稿本未署编纂或钞录者姓名，至于谁是编纂者，据志书最后的《杂录》部分，有如下几条线索可供查考：

　　　"吾乡三官堂，昔年来一老僧住持。每向人乞菸，菸亦不论优劣，每吸一筒，则尽纳于腹，无丝毫渗漏。吸毕，乃张口向空，烟徐徐从腹中出，作云霞之状，真绝伎也。余亲目所睹。"④

---

①　参见道光《渔闲小志》吴上德、杨耀祖等校点本第 1 页、第 85 页。

②　（清）吴展成纂：道光《渔闲小志·寺观》，吴上德、杨耀祖等点校本，浙江省嘉兴市南湖区余新镇人民政府，2008 年版，第 19 页。

③　文献的成书年代可以从文本载体的形式与记载史事的内容两方面进行判定。以地方志文献的成书年代为例，一般较多地是以刊刻印本或写定稿本的具体时间作为志书的断年，然而对于无确切的文本写定时间可考或辗转增补删改的钞稿本志书，则一般以志书记载史事的下限作为定型成稿（书）的年代标志。即如道光《渔闲小志》，从文本写定的角度来看，则其成书年代的确不早于清道光十一年，然而从内容的最终定型来看，其记载史事的下限即为其成稿（书）年代。这两种关于成书年代的表述，乃是基于不同的考量标准而言的。本书在考订清代乡镇志成书年代的过程中，即采用上述的研究思路。

④　（清）吴展成纂：道光《渔闲小志·杂录》引《二瓢杂志》，吴上德、杨耀祖等点校本，浙江省嘉兴市南湖区余新镇人民政府，2008 年版，第 63~64 页。

"先师柳园郑夫子尝咏蝶，七律数章，颇具宋元名人风致。惜余从游时尚幼，不能强识。"①

"世兄尺木夏秀才龙田，曾谓余言……"

"癸丑春夜，寓斋独宿，梦与荆园夏世文村南野步……"

"余适时馆于夏氏，朝夕过从，酬唱无虚日。"②

按道光《渔闲小志·杂录》除了上述举例征引外，尚有许多内容引自《二瓢杂志》《兰言萃腋》等书，且用第一人称"余"进行叙述，称谓未加改动，则这些征引条目显然是志书编纂者根据自己平日著述内容进行参考，并对其进行节选写入这部志书中的，由此可以推知《杂录》所引诸书之作者即志书编纂者无疑。检志书《著述》一门，有《兰言萃腋》十四卷、《螟巢杂志》三卷等书目，为乡人吴展成著。③ 又据同书《人物》门所载传记："吴展成，字庆成，号螟巢。后得一仙瓢，又号二瓢。"④按二瓢、螟巢皆系吴展成之别号，是则《螟巢杂志》一书即《杂录》中所引《二瓢杂志》之别名也。由此来看吴展成应当为道光《渔闲小志》的编纂者。但是传统的地方志书又有所谓"生不立传"的说法与编纂传统，而该志《人物》门中即有吴展成小传一则，据此则这部志书不应当是吴展成生前所纂，而有可能是后人（例如友朋同好、学生弟子等人）编纂而成的。对于这个问题，我们需要进行如下的考述和辨析。

---

① （清）吴展成纂：道光《渔闲小志·杂录》引《兰言萃腋》，吴上德、杨耀祖等点校本，浙江省嘉兴市南湖区余新镇人民政府，2008 年版，第 64 页。按：吴上德、杨耀祖等点校本此处断句有误，径改之。

② 参见（清）吴展成纂：道光《渔闲小志·杂录》引《兰言萃腋》，吴上德、杨耀祖等点校本，浙江省嘉兴市南湖区余新镇人民政府，2008 年版，第 65~67 页。按：吴上德、杨耀祖等点校本此处断句有误，径改之。

③ （清）吴展成纂：道光《渔闲小志·著述》，吴上德、杨耀祖等点校本，浙江省嘉兴市南湖区余新镇人民政府，2008 年版，第 59~60 页。

④ （清）吴展成纂：道光《渔闲小志·人物》，吴上德、杨耀祖等点校本，浙江省嘉兴市南湖区余新镇人民政府，2008 年版，第 42 页。

首先，据道光《渔闲小志》以及光绪《嘉兴县志》卷二十五所载吴展成传记来看，吴氏"生平著作甚富，手录精楷，晚年自定其稿为《春在草堂全集》[二十卷]。"①目前确知的复旦大学图书馆藏吴展成撰《兰言萃脞》并《拾遗》共十四卷稿本，当是其著述汇刊《春在草堂全集》二十卷本中的重要组成部分，此外尚有零散著作合计六卷。②通过检对《兰言萃脞》并《拾遗》十四卷稿本的钞写情况，确如传记所言，符合"手录精楷"的特征描述，当为吴氏晚年写定的精钞稿本。我们再将收录于《北京师范大学图书馆藏稀见方志丛刊续编》第四册的道光《渔闲小志》影印稿本笔迹与《兰言萃脞》并《拾遗》十四卷稿本进行对照，可以确认为同一人写于不同时期的笔迹。由此可以论断：钞录道光《渔闲小志》文本者必是吴展成，这是通过实证对比与史料印证两方面达成的结论。

其次，既然钞录者在文中直接以第一人称"余"征引《二瓢杂志》《兰言萃脞》等著述而未加改删，且这些著述的作者确为吴展成，那么唯一的可能就是钞录者即所引著述的作者吴展成；倘若为友朋同好或者门下弟子所为，自当相应地改换称谓，而不至于以他者身份与口吻径称为"余"，造成阅读者的混淆。由此也排除了他人纂志的可能。

再次，所谓"生不立传"的原则，在官修的府州县志乃至通志中基本上都得以严格地执行，但是清代乡镇志书有着非常浓厚的私撰性质与作为地方文史丛著的编纂意图，因此这个原则未必能在得以严格的贯彻。即以道光《渔闲小志》的《人物》门为例，所载多为里中文人名士，但在人物传记的编次上，一方面按照时代先后排序，另一方面却存在"生人入传"的个别案例。其传记的写作方式，对于已故的人物一般会在传文最后予以说明。例如邹元龙，"墓在[渔闲]里北里许"；夏铭，"惜其后嗣式微，无片玉流传"；夏

---

① （清）吴展成纂：道光《渔闲小志·人物》，吴上德、杨耀祖等点校本，浙江省嘉兴市南湖区余新镇人民政府，2008年版，第42~43页。

② 其中包括《蜾巢杂志》三卷以及道光《渔闲小志》，此外或有其他文史杂著两卷，然不知具体名目。

桐，"惜不及会试而卒"，等等。① 此外未加说明者即为健在之人，除了吴展成"晚年自定其稿为《春在草堂全集》[二十卷]"②，记述了自己晚年的情况以外，尚有其"忘年交"邹桓等人亦是"生人入传"，可见"生不立传"在此没有得到严格的贯彻。当然，窥诸吴展成设立《人物》门的用意，可能与一般地方志书立传的意图不甚吻合，他的主要用意乃是以掌故的形式介绍里中的文人群体，并非为了立传而立传。由此来看，倘若仅仅以一般地方志书"生不立传"的原则来否定吴展成为道光《渔闲小志》的编纂者，不仅在史料证据上缺乏足够的佐证和支持；而上述以吴展成为志书编纂者的论断，不仅具有坚实的实物比证结论，而且有传记文献资料可印证，两相比较，显然这种质疑的意见缺乏有力的证据支持，在论述上不如前者有力。

通过以上考述和辨析，我们可以确证，道光《渔闲小志》的编纂者当是里中文人吴展成。至于吴上德、杨耀祖等人所质疑的是否为邹如璧所撰，查无根据，不从其说。

吴展成（1745—1831以后）③，清代嘉庆、道光间文学家、词人。暮年自号磨兜老人。"七岁能吟，十岁作《荆川纪事诗》有云：封土百年开战伐，将军六月鼓貔貅。老宿见而异之。十六补博士弟子员，旋食饩，有声庠序间。顾性澹泊，不呕呕于功名，中年即弃举子业，惟以笔墨自娱。终岁授徒，不出里社，肆力于诗古文辞。……生平著作甚富，手录精楷，晚年自定其稿为《春在草堂全

---

① 参见（清）吴展成纂：道光《渔闲小志·人物》，吴上德、杨耀祖等点校本，浙江省嘉兴市南湖区余新镇人民政府，2008年版，第36~39页。

② （清）吴展成纂：道光《渔闲小志·人物》，吴上德、杨耀祖等点校本，浙江省嘉兴市南湖区余新镇人民政府，2008年版，第42~43页。

③ 关于清人吴展成的生年，著者采用了谭新红著：《清词话考述》的考订结论，参见该书第284页，武汉大学出版社2009年版。又见吴宏一主编：《清代诗话知见录》第762页，台湾"中央研究院"中国文哲研究所，2002年版。马兴荣、吴熊和等主编：《中国词学大辞典》著录吴展成卒年或约为1800年，参见该书第224页，浙江教育出版社1996年版。而《渔闲小志》述及清道光十一年之事，此时吴氏尚在，由此可知所谓1800年之说不确，其卒年当在清道光中叶（1832—1845年之间）。

集》[二十卷]。"①尚著有《读书得间录》八卷、《啖蔗词》八卷、《海天缘》四卷等书。②道光《渔闲小志》即吴氏晚年精钞誊录之定本。光绪《嘉兴县志》卷二十五有传。

## 二、编纂特色与文献价值

按该志《吴展成传》所云："生平著作甚富，手录精楷"，这一点能够与北京师范大学图书馆古籍善本部所藏道光《渔闲小志》稿本特征相对应。除了少数几处因年深日久而纸张磨损、字迹漶漫之外，就影印稿本整体来看，确实是精楷钞录，由此也为道光《渔闲小志》稿本出自吴展成手录提供了一条有力的佐证。道光《渔闲小志》的编纂者虽然是地方知名文人，也没有编纂地方志书的经验，但这部志书在编纂和资料收录上并没有沾染一般乡曲陋儒在志书中滥收唱和诗文的弊病，反而能够做到条理清晰、叙述分明，志书体例编次能够突出重点、反映特色，志书的叙述语言精练确当，从而生动地勾勒出渔闲里的特色所在。总的来看，这部志书有如下几个特点：

第一，志书篇目编次能够突显地方特色，门类设置展现其著述体例。

虽然就道光《渔闲小志》所设置的各门类来看，皆是清代江南地区乡镇志书所常用的名目，但是通过细致探究，我们发现该志书的编纂者在具体篇目的编次排比上颇费周章，以期达到突显地方特色的效用。志书除了人物传记部分的比重较大之外，《水利》《桥梁》《古迹》这三项是志书较为用心的门类，且在编次上靠前，其中自有编纂者的用意所在。这里的"水利"实际上记载的是水乡纵横交错的河道，通过对里中河道的叙述，自然便引出与之相关联的

222

---

① （清）吴展成纂：道光《渔闲小志·人物》，吴上德、杨耀祖等点校本，浙江省嘉兴市南湖区余新镇人民政府，2008年版，第42~43页。

② （清）吴展成纂：道光《渔闲小志·著述》，吴上德、杨耀祖等点校本，浙江省嘉兴市南湖区余新镇人民政府，2008年版，第59~60页。

《桥梁》门类的描述，继之以交代《坊巷》《村落》门类，由此则通过水道河网与桥梁的记载，自然地引出坊巷、村落等相关内容，这四个要素构成了清代江南水乡的人文历史地理景观。相比较来看，一般乡镇书的记载方式与篇目编次，开篇即"沿革"或"四界"，接下来就是"官署""学校""职官"之类的记载，这明显是沿袭了官修府州县志的体例，而未能充分顾及具体地区的特色所在，尤其是没有注意到志书篇目之间的内在逻辑联系，故而给人一种生硬安插类目的感觉。由于道光《渔闲小志》的编纂者即生活在这种水乡里镇的环境中，对于其地方特色可以说是耳濡目染，故而能在编次篇目的时候，通过注重志书篇目之间的内在逻辑联系，由此构建了对于江南水乡的人文历史地理景观的叙述，篇目设计变得灵活生动，由此起到了突显地方特色的效果。值得一提的是，道光《渔闲小志》的编纂者特意设置了《杂录》门类来编排相关文献史料，以备志书阅读者的参考，而不是将这些内容一并强行安插到具体篇目中，可以说这是该志编纂者见识高明的一方面体现。固然我们可见，在"杂录"门类中主要是编排了编纂者自己的著作内容，或许是为了避嫌而单独排列。但细检志书后可以发现，在正文的十三个部类中多有编纂者引述自己的诗文作品与笔记著述的痕迹，由此来看，安排《杂录》门类绝非是编纂者为了避嫌而堆砌资料所用的。例如《杂录》中有记载编纂者昔时所见"吸菸老僧""金鸿符道人除妖"以及"翠筠山房诗僧高云"诸条内容，按说归入《方外》门类亦是情理许可范围，①又如记载里人邹氏藏书"惜阴楼"与园圃景致的细节，②可以归入相应的人物传记或者《古迹》门类，但事实上编纂者没有这样处理，其中自有编纂者深意所在。最主要的原因，乃是编纂者要以这些资料为正文部分作一备录与参考，加之有些参考内容因其撰述体例与叙述文气与正文相关门类的内容不符，故单独列作一

223

---

① 参见（清）吴展成纂：道光《渔闲小志·杂录》，吴上德、杨耀祖等点校本，浙江省嘉兴市南湖区余新镇人民政府，2008年版，第63~68页。

② 参见（清）吴展成纂：道光《渔闲小志·杂录》，吴上德、杨耀祖等点校本，浙江省嘉兴市南湖区余新镇人民政府，2008年版，第68~70页。

门，以起到章学诚所提倡的"文征"效果。也许会有人提出质疑，《杂录》门类的设置，或许是编纂者在最后成书阶段将编志所赘余的资料随意附列上去，并无所谓的深意考虑，但我们通过以上的叙述分析，结合影印原稿本的情况可以断定，这部志书稿本乃是一气呵成之作，前后钞录所用笔墨皆较为均匀统一，似非有间隔，当时就编纂者就最后定稿所钞录完成，不存在所谓事后再续添的可能。应当是出于对《杂录》选用材料的体例与叙述文气与志书正文部分不相兼容的考虑，① 以及为了备考所需，特辟一门类附录为之，由此可见编纂者著述的良苦用意。

第二，志书语言叙述生动凝练、文笔措辞优美典雅，具有宋元志书的遗风。

道光《渔闲小志》给人最大的感受就是文笔凝练生动，可读性非常强。由于编纂者是当地知名文人，且懂得著述体例，故而这部志书不像一般乡镇志书在体例和行文上一意模仿府县志书的样式，显得枯燥无味、缺乏灵性。虽然章学诚曾经指出："每见文人修志，凡景物流连可骋文笔、典故考订可夸博雅之处，无不津津累牍。一至孝子忠臣、义夫节妇，则寥寥数笔，甚而空存姓氏，行述一字不详，使观者若阅县令署役卯簿，又何取焉？"②同时主张"修志人员必须懂得史家法度，懂得'史家所谓规矩方圆之至'故而说文人不可与修志也。"③但是我们要知道，章学诚之所以反对文人修志，其主要原因乃是认为文人因缺乏史学素养（尤其是不懂得著述体例与"史家法度"）以及不具备编纂史书的实践经验，故而将一方

---

① 按道光《渔闲小志》的编纂体例，于正文部分的叙述皆较为凝练，文字精悍、点到即止，类似于纲目概要的作用，而《附录》部分的内容细节性非常强，不仅著录节选诗文，且有追述对话内容；而且部分内容与相关人物传记可以衔接，提供其中具体细节。两者在叙述用语以及记叙的侧重点上都有所不同。

② （清）章学诚著、仓修良编注：《文史通义新编新注》外篇四《答甄秀才论修志第一书》，浙江古籍出版社2005年版，第842页。

③ 仓修良著：《方志学通论》（增订本），华东师范大学出版社2013年版，第337页。

志书的编纂当作荟萃文笔唱和的机会，在志书中大肆添加诗词文章，破坏了志书的编纂体例。但他从未反对编纂志书在用语叙述以及行文表达上有所讲求和推敲的要求。我们通过研读宋元时期的地方志书，除了发现其在篇目设计上灵活机动、具有史意之外，另外就是其行文用语非常有特色，虽然不是那种纯粹文学笔调，但是叙述上能够做到凝练精确，而且文笔精干到位、不乏生动，这就是宋元志书在编纂上的优良传统。例如南宋马光祖修、周应合纂《景定建康志》卷四十二《风土志》记溧阳县风俗云："溧阳县介江溮之间，其君子笃厚恭谨，恬静自得，艺文儒术，蔼然相尚；其细民务本力农，淳朴质直，类知畏法。名儒胜士多因避地来寓溧上，往往乐其风土而定居焉。"[①]又如元代马泽修、袁桷所纂《延祐四明志》卷七《山川考》记述四明山川云："太白山，县东六十里，视诸山为最高，其巅有龙池，云气蓊勃，生于水面不绝。若丽日晴霄，澄澈如镜，或林木落叶纷纷过之，无堕池中者。每风雨时，雷电多从山顶生，天童山有支径可登此峰顶。"[②]凡此种种，皆展现出宋元志书在语言叙述上生动凝练的特质，无论是记载风俗还是写景状物，都能给人以深刻的印象，实为后代志书编纂之范本。综观这部《小志》，虽然出自乡里文人手笔，但整体叙述到位而有分寸，文字表达生动凝练，行文措辞优美，给人以生动鲜明的印象，隐约具有宋元志书的遗风。这个特点主要体现在《名胜》门类对于里中景致的传神描述与刻画。例如：

"古塔吟风：塔峙横塘东埈，以砖甃之，制度古朴，不知起至何代，志乘勿详。年久颓废，仅存基址。时或凉风初至，蟋蟀吟商，杖履徘徊其下，抚今吊古，吟思动人。"

"清溪玩竹：市南百步，而近一小精舍，厥名'清溪'。绕

225

----

① （宋）马光祖修、周应合纂：《景定建康志》，载《宋元方志丛刊》第二册，中华书局1990年版，第2010页

② （元）马泽修、袁桷纂：《延祐四明志》，清咸丰四年（1854）烟雨楼徐氏《宋元四明六志》刻本。

庵皆竹，寒碧森然。客有过其地者，颇挹清泠之致，日光亏蔽，潇洒绝尘，春筍茁时，尤可兼参玉版也。"

"松寮消夏：市北百步，比邱尼所居，本名'梵松'。西偏多古墓，松林映之，长夏风来，涛声满耳，啜茗而听，心骨俱凉，似在深山大谷之中，不知人世之有炎热也。"

"葆林新月：傍塘有兰若，曰'葆林'，殿墀虚敞而精洁。新月东升，禅关未掩，中庭照耀，不翅积水空明。携朋远过，与山僧相对清谈，亦飘飘乎离俗尘矣。"①

凡此种种描述里中景致的文字，短小精悍，读来如同优美的写景散文，回味无穷。在这里编纂者发挥了自己的文学特长，将里中名胜景致的特色淋漓尽致地展现出来，不仅给人以美的享受，而且加深了人们对于志书描写的印象，这也是这部志书成功的一个方面所在。

第三，志书中保存了珍贵的地方文化风俗史料，具有"现场实录"的效果。

道光《渔闲小志》在《杂录》中保存了一则珍贵的地方节日风俗史料，即里中十年一次的罗天醮会。而这在光绪《嘉兴县志》中却没有如此细致生动的描述和记载，这则珍贵的史料有助于我们了解当地独特而重大的风俗掌故。兹录如次：

"里中罗天醮会，十年一举。费至五、六百金，人皆踊跃采输。镇龙桥立天门，自广生桥至大生桥市河一带，于水面筑醮台三座，极宏丽，额颜'大罗天'三金字。台俱结綵为棚，名联络绎，妙画纷披，罗列磁铜玉石诸珍玩。笙歌盈耳，灯光烛天。五日醮毕，各台俱演剧酬神，四方观者不远数十里辐辏而至，诚盛事也。市中三桥，东'大生'，西'广生'，中则'五星'名焉。桥之南北，百货集焉。至醮会之时，沿门比户，灯彩重围，长城不夜，星火烛天。阖境之内，五星集为最盛。人

---

① （清）吴展成纂：道光《渔闲小志·名胜》，吴上德、杨耀祖等点校本，浙江省嘉兴市南湖区余新镇人民政府，2008 年版，第 32～35 页。

生不满百，沧桑之变，亦将对金粟而夸三见蓬莱矣。"①

通观这则史料的记述，给人一种身临其境的感觉，具有一种"现场实录"的阅读效果。与一般乡镇志书所记载描述的风俗人情相比，道光《渔闲小志》记载里中风俗更注重细节化描写与传神的表达。需要指出的是，由于清代江南地区的人文风俗大同小异，加之余贤里地处嘉兴县三乡交界之处，地幅紧凑，风土人情无甚差别，道光《渔闲小志》便没有设置《风俗》一门，而是将这则风俗史料放在《杂录》中以备参考。虽然里中罗天醮会对于余贤里人来说其重要性是不言而喻的，但编纂者并没有因事废书，而是注重著述的体例，没有滥设门类充数，这一点是十分难得的。

第四，志书的相关记载能够补正地方史志的不足，加深对当地历史的了解。

这部志书对于我们研究其编纂者生平，以及清代嘉兴地区的藏书史和地方学术著述情况都有着重要的史料价值。例如光绪《嘉兴县志》卷二十五所载吴展成本传：

"字蜋巢，后得一仙瓢，又号二瓢。暮年自号磨兜老人。……七岁作《荆川纪事诗》有云：封土百年开战伐，将军六月鼓貔貅。老宿见而奇之。一衿后不求仕进，青灯老屋、破砚败薪，一以苦吟为事，著作甚富，晚年手定全稿为《春在草堂集》。"②

通过与道光《渔闲小志》所载吴展成传记的比较，我们发现，道光《渔闲小志》的记载不仅是光绪《嘉兴县志》编纂人物传记的史源所自，且光绪

---

① （清）吴展成纂：道光《渔闲小志·杂录》引夏志达撰《续梦录》，吴上德、杨耀祖等点校本，浙江省嘉兴市南湖区余新镇人民政府，2008 年版，第73～74 页。

② 参见光绪《嘉兴县志》卷二十五《列传五·文苑》，《中国地方志集成·浙江府县志辑》第十五册影印，上海书店出版社 1993 年版。

《嘉兴县志》中的史实错误可由道光《渔闲小志》来补正。① 目前发现的关于清代词人吴展成的传记资料，最早且最完备的即属道光《渔闲小志》所记载者，通过这些记述，有助于我们查考其生平及具体作品。

又如道光《渔闲小志》的相关记载内容，填补了嘉兴藏书史研究领域的一个史实空白点，有助于我们更为深入地了解清代嘉兴藏书史的发展情况。据该志《人物》门下所载里人邹桓的传记，我们可以知道清代嘉庆、道光年间，在这"市仅二里"幅员的余贤里中，就有一个藏书万卷的"惜阴楼"：

> "邹桓，字佳木，号畊云。承洵子，太学生。幼攻举业，两试棘闱不售，即弃去。筑西斋，极亭池竹石之胜，奉二亲色养其间。嘉庆庚辰年，圃内产芝，人以为孝感，爰名其圃曰'产芝园'。性嗜古，聚书数万卷，悉手自校勘，钤以珍藏印，构'惜阴楼'贮之。此外，凡金石、绢素，与夫宋砚、宣炉之类，靡不精究收藏。客至即出，共赏鉴，作竟日流连。"②
>
> "［邹桓］爱蓄异书、古砚、名画、法帖，……家本素封，乃能脱肉食相，于居宅旁辟一小园，筑'惜阴楼'为藏书地。面北有堂，号'杏花春雨山房'者，属余分书题额。……耕云

---

① 例如据道光《渔闲小志》的记载，吴展成作《荆川纪事诗》当在十岁，而光绪《嘉兴县志》误作七岁时。通过两则传记的比较，明显是光绪《嘉兴县志》沿袭了道光《渔闲小志》的文字记述，只是做了少量的改删工作。而且就传记的细节性角度来看，道光《渔闲小志》的记载更为细致具体，由此成为我们了解吴展成这位清代中期的词人的最好资料。这样的史源学比较也从侧面证实了至晚在清光绪三十四年（1908）左右，道光《渔闲小志》的稿本或其钞本尚在嘉兴地区流传，否则编纂《嘉兴县志》的人员无法将其中资料收入并进行改删。至于何时流出本地而辗转到了北京，则或许是民国期间的事情了。

② （清）吴展成纂：道光《渔闲小志·人物》，吴上德、杨耀祖等点校本，浙江省嘉兴市南湖区余新镇人民政府，2008年版，第46～47页。

多钞本书，余每从之借阅，辄慨然不吝。"①

关于对清代嘉庆年间嘉兴地区邹氏藏书的惜阴楼之记载，通过翻检何槐昌主编《浙江藏书家传略》、顾志兴著《浙江藏书史》以及陈心蓉所著《嘉兴藏书史》等相关藏书史研究专著②，皆对此付诸阙如。就志书所记载的邹氏惜阴楼情况来看，不仅其中藏书数万卷，多有奇书钞本③，且汇聚各种金石古玩，简直是当时嘉兴县里一处具有相当规模的图书馆和博物馆。然而遗憾的是，相关的地方志书对于这个藏书楼皆缺乏记载，著者推测可能是由于在清咸丰末年开始的浙江太平天国战争摧毁了这处重要的藏书楼，使得后来的志书对此皆无甚可载，而幸亏道光《渔闲小志》的编纂者吴展成与邹桓有"莫逆交"，并且熟悉藏书楼的概况和重要价值，因而对其进行了较为细致的记载，使得我们今天还能通过这部稀见的清代乡镇志书找寻关于这个藏书楼的一些零星线索，更有助于填补研究清代嘉兴乃至浙江的藏书史的史实空白点，由此可见这部清代乡镇志书所蕴含的对于研究地方藏书史的重要史料价值所在。

再就这部志书对于研究清代嘉兴地方学术史的价值来看，虽然《著述》门下所载各种乡人著述今日多已不存④，但是在志书《杂录》部分保存了相关著述的节选文字，有助于我们了解一些著述的基本内容与性质。在道光《渔闲小志·杂录》中，吴展成先后共引

---

① （清）吴展成纂：道光《渔闲小志·杂录》引《兰言萃腋》，吴上德、杨耀祖等点校本，浙江省嘉兴市南湖区余新镇人民政府，2008年版，第68~69页。

② 顾志兴著：《浙江藏书史》，杭州出版社2006年版；陈心蓉著：《嘉兴藏书史》，国家图书馆出版社2010年版；何槐昌主编：《浙江藏书家传略》，上海人民出版社2013年版。

③ 按（清）吴展成纂：道光《渔闲小志·著述》中记载有邹桓所著《惜阴楼书目》四卷，已佚。

④ 就著者所知，除了复旦大学图书馆藏吴展成撰《兰言萃腋》并《拾遗》共十四卷稿本，以及上海图书馆藏郑湘所著《得荫轩賸稿》二卷（清道光十二年刻本）外，绝大多数著录书目无从查考。

用了《醉里耳余录》《二瓢杂志》《梅里志》《兰言萃腋》《芸窗偶笔》《续梦录》《春在草堂集》诸书。其中《醉里耳余录》为清钞本，著录于《涵芬楼烬余书录》；而《兰言萃腋》有稿本存世，尚得知其主要内容。① 此外诸书的内容，幸得《杂录》保存材料，方得识其面目大概。吴展成在《杂录》中虽然较多引用自己的著述，但对于《芸窗偶笔》《续梦录》两部笔记杂录式的著述也有较多关注和征引，志书中保存的一些珍贵史料，亦来源于这两部文史著述。

　　然而不可否认的是，这部志书亦有不能免俗之处，例如用了较大篇目设置《节烈》门类，记叙里中妇女守节之事，宣扬封建伦理道德。这显然是套用沿袭了府州县志的体例，这样的门类设置，自然谈不上是突出地方特色了。而且在《杂录》等不少门类中，穿插有怪异掌故与奇谈怪事，甚至有夸大失实之处。但从总体来看，编纂者虽然是文人出身，但并没有重蹈章学诚所痛斥的那种滥收诗文、不懂著述体例的弊病，而是能够通过从实际出发，有条理地编排志书门类，在具体的志书叙述中发挥自己的特长，使得志书语言鲜明生动、叙述优美，给人深刻的印象。更需要指出的是，吴展成通过设置《杂录》门类，保留了不少珍贵的地方史料，有助于我们了解清代嘉兴地区的人文历史掌故，也体现了这部清代孤本志书难以替代的文献价值。

## 第二节　道光《佛山街略》研究

　　道光《佛山街略》一册，不分卷，编纂者不详。该书系纸本印刷，共十二页，清道光十年（1830）禅山怡文堂刻本。据王庆成先生在伦敦英国图书馆所见原本的情况来看，该文献纸质较劣，刻印亦差。原件现藏伦敦英国国家图书馆东方写本与印本部，编号为

---

　　① 吴展成所撰《兰言萃腋》并《拾遗》十四卷，其主要内容是记录与友人谈文论诗、诗歌唱和的情况，并保存了不少人物的生平传记与相关诗作选篇。参见谭新红著：《清词话考述》，武汉大学出版社2009年版，第284页。

15269. E8。1984 年由王庆成先生在英国图书馆东方写本与印本部发现该文献原本，并订购其微缩胶卷，此件文本方得传入国内。目前除了广东省佛山市博物馆藏有该件复印本外，尚无发现国内其他馆藏，确为罕见孤本文献无疑。① 1998 年，王庆成先生在所著《稀见清世史料并考释》一书中报道了这部珍贵文献的概况，指出："《佛山街略》一书记佛山全盛时期末年之地理交通、街道里巷、名胜古迹，尤详于工商字号、贸易物品，其内容具有重要的史料价值，为研究佛山经济社会历史之难得资料。"②并通过列举方式，初步研究了其中丰富的商业经济与社会文化史料的文献价值。同时以英国图书馆东方写本与印本部所制作的微缩胶卷为底本，将道光《佛山街略》的全文内容按照原本格式钞录刊布，为我们今天研究讨论这部难得一见的地方文献提供了极大的便利。③ 虽然早在 20 世纪 80 年代初道光《佛山街略》的复制文本就回流国内，但是由于各种条件所限以及学术资讯阻滞，能够得知这一文献相关信息的学者并不多。对于这部地方文献所进行的相关研究，除了《从〈佛山街略〉看明清时期佛山工商业的发展》④、《从〈佛山街略〉看明清佛山纺织业盛况》⑤两文，学术界给予的关注力度似乎不够；尤其是方志学界对于这部珍贵的地方文献所知甚少，尚未见到对这一地方文献的性质、功能以及文献史料价值进行专题研究的学术成果。因此对于这部地方文献资料，实有重加审视和细致讨论的必要。

首先需要解决的问题，即道光《佛山街略》这部地方文献的性

---

① 参见王庆成著：《稀见清世史料并考释》所撰写解题简介内容，武汉出版社 1998 年版，第 569 页。

② 王庆成著：《稀见清世史料并考释》，武汉出版社 1998 年版，第 569 页。

③ 王庆成著：《稀见清世史料并考释》第七部分《社会》，武汉出版社 1998 年版，第 569~586 页。

④ 谭棣华：《从〈佛山街略〉看明清时期佛山工商业的发展》，《清史研究通讯》1987 年第 1 期，又见《人大复印报刊资料》（经济史）1987 年第 6 期。

⑤ 佛山市地方志编纂委员会办公室编：《佛山史话》，中山大学出版社 1990 年版，第 100~102 页。

质、功能究竟如何，其编纂者身份是怎样的。其次，需要注意的是，清人吴荣光所纂道光《佛山忠义乡志》恰巧也是在道光十年成书（于清道光十一年刊刻）。那么这两份地方文献都以佛山镇为聚焦点，而且成书时间基本相同，两者之间在史源学上是否有某种关联？或者说这两种地方史志文献记叙的侧重点有所不同，但是在史料保存上是否有互补的效用，并有助于我们了解清代中叶广东佛山地区商业贸易情况以及社会经济发展的动态？只有解决了这些问题，才能有助于我们更为深入地了解这部地方文献的价值所在。以下兹就相关问题展开论述。

## 一、文献性质的判定

对于道光《佛山街略》这部地方文献的性质进行探讨，我们首先需要思考的是：道光《佛山街略》是否能算作是一种地方志书（乡镇街道志）？众所周知，地方志书"是一种记载某一地区历史、地理、社会风俗、物产资源、经济文化等方面的综合性著作。"①当然这种综合性著作的记载叙述应当有一定的体例和法度，要按照一定的体裁（例如纲目体、平目体等）进行撰述。结合学术界对于地方志书的定义，我们来看这部道光《佛山街略》，会发现这部地方文献的撰述体例较为特殊，乃是由不同的街道、坊巷、里铺以及寺观庙宇等地理景观名目依次排序，作为叙述的条目，引出具体的记载细节②，在这一点上似乎有点像平目体志书撰述的模式。而且从这部地方文献所记载的内容要素来看，举凡街坊里巷、街道商铺、码头渡口、寺观庙宇，以及土特名产、香料药材、布匹绸缎、铜铁金

---

① 仓修良著：《方志学通论》（增订本），华东师范大学出版社2013年版，第5页。

② 例如道光《佛山街略》中记载："中路永安街：卖海味、牛烛、酱料。""永聚街：卖葵扇、门神、竹笼、铁器；东通东庆街；西通镇北街，卖蟹、海参、蛋。""大口社：搭篷，安华陀先师，极甚灵验。社后入兰台里，都御史左公故居。"参见王庆成著：《稀见清世史料并考释》，武汉出版社1998年版，第574、581页。

银、金属器具、木材制品、蔬菜瓜果、交通路线、商业风俗等一应俱全，虽然是以清代中叶佛山镇中心的街道商铺以及所贩售的各类商品为记载要目，然而在穿插叙述中也涉及不少历史人文景观与商业文化风俗。例如记载由佛山镇北的汾水正埠接官亭中路至佛山镇中心标志建筑祖庙（即灵应祠）所途经的"汾流大街"，即云："古传此门楼女宿日建，凡官上任、赴科，不从此过。"①此为记载当地的风俗禁忌。又如记载由接官亭西路至祖庙所途径的"沙塘坊"："何进士原居，至今乡科不绝。西出三官庙，有秀峰祠，甚美丽，乡贤何天眷翁手建。"②即是记载相关人文景点所在。虽然这部文献记载不满万字，但是却如"麻雀虽小，五脏俱全"，通过一定的撰述体例，将清代中叶佛山镇中心网络密布的各类街坊里巷、街道商铺等地理与人文要素简要地进行了记述，可以说基本具备了一部地方志书所不可缺少的要素，大体具备了地方志书的雏形，似乎可以认为这是一部反映清代道光前期，即反映了佛山商业贸易全盛末期状况的一部微缩型乡镇志。确切而言，这是一部以清代道光前期佛山镇商业街道网络为中心的乡镇（街道）志书。

当然，仅仅就要素组成方面来判定这部文献实际上属于地方志（或者说是乡镇街道志），似乎论述的理由尚不够充分。一部真正的地方志书，除了记载内容的丰富多样性，更重要的是要具有一定的著述体例和类目编次，而非杂乱无章、凭空想象般地排列安插各类资料条目。我们再就这部地方文献的著述体例来看，其卷首确实没有我们所常见的乡镇志书的篇目编次安排，其正文部分除了按照各类街道、里巷、商铺、寺观等名目编排系载资料外，似乎看不出编纂者究竟是出于何种考虑来如何比排编次这些条目和资料的。如此则对我们鉴别这部地方文献的性质带来了困难。然而我们可以发现这部文献的封面右侧有如下两行文字："内附各埠渡额、日期。

233

---

① （清）佚名纂：道光《佛山街略》，王庆成钞录校读本，王庆成著：《稀见清世史料并考释》，武汉出版社1998年版，第574页。

② （清）佚名纂：道光《佛山街略》，王庆成钞录校读本，王庆成著：《稀见清世史料并考释》，武汉出版社1998年版，第578页。

来往客商、买卖什物者依街道宜行便是。"①所谓"来往客商、买卖什物者依街道宜行便是"，意思即阅读这份文书的外来客商与生意人，只要照着书中所指示的街道路线即能找到所要去的商铺市场等区域场所。也就是说，这部地方文献的一个主要作用，即是为往来商贩指引路线，具有地方交通路线向导的功能。那么我们可以似乎可以推断，这部文献撰述的一条主线索（或者说是编纂体例）可能就是依照地理交通路线来展开的。按照这个思路，我们再回过来细细翻检志书，发现这部地方文献的编纂确实具有一定的格式与体例，即按照从佛山镇北的汾水正埠接官亭至中心标志建筑祖庙（即灵应祠）的中路、东路和西路三条交通路线为记述的大纲，依照沿路所经过的具体地理景观点为要目，来分别展开相应的地理人文要素记载。例如道光《佛山街略》记述由接官亭中路至祖庙的路线，即按照这样的次序进行：

> 中路永安街、永聚街（东通东庆街，西通镇北街）、二帝庙、官厅脚（西通原头街）、汾流大街、畸岭街（西通长兴街；南通十七间，入绒线街；通福禄里，接东路，亦至祖庙）、转入三角市、潘涌里、公正坊、公正市、清正堂洪圣庙、鹤园正街、鹤园社（东通教善坊，西通荫善坊）、先锋庙、文明里、花衫街（东通协天胜里）、祖庙大街（东通麒麟社，直出去）、明殿公莺岗四圣庙医灵庙、崇敬门（是至祖庙）。②

道光《佛山街略》即按照这样的路线次序为纲，以各类具体的街道、里巷、商铺、寺观为名目，下系简明的资料记述，或为所售商品，

---

① 王庆成著：《稀见清世史料并考释》，武汉出版社1998年版，第573页。

② 括号内所注明者乃是该地的其他交通路线起点，属于岔路之类，并非必经之路。然而王庆成先生在所撰道光《佛山街略》概述解题文字中，误将这些括号内所标注的旁通地点与路线算在必经路线之中，当是未熟悉此文献撰述体例之故。参见氏著《稀见清世史料并考释》，武汉出版社1998年版，第570页。

或为风俗人情，或为历史故居，或为寺观庙宇，由此一来，阅读使用者不仅能够依照自己的具体需求找到对应的目的地，而且在沿途中能够熟悉当地的社会人文情况，掌握各条街道商铺所售卖的商品资讯，以备不时之需。因为清代中叶佛山镇中心商业网络密布，以各类街坊里巷、街道商铺交互构建了一个复杂多样的商业地理网络，外来者若缺乏有针对性的指示与向导，可能在寻找商铺市场等方面具有困惑，因而这部文献针对这类商业人群的问题所在，按照主要交通路线和沿途地理景观点为纲目进行编述，将各类本来看似无甚关联的资料串接在一起，增强了这部地方文献的实用性与导向性。由此我们可以这样认为，道光《佛山街略》采用了纲目体的形式进行撰述，将地理交通路线和具体商业景观点有机地串接在一起，并提供了简明扼要的资料记载，从轮廓上大致展现了清代中叶以佛山镇为中心的一个巨大而繁复的商业网络体系。而且这些内容绝非毫无意义的堆砌资料与条目罗列，内容编排自有其内在的逻辑条理，达到了历史著述的基本标准。

关于地方志书的命名，不外乎具体地名加上某种志书称谓，例如某地名称（或用别名雅称）加上"志""小志""志略""记略"等常见的地方志书通称字样。例如乾隆《沙溪集略》、同治《竹里述略》、道光《渔闲小志》、光绪《菱湖志略》等。我们就"佛山街略"这个名称来看，实际上编纂者是要表达"佛山街道（商铺）志略"或者"佛山街道（商铺）记略"的意思。而且在这部文献中对于街道（以及下属商铺场所）的记述占了大多数内容，故而在标题上首要突出"街道"的要素。所以我们认为道光《佛山街略》的名称，也符合地方志书的命名规律。

当然，要判定一部地方文献到底是否属于地方志书，首要的标准还是要看其著述的体例如何，兼顾考察其记载的内容要素、文字表达方式以及撰述目的与职能功用是否符合一般地方志书的要求和标准。此下我们再来讨论这部地方文献的撰述目的与文献功能。谭棣华先生指出：

"清代乾、嘉以来，我国商品经济获得了重大发展，工商业出现了相当繁荣的景象。在传统的著名城市的经济因素增长同时，又继续兴起和发展了一批工商业都市。适应当时交通、旅游、经商需要的城市便览、指南一类书籍也相继问世。……《佛山街略》一书正是为了方便'来往客商买卖什物者依街道宜行'而编印的。"①

谭先生此间所论述的要旨，仍是以这类文献的实际功用（即"适应当时交通、旅游、经商需要""便览、指南"）和职能入手，这无疑是正确的。同样又有论者指出："《佛山街略》不仅是一般的街市指南概览，而且是一部工商业兴旺发达的记录。"②按这则论断实际上包含了两层意思，前一句与谭棣华先生所论述的视角是一致的，即从这类文献的职能功用进行考量，而后一层的意思从其作为一种反应当时历史和文化情况的著述体例与性质而言，也就是说，该论者以为此书不仅具有城市旅游概览、商业贸易指南的实际功能，而且也是一种具有一定著述体例、能够记载并反映具体历史的地方文献。当然我们从广义的视角来看，道光《佛山街略》在文献分类上亦属于清代商书的一种，侧重记叙地理交通路线与贸易信息指南的信息资料。③ 但是与一般商书有明显不同的是，道光《佛山街略》在编纂记述上有自己独到的体例与格式，这就决定了我们在对其进行文献分类或者文献定性的时候，需要兼顾其著述体例的特点，不能简单地定义其为一种地方性的、侧重于城市旅游概览或者商业贸

---

① 谭棣华：《从〈佛山街略〉看明清时期佛山工商业的发展》，《清史研究通讯》1987 年第 1 期，又见《人大复印报刊资料》（经济史）1987 年第 6 期。

② 参见佛山市地方志编纂委员会办公室编：《佛山史话》，中山大学出版社 1990 年版，第 102 页。

③ 张海英教授所撰《明清商书中的商业思想》一文，将明清时期的商书文献分为三类，即"着重记载各地交通情况""兼及商路等交通线路和商业经营经商规范"以及"着重为商之道、强调经营者素质与经营经验"，并分别举例予以说明。参见周国林主编：《历史文献研究》（总第 24 辑），华中师范大学出版社 2005 年版，第 240 页。但这种分类方法是从商书文献的实用性出发，以这类文献不同方面的职能功用进行划分的，尚未兼顾到文献的编纂体例。

易指南的商书。道光《佛山街略》的撰述目的自然不可能是与一般地方志编纂等同的，其文献职能与功用亦侧重在城市概览、商业资讯与交通指南，但是由于其具备特殊的编纂体例，我们还是应当将其归入地方志书的范围。而且更为重要的一点理由是，通过该文献与道光《佛山忠义乡志》相关篇目之比较，我们可以发现道光《佛山街略》所具有的"补志之所无"的重要价值。具体的论述将在下面环节展开，此间不赘。虽然道光《佛山街略》不是直接为了"教化"与"资治"而编纂的，但是仍旧有丰富的"存史"功能，加之其独特的撰述体例，虽然其在文献规模与篇幅上不足以同一般的乡镇村各级志书相比较，但其"具体而微"的特征，使我们仍有理由将其归入地方志书的范畴。

综合以上几个方面的论述，我们认为：虽然从主观的编纂目的与职能来看，道光《佛山街略》是一部具有很强针对性与实用性的城市概览、商贸指南书籍，但在客观上具备了一部乡镇志书（确言之为街道志）构成的基本要素，基本达到了地方志书编纂的标准和要求，可以将其判定为清代乡镇志书的一种，也可以说是现存最早的清代乡镇社会商业街道志书。

## 二、编纂者与阅读人群

此下讨论道光《佛山街略》这部清代的微型乡镇志书的编纂者。该志刻本封面只有刊印机构的信息，且在志书中找不到具体编纂者的情况。就编纂者对于清代中叶佛山镇街道里巷交错繁复特点的熟知情形，以及对于具体的商铺、行市等场所资讯的熟悉程度，该编纂者似为当地具有一定文化程度的商贾，或者是当地负责管理日常商业、交通等部门机构的官吏。但是我们发现，该志书后半的第二、三、四部分分别记载了"各行暗语""较秤法"以及"听人还价法"三种类似商业机密与规则的内容。"各行暗语"记载了关于不同行业部门对于数目字的隐晦称呼法则，例如：

"川广药材行：一上、二武、三科、四灵、五语、六让、七尾、八其、九丢、十上。"

"鱼肉瓜菜行：一收、二员、三横、四苏民、五才、六仲、七鬼、八卯、九祉、十收。"①

我们看到，不同行当对于数目字的称谓皆自成体系、各不相同，且发音特征颇不寻常，可能来自各地方言或者变音，一般人很难揣摩其中含义以及规律所在，只有从事这个行当的人员，才能熟练掌握并进行运用。这种暗语，可能是为了议价的隐秘进行，或者谈论一些旁在场、不宜其知晓的信息所设置的密码。"较秤法"中详细记载了各种类似于"骗秤"的原理与操作方法，例如在秤锤上做手脚，或者在秤杆、秤花上做文章，变动标砖，使得分量发生变化，其名目繁多，一般读者颇难解读其中奥妙。而"听人还价法"以"较秤法"为基础，列举条目记述如何还价以及具体折扣数，想来是当时市场上不公开的一些规则所在，皆是卖家买者心照不宣的规则。试想道光《佛山街略》若是当地相关商贾所为，那么在这种具有一定公开发型量的出版物中公布了这些商业秘密与作假技巧、还价要诀，那么来自佛山以外的商人买家等皆能够有所防备，这岂不是对于有些商家不法盈利的目的大有损害？况且就"各行暗语"而言，一旦遭到破译，即会造成商业机密的泄露，同样对于正常的商业运营有所威胁。总而言之，公布这类暗语、规则，是广大商家所不愿意的，也有损商贾的利益，所以我们可以认为，编写道光《佛山街略》自然不会是当地行内商贾所为。同样也可以推论，这部文献的主要阅读使用者不应当是通常所见的往来佛山地区进行贸易活动的客商，而且它的发行应当有一定的数量和范围限制，否则同样会造成商业机密的泄露和市场环境混乱。

那么这部志书的编纂者究竟具有怎样的一种身份来历？其实在这部志书的行文叙述以及编次安排上就不自觉地透露了一些蛛丝马迹。首先我们结合道光《佛山忠义乡志》卷首所载《忠义乡域图》来

---

① （清）佚名纂：道光《佛山街略》，王庆成钞录校读本，王庆成著：《稀见清世史料并考释》，武汉出版社1998年版，第584页。

看这部志书构建的以佛山镇中心祖庙为目的地所在的交通网络体系，发现叙述的起点皆是佛山镇东北部的"汾水正埠接官亭"，即当时官方使用的渡口码头所在。① 然而据道光《佛山街略》所载，当时佛山镇南部尚有不少渡口可供商业运转使用，例如"南浦客舟""横水义渡"等地。即便在"汾水正埠接官亭"不远处，就地图所载，还有一处所谓"汾流古渡"，同样也是用于转运摆渡所需，可能古来皆从此渡口出入，自从清代当地官员修建了"汾水正埠接官亭"之后，赋予其官方码头的性质，那么"汾流古渡"就成了一般民用码头。我们看到地图上分布着不少民间渡口，而且有些渡口到佛山镇中心目的地所在的经由交通路线似乎比志书所记载得更为便捷②，既然这部文献具有很强的实用性和指向性，那么应当要设计编排更为便捷的交通路线，而为何道光《佛山街略》的编纂者仅以官方码头渡口作为起点来设计路线呢？再就志书相关记载的用语来看，例如"接官亭"下所载："佛山同知黄老爷建。"③据道光《佛山忠义乡志》卷五所载，"接官亭"为当时佛山同知黄兴礼所修。道光《佛山街略》所采用的这种记述方式和称谓用语，在一般乡镇志书乃至地方文献中皆少有所见，明显带有下级对上级官员敬称的口吻。细检志书所载，其中固然以记载街道坊巷、商铺行当的内容居多，但每叙述一条交通路线，编纂者对途经的官府衙门皆一一点出，例如"由万福抬左门而入境，往左：分府衙门""早市入纪纲街：五斗口司衙署"等，颇尽详备之事。而且在介绍当地名人望族故居宅院时，皆不称其姓名，而已官称代替，例如"盐场大使吴公""兵部主事冼公""礼部郎中陈翰林"等。这些用语和叙述方式，

---

① （清）吴荣光纂：道光《佛山忠义乡志》卷首地图，《中国地方志集成·乡镇志专辑》第三十册影印清道光三十一年（1831）刻本，上海书店出版社1992年版。

② 参见（清）吴荣光所纂道光《佛山忠义乡志》卷一《津渡》所载各渡口名目，志书所载比地图上更为详尽。《中国地方志集成·乡镇志专辑》第三十册影印清道光三十一年（1831）刻本，上海书店出版社1992年版。

③ （清）佚名纂：道光《佛山街略》，王庆成钞录校读本，王庆成著：《稀见清世史料并考释》，武汉出版社1998年版，第574页。

明显带有"官话"的性质，因而我们推断该志书的编纂者应当是出身于当地管理日常商业活动的官吏，且极有可能是管理"汾水正埠接官亭"的吏胥所为，因为只有管理这个机构的人员，才能更好地设计出以此为起点的主要交通路线。

由此，我们还能展开一些推论，即这部道光《佛山街略》绝非面向一般从事商业活动的往来客商所公开发行的，它应当是供应那些仅由官渡交通来往的、与官方有所贸易联系的(可能是替广东或其他地区官府衙门进行采办货物的"准官商")商贸人员所阅读使用的，为的是防止他们上当受骗，造成官家商业利益的损失。这是我们对于这一具有颇不寻常性质的地方文献的编纂者及使用人群情况的一些推断结论。

## 三、文献特色与史料价值

我们再就道光《佛山街略》的文献特色与史料价值来看，首先是这部准地方志书的实用性、针对性和指向性都非常强，编撰这部文献绝非为了"存史"之类的撰述目的，而是对于商业活动的进行有所辅助，故而其用语颇为简明，叙述皆能直指要点，使人一看便知其梗概。这一点我们在上文已经有了详尽的论述。其次，这部志书保留了一些珍贵的商业风俗资料，且为当地所修乡镇志书所不载者。通常来看，清代的各种乡镇志书中记载地方风俗，重点皆是风土人情，绝少涉及商业风俗习惯；即如江南市镇繁荣、丝绸贸易昌盛的嘉兴、湖州地区的乡镇志书，更是把这些商业产品归入志书所载的"特产"门类进行记述，很少突显其浓厚的商业贸易特色。清人吴荣光在其编纂的道光《佛山忠义乡志》中论及当地的风俗习尚时，曾经意味深长地说道：

> "佛山地广人稠，五方杂处，习尚盖岐出矣。故家巨族，敦诗书、崇礼让，祠祭竭其财力，此其大较也。至于异地新迁，或宦成名立，始来卜居，或拥赀求安，爰得所处，类皆谨敕和厚，少蹈慆淫。然商贾蝟集，则狙诈日生，傭作繁滋，则巧伪相竞。兼以旅尘偪闹，游手朋喧，优船聚于基头，酒肆盈

于市畔。耳濡目染，易以迁流，遂或失其淳实之素矣。夫申教谕以玉俊良，惩邪惰以醒顽钝，非司风化者之急务哉！"①

由于吴荣光出身于佛山"故家巨族"，经科举入仕后历任地方要员，故而他的这番观点代表了当时正统的上层社会主流观念所在，即对于因为商业的繁荣发展而带来的社会风气嬗变，乃至"重末轻本"的社会现象和不良风气深恶痛绝。故而道光《佛山忠义乡志》"风尚"一门全然不载任何具有当时佛山商业市镇色彩的风俗习尚资料，代之以上所引述的议论来表达自己的观点。② 在这种观念的支配下，道光《佛山忠义乡志》的记载中自然很难给清代中叶具有浓厚商业风气的佛山商镇社会所独有的商业风俗习惯留有一席之地。这种情况一直到了编纂民国《佛山忠义乡志》的时候才有所改观，编纂者专门设置了《工业》(下分《工艺厂》《私立工厂》《各行工业》等类目)《商业》(下分《商会》《银行》《邮政储金局》《各行商业》等类目)部类进行叙述，重点记载了晚清以来佛山商业的发展变迁情况。虽然清代的乡镇志书皆系私撰，但类似吴荣光这样出身背景的、具有传统伦理道德观念的编纂者，在志书编纂过程中就会无形地编赋予其所编纂志书以"官修"的思想色彩。故而这部志书对于清代中叶全盛时期以及即将开始衰落的佛山商业社会的概况几乎无任何细致的描述，乃至在记述地方特产的门类中，仅是以列举本地土特产为主，对于佛山商铺所产的金属制品、陶瓷器件等项目一概付诸阙如。我们认为，在传统伦理观念支配下所编纂的道光《佛山忠义乡志》，通过门类设计与资料取舍处理，固然很好地巩固了编纂者所捍卫的名教道德，但是对于当时佛山社会商业市镇全盛的历

---

① （清）吴荣光纂：道光《佛山忠义乡志》卷五《乡俗·习尚》，《中国地方志集成·乡镇志专辑》第三十册影印清道光三十一年（1831）刻本，上海书店出版社 1992 年版。

② 按道光《佛山忠义乡志》虽然没有具体记载本地风土民俗，但是另辟《岁时》一门记载逢年过节的习俗。然而《岁时》所载各色节庆日皆为全国通行者，没有很浓厚的地方性，且就节日习俗来看，基本上都是大同小异的，很难见到有清代佛山镇的鲜明地方特色。

史实际并没有予以充分而应有的反映，无法突显地方特色所在。志书面目千篇一律，缺乏特色性，可以说是这部志书编纂的一个重大不足之处，而且对于后人研究当时佛山商业史发展也是非常不利的。

相比较而言，道光《佛山街略》在对于当时佛山商业市镇的记载描述上就远远胜过道光《佛山忠义乡志》，其细节性与体系性都是很值得称道的。对于道光《佛山街略》所载资料的细节性表现我们在前面已经有了详细论述，对于其编纂和记载的体系性特点，我们尚可与道光《佛山忠义乡志》做一番比较。如上所述，道光《佛山街略》的编纂，是按照从佛山镇北的汾水正埠接官亭至中心标志建筑祖庙（即灵应祠）的中路、东路和西路三条交通路线为记述的大纲，依照沿路所经过的具体地理景观点为要目，来分别展开相应的地理人文要素的记载。通过这种以地理交通为主线的体例安排，编纂者将当时名目繁复的佛山镇街道里巷、商铺行当、庙宇寺观等名目有组织、有条理地整合起来，使得其不再是一堆零散的地名与简要介绍，而是贯穿在这些主线中的一个个环节，这样的编纂处理方式，有助于我们更好地掌握和利用这些地名信息，这是道光《佛山街略》这部微型志书的成功之处。反过来，我们看道光《佛山忠义乡志》所记载的里巷、墟市，编纂者在资料的处理和编排上，仍旧停留在大肆列举名目的程度上，或仅仅按照大方向进行归类，既无编排凡例说明，有无简要介绍，根本不知道如何利用这些地理信息。例如该志书在记载佛山镇"山紫铺街道"时，就胪列了这样一些街道里巷名目：

"拱北里 九间；长塘边坊 西平里；南馨里 东胜里；忠宁里 汇源里；山紫村 社地；西宁里 模泥冈；南安里 中正里；东升里 梓里；南基坊 德星里；南泉庙道。"①

---

① （清）吴荣光纂：道光《佛山忠义乡志》卷一《乡域志·里巷》，《中国地方志集成·乡镇志专辑》第三十册影印清道光三十一年（1831）刻本，上海书店出版社1992年版。

可以这样认为，对于上述的这一堆地名，读者若非本地人，根本难以捉摸这其中的奥秘，即使参照该志卷首的乡镇区域图，我们还是很难一一对应这些繁复的街道坊巷名称，更说不上有直观的感性认识了。如果说地方志书也需要具备一定的实用性的话，那么至少道光《佛山忠义乡志》在这个门类的编纂上是非常不足的，这样堆砌资料可以说是"存史"，但却等于是一个没有生命、不可供人使用和了解的故纸堆。相比较而言，道光《佛山街略》在地名编排比次上就做得非常成功，不仅让这些具体地名具有了组织性，而且地名下所载的各类反映当时佛山商业市镇发展、记录当地商业繁荣的历史文献记录，足以补正道光《佛山忠义乡志》的记载不足，甚至可以这么认为，在一定程度上，道光《佛山街略》的记载，类似于"佛山忠义乡志余"的作用，而其所补充增加的内容，恰恰是反映了当时社会历史发展的重要方面。由此足见这部微型的商业志书的重要价值。

至于道光《佛山街略》后半所载"各行暗语""较秤法"以及"听人还价法"三种类似商业机密与规则的内容，不仅是研究清代中叶佛山商业发展的重要史料，而且也从一个侧面印证了吴荣光所说的当时佛山社会风气"狙诈日生""巧伪相竞"①的特点所在。

---

① 参见（清）吴荣光纂：道光《佛山忠义乡志》卷五《乡俗·习尚》，《中国地方志集成·乡镇志专辑》第三十册影印清道光三十一年（1831）刻本，上海书店出版社 1992 年版。

# 结　语

## 一

　　乡镇志书的编纂起源于宋代，经过明代的发展演变，其体例不断成熟进步，篇目设计与编纂体裁不断得到完善，记载的内容日益丰富多彩，志书的编纂水准不断得到提高。到了清代，随着全国各地乡镇社会(尤其是江南地区的市镇社会)的发展以及经济、人文事业的繁荣昌盛，乡镇志书的编纂进入了一个新的历史阶段，不仅在数量与种类上大有增加和突破，而且在志书的体例、体裁以及篇目门类的多样化方面展示出非常鲜明的特点，由此成为地方志书文献的一个重要门类与组成部分。

　　清代乡镇志书是我国历史文献的重要组成部分，在古代史学与学术史上有其独到的价值与地位，对乡镇志书乃至古代地方志文献的价值与定位，有待进一步重视和评价。清代乡镇志书的发展，受到学术思潮与社会进程的深刻影响。乾嘉史学对其发展高峰出现，具有思想上的引领作用；晚清近现代化进程，对其达到新的高峰起到推波助澜的作用。对清代乡镇志书进行文献学与史学史方面的系统研究，总结编纂中的优良经验与传统，对实施名镇志文化工程、乡村记忆工程与新修乡镇村志，有着重要学术应用价值。

　　清代乡镇志书的繁荣发展，自有其深刻的历史背景与社会原因。首先从政治上看，清王朝出于现实政治统治的需要，对于文教治国的措施非常重视，使得清代各项文化事业都得到了深入发展。清政府对于编纂府州县志的事业同样非常重视，从顺治后期开始，全国修志活动得到复苏。清顺治十八年，因河南巡抚贾汉复编纂顺治《河南通志》，借此契机颁布诏令开展全国性的编纂府州县志活动，从此清政府在不同历史时期都有相关的编修地方志书的诏令颁布，由此对于方志编修事业而言，有了制度和政策上的依据和保证。在国家重视地方志书编纂的大背景下，自然有利于各种志书编纂活动的开展。其次从经济上看，随着清代全国各地（尤其是江南地区）乡镇的社会经济水平不断地稳步发展与提高，使得乡镇社会的经济状况日趋繁荣，从而拥有了丰富的物质条件与经济支持，这便成为清代各地编纂乡镇志书的重要物质基础和保证。再次，从文化上看，清代各乡镇社会的人文教育事业渐趋繁盛，形成了崇尚学问、好为著述的良性学术环境氛围。不仅著名的学者（如焦循、李富孙等）通过纂修乡镇志书的形式一展自己的学养识见，而且出现了一大批的里中文人雅士也非常热衷于编纂乡镇志书，意在借此保存地方文献掌故，以达到著述"存史"与"教化"乡里的目的。他们构成了数量庞大且身份来源复杂的清代乡镇志书编纂者群体。在这种注重文教、崇尚学问的环境下，清代乡镇志书的编纂在江南各级乡镇社会中尤为普及与活跃，这自然与清代江浙地区所具有的"人文渊薮"的学术文化氛围是密切相关的。

此外，从清代乡镇志书发展史上两个高峰阶段的特征来看，乾嘉史学对于清代乡镇志书发展的第一次高峰出现，无疑有着学术思想上的倡导和引领作用。而在晚清时期内忧外患的政治环境下，随着中国社会近现代化进程的深入以及各级地方社会自我意识的崛起，加之清末时期各地兴起的编纂乡土志书、提倡爱国主义理念浪潮的影响与刺激，这些因素对于晚清时期乡镇志书发展达到另一个高峰阶段起到了推波助澜的作用。

在目前可以确知的 463 种清代乡镇志书中，就其地域分布特征来看，江苏、浙江、上海三地共有近四百种志书，约占全国总数的

86%。具体而言，清代乡镇志书的分布范围系所谓的"五块""二线"地区，即以浙西北与苏南地区为中心的太湖流域、浙东宁绍地区、福建沿海南部地区、广东珠江三角洲地区、以徽州为中心的皖南地区，以及东部沿海地带、大运河两线地带。① 再就其时段分布特征来看，清代编纂乡镇志书最多的五个朝代依次为乾隆、光绪、道光、康熙、嘉庆。清代乡镇志书编纂最为集中的两个时段分别为清代中期乾嘉两朝及至道光中叶（以1840年为断），以及晚清同、光、宣时期，这两个阶段同时也是清代乡镇志书发展史上的两个高峰期。此外，清代乡镇志书还经历了一个复苏积累期（清初顺治后期至康熙中期）与一个短暂低迷期（始于清道光后期，其间经历咸丰朝志书发展的最低潮阶段，约至所谓"同治中兴"之前）的相对低潮阶段。前者为乾嘉时代及至道光中期的发展高潮出现起到了铺垫作用，而对于后一个低迷期，以往学术界给予的关注不够多，实际上这正是晚清同、光、宣时期（自同治后期开始）乡镇志书编纂达到另一高峰的临界点。纵观整个清代乡镇志书发展史，呈现出波峰波谷交替跌宕的场景，每一次起伏交错现象的背后，都有深刻的历史背景与动因。

现存清代乡镇志书的版本类型、版本数量及其基本特征的情况是非常繁复的。各种志书的不同版本类型在时空分布上呈现出不同的特征，需要分地域、按时间进行细致的分类考察。第一，关于清代乡镇志书的稿本文献，苏浙沪地区清代乡镇志书的稿本合占现存总数的近九成比重；在时段分布上看，又以乾、嘉、道时期与晚清同、光、宣时期这两个时段最为集中，这一特征也是与清代乡镇志书编纂史上的两大高峰阶段的表现相呼应的。第二，关于清代乡镇志书各类钞本文献的情况，其中清代上海乡镇志书的民国钞本种数远少于其清钞本，随着时代的发展演进，钞本在产生与流布过程中

---

① 参见褚赣生著《明清乡镇志研究》的相关论述，复旦大学1987年度硕士学位论文，第12~13页；以及氏撰《明清乡镇志发展的历史地理考察》，载中国地理学会历史地理专业委员会《历史地理》编辑委员会编《历史地理》第八辑，上海人民出版社1990年版。

固然一方面会沿袭前代的特征，但同时也会出现与时俱进的变化。此外，江、浙两地清代乡镇志书钞本具有鲜明的"一志一钞"特色，由于地缘上的优势，浙江地区乡镇志书的清代钞本不仅具有江苏志书钞本那种鲜明的"一志一钞"特征，而且又与上海乡镇志书清代钞本的年代特征相吻合，兼具两地所长，从而能够综合地展现出该地区志书清代钞本的特色。第三，关于清代乡镇志书刻本的特征，无论是从全国总体的情况进行宏观的考察，还是分别不同地域进行个案的分析，其结论都同样能够与前述关于清代乡镇志书发展史上前后两个高峰阶段的基本与历史时段相为印证。第四，及至清末民初时期，随着西方先进的印刷工艺技术的传入和普及应用，产生了诸多以全新的技术手段刊行、翻印清代乡镇志书的版本类型。江、浙、沪三地集中了晚清以来乡镇志书新式印本种类数的绝大部分，这从一个侧面展现了在中国社会近现代化的历史背景下，以江、浙、沪为代表的东南地域在沐浴"欧风美雨"、引进先进生产技术并付诸实践的过程中接受先进新事物的敏锐程度。

　　编纂者是一部志书的灵魂所系。志书编纂者的社会身份、生平履历、社会关系以及学识专长等因素都会对志书的篇目特色以及文献价值形成一定的影响。这些清代乡镇志书编纂者所表现的特征是不尽相同的，基于他们各自的社会身份、生平履历与专长技能的情况，构成了不同的修志群体类型，由此对于志书编纂也产生了深刻的影响，甚至直接影响志书质量的高下。尤其是编纂者具备的专长技能对于所编志书质量的影响最为直接①，这不仅能够从志书的体例编次、篇目设计、序跋凡例中有不同程度的反映，尤其是一些特色篇目的增设，更是与编纂者的专长侧重有较大的关系，因而这类群体类型的特色尤其明显。

---

　　①　所谓的专长技能，例如具有编纂地方志书实践经验、长于史学研究、注重地理沿革与文献考据，以及拥有社会民生所需的专门技能（测算田亩、筹划水利等）等方面皆属此类。

# 二

关于清代乡镇志书的文献价值，我们可以从两个方面来看。首先是清代乡镇志书作为一般历史文献所具有的史料价值。关于这个方面的讨论，前人所及，颇为详尽。以往学术界对于清代基层社会、经济、文化、风俗等方面的专题研究，多是着重于对乡镇志书的史料价值进行深入的挖掘和利用，进而深入探讨清代社会历史发展的各个方面问题。特别是其中大量有关清代江南地区的社会文化、市镇经济等方面的研究，都非常重视清代乡镇志书所蕴含的史料价值。质言之，从文献史料价值层面来看，清代乡镇志书保存了大量珍贵的历史资料，这些文献中那些翔实具体、生动鲜活的历史记载，对于我们研究清代基层乡镇社会的政治、经济、文化、风俗、制度等方方面面的内容，进而探讨其社会历史特征与发展规律，无疑是十分重要的资料基础。

此外，我们也要看到，清代乡镇志书，同时也是作为地方志学科基础文献的重要组成部分，因而除了具备一般历史文献对于历史研究所共有的史料价值外，我们更应当注意到清代乡镇志书所体现出的学科价值。这里所说的乡镇志书的学科价值，主要包括这样两个方面的内容：第一，清代大量的乡镇志书，在其资料取舍、体例编次等方面有着鲜明的特色，这有助于我们研究清代乡镇志书的篇目设计、内容取舍、编纂风格等基本特征，从而更好地认识、把握清代方志编纂学的特点，进而能够对于明清时期方志学的发展有更具体而深刻的了解。第二，清代乡镇志书所收录的各类序跋与凡例文字，有助于我们研究中国古代的方志学理论，探究清代地方志书的编纂机制与具体运作流程，特别是对于研究史志关系、志书性质与职能等基本的方志学命题，具有重要的参考研究价值。在认识到清代乡镇志书具有丰富的史料价值的同时，深入探讨清代乡镇志书所具有的学科价值，有助于我们更好地了解明清乡镇志书发展的历程及其基本特征，而且对于完善方志学科的理论与体系的建构，无疑是非常有益的。学术界对清代乡镇志书在专题研究中的史料价值，既已有了非常深刻而且全面的认识，但是从方志学科本身出发来探讨清代乡镇志书的学科价值的研究成果，至今仍不多见。众所周知，古人编纂著述，多是一本"述而不作"的精神，故而对于现代语境下所谓的理论学说阐发与学科体系建立等问题皆不甚留意，见诸文字阐述者更是稀少，这种情况同样对进行相关的研究带来了资料上的局限与工作上的难度。因此，对于清代乡镇志书文献所蕴含的学科价值进行探索，是今后在研究中需要给予更多关注的一个方面。

下编　志书提要

# 本 编 凡 例

一、本编以各地区清代乡镇志书种类数目的多寡为序，依次分为江苏、浙江、上海、福建、广东、安徽、山西、山东、湖南、四川、陕西、云南、台湾、北京、河南、湖北共 16 个版块进行提要考录。

二、每个版块分为现存志书与亡佚志书两部分，分别按照成书年代先后次序，条列著录清代乡镇志书名目，未详成书年代者置于各部最末。未著录亡佚志书的版块，其志书名目径以成书年代先后比次。

三、提要条目分为文献著录与编纂者考述两部分。文献著录包括志书名称、卷帙、编纂者、成书年代、主要版本诸项。其中对于乡镇志书版本的著录，本编以参考文献第六部分所列书目、提要、考录类著作为线索进行查考，并按照年代先后顺序，条列志书流传过程中的主要版本信息，以展现其文本演变流布之次第。编纂者考述则依据史料文献，对志书编纂者的生卒年份、社会背景、生平履历、学识专长、著述情况等内容进行考述。

# 一、江　苏

## （一）现存志书

### 顺治《屯村志》一卷

曹锡缵纂，清顺治三年成书。

曹锡缵，生卒年不详，明末清初里中诸生。

主要流布版本有曹氏原稿转钞本、《甲戌丛编》1934 年版铅印本、江苏省苏州博物馆藏范烟桥传钞本、上海书店出版社 1992 年版《中国地方志集成·乡镇志专辑》第十一册影印《甲戌丛编》本、广陵书社 2011 年版《吴江乡镇旧志丛刊·同里志（两种）》沈春荣等点校本。

### 康熙《浒墅关志》二十卷

孙珮纂，清康熙十一年成书。

孙珮，生卒年不详，字瑶仙，康熙二十九年副榜贡生。[1] 纂有

---

[1] 曹允源、李根源纂：民国《吴县志》卷第十七《选举表九》，《中国地方志集成·江苏府县志辑》第十一册影印苏州文新公司 1933 年版铅印本，凤凰出版社 2008 年版。

康熙《浒墅关志》二十卷、康熙《吴县志》。

主要流布版本有清康熙十二年（1673）初刻本、清乾隆间孙鼎增续重印本、江苏广陵古籍刻印社1988年版影印本。

### 康熙《同里闰德志》一卷

章梦易纂，清康熙二十三年成书。

章梦易，生卒年不详，字宗立、号颐斋，一字两生。苏州府庠生。"少工举子业，有盛名，为陈际泰、艾南英辈所称许。中年弃去，潜心经子。晚更喜释氏书。为人能忍饥，不惑于财色。乐救人危，尝脱人于死者三，而不使人知。年八十余卒。"①著有《周易筌》《毛诗鸡跖集》《春秋左氏兵法》《勉斋［全］集》等书，编纂康熙《续同里先哲志》（已佚）、康熙《同里闰德志》（有钞本）。

主要流布版本有中国国家图书馆藏清康熙二十三年（1684）钞本。

### 康熙《开化乡志》二卷

王抱承原纂、侯学愈增订，清康熙三十四年成书。

王抱承，生卒年不详，字果延，诸生。著有《补斋集》，② 编纂康熙《开化乡志》二卷，"于是乡文物甄采略备，惜未镂版行世"。③

主要流布版本有江苏省无锡市图书馆藏清康熙间残钞本。

---

① （清）周之桢纂：嘉庆《同里志》卷之十四《人物志五·文学》，《吴江乡镇旧志丛刊·同里志（两种）》沈春荣等点校本，广陵书社2011年版，第164页。

② 萧焕梁续纂：民国《无锡开化乡志》卷下《著作》，《中国地方志集成·乡镇志专辑》第十四册影印1916年版侯学愈活字本，上海书店出版社1992年版。

③ 侯学愈：《无锡开化乡志叙》，《中国地方志集成·乡镇志专辑》第十四册影印1916年版侯学愈活字本，上海书店出版社1992年版。

### 康熙《吴郡甫里志》十二卷

陈惟中纂修，清康熙四十一年成书。

陈惟中，生卒年不详，字尧心，又字心斋，康熙长洲庠生。①纂修康熙《吴郡甫里志》十二卷。

主要流布版本有清康熙四十一年（1675）树德堂初刻本、南京大学图书馆藏钞本、上海书店出版社1992年版《中国地方志集成·乡镇志专辑》第五册影印钞本。

### 康熙《开沙志》二卷

王锡极纂、丁时需增纂、王之瑚删订，清康熙五十二年成书。

王锡极，生卒年不详，字建之。"以拔贡生授辰州通判。……游学中州及楚齐间几十年，复入吴粤，探禹穴及天台、雁荡，随历闽，寻武夷、睹名胜，与诸名士相契。五旬始归，论定经史，做诗文皆未及梓。修族谱牒，每岁冬至合祀。又修郡志，数年而后成。"②著有《榕庄诗钞》二卷，纂辑康熙《开沙志》二卷。民国《续丹徒县志》卷十三有传。

丁时需（1631？—1712？）③，字澍臣，号卧沧，丹徒诸生。④"博学能文，少补弟子员，试辄高等。建春江草堂，延集名流，读

---

① （清）陈惟中纂修：康熙《吴郡甫里志》卷八《庠员》，《中国地方志集成·乡镇志专辑》第五册影印南京大学图书馆藏钞本，上海书店出版社1992年版。

② （清）王锡极原纂、丁时需增纂、王之瑚删订、佚名增补：宣统《开沙志》上卷《乡贤》，《中国地方志集成·乡镇志专辑》第十四册影印清宣统三年（1911）铅印本，上海书店出版社1992年版。

③ 本志与《镇江人物辞典》等书对于丁时需生卒年的记载皆付阙如。按康熙《开沙志》成书于清康熙五十一年，而上卷《耆英》中载有丁时需享寿之数，则丁氏最晚卒于1712年，由此大约推测其生年当不晚于1631年。

④ （清）汪鋆撰：《砚山丛稿·京江耆旧小传》，《明清未刊稿汇编》第一册影印稿本，台湾联经出版事业公司1976年版，第135页。

书其中。……为一沙文学之宗。开沙一志虽始于王建之，而探索补辑实卧沧之力居多。晚年尤肆力于诗学，……其于方名书数之学无不通晓，而医道尤极精妙。寿至八十［二］①，颜如童子，识者以为有得于内养之功云。"②增纂康熙《开沙志》二卷。③ 民国《续丹徒县志》卷十三有传。

王之瑚，生卒年不详，字仲玉，号铁崖，清康熙二十一年进士，历任衡州府临武知县、礼部员外郎、福建道监察御史等职。④宣统《开沙志》卷上《选举》与《贤达》皆有传。他在王锡极、丁时需编纂志稿的基础上，删订为康熙《开沙志》二卷。

主要流布版本有清康熙五十二年（1712）初刻本。

## 康熙《淞南志》十六卷

陈元模编，清康熙五十四年成书。

陈元模，生卒年不详。"字灿辰，居千墩镇。绩学砥行，日取《近思录》自课。性至孝，……郡守陈鹏年以赈饥识元模，荐之巡抚张伯行，命肄业紫阳书院。……尝搜罗吴淞左右地理、人物，作（康熙）《淞南志》［十六卷］，伯行序而行之。"⑤撰有《朝野纪闻》二卷，苏州市图书馆藏清钞本。同治《苏州府志》卷九十六有传。

---

① 据（清）王锡极原纂、丁时需增纂、王之瑚删订、佚名增补：宣统《开沙志》上卷《耆英》所载丁时需寿数补，《中国地方志集成·乡镇志专辑》第十四册影印清宣统三年（1911）铅印本，上海书店出版社1992年版。

② （清）王锡极原纂、丁时需增纂、王之瑚删订、佚名增补：宣统《开沙志》上卷《乡贤》，《中国地方志集成·乡镇志专辑》第十四册影印清宣统三年（1911）铅印本，上海书店出版社1992年版。

③ 按：《中国地方志联合目录》著录该志刻本年代有误。

④ （清）王之瑚撰：《重修开沙志序》，（清）王锡极原纂、丁时需增纂、王之瑚删订、佚名增补：宣统《开沙志》，《中国地方志集成·乡镇志专辑》第十四册影印清宣统三年（1911）铅印本，上海书店出版社1992年版。

⑤ （清）金吴澜等修、汪堃等纂：光绪《昆新两县续修合志》卷二十九《人物九·孝友》，《中国地方志集成·江苏府县志辑》第十六册影印清光绪六年（1880）刻本，江苏古籍出版社1991年版。

主要流布版本有清嘉庆十八年（1813）活字本、上海书店出版社 1992 年版《中国地方志集成·乡镇志专辑》第四册影印清嘉庆十八年（1813）活字本。

### 雍正《梅里志》四卷

吴存礼编，清雍正二年成书。

吴存礼，生卒年不详，奉天汉军正黄旗人。字谦之，号立庵，监生。曾任河南巡抚、云南巡抚、江苏巡抚。① 纂修康熙《通州志》十二卷、康熙《广宗县志》十二卷。编纂康熙《梅里志》四卷，《四库全书》存目。

主要流布版本有清雍正二年（1724）吴存礼初刻本、清道光四年（1824）华乾重刻本、清同治八年（1869）吴政祥补刻本、上海书店出版社 1992 年版《中国地方志集成·乡镇志专辑》第十册影印清道光四年（1824）重刻本、中国文史出版社 2005 年版《无锡地方文献丛书》吕锡生标点整理本。

### 雍正《平望镇志》四卷

王樑、王藻、潘昶、张栋等里人公辑，清雍正十年成书。

王樑，生卒年不详。字绍曾，号茧庭，国子生。与里人张栋为友。"少豪迈不羁，及壮始折节读书，又痛自砥砺，遂以诗名于时。其五言古、五言律精微淡远，时具妙理，由其胸无渣滓故也。"②著有《月湖賸稿》《读画录》，《四库全书》存目。

王藻，生卒年不详。字载扬，号梅沂，国子生。"少颖悟，喜

258

---

① 翟文选等修、王树枬等纂：民国《奉天通志》卷一百九十七《人物二十五·乡宦表四》，辽宁省人民政府地方志办公室整理影印 1934 年版铅印本，辽宁民族出版社 2010 年版，第 4529 页。

② （清）翁广平撰：道光《平望志》卷八《文苑》，《吴江乡镇旧志丛刊·平望志（三种）》沈春荣等点校本，广陵书社 2011 年版，第 148 页。

读古今诗词。……[吴兴沈编修树本]造其庐与座谈，叹为异才，即招藻主其家，共相讲论，由是学益进，诗益富，名亦益起矣。雍正癸卯，游京师。每名流会合，分题角韵，藻辄压倒侪辈。时吴文恪士玉为学士，闻藻名，以宾礼延致之。藻青鞋布袜，长揖就座，大为士玉所赏。已而士玉领《一统志》书局总裁官，专委藻检阅。藻殚精著录，七阅寒暑，志遂成。"深得李绂器重。乾隆丙辰开博学鸿词科，未用。"归与里中潘昶、王樑、张栋共辑（雍正）《平望镇志》[四卷]。晚客维扬，维扬人士奉为坛坫。没后为板行其《莺脰湖庄集》。"①

　　潘昶，生卒年不详。字景昶，号涤汀，县学生。"读杨园张氏《五十自警诗》，益奋志于学。摘其集中格言，并《近思录》中切中己病者，时省而力行之。又录汉以来大儒自董仲舒至陆清献等传共二十四篇，志向学之意。乾隆甲子，吴江令陈恂纕聘修邑志，所撰名宦、文学、艺能、列女诸传，风俗、御寇诸志，悉有体要。……卒前一月，得李文贞光地理学书，大喜，每坐起阅至日晡方止。盖昶锐志于学，虽老病犹然。"②著有《历朝宫词》《家礼居行录》《求生录》《志学编》《四书质疑》及诗古文若干卷。刘声木撰《桐城文学渊源考》卷二有小传。

　　张栋，生卒年不详。字鸿勋，一字玉川，号看云，国子生。与里人王樑为友。"家贫好学，弱冠游京师，即以诗画重公卿间。兼工制义，凡六应乡试不中，遂弃去，专肆力于诗画。……乾隆辛未，浙江雅中丞聘纂《南巡盛典》，多所撰述。晚寓维扬，诸巨族争购其笔迹焉。著有《看云吟稿》。"③

　　主要流布版本有上海图书馆藏清西郊草堂残钞本、上海书店出版社 1992 年版《中国地方志集成·乡镇志专辑》第十三册影印清西

259

① （清）翁广平撰：道光《平望志》卷八《文苑》，《吴江乡镇旧志丛刊·平望志（三种）》沈春荣等点校本，广陵书社 2011 年版，第 147～148 页。

② （清）翁广平撰：道光《平望志》卷八《文苑》，《吴江乡镇旧志丛刊·平望志（三种）》沈春荣等点校本，广陵书社 2011 年版，第 146～147 页。

③ （清）翁广平撰：道光《平望志》卷八《文苑》，《吴江乡镇旧志丛刊·平望志（三种）》沈春荣等点校本，广陵书社 2011 年版，第 149 页。

郊草堂残钞本、国家图书馆出版社 2011 年版《上海图书馆藏稀见方志丛刊》第六十三册影印西郊草堂钞本、广陵书社 2011 年版《吴江乡镇旧志丛刊·平望志(三种)》沈春荣等点校本。

### 乾隆《瞻桥小志》四卷

王鉴纂，清乾隆二年成书。

王鉴，生卒年不详，字子任，号抱山居士，编纂乾隆《瞻桥小志》四卷。①

主要流布版本有清乾隆二年(1737)初刻本、上海图书馆藏钞本、上海书店出版社 1992 年版《中国地方志集成·乡镇志专辑》第十四册影印钞本、国家图书馆出版社 2011 年版《上海图书馆藏稀见方志丛刊》第五十六册影印钞本、凤凰出版社 2012 年版《无锡文库》第二辑影印清乾隆二年(1737)刻本。

### 乾隆《浒墅关志》二十卷

孙珮原纂、孙霈增续，清乾隆四年成书。

孙珮生平已见"康熙《浒墅关志》"条著录。

孙霈，生卒年不详，吴县增广生。② 续纂乾隆《浒墅关志》二十卷。

---

① 金恩辉、胡述兆主编：《中国地方志总目提要》"[乾隆]瞻桥小志四卷"条考述王鉴生平云："明崇祯举人。官州守。"参见该书江苏省部分 10~29，台湾汉美图书有限公司 1996 年版。按此志清乾隆二年(1737)刻本有抱山居士王鉴于是年所撰序文一篇，且志书中多有王鉴所撰家人眷属行状及诗文，则其当为清人无疑。又若为明崇祯举人，则崇祯年间至乾隆初期将近百年之久，则王鉴当百余岁，似无此理。可知《中国地方志总目提要》考述王鉴生平资料有误。

② (清)凌寿祺纂：道光《浒墅关志·原修衔名》，钦瑞兴点校本，广陵书社 2012 年版，第 320 页。

主要流布版本有清乾隆四年(1739)孙鼏增续初印本。

## 乾隆《小海场新志》十卷

林正青纂，清乾隆四年成书。

林正青(约1678—1739以后)①，字洙云，号苍岩。国子监拔贡生，任淮海小海场盐大使。"留心文献，熟习掌故，其文虽未足名家，进退颇有法度，诗亦清切可诵。"②著有《瓣香堂集》《榕城旧

---

① 关于林正青生年的考证，据王红花撰《论林正青〈小海场新志〉的史料价值》一文所说："直到雍正六年(1728)命运之神才垂青于他，已耳顺之年的林正青蒙老同学蔡世远(时为礼部侍郎)赏识并举荐"，由此论定其生年当在1668年，参见《盐城工学院学报》(社会科学版)2011年第4期。而李恺玉、李石根等撰《两淮十三场现存最古的场志——清乾隆四年刻本〈小海场新志〉初步研究》一文，则以为林正青"于雍正十二年(1734)年届六十"，则其生年约为1675年前后，参见中国人民政治协商会议江苏省大丰县委员会文史资料研究委员会等编印：《大丰县文史资料》第六辑，1986年版。按林佶系林正青之父，据其所著《朴学斋诗稿》卷一《乙酉生日》诗，推知林佶生年为1660年。由此来看，若林正青生于1668年，其父彼时尚不满十岁，何能生子？可知王红花所考论之生年说不确。若按照李恺玉、李石根等人的研究结论，则林佶十六岁为人父，传统社会中男子(尤其是读书人)一般在十八岁开始成家立业较为普遍，此说虽有几年误差，然尚属可信。又考虑到蔡世远与林正青属同学辈分，蔡氏生于1681年，林正青年纪当与其相仿佛为是，则林正青生年约在1680年前后。又据(清)林正青纂：乾隆《小海场新志》所载乾隆四年(1739)谢道承序文："林子苍岩以通今学古之身，志在用世；名场历踬，郁不得申者垂四十年"，可知林正青约自1700年左右便开始参加科举乡试，一直未能中举走上仕途。而在明清时期，士人一般二十余岁便需务力举子业，则至雍正末年时，林子青已然年届花甲，这与李恺玉、李石根等人的考述结果更为近似。综上所论，本书将林正青生年定在1678年左右，惜尚无确切史料予以证实，姑采此说。

② 刘声木撰：《桐城文学渊源考》卷一《林正青传》，徐天祥点校本，黄山书社1989年版，第91页。

261

闻》等书，① 编纂乾隆《小海场新志》十卷，佐修《福州府志》。

主要流布版本有清乾隆四年（1739）初刻本、福建师范大学图书馆藏钞本、上海书店出版社 1992 年版《中国地方志集成·乡镇志专辑》第十七册影印清乾隆四年（1739）刻本。

### 乾隆《沙头里志》十卷

曹炜原纂、陆松龄增订，清乾隆五年成书。

曹炜，生卒年不详，诸生。"字晖吉，号一庵。笃学励行，世家争延至塾师。好著述，有《一庵随录》《曹氏世谱》。《沙头里志》向无专书，［所纂顺治《沙头里志》十卷，已佚］，撫拾采咨，精详悉备，俾前得所传，后得所考，其有功于世道人心者不浅。"②著有《易解定参》《两晋南北朝史腴》《太仓事迹考》《赋役河渠考》等书。③ 道光《双凤里志》卷四有传。

陆松龄，生卒年不详。字鹤芬，州诸生。"为人有矩矱，绩学不倦。"④增订乾隆《沙头里志》十卷。嘉庆《直隶太仓州志》卷三十六有传。

主要流布版本有上海图书馆藏清钞本、上海书店出版社 1992年版《中国地方志集成·乡镇志专辑》第八册影印清钞本。

---

① 参见林乐志编著：《比干后裔：林氏家族三千年统谱》（续集），光明日报出版社 2000 年版，第 278 页；张天禄主编：《福州人名志》，海峡摄影艺术出版社 2007 年版，第 263 页。

② （清）曹炜原纂、陆松龄增订：乾隆《沙头里志》卷八《文苑》，《中国地方志集成·乡镇志专辑》第八册影印上海图书馆藏清钞本，上海书店出版社1992 年版。

③ （清）王祖畬纂修：宣统《太仓州志》卷二十五《艺文》，《中国地方志集成·江苏府县志辑》第十八册影印 1919 年版刻本，江苏古籍出版社 1991 年版。

④ （清）王祖畬纂修：宣统《太仓州志》卷二十一《人物五》，《中国地方志集成·江苏府县志辑》第十八册影印 1919 年版刻本，江苏古籍出版社 1991年版。

### 乾隆《淞南续志》二卷

陈云煌纂，清乾隆十四年成书。

陈云煌，生卒年不详，系康熙《淞南志》编纂者陈元模之子。"字启南，[号达斋]，邑廪生。[乾隆甲戌岁山阳训导]。学行有父风，辑有(乾隆)《淞南续志》[二卷]。"①同治《苏州府志》卷九十六有传。

主要流布版本有清嘉庆十八年(1813)活字本、上海图书馆藏钞本、上海书店出版社1992年版《中国地方志集成·乡镇志专辑》第四册影印清嘉庆十八年(1813)活字本。

### 乾隆《唐墅征献录》二卷

倪赐纂，清乾隆二十三年成书。

倪赐，生卒年不详，字三锡，号闲谷。"少孤力学，不屑攻举业，专肆力于古诗文辞。弱冠涵古茹今，为苏西田入室弟子，尤长于礼。……文品简古纯粹，间为人作记、序、小传，方家每自叹不如。性狷洁，不苟取与，……著有《香祖居诗钞》《[香祖居]文钞》，辑(乾隆)《唐市志稿》[三卷](已佚)、《语溪征献录》《语溪诗存》若干卷。"②同治《苏州府志》卷一○一、光绪《常昭和志稿》卷三十有传。

### 乾隆《吴郡甫里志》二十四卷

彭方周修，顾时鸿、王立礼纂，清乾隆三十年成书。

---

① 　(清)金吴澜等修、汪堃等纂：光绪《昆新两县续修合志》卷十九《选举表三》、卷二十九《人物九·孝友》，《中国地方志集成·江苏府县志辑》第十六册影印清光绪六年(1880)刻本，江苏古籍出版社1991年版。

② 　(清)倪赐原纂、苏双翔补纂：道光《唐市志》卷中《人物·文苑》，沈秋农、曹培根主编：《常熟乡镇旧志集成》曹培根标点本，广陵书社2007年版，第326～327页。

彭方周，生卒年不详。字绛侯，蜀南人，拔贡。① 清乾隆年间，任苏州元和县分防县丞。② 主修乾隆《吴郡甫里志》二十四卷。

顾时鸿，生卒年不详，清乾隆间吴县增生，与王立礼合纂乾隆《吴郡甫里志》二十四卷。

王立礼，生卒年不详。字景献。又字敬轩，乾隆十七年副榜贡生，候选教职。③ 著有《冬荣草堂诗》《缘情草》，与顾时鸿合纂乾隆《吴郡甫里志》。④

主要流布版本有清乾隆三十年（1765）初刻本、上海图书馆藏残刻本、上海图书馆藏钞本、湖北省图书馆藏钞本、上海书店出版社 1992 年版《中国地方志集成·乡镇志专辑》第六册影印清乾隆三十年（1765）刻本。

## 乾隆《陈墓镇志》十六卷

陈尚隆原纂、陈树毂续纂，清乾隆三十五年成书。

陈尚隆，生卒年不详，字尔律，号鲁庵。⑤ "吴县廪膳生。幼

---

① 曹允源、李根源纂：民国《吴县志》卷第五《职官表四》，《中国地方志集成·江苏府县志辑》第十一册影印苏州文新公司 1933 年版铅印本，凤凰出版社 2008 年版。

② （清）彭方周修，顾时鸿、王立礼纂：乾隆《吴郡甫里志·甫里新志纂辑姓氏》，《中国地方志集成·乡镇志专辑》第六册影印南清乾隆三十年（1765）刻本，上海书店出版社 1992 年版。

③ 曹允源、李根源纂：民国《吴县志》卷第十七《选举表九》，《中国地方志集成·江苏府县志辑》第十一册影印苏州文新公司 1933 年版铅印本，凤凰出版社 2008 年版。

④ 参见（清）彭方周修，顾时鸿、王立礼纂：乾隆《吴郡甫里志》卷十《贡生》，《中国地方志集成·乡镇志专辑》第六册影印南清乾隆三十年（1765）刻本，上海书店出版社 1992 年版；曹允源、李根源纂：民国《吴县志》卷第五十八上《艺文考四》，《中国地方志集成·江苏府县志辑》第十一册影印苏州文新公司 1933 年版铅印本，凤凰出版社 2008 年版。

⑤ （清）陈尚隆原纂、陈树毂续纂：乾隆《陈墓镇志》卷之八《古迹》，《中国地方志集成·乡镇志专辑》第六册影印 1946 年版钞本，上海书店出版社 1992 年版。

孤贫，以父为师，试辄优等。方伯鄂公讳尔泰来苏观风，拔取冠军，深加奖誉。未及一月，鄂公内召大拜受。受知日浅，故未获大遇。"①纂辑雍正《陈墓镇志》十六卷，已佚。

陈树毂，生卒年不详，系陈尚隆之子。"字兆麟，号南溪散人。［苏州］府佾生。性爱吟诗。"②续纂乾隆《陈墓镇志》十六卷，多附有所作诗歌。

主要流布版本有南京博物院藏钞本、江苏省苏州市图书馆藏1946年残钞本、上海书店出版社1992年版《中国地方志集成·乡镇志专辑》第六册影印钞本、《昆山历代地方志》光盘数据库整理本。

## 乾隆《盛湖志》二卷

仲沈洙纂，仲杖、仲枢增纂，仲周霈再增纂，清乾隆三十五年成书。

仲沈洙，生卒年不详，字儒文。"母择名师教以知礼成性、变化气质之旨。少时即能默坐深思，求所谓未发之中。年十七，补秀水籍诸生。为文原本六经性理，下逮《左》《史》《庄》《骚》、唐宋八大家，奇而不诡，质而不靡。学使黎元宽、许豸有人伦鉴，并器之。讲学浙西，从游日众。随材质而变化之，虚往实归，不啻春风中坐也。明亡，遂绝意进取，惟习礼明伦。……其学大旨在守程朱之说，不为异端所惑。"③著有《四书析疑》《尚书集解》《毛诗集解》

①　（清）陈尚隆原纂、陈树毂续纂：乾隆《陈墓镇志》卷之十《人物》，《中国地方志集成·乡镇志专辑》第六册影印1946年版钞本，上海书店出版社1992年版。钱澄宇撰《南京博物院珍藏江苏稀见方志抄本考略（上）》指出其人"生平事迹未详"，当是查考未详之故。参见《江苏地方志》2013年第1期。

②　（清）陈尚隆原纂、陈树毂续纂：乾隆《陈墓镇志》卷之十《人物》，《中国地方志集成·乡镇志专辑》第六册影印1946年版钞本，上海书店出版社1992年版。

③　（清）仲廷机纂：光绪《盛湖志》卷九《儒林》，《吴江乡镇旧志丛刊·盛湖志（四种）》沈春荣等点校本，广陵书社2011年版，第137页。

《古周礼纂》《家礼补注》等，① 编纂顺治《盛湖志》二卷，已佚。

仲栻，生卒年不详，邑庠生。系仲沈洙之孙、仲枢之兄。与仲枢增纂康熙《盛湖志》二卷，已佚。

仲枢，生卒年不详，字拱宸，号亦山。仲沈洙之孙、仲栻之弟。"康熙五十二年举人。少禀异姿，复深心汲古，淹贯百家。精通易理，诗文并负重名。……平生游屐所至，凡前哲翰墨，虽荒郊败壁、高崖断石，不惮搜访纂录，以故博闻多识，人莫能及。枢为长洲汪琬高足，手眼固自不同。著有《亦山诗文稿》。"②中式后拣选知县，任宗人府宗学教习。③ 与其兄仲栻增纂康熙《盛湖志》二卷。

仲周需（1693—1777），系仲枢胞侄，字思则，号资万，别号前村。雍正元年顺天副榜中式，雍正二年举人。任宗人府宗学教习，选授泰州学正。保举升任直隶定州深泽县知县六载，于乾隆二十七年致仕。④ 增纂乾隆《盛湖志》二卷，著有《前邨吟稿》。光绪《盛湖志》卷九、光绪《吴江县续志》卷十七有详传。

主要流布版本有清乾隆三十五年（1770）初刻本、中山大学图书馆藏钞本、上海书店出版社1992年版《中国地方志集成·乡镇志专辑》第十一册影印清乾隆三十五年（1770）刻本、广陵书社2011年版《吴江乡镇旧志丛刊·盛湖志（四种）》沈春荣等点校本。

## 乾隆《菉溪志》四卷

诸世器纂，清乾隆三十九年成书。

---

① （清）仲廷机纂：光绪《盛湖志》卷十二《书目》，《吴江乡镇旧志丛刊·盛湖志（四种）》沈春荣等点校本，广陵书社2011年版，第254页。

② （清）仲廷机纂：光绪《盛湖志》卷九《文苑》，《吴江乡镇旧志丛刊·盛湖志（四种）》沈春荣等点校本，广陵书社2011年版，第160页。

③ （清）仲沈洙原纂，仲栻、仲枢增纂，仲周需再增纂：乾隆《盛湖志》卷下《人物志·科第》，《吴江乡镇旧志丛刊·盛湖志（四种）》沈春荣等点校本，广陵书社2011年版，第579页。

④ （清）仲沈洙原纂，仲栻、仲枢增纂，仲周需再增纂：乾隆《盛湖志》卷下《人物志·科第》本传、《人物志·荐举》，《吴江乡镇旧志丛刊·盛湖志（四种）》沈春荣等点校本，广陵书社2011年版，第579、581页。

诸世器，生卒年不详。"字景筠，又字敬甫。……年十五，于群经传记应对纵横不穷。以诸生贡成均，南北闱试十余次，卒不遇。乾隆壬午，车驾南巡，献赋。召试已，拟进呈，以小误报罢。生平笃志古学，尝东极海隅，西走甘凉，北游燕赵，所遇邮亭旅邸中随时记录。所著《诗释地》一书，休宁戴震称其考证明信，不苟为罗缀蹈袭。……凤具至性，厚于师友。"① 著有《退学斋集》二卷、《西征集》二卷、(乾隆)《箓溪小志》二卷、《四书古训》《三礼通义》《亲雅堂诗钞》十卷。② 乾隆《箓溪志》(1939年铅印本)、同治《苏州府志》卷九十六有详传。

主要流布版本有南京图书馆藏乾隆三十九年(1774)钞稿本、朱启甲与蒋正逵1939年版铅印本、上海书店出版社1992年版《中国地方志集成·乡镇志专辑》第八册影印1939年版铅印本、《昆山历代地方志》光盘数据库整理本。

### 乾隆《支溪小志稿》四卷

顾镇编辑，清乾隆中叶成书。

顾镇(1700—1771)③，字备九，号虞东，一字古湫。乾隆三年举人，十九年进士。任宗人府主事，与修玉牒。"虞东少攻苦，为里人陈见复先生高等弟子。后游北平黄昆圃先生门，学益进。生平

---

① (清)金吴澜等修、汪堃等纂：光绪《昆新两县续修合志》卷三十一《人物十二·文苑二》，《中国地方志集成·江苏府县志辑》第十六册影印清光绪六年(1880)刻本，江苏古籍出版社1991年版。

② (清)金吴澜等修、汪堃等纂：光绪《昆新两县续修合志》卷五十《著述目下》，《中国地方志集成·江苏府县志辑》第十七册影印清光绪六年(1880)刻本，江苏古籍出版社1991年版。

③ 关于清人顾镇的生卒年，学术界有四种不同意见。沈秋农、曹培根主编：《常熟乡镇旧志集成》所收录《(乾隆)支溪小志·点校说明》以为其生卒年当是1720—1792年，而江庆柏编著《清代人物生卒年表》依据周昂所撰《宗人府主事虞东顾先生行状》以为其生卒年当是1700—1771年(人民文学出版社2005年版)。殷衍滔撰《顾镇生卒年考辨》一文，分别考证剖析四种说法，最后以为顾镇生卒年当是1700—1771年，参见《常熟理工学院学报》(哲学社会科学版)，2012年第9期。其考据结论可信，今从其说。

尤邃于诗礼，所著诗古文词成一家言。辑前明一代之文为《明文观》。……历主金台、虞山、白鹿、钟山讲席，所成就多闻人。年七十三卒，有《虞东学诗》梓行于世。"①著有《黄侍郎公年谱》三卷、《三礼劄记》（未成稿）、《虞东文录》八卷、诗二卷、《钱法考》等书，编辑乾隆《支溪小志》原稿本四卷，已佚。② 袁枚《小仓山房诗文集》卷五《虞东先生墓志铭》、同治《苏州府志》卷一〇一有详传。

主要流布版本有上海图书馆藏钞本。

### 乾隆《支溪小志》六卷

顾镇编辑、周昂增订，清乾隆五十三年成书。

顾镇生平已见"乾隆《支溪小志稿》"条著录。

周昂（1732—1788 以后），字千若，号少霞，清乾隆举人。"乾隆乙酉选贡成均，廷试授宁国府训导。［乾隆］庚寅举于乡，壬辰引疾归。"著有《古韵通叶》《韵学集成摘要》《此宜阁说经賸稿》等八种，增订乾隆《支溪小志》六卷。③ 光绪《常昭和志稿》卷三十有传。

主要流布版本有江苏省常熟市文管会藏清乾隆五十三年（1753）稿本、清乾隆五十三年（1788）刻本、上海书店出版社 1992年版《中国地方志集成·乡镇志专辑》第十册影印稿本、广陵书社2007 年版《常熟乡镇旧志集成》朱绍曾标点本。

### 乾隆《儒林六都志》二卷

孙阳顾纂、曹吴霞续纂，清乾隆五十六年成书。

① （清）顾镇编辑、周昂增订：乾隆《支溪小志》卷三《人物志·科第》，沈秋农、曹培根主编：《常熟乡镇旧志集成》朱绍曾标点本，广陵书社 2007 年版，第 208 页。

② 参见《清史列传》卷六十八《顾栋高传》附《顾镇传》，王锺翰点校本第十七册，中华书局 1987 年版，第 5479 页。

③ （清）顾镇编辑、周昂增订：乾隆《支溪小志》卷三《人物志·科第》，沈秋农、曹培根主编：《常熟乡镇旧志集成》朱绍曾标点本，广陵书社 2007 年版，第 209 页。

　　孙阳顾，生卒年不详。字奏幽，号南庐，湖州乌程增广生，康熙乙丑庠生。① 著有《四书管窥》五卷、《易经广注》十四卷、《尚书札记》《周礼三经纂要》《唐诗七律约解》二十卷等书十二种，② 又编纂乾隆《儒林六都志》二卷。

　　曹吴霞，生卒年不详，庠姓曹，字象雷，号翠亭。乾隆壬午副贡[生]。③ 著有《翠亭诗集》，续纂乾隆《儒林六都志》二卷。④

　　主要流布版本有南京博物院藏民国钞本、上海书店出版社1992年版《中国地方志集成·乡镇志专辑》第十一册影印民国钞本、广陵书社2010年版《吴江乡镇旧志丛刊·儒林六都志》沈春荣等校注本。

## 乾隆《扬州西山小志》一卷

　　林溥纂，清乾隆年间成书。

　　林溥，字少紫，清咸丰二年进士，历任山东即墨知县、东平知州等官，主修同治《即墨县志》。⑤

　　主要流布版本有扬州大学图书馆藏钞本、江苏省广陵古籍刻印

---

　　① （清）孙阳顾纂、曹吴霞续纂：乾隆《儒林六都志下·庠生》，《吴江乡镇旧志丛刊·儒林六都志》沈春荣等校注本，广陵书社2010年版，第119页。钱澄宇撰《南京博物院珍藏江苏稀见方志抄本考略（下）》指出其人"生平资料未能查到"，当是查考未详之故。参见《江苏地方志》2013年第2期。

　　② （清）孙阳顾纂、曹吴霞续纂：乾隆《儒林六都志下·著述》，《吴江乡镇旧志丛刊·儒林六都志》沈春荣等校注本，广陵书社2010年版，第178页。

　　③ （清）孙阳顾纂、曹吴霞续纂：乾隆《儒林六都志上·贡生》《儒林六都志下·庠生》，《吴江乡镇旧志丛刊·儒林六都志》沈春荣等校注本，广陵书社2010年版，第91、105页。钱澄宇撰《南京博物院珍藏江苏稀见方志抄本考略（下）》指出其人"生平资料未能查到"，当是查考未详之故。参见《江苏地方志》2013年第2期。

　　④ 按：沈春荣等校注本乾隆《儒林六都志下·著述》误作"曾吴霞"，广陵书社2010年版，第179页。

　　⑤ 参见潘荣胜主编：《明清进士录》，中华书局2006年版，第1095页。

社 1989 年版影印本、广陵书社 2003 年版《中国风土志丛刊》第二十
七册影印本、广陵书社 2005 年版《扬州地方文献丛刊》点校本。

### 乾隆《璜泾志略稿》不分卷

赵曜撰，清乾隆末年成书。

赵曜，生卒年不详，字仁如，号润香松子。"以监生例授征仕
郎。为人修洁自好，雅喜名誉。……时喜吟咏，爱交文士，有才艺
者至其家，亦必欷接，其修洁自好皆此类也。"①纂辑乾隆《璜泾志
略稿》。

主要流布版本有江苏省南京图书馆藏清乾隆末年稿本、吉林大
学图书馆藏钞本、上海书店出版社 1992 年版《中国地方志集成·乡
镇志专辑》第九册影印稿本。

### 嘉庆《黎里志》十六卷

徐达源撰，清嘉庆八年成书。

徐达源(1767—1846)，字岷江，一字无际，号山民。②"由太
学[生]候选布政司理问，改翰林院待诏。为随园弟子。性冲淡，
工诗古文，善画墨梅，简老疏古，得杨无咎法。间作山水小幅，略
脱畦迳。少多艺能，老于著述，文献多赖以存者。生平尚风义、好
施与，……[自京师归]，杜门著述，海内名流往来于禊湖不
绝，……曾以朋侪投赠，刻有《紫藤花馆藏帖》，流传海外，日本
国人藏之圣庙中，艺林荣之。"③著有《吴郡甫里人物考》《吴郡甫里

---

① (清)施若霖纂：道光《璜泾志稿》卷之二《人物志》，《中国地方志集
成·乡镇志专辑》第九册影印上海图书馆藏 1940 版铅印本，上海书店出版社
1992 年版。

② 按：光绪《吴江县续志》卷二十二《文苑下》本传误作"字山民"。

③ (清)蔡丙圻撰：光绪《黎里续志》卷之八《人物五》，《吴江乡镇旧志
丛刊·黎里志(两种)》陈其弟点校本，广陵书社 2011 年版，第 458~459 页。

诗编》《修养杂录》《紫藤花馆文稿》《无隐庵笔记》等书①，编纂嘉
庆《黎里志》十六卷。同治《苏州府志》卷一〇七、光绪《吴江县续
志》卷二十二有传。

　　主要流布版本有清嘉庆十年（1805）吴江徐氏孚远堂初刻本、
清光绪二十五年（1899）重印本、上海书店出版社 1992 年版《中国
地方志集成·乡镇志专辑》第十二册影印清嘉庆十年（1805）刻本、
广陵书社 2011 年版《吴江乡镇旧志丛刊·黎里志（两种）》陈其弟点
校本。

## 嘉庆《北湖小志》六卷

　　焦循纂，清嘉庆十二年成书。

　　焦循（1763—1820），清代学术大师、经学家。字理堂，一字
里堂，嘉庆辛酉举人。"以孝友笃行著，恬淡寡欲，不干仕禄。居
恒布衣蔬食，不入城市，以著书为事、湖山为娱，壮年即名重海
内。尝一应礼部试，不第，归即闭户潜修。"②"善读书，博闻强
记，识力精卓，于学无所不通，著书数百卷，尤邃于经。于经无所
不治，而于《周易》《孟子》专勒成书。"③著有《［自订］雕菰楼集》二
十四卷、《易学三书》四十卷、《孟子正义》三十卷，以及《毛诗郑氏
笺补疏》五卷、《毛诗鸟兽草木虫鱼释》十一卷、《焦氏家乘》八卷、
《里堂家训》二卷等。④ 编纂嘉庆《北湖小志》六卷。同治《续纂扬州

---

　　① （清）蔡丙圻撰：光绪《黎里续志》卷之四《撰述》，《吴江乡镇旧志丛
刊·黎里志（两种）》陈其弟点校本，广陵书社 2011 年版，第 388 页。

　　② （清）阮先纂辑：道光《北湖续志》卷四《人物》，《扬州地方文献丛
刊》孙叶峰点校本，广陵书社 2003 年版，第 45 页。

　　③ （清）阮元撰：《揅经室二集》卷四《通儒扬州焦君传》，《中国历史文
集丛刊》邓经元点校本，中华书局 1993 年版，第 475~481 页。此文对于焦循
的生平以及学术理论要旨有精到的阐发。

　　④ 参见（清）阮先纂辑：道光《北湖续志》卷五《经籍》，《扬州地方文献
丛刊》孙叶峰点校本，广陵书社 2003 年版，第 54 页；（清）谢延庚修、刘寿曾
纂：光绪《江都县续志》卷二十上《艺文考上》，《中国地方志集成·江苏府县
志辑》第六十七册影印清光绪十年（1884）刻本，江苏古籍出版社 1991 年版。

府志》卷之十三、光绪《江都县续志》卷二十四上、《清史稿》卷四百八十二皆有详传。

主要流布版本有南京大学图书馆藏清嘉庆十二年(1807)稿本、清嘉庆十三年(1808)扬州阮氏初刻本、清道光六年(1826)江都焦氏雕菰楼刊《焦氏丛书》本、清光绪二年(1876)衡阳魏氏刊《焦氏丛书》本、台湾成文出版社1983年版《中国方志丛书·华中地方》第四百一十号影印本、上海书店出版社1992年版《中国地方志集成·乡镇志专辑》第十五册影印清嘉庆十三年(1808)刻本、海南出版社2001年版《故宫珍本丛刊》第二百六十六册影印本、广陵书社2003年版《扬州地方文献丛刊》孙叶峰点校本。

## 嘉庆《贞丰拟乘》二卷

章腾龙原纂、陈勰增辑，清嘉庆十三年成书。

章腾龙(约1673—1753)，"字觐韩。博涉，多才艺。数应试不隽，转入长庠为武生。……游粤东，多得江山之助，学益进。凡地势奇峻、民俗诡异，一皆笔之于书，成《岭南杂志》《粤游纪程》二集。晚年采辑里中故实，作(乾隆)《贞丰拟乘》[二卷](已佚)。其原本颇不俗，多为后人改窜，乃失其真。然此后若顾时鸿撰(乾隆)《甫里志》、沈赞(道光)《唯亭志》、陈树毂(乾隆)《陈墓志》、陶煦又撰(光绪)《周庄志》，皆踵章氏而起者也。"①著有《绿天书屋集》。②

陈勰(1746—1817以后)，字佩兰，号墨庄布衣，著有《省头草》《淞溪寄迹吟》。③　增辑嘉庆《贞丰拟乘》二卷。

---

①　曹允源、李根源纂：民国《吴县志》卷第六十八下《列传七》，《中国地方志集成·江苏府县志辑》第十二册影印苏州文新公司1933年版铅印本，凤凰出版社2008年版。

②　曹允源、李根源纂：民国《吴县志》卷第五十七《艺文考三》，《中国地方志集成·江苏府县志辑》第十一册影印苏州文新公司1933年版铅印本，凤凰出版社2008年版。

③　曹允源、李根源纂：民国《吴县志》卷第五十七《艺文考三》，《中国地方志集成·江苏府县志辑》第十一册影印苏州文新公司1933年版铅印本，凤凰出版社2008年版。

主要流布版本有清嘉庆十五年（1810）聚星堂初刻本、南京大学图书馆藏钞本、上海书店出版社 1992 年版《中国地方志集成·乡镇志专辑》第六册影印清嘉庆十五年（1810）刻本、《昆山历代地方志》光盘数据库整理本、广陵书社 2014 年版《周庄旧志三种》整理合刊本。

### 嘉庆《同里志》二十四卷

周之桢纂，清嘉庆十六年成书。

周之桢，生卒年不详，系乾隆《采录同里先哲志》编纂者周羲之子。字祝年，［一字省庵］，号竹岩。县诸生。"工画兰，喜吟诗。课授予外，得友朋唱和之乐。性温厚，好收藏书画碑版。……尝修葺其先忠毅公宗建祠。举凡敦睦，身先倡之。著有《垂虹诗賸》八卷。"①编纂嘉庆《同里志》二十四卷。

主要流布版本有清嘉庆十七年（1812）同川书院初刻本、1917 年叶棣棪铅印本、上海书店出版社 1992 年版《中国地方志集成·乡镇志专辑》第十二册影印 1917 年版铅印本、广陵书社 2011 年版《吴江乡镇旧志丛刊·同里志（两种）》沈春荣等点校本。

### 嘉庆《二续淞南志》二卷

陈至言纂，清嘉庆十八年成书。

陈至言，生卒年不详。"字谔士，布衣。能诗，工行草书。"②辑有《星溪志略》、另纂有乾隆《信义志》六卷。③ 宣统《信义志稿》

---

① 费善庆纂辑：民国《垂虹识小录》卷六，《中国地方志集成·江苏府县志辑》第二十三册影印钞本，江苏古籍出版社 1991 年版。

② （清）金吴澜等修、汪堃等纂：光绪《昆新两县续修合志》卷三十一《人物十二·文苑二》，《中国地方志集成·江苏府县志辑》第十六册影印清光绪六年（1880）刻本，江苏古籍出版社 1991 年版。

③ （清）金吴澜等修、汪堃等纂：光绪《昆新两县续修合志》卷五十《著述目下》，此即所载《真义志》。《中国地方志集成·江苏府县志辑》第十七册影印清光绪六年（1880）刻本，江苏古籍出版社 1991 年版。

人物有传。

主要流布版本有清嘉庆十八年（1813）初刊活字本、上海书店出版社 1992 年版《中国地方志集成·乡镇志专辑》第四册影印嘉庆十八年（1813）活字本。

### 嘉庆《刘河镇记略》十四卷

金端表纂，清嘉庆二十一年成书（内容增补下限至清道光三年）。

金端表（1755？—1823 以后），字逸儒，又字翼如，"乡间老民"，纂辑道光《刘河镇记略》十四卷。

主要流布版本有上海图书馆藏清嘉庆二十一年（1816）稿本、上海书店出版社 1992 年版《中国地方志集成·乡镇志专辑》第九册影印稿本。

### 嘉庆《桂村小志》不分卷

吴卓信纂，清嘉庆二十三年成书。

吴卓信（1755—1823），史学家。字颛儒，"补常熟学博士弟子员"。① "少孤。尽鬻遗产，购书数万卷，坐卧其中。太仓冯伟见其所著书，为之延誉。邑先辈邵齐熊、吴蔚光皆折节与交。……已而游淮、徐，历齐、鲁，走京师，尝一至关中，尽拓汉唐金石以归。……性简亢，遇达官贵人罕交一语。至争辩事理，则气涌面发赤，不申其说不止。……[其所著]武进李兆洛叹为读史书不可无之书。"著有《读诗余论》《仪礼劄记》《汉三辅考》二十四卷等（皆未刻），又有《汉书地理志补注》一〇三卷②、《三国补志》与《三国补

274

---

① （清）孙原湘撰：《天真阁集》卷四十九《吴卓信传》，《续修四库全书》第 1488 册影印清嘉庆五年（1800）增修刻本，上海古籍出版社 1996 年版。

② 此书有清道光二十八年（1848）包慎言刻本，收入《二十五史补编·史记两汉书三史补编》第二册，北京图书馆出版社 2005 年版。按（清）郑钟祥等修、庞鸿文等纂光绪《常昭和志稿》卷三十《人物·文学》所载《吴卓信传》误记此书为二十卷。

表》各六卷(存三卷)。纂辑嘉庆《桂村小志》。所刊刻者仅为《澹成居文钞》四卷附《丧礼经传约》一卷。① 孙原湘《天真阁集》卷四十九、同治《苏州府志》卷一〇三、光绪《常昭和志稿》卷三十有详传。

主要流布版本有江苏省常熟市图书馆藏清嘉庆二十三年(1818)稿本、上海图书馆藏钞本、广陵书社 2007 年版《常熟乡镇旧志集成》许洪新等标校本。

## 嘉庆《瓜洲志稿》

卷数不详。王豫、卞萃文纂,清嘉庆前期成书。

王豫,生卒年不详,字应和,号柳村,丹徒诸生。"工诗,一时通人硕士多与之游。后移籍江都。道光二年诏开制科,县令陈文述将以山林隐逸荐,力辞不就。"②著有《种竹轩诗集》《群雅集》并二集、《在山堂诗略》《焦山志》、嘉庆《瓜洲志稿》等书③,以所辑《江苏诗徵》一百八十三卷最有名。光绪《丹徒县志·文苑》有传。

卞萃文(1768—1844),字孚升,号逊斋,晚号钝夫,嘉庆三十一年举人。④"自幼诚笃嗜学,非经世书不读。……讲学论文必究本源,尝曰:'学必如此,出为良臣,处为正士。'潜心宋五子

---

① (清)郑钟祥等修、庞鸿文等纂:光绪《常昭和志稿》卷三十《人物·文学》,《中国地方志集成·江苏府县志辑》第二十二册影印清光绪三十年(1904)活字本,凤凰出版社 2008 年版。

② 钱祥保修、桂邦杰等纂:民国《江都县续志》卷二十四上《列传第六上》,《中国地方志集成·江苏府县志辑》第六十七册影印 1926 年版刻本,江苏古籍出版社 1991 年版。

③ 参见(清)何绍章等修、吕耀斗等纂:光绪《丹徒县志》卷四十六《书目》,《中国地方志集成·江苏府县志辑》第三十册影印清光绪五年(1879)刻本,江苏古籍出版社 1991 年版;胡为和修、孙国钧纂:民国《丹徒县续志》卷十八《艺文一·书目》,《中国地方志集成·江苏府县志辑》第三十册影印 1926 年版刻本,江苏古籍出版社 1991 年版。

④ 参见(清)卞宗谟编:《卞徵君年谱》,《北京图书馆藏珍本年谱丛刊》第一百三十册影印 1912 年揖峰书屋木活字版《卞徵君集》本,北京图书馆出版社 1999 年版。

书，务为有体有用之学。……居恒未尝欠伸跛倚，终日端坐。自晨起至夜分，惟目孜孜无片刻虚度。接人处事，谦恭和平，不孤高绝物，亦不枉己徇人。"①著有《逊斋文集》《性理约讲》《四书集说》《五经指要》等书。

主要流布版本有江苏省扬州市图书馆藏清嘉庆前期稿本。

### 嘉庆《涂淞遗献录》一卷

程庭鹭纂，清嘉庆年间成书。

程庭鹭（1796—1858），清代书画家，字缀真、问初，号绿卿，诸生。著有《练水画徵录》《小松圆阁杂著》等书。

有民国铅印本流传。

### 嘉庆《瓜洲志》八卷

吴耆德、王养度等纂修，冯锦编辑，清嘉庆中后期成书。

吴耆德（1766—1824 以后）②，"由国史馆誊录议叙州同"，"工例加捐同知，投效南河。嘉庆十三年正月内补授［江苏扬州府］江防同知。""嘉庆二十四年三月，补授宿北同知。道光元年四月内奏请升署徐州道，四年十一月内用江苏徐州道。"③与王养度等纂修嘉庆《瓜洲志》八卷。

王养度，生卒年不详，字蒙泉，道光时收藏家。嘉庆十四年，

---

①　（清）王检心修、刘文淇等纂：道光《重修仪征县志》卷三十五《人物志·儒行》，《中国地方志集成·江苏府县志辑》第四十五册影印清光绪十六年（1890）刻本，江苏古籍出版社 1991 年版。

②　据吴耆德道光四年（1824）十一月履历所载："吴耆德，浙江人，年五十九岁"，可推知其生年为 1766 年，卒年不详。参见秦国经主编：《中国第一历史档案馆藏清代官员履历档案全编》第三册，华东师范大学出版社 1997 年版，第 583 页。

③　吴耆德履历，参见秦国经主编：《中国第一历史档案馆藏清代官员履历档案全编》第三册，华东师范大学出版社 1997 年版，第 583 页。

继吴耆德为江苏扬州府江防同知。道光十九年，"东河候补同知署洳河同知王养度，即经该抚（指山东巡抚经额布）传讯，自认从前吸食鸦片不讳，惟所称先食后戒，殊难凭信。王养度著即革职，交该抚提案严审明确，按律定拟奏具。"①

冯锦，生卒年不详。字少府，任职江都县瓜洲巡检司，编辑嘉庆《瓜洲志》八卷。

主要流布版本有天津市图书馆藏民国钞本、瓜洲于氏凝晖堂1923 年版铅印本、上海书店出版社 1992 年版《中国地方志集成·乡镇志专辑》第十五册影印 1923 年版铅印本、扬州市瓜洲镇人民政府 1986 年版赵苇航标点本。

### 嘉庆《练湖志》十卷

黎世序、刘会恩纂，清嘉庆十五年成书。

主要流布版本有清嘉庆十五年（1810）初刻本、1916 年胡为和增辑刻本。

### 道光《双凤里志》六卷

时宝臣纂修，清道光六年成书。

时宝臣，生卒年不详，字子白。嗜学多闻，制科之暇，留心乡邦文献。编纂道光《直塘里志》六卷、道光《双凤里志》六卷。②

主要流布版本有清道光六年（1826）《娄水艺文汇钞》初刊活字本、南京博物院藏钞本、上海书店出版社 1992 年版《中国地方志集成·乡镇志专辑》第九册影印清道光六年（1826）活字本。

277

---

① 参见《清宣宗实录》卷三百二十一，道光十九年四月十九日条，中华书局影印本，2012 年版。

② 此据钱澄宇撰《南京博物院珍藏江苏稀见方志抄本考略（下）》，《江苏地方志》2013 年第 2 期；以及太仓市图书馆网站《太仓历史人物数据库》刊布人物传记资料。

### 道光《钓渚小志》不分卷

单学傅纂，清道光六年成书。

单学傅，生卒年不详，清代诗人、诗评家。字师白，号钓翁，嘉庆五年庠生。①"所著经类两种、史类两种、杂家类十四种、志乘类四种、诗话类四种、选家类三种"等。② 编纂道光《钓渚小志》③、《海虞诗话》十六卷。

主要流布版本有上海图书馆藏钞本、上海书店出版社 1992 年版《中国地方志集成·乡镇志专辑》第十册影印钞本、广陵书社 2007 年版《常熟乡镇旧志集成》朱绍曾标校本。

### 道光《浒墅关志》十八卷

凌寿祺纂，清道光七年成书。

凌寿祺，生卒年不详。"字介福，号戒甫，本镇（即浒墅）人。吴县学优增生。"④编纂道光《浒墅关志》十八卷，⑤ 著有《渔庄集》《贯庄[诗文]丛稿》《浒墅旧闻》。⑥

---

① （清）单学傅纂：道光《钓渚小志》，沈秋农、曹培根主编：《常熟乡镇旧志集成》朱绍曾标点本，广陵书社 2007 年版，第 729 页。

② （清）郑钟祥等修、庞鸿文等纂：光绪《常昭合志稿》卷三十《人物·文学》，《中国地方志集成·江苏府县志辑》第二十二册影印清光绪三十年（1904）活字本，凤凰出版社 2008 年版。

③ 按：此志大致以清乾嘉年间为断，《中国地方志联合目录》断其下限为清道光五年。

④ （清）凌寿祺纂：道光《浒墅关志·修志衔名》，钦瑞兴点校本，广陵书社 2012 年版。

⑤ 按：凌寿祺所纂《浒墅关志》于清嘉庆十三年成书后久未刊行，时隔近二十年，至清道光七年始得刊布。志中所载人物以清嘉庆年间为断，而纪事下限至清道光七年，当是后人于稿本中间有增纂之故。

⑥ （清）凌寿祺纂：道光《浒墅关志》卷之十七《艺文》，钦瑞兴点校本，广陵书社 2012 年版，第 299 页；曹允源、李根源纂：民国《吴县志》卷第五十六下《艺文考二》、卷第五十八下《艺文考八》，《中国地方志集成·江苏府县志辑》第十一册影印苏州文新公司 1933 年版铅印本，凤凰出版社 2008 年版。

主要流布版本有清道光七年（1827）初刻本、厦门大学图书馆藏钞本、上海图书馆藏晒印本、江苏广陵古籍刻印社1988年版影印本、上海书店出版社1992年版《中国地方志集成·乡镇志专辑》第五册影印清道光七年（1827）刻本、广陵书社2012年版钦瑞兴点校本。

## 道光《平望志》十八卷

翁广平撰，清道光七年成书。

翁广平（1760—1842），字海琛，号海邨，苏州府生员。道光元年举孝廉方正科，钦赐六品顶戴。① "少从唐仲冕、姚鼐、洪亮吉、张士元游。攻诗文外，尤喜异书。……著作甚富，不下百余卷。"② "由海舶求其[日本]国书数十种，撰《世系表》十卷，地理、风土、食货、职官、艺文、兵事志二十卷，名《吾妻镜补》。……质朴无文采，与人言呴呴若老妪云。"③ 著有《吾妻镜补》三十卷（仅刻其半）、《听莺居文钞》三十卷、《杵臼经》等，④ 编纂道光《平望志》十八卷。同治《苏州府志》卷一〇七、光绪《吴江县续志》卷二十二、民国《垂虹识小录》卷四有传。

主要流布版本有清道光二十年（1840）初刻本、清光绪十三年（1887）吴江黄兆柽重刻本、上海书店出版社1992年版《中国地方志集成·乡镇志专辑》第十三册影印清光绪十三年（1887）重刻本、

---

① （清）翁广平撰：道光《平望志》卷六《荐辟》，《吴江乡镇旧志丛刊·平望志（三种）》沈春荣等点校本，广陵书社2011年版，第117页。

② （清）黄兆柽纂：光绪《平望续志》卷七《人物一》，《吴江乡镇旧志丛刊·平望志（三种）》沈春荣等点校本，广陵书社2011年版，第395页。

③ （清）金福曾等修、熊其英等纂：光绪《吴江县续志》卷二十二《人物七·文苑下》，《中国地方志集成·江苏府县志辑》第二十册影印清光绪五年（1879）刻本，江苏古籍出版社1991年版。

④ 参见刘声木撰：《桐城文学渊源考》卷四《翁广平传》，徐天祥点校本，黄山书社1989年版，第189页；杨立诚、金步瀛编：《中国藏书家考略》，上海古籍出版社1987年版，第178页。

广陵书社 2011 年版《吴江乡镇旧志丛刊·平望志(三种)》沈春荣等点校本。

### 道光《增修鹤市志略》三卷

周侃、周僖等纂,清道光八年成书。

主要流布版本有 1928 年钞本、1947 年许瘦蝶续纂铅印本。

### 道光《直塘里志》六卷

时宝臣修、凌德纯纂,清道光九年成书。

时宝臣生平已见"道光《双凤里志》"条著录。

主要流布版本有南京图书馆藏清道光九年(1829)稿本、上海博物馆藏清同治间钞本。

### 道光《吕四场志》不分卷

佚名纂,清道光九年成书。

主要流布版本有中国科学院图书馆藏钞本、上海书店出版社 1992 年版《中国地方志集成·乡镇志专辑》第十六册影印钞本。

### 道光《璜泾志稿》八卷

施若霖纂,清道光十年成书。

施若霖,生卒年不详,字润斋,清道光十年贡生。① 在冯恒所

---

① (清)施若霖纂:道光《璜泾志稿》卷之二《选举志》,《中国地方志集成·乡镇志专辑》第九册影印上海图书馆藏 1940 版铅印本,上海书店出版社 1992 年版;(清)王祖畲纂修:宣统《太仓州志》卷十《选举表》,《中国地方志集成·江苏府县志辑》第十八册影印 1919 年版刻本,江苏古籍出版社 1991 年版。

纂乾隆《璜泾志略》的基础上，纂辑为道光《璜泾志稿》八卷。

主要流布版本有清道光十年（1830）初刻本、江西师范大学图书馆藏传钞清道光十年（1830）刻本、1913 年版重刻本、1940 年版铅印本、上海书店出版社 1992 年版《中国地方志集成·乡镇志专辑》第九册影印 1940 年版铅印本。

## 道光《分湖志》八卷

沈刚中纂、陆耀校订，清道光十年成书。

沈刚中，生卒年不详，字需尊，自号北溪居士。"沈氏家故饶，尤多藏书，凡金石碑版、琳琅秘籍，尽入搜罗。……刚中少承家学，不喜习举子业。专意为有韵之言，因得尽发所藏书，博习强记以资诗料，旁及古文词。为人野逸古雅，有隐者风。喜论说古今，目张口哆，唾涕杂下。……［凡所论］皆非经生常谈。以布衣终。"①著有《石刻考录》《北溪文稿》《北溪草堂诗稿》七卷，编纂乾隆《分湖志》八卷（已佚）。同治《苏州府志》卷一〇六、光绪《吴江县续志》卷二十一、民国《垂虹识小录》卷五有详传。

陆耀（1723—1785），字青来，号朗夫。"笃志于学，以古君子自励。乾隆十七年壬申，举于京兆。甲戌会试通榜，考授内阁中书"，历任山东登州府知府、运河道按察使、布政使、湖南巡抚。"学优品端，精析义理，处事衷诸道，不意为同异。"②著有《运河备考》六卷、《扣槃集》《切问斋集合》，校订道光《分湖志》八卷。③冯浩《孟亭居士文稿》卷三有墓志铭。同治《苏州府志》卷一〇六、光绪《吴江县续志》卷十六有详传。

---

① （清）柳树芳辑录：道光《分湖小识》卷二《人物上·隐逸》，《吴江乡镇旧志丛刊·分湖三志》沈春荣等点校本，广陵书社 2008 年版，第 137～138 页。

② （清）柳树芳辑录：道光《分湖小识》卷二《人物上·仕宦》，《吴江乡镇旧志丛刊·分湖三志》沈春荣等点校本，广陵书社 2008 年版，第 134 页。

③ 按：此志《中国地方志联合目录》与《中国地方志集成·乡镇志专辑》皆未著录。

主要流布版本有上海图书馆藏钞本、江苏省吴江市档案馆藏复印钞本、广陵书社 2008 年版《吴江乡镇旧志丛刊·分湖三志》沈春荣等点校本。

### 道光《竹镇纪略》二卷

李敬原纂、佚名增补，清道光十一年成书。

李敬（1620—1665），清顺治四年进士。"字圣一，号退庵。……入补江西道，掌京畿道，协理京察、戎政，移掌河南道台。……拜刑部右侍郎，转左[侍郎]。……所著有《学诗录》及诗文若干卷、奏议若干卷行于世。"①纂有顺治《竹镇纪略》，成书于清顺治末年，后经增补成为道光《竹镇纪略》二卷。

主要流布版本有中国国家图书馆藏清钞本、上海书店出版社 1992 年版《中国地方志集成·乡镇志专辑》第五册影印清钞本。

### 道光《黄溪志》十二卷

钱墀原著，清道光十一年成书。

钱墀，生卒年不详，字舞丹，[号春翘]，黄溪人，诸生。"嘉庆初，邑令唐仲勉将修邑志，会去官，不果修。墀以采访所得加参，积焉成（道光）《黄溪志》十二卷，其体例特简净，有法度。"②著有《黄溪诗证》《见闻随笔》《亦陶轩诗钞》。③

主要流布版本有清道光十一年（1831）亦陶轩初刻本、上海图

---

①　(清)宋徵舆撰：《林屋文稿》卷九《通议大夫刑部左侍郎退庵李公墓志铭》，《四库全书存目丛书》第二百十五册影印清康熙九年（1670）俞楼刻本，齐鲁书社 1997 年版。

②　(清)金福曾等修、熊其英等纂：光绪《吴江县续志》卷二十二《文苑下》，《中国地方志集成·江苏府县志辑》第二十册影印清光绪五年（1879）刻本，江苏古籍出版社 1991 年版。

③　(清)蔡丙圻撰：光绪《黎里续志》卷首《题咏撰文姓氏考》，《吴江乡镇旧志丛刊·黎里志（两种）》陈其弟点校本，广陵书社 2011 年版，第 302 页。

书馆藏1918年吴江柳氏传钞本、上海书店出版社1992年版《中国地方志集成·乡镇志专辑》第十一册影印清道光十一年(1831)刻本、广陵书社2011年版《吴江乡镇旧志丛刊·盛湖志(四种)》沈春荣等点校本。

### 道光《唐市志》三卷

倪赐原纂、苏双翔补纂，清道光十四年成书。

倪赐生平已见"乾隆《唐墅征献录》"条著录。

苏双翔，生卒年不详。"字仲山，号芷生，一元之弟，邑诸生。生平谨言慎行，不尚时趋。为文古茂，后因手震不能作字，绝意进取，肆力于古。博览书籍，有所询靡不数典以对。尤熟丧祭诸礼，里中遇疑事僻典，必就询焉。"①晚年增修道光《唐市志》三卷。

主要流布版本有南京图书馆藏清道光十四年补纂(1834)稿本、上海书店出版社1992年版《中国地方志集成·乡镇志专辑》第九册影印清道光十四年补纂(1834)稿本、广陵书社2007年版《常熟乡镇旧志集成》曹培根标校本。

### 道光《里睦小志》二卷

顾崇善纂，清道光十四年成书。

顾崇善，生卒年不详，字齐宋，号云咸。"善书法，工诗词。谈吐温淳，风流儒雅。"②嘉庆元年，与里人孙青、陈鑅、程梓诰等发起"惜字会"。③

----

① (清)倪赐原纂、苏双翔补纂、龚文洵再补纂：光绪《唐市补志》卷中《文苑》，沈秋农、曹培根主编：《常熟乡镇旧志集成》曹培根标点本，广陵书社2007年版，第378页。

② (清)顾崇善纂：道光《里睦小志·点校说明》，沈秋农、曹培根主编：《常熟乡镇旧志集成》朱绍曾标点本，广陵书社2007年版。

③ (清)顾崇善纂：道光《里睦小志·乡校志》，沈秋农、曹培根主编：《常熟乡镇旧志集成》朱绍曾标点本，广陵书社2007年版，第583页。

主要流布版本有上海图书馆藏钞本、上海书店出版社 1992 年版《中国地方志集成·乡镇志专辑》第十一册影印钞本、广陵书社 2007 年版《常熟乡镇旧志集成》朱绍曾标校本。

### 道光《静海乡志》三卷

丁鹿寿纂，清道光十四年成书。

丁鹿寿（1789—1856），字颂良，号苹野，通州人，嘉庆己卯举人。① 道光十七年至十九年，任湖北广济知县，"作育人才，每课士评骘甚详，删润亦极确当。时日有创建考棚之举，鹿寿率诸绅董其事，不数月告成。比试，士于其中咸称便云。"② 著有《山居集》，编纂道光《海门县志》三卷、道光《静海乡志》三卷。

主要流布版本有清道光十四年（1834）初刻本、上海图书馆藏钞本、上海书店出版社 1992 年版《中国地方志集成·乡镇志专辑》第十六册影印钞本。

### 道光《静海乡志大事记》一卷

丁鹿寿纂，清道光十四年成书。
丁鹿寿生平已见"道光《静海乡志》"条著录。
主要流布版本有清道光十四年（1834）初刻本、上海图书馆藏

---

① 江苏省地方志编纂委员会办公室供稿：《江苏省通志稿·选举志》第十三卷《清举人（四）嘉庆 道光》，江苏古籍出版社 1993 年版，第 295 页。

② 参见（清）刘宗元等修、刘燡纂：同治《广济县志》卷五《秩官表》以及同卷《名宦》本传，《中国地方志集成·湖北府县志辑》第二十五册影印清同治十一年（1872）活字本，江苏古籍出版社 2001 年版；以及湖北省武穴市地方志编纂委员会编：《广济县志》卷七《政权 政协》"一 明清时期的政权机构"，汉语大词典出版社 1994 年版，第 150 页。按金恩辉、胡述兆主编：《中国地方志总目提要》"［道光］海门县志三卷首一卷"条考述丁鹿寿生平，云："乡绅，生平不详"，实乃未详细查考之故。参见该书江苏省部分 10～74，台湾汉美图书有限公司 1996 年版。

钞本、上海书店出版社 1992 年版《中国地方志集成·乡镇志专辑》
第十六册影印钞本。

### 道光《恬庄小识》不分卷

杨希溓编述，清道光十七年成书。

杨希溓，生卒年不详，字遄飞，常熟县诸生。"生有至性，事
母程，恪循孝道。……遵母遗命，出己产二十八亩零，捐为杨庆恩
堂义塾田，俾为读书者脩脯、膏火资。家藏书帖五百八十余种，咸
置塾备用。具牒呈县，县尊嘉之。君喜为诗，兼工金石学，吟稿、
印稿，皆孙子潇太史（即孙原湘）为之序。"①著有《常熟恬庄杨氏族
谱》《杨氏孝节录》《念八居诗草》《教子编》《遄飞印稿》等。②

主要流布版本有清道光十七年（1837）初刻本、广陵书社 2007
年版李克为等标校本、广陵书社 2007 年版《常熟乡镇旧志集成》李
克为等标校本。

### 道光《时村志》二十五卷

冯道立纂，清道光十七年成书。

主要流布版本有江苏省东台市地方志办公室藏 1943 年周文青
残钞本、民国周文青藏上册钞本、民国冯养泉藏下册残钞本、民国
周文青传钞冯养泉藏本、上海书店出版社 1992 年版《中国地方志集
成·乡镇志专辑》第十七册影印 1943 年周文青残钞本。

### 道光《穿山小识》二卷

邵廷烈纂，清道光十九年成书。

---

① （清）杨希溓编述：道光《恬庄小识·著述》，沈秋农、曹培根主编：
《常熟乡镇旧志集成》李克为等标点本，广陵书社 2007 年版，第 923 页。
② （清）黄润棠撰、杨希铭注：《[杨希溓]小传》，（清）杨希溓编述：
道光《恬庄小识》，沈秋农、曹培根主编：《常熟乡镇旧志集成》李克为等标点
本，广陵书社 2007 年版，第 953~954 页。

邵廷烈，生卒年不详，清道光时人。"字子显，江苏太仓人，扬州府［学］教授"，编有《娄东杂著》八集五十六卷。① "好古博学，尝搜辑娄江前辈所著为《棣香斋丛书》，刊以行世。奖掖风雅，才士多集其门。"②著有《娄东杂词》《七省沿海全图》《思源录》《迂亭杂说》等书③，编纂道光《穿山小识》二卷。

主要流布版本有清道光二十一年（1841）初刻本、清光绪二十年（1894）《小方壶斋舆地丛钞补编》铅印本、南京博物院藏清光绪三十一年（1905）钞本、上海书店出版社1992年版《中国地方志集成·乡镇志专辑》第十册影印清道光二十一年（1841）刻本。

### 道光《穿山小识补遗》一卷

周煜纂，清道光十九年成书。

周煜，生卒年不详，字亦泉，里人。

主要流布版本有清道光二十一年（1841）初刻本、清光绪二十年（1894）《小方壶斋舆地丛钞补编》铅印本、南京博物院藏清光绪三十一年（1905）钞本、上海书店出版社1992年版《中国地方志集成·乡镇志专辑》第十册影印清道光二十一年（1841）刻本。

### 道光《虞乡志略》十二卷

邓琳纂，清道光二十年成书。

邓琳，又名复赞，字幼英、逸亭，清嘉庆十八年（1813）举人，历任金坛县教谕、国子监学录等职。著有《四书备解》等书。④

286

① 刘锦藻撰：《清续文献通考》卷二百七十二《经籍考十六》，《续修四库全书》第八百十九册影印清光绪乙巳（1905）坚瓠庵铅印本，上海古籍出版社1996年版。

② （清）符葆森撰：《寄心庵诗话》，首都图书馆藏山阴余念祖钞本。

③ 此据太仓市图书馆网站《太仓历史人物数据库》刊布人物传记资料。

④ 参见徐复、季文通主编：《江苏旧方志提要》，江苏古籍出版社1993年版，第345页。

有清道光二十年（1840）稿本与钞本流布。

## 道光《白蒲镇志》十卷

姚鹏春纂，清道光二十一年成书。

姚鹏春（1783—1860）①，字古凤，道光十六年丙申岁贡［生］。②"性嗜金石，每赴试，书帖必满载而归，虽没字碑亦购回以备参考。"③著有《十三经管见》三十卷、《金石跋尾》二十卷，编纂道光《白蒲镇志》十卷。

主要流布版本有南京图书馆藏清道光二十一年（1841）姚氏稿本、上海图书馆藏钞本、上海辞书出版社图书馆藏油印本、上海书店出版社1992年版《中国地方志集成·乡镇志专辑》第十六册影印道光咸丰间钞本。

## 道光《震泽镇志》十四卷

沈眉寿、纪磊纂修，清道光二十二年成书。

沈眉寿（1797—1846），字子绥，号退甫。"性孤峭，诗酒自娱。究心理学，尤注意乡邦文献"，重订《王著作集》（即宋人王苹）八卷，又搜集《晓庵新法》等书。④ 与乌程南浔纪磊纂修道光《震泽

---

① 关于姚鹏春生年的考定，本书根据周思璋所撰《对〈如皋文史〉第五辑的几点补充和意见》的研究成果，载政协如皋市委员会文史资料研究委员会编辑：《如皋文史》第六辑，1991年版，第188页。又据同治《如皋县续志》卷八《文苑传》所载本传，云"年七十八卒"，则其卒年当为1860年。

② （清）姚鹏春纂：道光《白蒲镇志》卷三《选举·贡生》，《乡镇志专辑》第十六册影印清道光咸丰间姚氏钞本，上海书店出版社1992年版。

③ （清）周际霖等修、周顼等纂：同治《如皋县续志》卷八《文苑传》，《中国方志丛书》华中地方第四十六号影印清同治十二年（1873）刻本，台湾成文出版社有限公司1970年版。

④ （清）沈眉寿、纪磊纂修，龚希翚续纂：宣统《震泽镇志续稿》卷九《文苑》，《吴江乡镇旧志丛刊·震泽镇志续稿》沈春荣等点校本，广陵书社2009年版，第204页。

镇志》十四卷。

纪磊，生卒年不详，字位三，号石斋，湖州府增广生。"工诗，然以吟风弄月非儒者分内事，思治一经以自见，因矢志读《易》三十余年，著书数种，与汉唐宋诸家说不相沿袭。"①著有《周易消息》《读易随笔》《风雨楼文集》等书。

主要流布版本有清道光二十四年(1844)初刻本、上海图书馆藏民国吴江柳氏钞本、上海书店出版社 1992 年版《中国地方志集成·乡镇志专辑》第十三册影印清道光二十四年(1844)初刻本。

## 道光《分湖小识》六卷

柳树芳辑录，清道光二十二年成书。

柳树芳(1787—1850)②，近代诗人。字湄生，晚自号古查，太学贡生。"身不逾中人，而声如洪钟。伉爽直谅，与人语，意无不尽"，"先辈遗书未刊者悉刊之，……所为诗精警明爽，不屑为钩章疏句。"刊刻有《陆清献公日记》《郭华野年谱》、彭兆荪《忏摩录》、史善长《秋树读书楼诗集》。③ 著有《养余斋集》十四卷，辑录道光《分湖小识》六卷。沈曰富《受恒受渐斋集》卷四有墓志铭，同治《苏州府志》卷一○七有传。

主要流布版本有清道光二十七年(1847)胜溪草堂柳氏初刻本、上海书店出版社 1992 年版《中国地方志集成·乡镇志专辑》第十四

① (清)沈眉寿、纪磊纂修，龚希翚续纂：宣统《震泽镇志续稿》卷十《流寓》，《吴江乡镇旧志丛刊·震泽镇志续稿》沈春荣等点校本，广陵书社 2009 年版，第 236 页。

② 按：(清)沈曰富撰《受恒受渐斋集》卷四《太学贡生柳君墓志铭并序》云："道光三十年(1850)正月二十二日，太学贡生吴江柳君卒于其家大胜村之宅，年六十四。"由此推知柳树芳生年为 1787 年。《清代诗文集汇编》第六百二十八册影印清光绪丁亥(1887)刻本，上海古籍出版社 2010 年版。

③ (清)金福曾等修、熊其英等纂：光绪《吴江县续志》卷二十二《人物七·文苑下》，《中国地方志集成·江苏府县志辑》第二十册影印清光绪五年(1879)刻本，江苏古籍出版社 1991 年版。

册影印清道光二十七年（1847）刻本、广陵书社2008年版《吴江乡镇旧志丛刊·分湖三志》沈春荣等点校本。

### 道光《光福志》十二卷

徐傅编，清道光二十四年成书。

徐傅，生卒年不详。"字月（波）［坡］。好聚书，博涉经史。中年客楚湘，交结名流，归筑园林自娱。辑里中故实为（道光）《光福志》十二卷。"①著有《东崦草堂诗钞》四卷。②

主要流布版本有南京图书馆藏清道光二十四年（1844）稿本、江苏省苏州市图书馆藏清顾莼思无邪室钞本、复旦大学图书馆藏钞本、台湾成文出版社1983年版《中国方志丛书·华中地方》第四百十三号影印稿本、国家图书馆出版社2011年版《中国人民大学图书馆藏稀见方志丛刊》第七、第八册影印稿本。

### 道光《北湖续志》六卷

阮先纂辑，清道光二十七年成书。

阮先（1814—1893），字慎斋，系阮鸿之子、阮元从弟。官詹事府主簿，特赏六品衔。③著有《停琴馆诗存》《赤湖杂诗》等，纂辑道光《北湖续志》六卷、咸丰《北湖续志补遗》二卷。

主要流布版本有清道光二十七年（1847）扬州阮氏初刻本、清光绪二年（1876）重印本、陈恒和书林1934年《扬州丛刻》本、上海

---

① 曹允源、李根源纂：民国《吴县志》卷第七十五上《列传·艺术一》，《中国地方志集成·江苏府县志辑》第十二册影印苏州文新公司1933年版铅印本，凤凰出版社2008年版。

② 曹允源、李根源纂：民国《吴县志》卷第五十六下《艺文考二》，《中国地方志集成·江苏府县志辑》第十一册影印苏州文新公司1933年版铅印本，凤凰出版社2008年版。

③ （清）阮先纂辑：咸丰《北湖续志补遗》卷首《御制晋加太傅衔致仕大学士阮元碑文》，《扬州地方文献丛刊》孙叶峰点校本，广陵书社2003年版。

书店出版社 1992 年版《中国地方志集成·乡镇志专辑》第十五册影印清光绪二年(1876)重印本、广陵书社 2003 年版《扬州地方文献丛刊》孙叶峰点校本。

### 道光《元和唯亭志》二十卷

沈藻采纂,清道光二十八年成书。

沈藻采,字继彭,又字于苹,号九如,监生。①

主要流布版本有清道光二十八年(1848)初刻本、元和沈三益堂 1933 年版铅印本、上海书店出版社 1992 年版《中国地方志集成·乡镇志专辑》第七册影印 1933 年版铅印本、方志出版社 2001 年版《苏州工业园区乡镇志丛书》徐维新点校本。

### 道光《桂村小志》不分卷

施若霖纂,清道光年间成书。

施若霖生平已见"道光《璜泾志稿》"条著录。

有江苏省常熟市图书馆藏钞本。

### 道光《舜湖纪略》六卷

王致望纂,清道光年间成书。

王致望,生卒年不详,字渭徵、号少吕。贡生,例赠奉直大夫。著有《盛湖诗萃续编》四卷、《舜湖纪略》六卷、《金石续辩证》二卷等书。

主要流布版本有江苏省吴江市民间私藏清道光间稿本、中国科学院南京地理与湖泊研究所图书馆藏清道光间钞本。

---

① (清)沈藻采纂:道光《元和唯亭志》卷十二《监生》,《苏州工业园区乡镇志丛书·元和唯亭志》徐维新点校本,方志出版社 2001 年版,第 156 页。

### 咸丰《甘棠小志》四卷

董醇纂，清咸丰五年成书。

董醇①（1807—1892），即董恂，字饮之，号醖卿。晚清重臣。因避同治帝讳改名。② 扬州甘泉县增生，道光丁酉举人。③ 道光庚子进士，任职户部主事。历任湖南粮道、清河道、顺天府尹、户部右侍郎、三口通商大臣等。同治朝开始，任总理衙门大臣，以全权大臣身份与比利时等国签署商约。后升任都察院左都御史、兵部尚书，以户部尚书致仕。④ 协修《清文宗实录》、主修《清穆宗实录》。著有《荻芬书屋诗文稿》、《度陇记》四卷、《随轺载笔》十三卷、《江北运程》四十卷、《还读我书室老人手订年谱》二卷等，编纂咸丰《甘棠小志》四卷。

主要流布版本有清咸丰五年（1855）甘棠董氏初刻本、上海图书馆藏钞本、湖北省图书馆藏精钞本、上海书店出版社1992年版《中国地方志集成·乡镇志专辑》第十六册影印清咸丰五年（1855）刻本、上海古籍出版社1996年版《续修四库全书》第七百十六册影印清咸丰五年（1855）刻本。

### 咸丰《北湖续志补遗》二卷

阮先纂辑，清咸丰十年成书。

---

① 按《中国地方志联合目录》第351页误作"黄醇"。
② 据张伯驹撰：《董元醇与董醇》，载氏著《春游琐谈》，中州古籍出版社1984年版，第176页；以及［美］恒慕义主编：《清代名人传略》下册本传，中国人民大学清史研究所《清代名人传略》编译组译，青海人民出版社1992年版，第150页。
③ 据顾廷龙主编：《清代朱卷集成》第一百三十六册所载道光丁酉科乡试（1837）董醇履历，其生年为嘉庆丁卯，即嘉庆十二年（1807）。台湾成文出版社1992年版，第175~178页。又陈左高著《历代日记丛谈》以其为"陕西甘泉人"，实误。参见该书第82页，上海画报出版社2004年版。
④ 参见（清）国史馆编修：《清国史》第十一册《新办大臣传·董恂列传》，中华书局影印嘉业堂钞本，1993年版，第795~797页。

阮先生平已见"道光《北湖续志》"条著录。

主要流布版本有清咸丰十年（1860）扬州阮氏初刻本、上海书店出版社 1992 年版《中国地方志集成·乡镇志专辑》第十五册影印清咸丰十年（1860）刻本、广陵书社 2003 年版《扬州地方文献丛刊》孙叶峰点校本。

### 同治《无锡斗门小志》不分卷

佚名纂，清同治二年成书。

主要流布版本有北京师范大学图书馆藏清末钞本、上海书店出版社 1992 年版《中国地方志集成·乡镇志专辑》第十四册影印清末钞本、北京图书馆出版社 2008 年版《北京师范大学图书馆藏稀见方志丛刊》影印清末钞本、凤凰出版社 2012 年版《无锡文库》第二辑影印钞本。

### 同治《两淮通州金沙场志》不分卷

邱标纂，清同治五年成书。

邱标，生卒年不详，字赤霞，号起岚，通州学岁贡生。"立品端方，不苟于世，里党咸模范焉。工于诗，善书法。使选训导，屡聘不至。……年八十余，诗兴犹存。"①其诗载曹星谷所选《古沙补巢集》，编纂同治《两淮通州金沙场志》。

主要流布版本有中国科学院图书馆藏孙儆经畲楼藏稿本传钞本、上海图书馆藏残钞本、上海书店出版社 1992 年版《中国地方志集成·乡镇志专辑》第十六册影印孙儆经畲楼藏稿本传钞本。

---

① （清）邱标纂：同治《两淮通州金沙场志·隐逸》，《中国地方志集成·乡镇志专辑》第十六册影印传钞经畲楼藏稿本，上海书店出版社 1992 年版。

### 同治《双凤乡志》不分卷

佚名纂，清同治十年成书。

有钞本以及上海书店出版社 1992 年版《中国地方志集成·乡镇志专辑》第九册影印钞本流传。

### 同治《重修茜泾记略》不分卷

倪大临原纂、陶炳曾补辑，清同治十一年成书。

倪大临，生卒年不详。"字端燮，号自山。乾隆丁酉举人。有《自山文稿》行世，王鸣盛作序。……有《带经余事》，诗集选入《琴人集》中。"①编纂(乾隆)《茜泾纪略》，已佚。道光《刘河镇记略》有传。

陶炳曾，生卒年不详，字子麟。"附贡生。儒林中品学兼优，精医理，名噪当时。为人乐善不倦，贫病不计所值。人品载《儒林门》。"②补辑同治《续修茜泾记略》，已佚。

主要流布版本有南京图书馆藏钞本、广陵古籍刻印社 1986 年版影印本、上海书店出版社 1992 年版《中国地方志集成·乡镇志专辑》第八册影印钞本。

### 同治《梅李文献小志稿》不分卷

黄炳宸纂，清同治十一年成书。

黄炳宸，生卒年不详，字步云，一字谱云，道光诸生。系光绪

293

---

① (清)倪大临原纂、陶炳曾补辑：同治《重修茜泾记略·儒林》，《中国地方志集成·乡镇志专辑》第八册影印南京图书馆藏钞本，上海书店出版社 1992 年版。

② (清)倪大临原纂、陶炳曾补辑：同治《重修茜泾记略·医家》，《中国地方志集成·乡镇志专辑》第八册影印南京图书馆藏钞本，上海书店出版社 1992 年版。

《梅李补志》编纂者黄宗城之父。著有《仰止山房诗草》八卷①、《唐诗约选》《宋诗约选》《国朝诗选》。② 编纂同治《梅李文献小志稿》。③

主要流布版本有上海图书馆藏钞本、上海书店出版社 1992 年版《中国地方志集成·乡镇志专辑》第十册影印钞本、广陵书社 2007 年版《常熟乡镇旧志集成》黄斐标校本。

## 同治《泾里续志》十卷

程国昶、邵灿原纂，佚名续纂，清同治十二年成书。

程国昶，生卒年不详，号覆花楼主人，长泾里人。"[禀]赋质驽，幼未力学"，"喜从士林游，往还与之质疑问难"，"暇日从故老后，每与闻里中旧事，窃欲率笔志之，而力未逮"。④ 雍正十二年夏，与里人忏因居士邵灿共同编纂雍正《泾里志》稿本若干卷，已佚。后经辗转传抄增补，为同治《泾里续志》，⑤ 纪事下限至清同治十二年，有钞本流传。

邵灿，生卒年不详，号忏因居士，长泾里人。雍正十二年夏，与程国昶"广诹博访，考遗文于断碣荒墟，询逸事于市乡耆旧，网罗搜剔"，约经过一月时间，编纂成雍正《泾里志》稿本若干卷，已佚。⑥

---

① 按：柯愈春著《清人诗文集总目提要》著录为《南陔草庐诗草》八卷，上海图书馆藏稿本，当即是指此书。北京古籍出版社 2001 年版，第 1540 页。

② （清）黄冈纂：光绪《新续梅李小志·艺文》，沈秋农、曹培根主编：《常熟乡镇旧志集成》黄斐标点本，广陵书社 2007 年版，第 156 页。

③ 按：《中国地方志联合目录》第 331 页著录此志为《新修梅里小志》，不确。又断志书成于道光年间，误。

④ （清）程国昶、邵灿原纂，佚名续纂：同治《泾里续志》程国昶《原序》，江苏省江阴县长泾乡党委暨人民政府 1986 年版整刊本。

⑤ 按：《中国地方志联合目录》未载。江苏省江阴县长泾乡党委暨人民政府 1986 年版整刊本误断此志为清雍正年间版本。

⑥ （清）程国昶、邵灿原纂，佚名续纂：同治《泾里续志》程国昶《原序》，江苏省江阴县长泾乡党委暨人民政府 1986 年版整刊本。

主要流布版本有上海书店出版社 1992 年版《中国地方志集成·乡镇志专辑》第十四册影印钞本、江苏省江阴县长泾乡党委暨人民政府 1986 年版整刊本。

### 同治《北澳志略》一卷

缪敬持原纂、佚名增补，清同治年间成书。

缪敬持(1690—1734)，字以直，号二田，著有《东林同难录》(又名《表忠录》)三卷。

有清同治十年(1871)缪逢垣所修《东兴缪氏宗谱》刻本。

### 光绪《梅李补志》不分卷

黄宗城纂，清光绪初年成书。

黄宗城，生卒年不详，系同治《梅李文献小志稿》编纂者黄炳宸之子，清光绪举人。"字莱峰，梅里人，性朴厚而勇于任事。少业儒，遭乱，乃习贾以养亲。乱定后稍足自给，仍退而读书。由廪生举光绪己卯乡试，入赀为[江苏沛县]训导。……[家居]一以行善为务，捐置田亩，独设义塾。里中修桥梁、缮庙宇及诸善举无不躬倡成之。"著有《蓬莱居士文集》《海棠仙馆诗稿》《皖游吟》，编纂光绪《梅李补志》。①

主要流布版本有上海图书馆藏钞本、上海书店出版社 1992 年版《中国地方志集成·乡镇志专辑》第十册影印钞本、广陵书社 2007 年版《常熟乡镇旧志集成》黄斐标校本。

### 光绪《湖乡分志》十二卷

常春锦编，清光绪三年成书。

---

① （清)郑钟祥等修，庞鸿文等纂：光绪《常昭和志稿》卷三十一《人物·义行》，《中国地方志集成·江苏府县志辑》第二十二册影印清光绪三十年(1904)活字本，凤凰出版社 2008 年版。

常春锦(1822—1898)①，字晓城，号湖乡野史，贡生。编纂光绪《鰕沟里乘》②、光绪《湖乡分志》十二卷。

主要流布版本有重庆市图书馆藏清光绪三年(1877)稿本、国家图书馆出版社 2014 年版《重庆图书馆藏稀见方志丛刊》第十七册影印清光绪三年(1877)稿本。

### 光绪《重修马迹山志》八卷

许梿等纂，清光绪六年成书。

许梿(1799—1881)，字太眉、梦西，自号三檟老翁，诸生，清代文学家。"咸丰元年举孝廉方正不赴，主讲道南书院。工诗，精小学。……其诗气体苍劲，风格遒上。"③

有清光绪六年(1880)初刻本及广陵书社 2006 年版《中国佛寺志丛刊》影印刻本。

### 光绪《周庄镇志》六卷

陶煦纂，清光绪八年成书。

陶煦，生卒年不详，字子春，号泏村。元和人，监生，候选翰林院待诏。④ 著有《贞丰诗萃》五卷、《租覈》一卷、《贞丰里庚申闻见录》二卷，与陶焘修(光绪)《周庄陶氏家谱》。⑤ 编纂乾隆《贞丰

---

① 按：阳海清主编《中南、西南地区省、市图书馆馆藏古籍稿本提要》一书以常春锦为清末民初人，不确。参见该书第 130 页，华中理工大学出版社 1998 年版。

② 按：《江苏旧方志提要》误作清光绪二十一年刻本。

③ 张惟骧撰：《清代毗陵名人小传稿》卷八本传，台湾新文丰出版公司 1981 年版影印 1927 年原本。

④ (清)蔡丙圻撰：光绪《黎里续志》卷首《题咏撰文姓氏考》，《吴江乡镇旧志丛刊·黎里志(两种)》陈其弟点校本，广陵书社 2011 年版，第 305 页。

⑤ 曹允源、李根源纂：民国《吴县志》卷第五十八下《艺文考八》，《中国地方志集成·江苏府县志辑》第十一册影印苏州文新公司 1933 年版铅印本，凤凰出版社 2008 年版。

志》（佚）、光绪《周庄镇志》六卷。

主要流布版本有吉林大学图书馆藏清光绪八年（1882）稿本、清光绪八年（1882）元和陶氏仪一堂初刻本、上海书店出版社 1992 年版《中国地方志集成·乡镇志专辑》第六册影印清光绪八年（1882）刻本、《昆山历代地方志》光盘数据库整理本、广陵书社 2014 年版《周庄旧志三种》整理合刊本。

## 光绪《杨舍堡城志稿》十四卷

叶长龄等纂、叶钟敏重辑，清光绪八年成书。

叶长龄，生卒年不详，系乾隆《杨舍堡城志初稿》编纂者叶廷甲长孙、叶钟敏之父，李兆洛弟子。字曼生，号眉生，晚号羡翁。① "同治甲子岁贡生。就职训导，加内阁中书衔。"② "家故有静观楼，庋藏群籍甲全邑。长龄纵观博览，旋从岁贡［生］承培元受等韵之学，因声音而通训诂，因训诂而正文字，江、戴、钱、阮之绪，罔不兼综毕贯。复广搜金石，能考其源流，别其真赝。于辞章服膺有正味斋（清代文学家吴锡麒），故所作多神似。"③ 著有《宝瓠集》《古今体赋》《筱音集》《虞椒鹃语》等书。

叶钟敏，生卒年不详，系叶长龄之子。字仲升，同治戊辰庠生。④ 重辑光绪《杨舍堡城志稿》十四卷。

主要流布版本有清光绪九年（1883）江阴叶氏初刊活字本、上

① 参见叶恭绰编：《全清词钞》第二十六卷小传，中华书局 1982 年版，第 1352 页。

② （清）叶长龄等纂，叶钟敏重辑：光绪《杨舍堡城志稿》卷九《选举·贡荐》，《张家港旧志汇编·杨舍堡城志稿》黄晓曙等点校本，凤凰出版社 2006 年版，第 125 页。

③ 陈思修、缪荃孙纂：民国《江阴县续志》卷十五《人物一·文苑》，《中国地方志集成·江苏府县志辑》第二十六册影印 1921 年版刻本，江苏古籍出版社 1991 年版。

④ （清）叶长龄等纂，叶钟敏重辑：光绪《杨舍堡城志稿》卷九《选举·庠士》，《张家港旧志汇编·杨舍堡城志稿》黄晓曙等点校本，凤凰出版社 2006 年版，第 134 页。

海书店出版社 1992 年版《中国地方志集成·乡镇志专辑》第十四册影印本、凤凰出版社 2006 年版《张家港旧志汇编》黄晓曙等点校本、江苏省张家港市杨舍镇 2012 年版重印本。

### 光绪《鰕沟里乘》不分卷

常春锦编，清光绪十年成书。

常春锦生平已见"光绪《湖乡分志》"条著录。

主要流布版本有清光绪十年（1884）初刻本、国家图书馆出版社 2012 年版《南京图书馆藏稀见方志丛刊》影印清光绪十年（1884）刻本。

### 光绪《平望续志》十二卷

黄兆柽纂，清光绪十三年成书。

黄兆柽，生卒年不详，字颂斋，号子眉，咸丰十一年举人。光绪九年，任福建道监察御史。① 著有《凤辉堂集》，编纂光绪《平望续志》十二卷。

主要流布版本有清光绪十三年（1887）吴江黄兆柽初刻本、上海书店出版社 1992 年版《中国地方志集成·乡镇志专辑》第十三册影印清光绪十三年（1887）刻本、广陵书社 2011 年版《吴江乡镇旧志丛刊·平望志（三种）》沈春荣等点校本。

### 光绪《甘棠小志》

王开益纂，卷数不详。清光绪十三年成书。

有清光绪十三年（1887）初刻本。

---

① 参见苏树藩编：《清朝御史题名录·光绪九年》，《续修四库全书》第七百五十一册影印本，上海古籍出版社 1996 年版；（清）蔡丙圻撰：光绪《黎里续志》卷首《题咏撰文姓氏考》，《吴江乡镇旧志丛刊·黎里志（两种）》陈其弟点校本，广陵书社 2011 年版，第 306 页。

### 光绪《唐市补志》三卷

倪赐原纂、苏双翔补纂、龚文洵再补纂，清光绪十四年成书。

倪赐、苏双翔生平并见"乾隆《唐墅征献录》"与"道光《唐市志》"条著录。

龚文洵，生卒年不详，字少湘，为人乐善好施，擅长书法。①编纂光绪《唐市补志》三卷、光绪《唐市志补遗》。

主要流布版本有江苏省常熟市文管会藏清光绪十四年（1888）稿本、上海书店出版社1992年版《中国地方志集成·乡镇志专辑》第九册影印钞本、广陵书社2007年版《常熟乡镇旧志集成》曹培根标校本。

### 光绪《唐市志补遗》不分卷

龚文洵纂，清光绪十六年成书。

龚文洵生平已见"光绪《唐市补志》"条著录，有钞本流传。

主要流布版本有上海书店出版社1992年版《中国地方志集成·乡镇志专辑》第九册影印钞本、广陵书社2007年版《常熟乡镇旧志集成》曹培根标校本。

### 光绪《盛湖志》十四卷

仲廷机原纂、佚名增补，清光绪二十二年成书。

仲廷机（1816—1889）②，系乾隆《盛湖志》编纂者仲周霈之玄

① （清）倪赐原纂、苏双翔补纂、龚文洵再补纂：光绪《唐市补志·点校说明》沈秋农、曹培根主编：《常熟乡镇旧志集成》曹培根点校本，广陵书社2007年版。

② 检仲廷机清咸丰十一年履历，该年四十六岁，故推知其生年当为1816年。参见秦国经主编：《中国第一历史档案馆藏清代官员履历档案全编》第三册，华东师范大学出版社1997年版，第505页。又据（清）仲虎腾续纂：光绪《盛湖志补》卷二《宦绩》所载本传，云"年七十四卒"，则可知仲廷机卒于1889年。

孙，道光乙未举人。"字组缦，号支仙。生而颖敏，过而成诵，父诸生宗濂亲自课读。"咸丰十一年署浙江严州知府，同治三年捐升道员。生平笃志好学，好为乡里善举。① 著有《舫斋诗》一卷、《舫斋文》一卷、《舫斋金石跋》二卷，② 又编纂同治《盛湖志》十四卷，已佚。

主要流布版本有清光绪二十二年（1896）吴江仲氏初刻本（后亡佚）、周庆云 1925 年覆刻吴江仲氏本、上海书店出版社 1992 年版《中国地方志集成·乡镇志专辑》第十一册影印 1925 年覆刻本、广陵书社 2011 年版《吴江乡镇旧志丛刊·盛湖志（四种）》沈春荣等点校本。

### 光绪《甫里志稿》不分卷

佚名纂，清光绪二十三年成书。

主要流布版本有南京博物院藏钞本、上海书店出版社 1992 年版《中国地方志集成·乡镇志专辑》第六册影印钞本。

### 光绪《光福志》十二卷

徐傅原编、王镛等补辑，清光绪二十三年成书。

徐傅生平已见"道光《光福志》"条著录。王镛，生卒年不详，字心竹，监生。补辑光绪《光福志》十二卷，分纂民国《吴县志》。

主要流布版本有苏城毛上珍 1929 年版铅印本、山东大学图书馆藏钞本、上海书店出版社 1992 年版《中国地方志集成·乡镇志专辑》第七册影印 1929 年版铅印本。

---

① （清）仲虎腾续纂：光绪《盛湖志补》卷二《宦绩》，《吴江乡镇旧志丛刊·盛湖志（四种）》沈春荣等点校本，广陵书社 2011 年版，第 432～433 页。

② （清）仲虎腾续纂：光绪《盛湖志补》卷三《书目》，《吴江乡镇旧志丛刊·盛湖志（四种）》沈春荣等点校本，广陵书社 2011 年版，第 462 页。

### 光绪《泰伯梅里志》八卷

吴熙修、刘继增等纂，清光绪二十三年成书。

吴熙，江苏候补知县，里人，清光绪二十二年署金匮知县，①编纂《泰伯梅里志》八卷。

主要流布版本有清光绪二十三年(1897)泰伯庙东院住持许巨楫校初刻本、上海书店出版社 1992 年版《中国地方志集成·乡镇志专辑》第十册影印清光绪二十三年(1897)刻本、中国文史出版社 2005 年版《无锡地方文献丛书》吕锡生标点整理本。

### 光绪《黎里续志》十六卷

蔡丙圻撰，清光绪二十三年成书。

蔡丙圻，生卒年不详，字颂华，号南离，震泽监生。同治十一年候选县丞，② 光绪十年，"以[新疆]转运功保留甘肃，授补用直隶州知州。"③

主要流布版本有清光绪二十五年(1899)禊湖书院初刻本、上海书店出版社 1992 年版《中国地方志集成·乡镇志专辑》第十二册影印清光绪二十五年(1899)刻本、广陵书社 2011 年版《吴江乡镇旧志丛刊·黎里志(两种)》陈其弟点校本。

### 光绪《四镇略迹》不分卷

马幼良纂，清光绪二十五年成书。

---

① （清）吴熙撰：光绪《泰伯梅里志序》，载《无锡地方文献丛书》吕锡生标点整理本光绪《泰伯梅里志》，中国文史出版社 2005 年版，第 261 页。

② （清）蔡丙圻撰：光绪《黎里续志》卷之五《议叙表》，《吴江乡镇旧志丛刊·黎里志(两种)》陈其弟点校本，广陵书社 2011 年版，第 412 页。

③ （清）蔡丙圻撰：光绪《黎里续志》卷之五《例仕表》，《吴江乡镇旧志丛刊·黎里志(两种)》陈其弟点校本，广陵书社 2011 年版，第 416 页。

马幼良，生卒年不详，名元培，号吉孙，光绪十三年庠生。①
编纂光绪《四镇略迹》。

主要流布版本有江苏省常熟市图书馆藏钞本、上海书店出版社
1992年版《中国地方志集成·乡镇志专辑》第十一册影印钞本、广
陵书社2007年版《常熟乡镇旧志集成》朱绍曾标校本。

### 光绪《盛湖志补》四卷

仲虎腾续纂，清光绪二十六年成书。

仲虎腾，生卒年不详，字啸生。"[同治七年]，赐袭骑都
尉，归标学习。期满引见，用都司，署江南提标左营中军备守，
赏戴花翎。"②续纂光绪《盛湖志补》四卷，参订光绪《黎里续志》
十六卷。

主要流布版本有清光绪二十六年(1900)吴江仲氏初刻本(后亡
佚)、周庆云1925年覆刻吴江仲氏本、上海书店出版社1992年版
《中国地方志集成·乡镇志专辑》第十一册影印1925年覆刻本、广
陵书社2011年版《吴江乡镇旧志丛刊·盛湖志(四种)》沈春荣等点
校本。

### 光绪《梅李文献三志稿》不分卷

黄冈纂，清光绪二十七年成书。

黄冈(？—1911)，系光绪《梅李补志》编纂者黄宗城之子，字
鉴人，光绪十六年苏州府学生。编纂光绪《新续梅李小志》、光绪

---

① （清）马幼良纂：光绪《四镇略迹·点校说明》，沈秋农、曹培根主
编：《常熟乡镇旧志集成》朱绍曾标点本，广陵书社2007年版。

② （清）仲虎腾续纂：光绪《盛湖志补》卷二《荫袭》，《吴江乡镇旧志
丛刊·盛湖志(四种)》沈春荣等点校本，广陵书社2011年版，第431页。
又张耕田、陈巍主编《民国苏州艺文志》以仲虎腾"1868年荫袭宁绍台道"，
不确。参见该书第165页，广陵书社2005年版。

《梅李文献三志稿》。①

主要流布版本有江苏省常熟市图书馆藏钞本、上海书店出版社1992年版《中国地方志集成·乡镇志专辑》第十册影印钞本、广陵书社2007年版《常熟乡镇旧志集成》曹培根标校本。

## 光绪《横金志》十八卷

柳商贤纂，清光绪二十九年成书。

柳商贤，生卒年不详，字质卿，同治九年举人，官宁海知县。② "首议筑太湖石塘。分纂(同治)《[苏州]府志》，为冯中尤高弟。晚官浙江宁海县，购湖州桑秧以兴蚕业，围筑花屿塘沙滩田二千七百亩，给贫民耕种。创建清节堂、育婴堂，并忠义孝悌及贞孝节烈祠。奖励文学，立藏书楼于猴城书院。解组后，居木渎遂初园。"③ 著有《蓬庵诗钞》十一卷、《[蓬庵]文钞》(不分卷)，编纂光绪《横金志》十八卷。④

主要流布版本有江苏省苏州市博物馆藏清光绪二十九年(1903)稿本、江苏省苏州市图书馆藏钞本、1933年沈三益堂铅印本、上海书店出版社1992年版《中国地方志集成·乡镇志专辑》第

---

① （清）黄冈纂：光绪《新续梅李小志·点校说明》，沈秋农、曹培根主编：《常熟乡镇旧志集成》黄斐标点本，广陵书社2007年版。

② 曹允源、李根源纂：民国《吴县志》卷第十七《选举表九》，《中国地方志集成·江苏府县志辑》第十一册影印苏州文新公司1933年版铅印本，凤凰出版社2008年版。

③ 曹允源、李根源纂：民国《吴县志》卷第六十八下《列传七》，《中国地方志集成·江苏府县志辑》第十二册影印苏州文新公司1933年版铅印本，凤凰出版社2008年版。

④ 曹允源、李根源纂：民国《吴县志》卷第五十八上《艺文考四》。同书卷第五十八下《艺文考八》著录光绪《横金志》为二十四卷，又云："原阙《第宅园林》一卷，未撰。"按江苏省苏州市博物馆藏有该志清同治光绪间稿本，《中国地方志联合目录》即著录为十八卷，此或是钞录稿本分卷数目不同所致。《中国地方志集成·江苏府县志辑》第十一册影印苏州文新公司1933年版铅印本，凤凰出版社2008年版。

七册影印钞本。

## 光绪《新续梅李小志》不分卷

黄冈纂，清光绪二十九年成书。

黄冈生平已见"光绪《梅李文献三志稿》"条著录。

主要流布版本有江苏省常熟市图书馆藏钞本、上海书店出版社1992年版《中国地方志集成·乡镇志专辑》第十册影印钞本、广陵书社2007年版《常熟乡镇旧志集成》黄斐标校本。

## 光绪《龙砂志略》十卷

王家枚纂，清光绪三十三年成书。

王家枚（1866—1908），字吉臣，号寅孙，光绪甲午举人，任主事，度支部浙江司行走。"攻词章骈俪之学，胎息醇古，不作唐以下人语。嗜书成癖，以馆谷之资尽置书籍，见异编必重值购归。或以太费规之，则曰：'我王考藏书三万卷，一一手加丹黄，惟以读书望后人。今我所得尚只十分之三，敢不勉力乎！庶几后人无忘祖训。'于邑中先辈著作竭意搜罗，……又尝指授经史大意，谓：'方今功令，振兴新学，然仍宜多读书，以经史淑身阅世，以名大家，文植辞章根柢，固万世不易者也。'"①著有《国朝汉学师承记续编》一卷、《重思斋诗文集》六卷、《贡息甫先生年谱》一卷、《华墅镇志》四卷（即光绪《龙砂志略》）。②

中央民族大学图书馆藏清光绪三十三年（1907）稿本。

---

① 缪荃孙撰：《艺风堂文续集》卷二《王生吉辰家传》，《清代诗文集汇编》第七百五十六册影印清宣统二年（1910）刻民国二年（1913）印本，上海古籍出版社2010年版。

② 陈思修、缪荃孙纂：民国《江阴县续志》卷十五《人物一·文苑》，《中国地方志集成·江苏府县志辑》第二十六册影印1921年版刻本，江苏古籍出版社1991年版。

### 光绪《信义志》六卷

陈至言原纂、於炳炎重订，清光绪三十三年成书。

陈至言生平已见"嘉庆《二续淞南志》"条著录。

主要流布版本有江苏省苏州图书馆藏清光绪三十三年（1907）吉晖堂钞稿本、上海书店出版社 1992 年版《中国地方志集成·乡镇志专辑》第八册影印清光绪三十三年（1907）钞稿本、《昆山历代地方志》光盘数据库整理本。

### 宣统《信义志稿》二十一卷

赵诒翼纂，清宣统二年成书。

赵诒翼，生卒年不详。"号仲宣，光绪庚寅岁贡［生］，签用县丞。"①著有《龚魏蔡三先贤合集》六卷、《星溪诗钞》十卷、《星溪文钞》十卷、《增修支谱》十卷、《诵味录》二卷，续修宣统《信义志稿》二十一卷。②

主要流布版本有复旦大学图书馆藏清宣统二年（1910）稿本、北京大学图书馆藏民国晒印钞本、上海图书馆藏钞本、上海书店出版社 1992 年版《中国地方志集成·乡镇志专辑》第八册影印钞本、《昆山历代地方志》光盘数据库整理本。

### 宣统《延陵九里庙志》二卷

佚名纂辑，清宣统二年成书。

---

①　（清）赵诒翼纂：宣统《信义志稿》卷十一《诸途入仕》，《中国地方志集成·乡镇志专辑》第八册影印本清宣统三年（1911）钞本，上海书店出版社1992年版。

②　连德英修、李传元纂：民国《昆新两县续补合志》卷十九《艺文目》，《中国地方志集成·江苏府县志辑》第十七册影印1923年版刻本，江苏古籍出版社1991年版。

江苏省丹阳市档案馆藏清宣统二年(1910)残钞本。

## 宣统《震泽镇志续稿》十四卷

沈眉寿、纪磊纂修,龚希翚续纂,清宣统三年成书。

沈眉寿、纪磊生平并见"道光《震泽镇志》"条著录。

龚希翚(? —1946?),名应鹏,字季拧,钱塘籍。"光绪三十三年,取列一等,以巡检用,选授广西藤县白石寨巡检。"①"京师法律学堂专科毕业生。宣统二年部试奖给副榜贡生,以正七品推检官用。"②

主要流布版本有江苏省吴江市档案局藏清宣统三年(1911)龚希翚稿本、广陵书社2009年版《吴江乡镇旧志丛刊·震泽镇志续稿》沈春荣等点校本。

## 宣统《开沙志》二卷

王锡极原纂、丁时需增纂、王之瑚删订、佚名增补,清宣统三年成书。

王锡极、丁时需生平并见"康熙《开沙志》"条著录。

王之瑚,生卒年不详,字仲玉,号铁崖,丹徒人,康熙壬戌进士。③"[康熙]壬申谒选,授衡州府临武知县。④ ……邑人甚德

---

① (清)沈眉寿、纪磊纂修,龚希翚续纂:宣统《震泽镇志续稿》卷八《议叙》,《吴江乡镇旧志丛刊·震泽镇志续稿》沈春荣等点校本,广陵书社2009年版,第179页。

② (清)沈眉寿、纪磊纂修,龚希翚续纂:宣统《震泽镇志续稿》卷八《贡生》,《吴江乡镇旧志丛刊·震泽镇志续稿》沈春荣等点校本,广陵书社2009年版,第177页。

③ (清)汪鋆撰:《砚山丛稿·京江耆旧小传》,《明清未刊稿汇编》第一册影印稿本,台湾联经出版事业公司1976年版,第118页。

④ 检(清)陈宏谋修、范咸等纂:乾隆《湖南通志》卷六十九:"王之瑚,江苏丹徒进士,[康熙]三十年任[临武县知县]。"参见《四库全书存目丛书》史部第二百十七册影印清乾隆二十二年(1757)刻本,齐鲁书社1996年版。按此条与宣统《开沙志》上卷记载稍异,此间仍从宣统《开沙志》记载。

之。""行取礼部主事，升员外郎。在临武充湖广癸酉科同考官，在部又充乙酉科顺天同考官，所拔皆知名士。"任福建道监察御史，"于民生利弊屡有陈奏，独《题豁坍江》一疏，有裨乡党，造福尤甚焉。"①删订康熙《开沙志》二卷。光绪《丹徒县志》卷二十六有传。

主要流布版本有清宣统三年(1911)铅印本、横山草堂1919年版刻本、南京图书馆藏钞本、上海书店出版社1992年版《中国地方志集成·乡镇志专辑》第十四册影印清宣统三年(1911)铅印本。

### 宣统《河下志稿》十三卷

王觐宸纂，清宣统三年成书。

王觐宸(约1891—?)，字光伯，系清末翰林王鸿翔之子，熟悉河下地区风俗掌故。② 编纂宣统《河下志稿》十三卷。

南京图书馆藏有清宣统三年(1911)稿本。

### 宣统《淮安河下志》十六卷

王觐宸原纂、程业勤增订，清宣统三年成书。

王觐宸生平已见"宣统《河下志稿》"条著录。

程业勤，生卒年不详，字景韩，光绪己卯贡生。③ 增订宣统《淮安河下志》十六卷。

主要流布版本有南开大学图书馆藏钞本、上海书店出版社

---

① (清)王锡极原纂、丁时需增纂、王之瑚删订、佚名增补：宣统《开沙志》上卷《贤达》，《中国地方志集成·乡镇志专辑》第十四册影印清宣统三年(1911)铅印本，上海书店出版社1992年版。

② 参见丁志安撰：《淮安方志漫谈》，淮安县政协文史资料研究委员会编：《淮安文史资料》第四辑，1986年版，第130页；(清)王觐宸原纂、程业勤增订：宣统《淮安河下志·前言》《淮安文献丛刻》(第4辑)荀德麟等点校本，方志出版社2006年版，第16页。

③ (清)王觐宸原纂、程业勤增订：宣统《淮安河下志》卷十二上《科目》，《淮安文献丛刻》(第4辑)荀德麟等点校本，方志出版社2006年版，第349页。

1992 年版《中国地方志集成·乡镇志专辑》第十六册影印钞本、方志出版社 2006 年版《淮安文献丛刻》(第四辑)荀德麟等点校本。

### 清代《唐墅征献录补编》一卷

赵元溥纂,成书年代不详。
赵元溥,生卒年不详,字韩城,诸生。
有刻本流传,惜不详。

### 清代《唐墅征献录续编》二卷

张璐纂,成书年代不详。
有刻本流传,惜版本情况不详。

# (二)亡佚志书

### 清初《续沙溪志》

曹家珍纂,卷数不详。清代初年成书,佚。①
曹家珍,生卒年不详,字钧植,清初诸生,喜诗歌吟咏,擅长医学,著有《仲景伤寒集注》(按:即《伤寒杂病论集注》十六卷)。②

### 顺治《重编双凤里志》

明代周芝山原纂、清代顾中庵续纂,卷数不详。清顺治初年成

---

① 参见徐复、季文通主编:《江苏旧方志提要》,江苏古籍出版社 1993 年版,第 388 页。

② 参见俞志高编著:《吴中名医录》,江苏科学技术出版社 1993 年版,第 188 页。

书，已佚。

周芝山，即周凤林，明末时任通判，编纂《凤林备采》一书，已佚。

顾中庵，清初附贡生，在《凤林备采》的基础上成顺治《重编双凤里志》。①

此据时宝臣所撰道光《双凤里志自序》记载著录。

## 顺治《盛湖志》二卷

仲沈洙纂，清顺治十年成书，佚。

仲沈洙生平已见"乾隆《盛湖志》"条著录。

此据光绪《盛湖志》卷十二《书目》著录。②

## 顺治《浒墅关志》

王之都原纂，卷数不详。清顺治十三年成书，佚。

此据孙珮撰康熙《浒墅关志原序》所述著录。③

## 顺治《静海乡志》

李氏纂，卷数不详。清顺治十三年成书，佚。

此据沈岐撰道光《静海乡志序》所述著录。④

---

① （清）时宝臣撰：道光《双凤里志自序》，上海书店出版社1992年版《中国地方志集成·乡镇志专辑》第9册影印清道光六年（1826）活字本。

② 参见《吴江乡镇旧志丛刊·盛湖志（四种）》沈春荣等点校本，广陵书社2011年版，第254页。

③ 参见（清）凌寿祺纂：道光《浒墅关志》，钦瑞兴点校本，广陵书社2012年版，第318页。

④ （清）丁鹿寿纂：道光《静海乡志》，上海书店出版社1992年版《中国地方志集成·乡镇志专辑》第16册影印钞本。

### 顺治《沙头里志》十卷

曹炜纂，清顺治十七年成书，佚。
曹炜生平已见"乾隆《沙头里志》"条著录。
此据乾隆《沙头里志》卷八《文苑》所述著录。①

### 顺治《续修马迹山志稿》六卷

徐震阳纂，清顺治十八年成书，佚。②
徐震阳，生卒年不详，字午羲，里人，著有《雁门逸史》四卷、《破闲草》《村塾吟》等书。③

### 顺治《竹镇纪略》

李敬纂，卷数不详。清顺治末年成书，佚。④
李敬生平已见"道光《竹镇纪略》"条著录。
此据宋徵舆撰《通议大夫刑部左侍郎退庵李公墓志铭》所述著录。⑤

### 康熙《续修同里志》

顾栋南纂，卷数不详。清康熙二十二年成书，佚。

---

① 参见《中国地方志集成·乡镇志专辑》第八册影印上海图书馆藏清钞本，上海书店出版社 1992 年版。

② 参见徐复、季文通主编：《江苏旧方志提要》，江苏古籍出版社 1993 年版，第 141 页。

③ 参见南京师范大学古文献整理研究所编著：《江苏艺文志·常州卷》，江苏人民出版社 1994 年版，第 191 页。

④ 按：徐复、季文通主编《江苏旧方志提要》未考得此志。

⑤ 参见(清)宋徵舆撰：《林屋文稿》卷九《通议大夫刑部左侍郎退庵李公墓志铭》，《四库全书存目丛书》第二百十五册影印清康熙九年(1670)龠楼刻本，齐鲁书社 1997 年版。

顾栋南，生卒年不详。"字季任，邑诸生，品行端洁，邃于经学。不读无用之书，于濂洛关闽诸儒有心契，一时高士名流咸器重之。为人敦至行，与人交，好直言规谏。"①著有《顾氏族谱》、编纂康熙《续修同里志》，皆佚。②

此据嘉庆《同里志》卷之二十二所述著录。

### 康熙《续同里先哲志》

章梦易纂，卷数不详。清康熙二十三年成书，佚。

章梦易生平已见"康熙《同里闺德志》"条著录。

此据嘉庆《同里志》卷之十四《人物志五·文学》所述著录。③

### 康熙《马迹山志》

陈履俨纂，卷数不详。清康熙三十年成书，佚。④

陈履俨，字若思，号敬亭、具区外史，清代诗人，擅长诗文。⑤

---

①　(清)周之桢纂：嘉庆《同里志》卷之十四《人物志五·文学》，《吴江乡镇旧志丛刊·同里志(两种)》沈春荣等点校本，广陵书社 2011 年版，第165 页。

②　按同治《苏州府志》卷一百三十八《艺文三》，仅著录顾栋南《大儒语录》《(垣)[恒]斋稿》二书，多有阙载。嘉庆《同里志》卷之二十二《艺文志上》有著述详目，《吴江乡镇旧志丛刊·同里志(两种)》沈春荣等点校本，广陵书社 2011 年版，第 248 页。

③　(清)周之桢纂：嘉庆《同里志》卷之十四《人物志五·文学》，《吴江乡镇旧志丛刊·同里志(两种)》沈春荣等点校本，广陵书社 2011 年版，第164 页。

④　参见徐复、季文通主编：《江苏旧方志提要》，江苏古籍出版社 1993年版，第 141~142 页。

⑤　参见南京师范大学古文献整理研究所编著：《江苏艺文志·常州卷》，江苏人民出版社 1994 年版，第 189 页。

## 康熙《盛湖志》二卷

仲沈洙纂，仲栻、仲枢增纂，清康熙五十五年成书，佚。

仲沈洙、仲栻、仲枢诸人生平并见"乾隆《盛湖志》"条著录。

此据光绪《盛湖志》卷九《文苑》所述著录。①

## 康熙《梅里志稿》

蔡名烜纂，卷数不详。清康熙六十一年成书，佚。

蔡名烜，生卒年不详，里人，县学生。

此据蔡名烜撰《梅里志跋》所述著录。②

## 康熙《双凤里志》

顾抱山、胡辑庵增修，卷数不详。清康熙末年成书，佚。

顾抱山，即顾湄，字伊人，本姓程。"绝意进取，专力诗古文。徐乾学延馆于家，为纳兰成德刻《通志堂经解》，其较正为多。吴伟业选《娄东十子诗》，湄与焉。"③

此据谭天成撰道光《双凤里志序》所述著录。④

## 雍正《陈墓镇志》十六卷

陈尚隆纂，清雍正二年成书，佚。

---

① 参见《吴江乡镇旧志丛刊·盛湖志（四种）》沈春荣等点校本，广陵书社 2011 年版，第 160 页。

② （清）吴存礼编：雍正《梅里志》，《无锡地方文献丛书》吕锡生标点整理本，中国文史出版社 2005 年版。

③ （清）时宝臣纂：道光《双凤里志》卷四本传，上海书店出版社 1992 年版《中国地方志集成·乡镇志专辑》第 9 册影印清道光六年（1826）活字本。

④ （清）时宝臣纂：道光《双凤里志》，上海书店出版社 1992 年版《中国地方志集成·乡镇志专辑》第 9 册影印清道光六年（1826）活字本。

陈尚隆生平已见"乾隆《陈墓镇志》"条著录。

此据乾隆《陈墓镇志》卷之十《人物》所述著录。①

## 雍正《星溪杂志》

夏暐辑，卷数不详。清雍正十一年成书，佚。

夏暐，生卒年不详，诸生。"字士（炎）［琰］，号青岩，临海丞佑五世孙。天性孝友，……生平不屑世务，惟读先秦两汉书。兴至则随时花鸟、触目烟峦皆以供其吟咏。诗文磊落自异，直登作者之堂。工八法，兼善弈。……家贫，授徒自给。学者窃其余绪，辄取青紫，而暐则布袍麦饭，意自足也。提学御史慎选优行之士，惟暐两膺是举，人咸以为无愧。知县王时照举修《昆山实录》。"②著有《越游集》《稗传汇编》《谷庵杂志》《逸野堂诗集》等书。③

此据宣统《信义志稿》卷十七所述著录。

## 雍正《泾里志》十卷

程国昶纂、邵灿编订，清雍正十二年成书，佚。

程国昶、邵灿生平并见"同治《泾里续志》"条著录。

此据程国昶撰《原序》所述著录。④

---

①　（清）陈尚隆原纂、陈树榖续纂：乾隆《陈墓镇志》卷之十《人物》，《中国地方志集成·乡镇志专辑》第六册影印1946年版钞本，上海书店出版社1992年版。

②　此据（清）赵诒翼纂：宣统《信义志稿》人物，《中国地方志集成·乡镇志专辑》第八册影印本清宣统三年（1911）钞本，上海书店出版社1992年版；并参康熙《昆山县志》卷之十七《隐逸》、光绪《信义志》卷之三《志人上》。

③　（清）赵诒翼纂：宣统《信义志稿》卷十七《志文·著述目》，《中国地方志集成·乡镇志专辑》第八册影印本清宣统三年（1911）钞本，上海书店出版社1992年版。

④　（清）程国昶、邵灿原纂，佚名续纂：同治《泾里续志》程国昶《原序》，江苏省江阴县长泾乡党委暨人民政府1986年版整刊本。

## 雍正《北瀫志略》一卷

缪敬持纂，清雍正十二年成书，佚。①

缪敬持生平已见"同治《北瀫志略》"条著录。

## 雍正《平望志》

邹焕续修，卷数不详。清雍正年间成书，佚。

此据道光《平望志凡例》所述著录。②

## 乾隆《震泽镇志》

佚名纂，卷数不详。清乾隆十一年成书，佚。

此据左辉春撰道光《震泽镇志叙》所述著录。③

## 乾隆《茜泾记》

蔡时雍纂，卷数不详。清乾隆十二年成书，佚。

蔡时雍，生卒年不详。"里中遗老，精坟典之术，博采旧闻，旁收轶事，荟萃成编，曰乾隆《茜泾记》。"乾隆十二年，嘱倪大临删改书稿以成。④ 精通堪舆。

---

① 按：徐复、季文通主编《江苏旧方志提要》未考得此志。

② 参见翁广平纂：道光《平望志》，广陵书社 2011 年版《吴江乡镇旧志丛刊·平望志(三种)》沈春荣等点校本，第 6 页。

③ 参见(清)沈眉寿、纪磊纂修：道光《震泽镇志》，《中国地方志集成·乡镇志专辑》第十三册影印清道光二十四年(1844)初刻本，上海书店出版社 1992 年版。

④ (清)倪大临原纂、陶炳曾补辑：同治《重修茜泾记略》所附倪大临《原序》，《中国地方志集成·乡镇志专辑》第八册影印南京图书馆藏钞本，上海书店出版社 1992 年版。

此据同治《重修茜泾记略》所附倪大临《原序》记载著录。

### 乾隆《信义志》六卷

陈谔士等辑，清乾隆十七年成书，佚。

陈谔士即陈至言，生平已见"嘉庆《二续淞南志》"条著录。

此据光绪《昆新两县续修合志》卷五十所载著录。①

### 乾隆《贞丰拟乘》二卷

章腾龙纂，清乾隆十七年成书，佚。

章腾龙生平已见"嘉庆《贞丰拟乘》"条著录。

此据光绪《周庄镇志》卷四《人物》本传所述著录。②

### 乾隆《唐市志》三卷

倪赐纂，清乾隆二十三年成书，佚。

倪赐生平已见"乾隆《唐墅征献录》"条著录。

此据道光《唐市志》卷中《人物·文苑》本传所述著录。③

### 乾隆《周庄镇志》

陶金梭撰，卷数不详。清乾隆二十九年成书，佚。

---

① 　按：(清)金吴澜等修、汪堃等纂：光绪《昆新两县续修合志》卷五十《著述目下》著录作《真义志》。《中国地方志集成·江苏府县志辑》第十七册影印清光绪六年(1880)刻本，江苏古籍出版社1991年版。

② 　(清)陶煦纂：光绪《周庄镇志》卷四《人物》，《中国地方志集成·乡镇志专辑》第六册影印清光绪八年(1882)刻本，上海书店出版社1992年版。

③ 　(清)倪赐原纂、苏双翔补纂：道光《唐市志》卷中《人物·文苑》，沈秋农、曹培根主编：《常熟乡镇旧志集成》曹培根标点本，广陵书社2007年版，第326~327页。

陶金梭，生卒年不详。"原名云锦，字退思，号剑峰，善圻子。年十五随其父之都，入太学为肄业生。沈宗伯德潜以国士目之。在京十年，所交皆四方知名士。……尝创建洗钵亭于永庆庵后，集名流举诗酒之会，倡和篇什，裒然成集。……晚岁因章腾龙（乾隆）《贞丰拟乘》，复采近事，为（乾隆）《周庄志》（按：即乾隆《周庄镇志》），未脱稿而卒。著有《应酬摘要》《三字经注略》《致远轩诗文集》《重修族谱》等，藏于家。"①

此据光绪《周庄镇志》卷四本传所述著录。

### 乾隆《茜泾记略》不分卷

倪大临纂，清乾隆三十七年成书，佚。

倪大临生平已见"同治《重修茜泾记略》"条著录。

此据同治《重修茜泾记略·儒林》本传所述著录。②

### 乾隆《采录同里志》

周羲纂，卷数不详。清乾隆五十七年成书，佚。

周羲，生卒年不详。字跂之，号墨庄，系嘉庆《同里志》编纂者周之桢父。"自幼力学，工文章，寻以病弃去，专事吟咏。……晚年工隶字，求者踵至。"著有《续同川风雅集》《意中山房集》《墨庄诗钞》等书，编纂乾隆《采录同里先哲志》《松陵唱和钞》八卷。③

此据嘉庆《同里志》卷之十二本传所述著录。

---

① （清）陶煦纂：光绪《周庄镇志》卷四《人物》，《中国地方志集成·乡镇志专辑》第六册影印清光绪八年（1882）刻本，上海书店出版社 1992 年版。

② （清）倪大临原纂、陶炳曾补辑：同治《重修茜泾记略·儒林》，《中国地方志集成·乡镇志专辑》第八册影印南京图书馆藏钞本，上海书店出版社1992 年版。

③ （清）周之桢纂：嘉庆《同里志》卷之十二《人物志五·文学》，《吴江乡镇旧志丛刊·同里志（两种）》沈春荣等点校本，广陵书社 2011 年版，第176 页。

### 乾隆《采录同里先哲志》

周羲纂，卷数不详。清乾隆五十七年成书，佚。

周羲生平已见"乾隆《采录同里志》"条著录。

此据嘉庆《同里志》卷之十二《人物志五·文学》本传所述著录。①

### 乾隆《增辑同里先哲志》

吴洙纂，卷数不详。清乾隆五十七年成书，佚。

吴洙生卒年不详，字泗传，名诸生，著有乾隆《增辑同里先哲志》《吴叔子集》。②

此据嘉庆《同里志》卷之十四本传所述著录。

### 乾隆《杨舍堡城志初稿》

叶廷甲等撰，卷数不详。清乾隆六十年成书，佚。

叶廷甲（1754—1832）③，字保堂，号梅江，别号云樵。乾隆丁酉附贡生，赠儒林郎。④"抱经卢氏、清如郑氏，俱治经有

---

① （清）周之桢纂：嘉庆《同里志》卷之十二《人物志五·文学》，《吴江乡镇旧志丛刊·同里志（两种）》沈春荣等点校本，广陵书社 2011 年版，第 176 页。

② （清）周之桢纂：嘉庆《同里志》卷之十四《人物志五·文学》、卷之二十二《艺文志上》，《吴江乡镇旧志丛刊·同里志（两种）》沈春荣等点校本，广陵书社 2011 年版，第 176、252 页。

③ 关于查考叶廷甲的生卒年，本书根据（清）叶朝庆、叶天庆编纂：《皇清例赠儒林郎附贡生显考云樵府君年谱》，上海图书馆藏清道光间水心斋刻本。

④ （清）叶长龄等纂，叶钟敏重辑：光绪《杨舍堡城志稿》卷九《选举·庠士》《选举·封赠》，《张家港旧志汇编·杨舍堡城志稿》黄晓曙等点校本，凤凰出版社 2006 年版，第 131、140 页。

法，[廷甲]并师事之。得其旨，解经不偏，主汉宋说。博观约取，点注于册，述而不作。……生平雅好典籍，构静观楼，置书五万余卷。有名臣遗老著述未布者，必梓行之。……中年谢应举，放情山水，七十外腰脚犹健。"① 著有《历代年表》八卷、《叶氏得姓考》、《浙东访宗支日记》、《游太湖黄山小记》二卷，并《保文堂诗文钞》二卷等书。② 所校补刊刻之《徐霞客游记》堪称善本。③ 光绪《江阴县志》卷十七有详传。

此据叶长龄撰光绪《杨舍堡城志稿序》所述著录。④

## 乾隆《璜泾志略》二卷

冯恒纂，清乾隆年间成书，佚。

冯恒，生卒年不详，乾嘉间人。⑤ 青年时，编纂乾隆《璜泾志略》，"其家藏书究多，又得秉承家训，故所志终多确凿。"⑥所编志书成为施若霖编纂道光《璜泾志稿》的基础。

此据道光《璜泾志稿·凡例》所述著录。

---

① （清）叶长龄等纂，叶钟敏重辑：光绪《杨舍堡城志稿》卷十《人物·儒林》，《张家港旧志汇编·杨舍堡城志稿》黄晓曙等点校本，凤凰出版社2006年版，第154页。

② （清）叶长龄等纂，叶钟敏重辑：光绪《杨舍堡城志稿》卷十四《艺文·总目》，《张家港旧志汇编·杨舍堡城志稿》黄晓曙等点校本，凤凰出版社2006年版，第234页。

③ 参见梁一波主编：《张家港名贤》，凤凰出版社2008年版，第79~80页。

④ （清）叶长龄等纂，叶钟敏重辑：光绪《杨舍堡城志稿》，张家港旧志汇编·杨舍堡城志稿》黄晓曙等点校本，凤凰出版社2006年版，第15页。

⑤ 据（清）赵曜撰：乾隆《璜泾志略稿·凡例》，《中国地方志集成·乡镇志专辑》第九册影印南京图书馆藏稿本，上海书店出版社1992年版。

⑥ （清）施若霖纂：道光《璜泾志稿·凡例》，《中国地方志集成·乡镇志专辑》第九册影印1940年版铅印本，上海书店出版社1992年版。

### 乾隆《平望志》

佚名纂，卷数不详。清乾隆年间成书，佚。

此据道光《平望志凡例》所述著录。①

### 乾隆《分湖志》八卷

沈刚中纂，清乾隆前期成书，佚。

沈刚中生平已见"道光《分湖志》"条著录。

此据道光《分湖小识》卷二《人物上·隐逸》本传所述著录。②

### 嘉庆《震泽备志》二卷

沈金渠纂，清嘉庆年间成书，佚。

沈金渠（1775—1819）③，字汉甫，号春桥。"少颖悟，善属文。为诸生，试辄冠其曹。乡闱屡荐不受，乃肆力于诗。其诗高华典贵，一以新城为宗。"著有《春风楼集》（即《春风庐诗集》，刊

---

① 参见翁广平纂：道光《平望志》，广陵书社 2011 年版《吴江乡镇旧志丛刊·平望志（三种）》沈春荣等点校本，第 6 页。

② （清）柳树芳辑录：道光《分湖小识》卷二《人物上·隐逸》，《吴江乡镇旧志丛刊·分湖三志》沈春荣等点校本，广陵书社 2008 年版，第 137～138页。

③ 按张士元撰《春风庐诗集序》云："沈汉甫以嘉庆己卯某月卒"，而嘉庆二十四年干支为己卯，则沈金渠卒于 1819 年。序文又云："汉甫少余二十年"，张士元生于 1755 年，则沈金渠之生年即为 1775 年。参见（清）沈眉寿、纪磊纂修，龚希翯续纂：宣统《震泽镇志续稿》卷十一《书目》"春风庐诗集"条，《吴江乡镇旧志丛刊·震泽镇志续稿》沈春荣等点校本，广陵书社 2009 年版，第 271～272 页。江庆柏编著《清代人物生卒年表》误作生年为 1765 年，人民文学出版社 2005 年版，第 363 页。

行），编纂（道光）［嘉庆］《震泽备志》二卷，稿本藏于家。① 陆以湉《冷庐杂识》卷三有小传。

此据宣统《震泽镇志续稿》卷九本传所述著录。

### 道光《增补茜泾记略》

陶氏（陶炳曾祖父）纂，卷数不详。清道光初年成书，佚。

此据陶炳曾撰《重修茜泾记略序》所述著录。②

### 道光《马迹山志》

许可权增纂，卷数不详。清道光九年成书，佚。③

### 道光《元和唯亭志稿》

沈宗城纂，卷数不详。清道光十八年成书，佚。

沈宗城，生卒年不详。"号小帆，道光壬午举人"，有《轩霞诗钞》三卷。④

此据民国《吴县志·艺文考四》所述著录。

---

① （清）沈眉寿、纪磊纂修，龚希翚续纂：宣统《震泽镇志续稿》卷九《文苑》、卷十一《书目》，《吴江乡镇旧志丛刊·震泽镇志续稿》沈春荣等点校本，广陵书社 2009 年版，第 204、271 页。

② 参见（清）倪大临原纂、陶炳曾补辑：同治《重修茜泾记略·儒林》，《中国地方志集成·乡镇志专辑》第八册影印南京图书馆藏钞本，上海书店出版社 1992 年版。

③ 参见徐复、季文通主编：《江苏旧方志提要》，江苏古籍出版社 1993 年版，第 141~142 页。

④ 曹允源、李根源纂：民国《吴县志》卷五十八上《艺文考四》，《中国地方志集成·江苏府县志辑》第十一册影印苏州文新公司 1933 年版铅印本，凤凰出版社 2008 年版。

### 道光《增订杨舍堡城志稿》

叶氏族人(叶同刺)增纂，卷数不详。清道光二十八年成书，佚。

此据叶钟敏撰识语所述著录。①

### 道光《信义续志》四卷

魏孔怀、赵月卿续辑，清道光末年成书，佚。

魏孔怀，生卒年不详，本名宗尊，(字)[号]雪江。"新阳庠生，居真义镇，家贫，廉洁自励。奉母抚弟，孝友备至。尝续先辈陈至言(乾隆)《真义志》，未就，别撰《青衿[续]谱》一册。人系小传，凡西乡之为学官弟子者皆列焉。"②著有《青衿续谱》。③

赵月卿，生卒年不详，名之骏，赵安止长子。"邑诸生，天资学力卓越寻常。书法学褚河南，临摹酷肖。"④著有《星伯遗诗》。与魏宗尊(按：字孔怀)续辑道光《信义续志》四卷。⑤ 宣统《信义志

---

① (清)叶长龄等纂，叶钟敏重辑：光绪《杨舍堡城志稿》，《张家港旧志汇编·杨舍堡城志稿》黄晓曙等点校本，凤凰出版社2006年版，第252页。

② 参见(清)金吴澜等修、汪堃等纂：光绪《昆新两县续修合志》卷三十一《人物十二·文苑二》，《中国地方志集成·江苏府县志辑》第十六册影印清光绪六年(1880)刻本，江苏古籍出版社1991年版；(清)赵诒翼纂：宣统《信义志稿》卷五《人物》，《中国地方志集成·乡镇志专辑》第八册影印本清宣统三年(1911)钞本，上海书店出版社1992年版。

③ (清)赵诒翼纂：宣统《信义志稿》卷十七《志文·著述目》，《中国地方志集成·乡镇志专辑》第八册影印本清宣统三年(1911)钞本，上海书店出版社1992年版。

④ (清)金吴澜等修、汪堃等纂：光绪《昆新两县续修合志》卷《人物十六·艺术》，《中国地方志集成·江苏府县志辑》第十六册影印清光绪六年(1880)刻本，江苏古籍出版社1991年版。

⑤ (清)赵诒翼纂：宣统《信义志稿》卷十七《志文·著述目》，《中国地方志集成·乡镇志专辑》第八册影印本清宣统三年(1911)钞本，上海书店出版社1992年版。

稿》卷五《人物》有传。

此据宣统《信义志稿》卷十七所载著录。

## 同治《甫里志稿》一卷

许起、许玉瀛纂，清同治十三年成书，佚。

许起（1828—1903）①，"字壬瓠，[自号老瓠]，职贡生。性敏力学，工诗古文，善[行书]书法。少从同里顾惺游，得医学真传。尝避兵沪上，获交道州何螱叟，而书学益进。归里，立诗社于清风亭，倡酬其中。晚年拟修里乘（按：即同治《甫里志稿》），属稿未半而殁，年七十有六。"②著有《霍乱燃犀说》二卷、《珊瑚舌雕谈》八卷、《樗园尺牍》三卷、《网师拾人牙慧录》《翦莱草堂诗录》八卷续四卷等书。③

许玉瀛，名莲士，系许起之子，苏州府学生，擅长医术，合著有《格致书院课艺》。④

此据民国《吴县志》卷第六十八上本传所述著录。

## 同治《盛湖志》

仲廷机纂，卷数不详。清同治十三年成书，佚。

仲廷机生平已见"光绪《盛湖志》"条著录。

---

① 关于许起的生卒年情况，本书采用了严修桢所撰《许起和光绪〈甫里志〉》的考证结论。参见《苏州史志资料选辑》1989 年第 3～4 合期，第 195 页。

② 曹允源、李根源纂：民国《吴县志》卷第六十八上《列传六》、卷第七十九《杂记二》，《中国地方志集成·江苏府县志辑》第十二册影印苏州文新公司 1933 年版铅印本，凤凰出版社 2008 年版。

③ 曹允源、李根源纂：民国《吴县志》卷第五十八上《艺文考四》，《中国地方志集成·江苏府县志辑》第十一册影印苏州文新公司 1933 年版铅印本，凤凰出版社 2008 年版。

④ 参见《苏州史志资料选辑》1989 年第 3～4 合期，第 196 页。

此据光绪《盛湖志补》卷三《书目》所述著录。①

## 同治《锡山梅里志》

浦传桂、安起东合纂，清咸丰年间初稿、同治年间后人增补，佚。

浦传桂，卒于清咸丰末年，字轮香、士钺，号盟鸥，国子生，著有《盟鸥吟稿》。"与师（按：即指安起东）订莫逆交，商榷数载，遂采辑成帙（按：即《锡山梅里志稿》）"，②"其稿采摭广博，所引书如元王仁辅《无锡州志》，明弘治、万历及国朝乾隆以前诸邑志，皆世鲜传本，足为掌故之助……所分门类，多袭邑志，旧文重见复出，尚欠裁断，检其目录，知犹未定稿也。"③

安起东，卒于清咸丰末年，字耐庵，"博学好古，工隶书，精研汉碑，平时常展玩（雍正）《梅里志》，……意欲重修［之］。"④

此据吴熙撰光绪《泰伯梅里志序》所述著录。

## 光绪《续修茜泾记略》

倪大临原纂、陶炳曾补辑、陶宗亮续辑，佚名增补，卷数不详。清光绪五年成书，佚。

倪大临、陶炳曾生平并见"同治《重修茜泾记略》"条著录。

陶宗亮（1763—1855），字绪先，号归园、浅人。"国学生，道光辛丑举乡饮介宾。著有《春梦留痕》《卷半巢吟》《沧江红雨楼诗

---

① （清）仲虎腾续纂：光绪《盛湖志补》卷三《书目》，《吴江乡镇旧志丛刊·盛湖志（四种）》沈春荣等点校本，广陵书社2011年版，第462页。

② （清）许巨楫撰：光绪《泰伯梅里志跋》，载《无锡地方文献丛书》吕锡生标点整理本光绪《泰伯梅里志》，中国文史出版社2005年版，第507页。

③ 参见（清）吴熙撰：光绪《泰伯梅里志序》，载《无锡地方文献丛书》吕锡生标点整理本光绪《泰伯梅里志》，中国文史出版社2005年版，第262页。

④ （清）许巨楫撰：光绪《泰伯梅里志跋》，载《无锡地方文献丛书》吕锡生标点整理本光绪《泰伯梅里志》，中国文史出版社2005年版，第507页。

稿》。……为人品高行洁，为善不吝，乡党称为德人。"①道光《刘河镇记略》有传。

### 光绪《穿山记》

钱浚原纂、后人增补，卷数不详。清光绪前期成书，佚。②

钱浚，生卒年不详，字次谋，清代苏州府太仓州人，康熙三十八年举人。③

### 清代《信义志》

张君洲辑，卷数及成书年代皆不详，佚。④

### 清代《梅林小志》

方熊辑，卷数以及成书年代皆不详，佚。

方熊（1715—约1761）⑤，字飞崖，县学生，系乾隆《重修南浔

---

① （清）倪大临原纂、陶炳曾补辑：同治《重修茜泾记略·儒林》，《中国地方志集成·乡镇志专辑》第八册影印南京图书馆藏钞本，上海书店出版社1992年版。

② 参见徐复、季文通主编：《江苏旧方志提要》，江苏古籍出版社1993年版，第387页。

③ 参见王稼句编选：《苏州山水名胜历代文钞》，上海三联书店2010年版，第315页。

④ 参见徐复、季文通主编：《江苏旧方志提要》，江苏古籍出版社1993年版，第405页。

⑤ 按：方熊所编纂乾隆《南浔文献志》稿本断年在清乾隆二十六年（1761），又据方焘所撰《重修南浔镇志序》云，其兄方熊得到松陵潘氏稿本后，亟思补辑志书，旋因病殁不克果成。则可知方熊卒年当在1761年前后。关于方熊的生年考订，本书参照了南开大学古籍与文化研究所编：《清文海》第四十册的考证结论，国家图书馆出版社2010年版，第445页。

镇志》编纂者方焘之兄。"与里中诸子结田园社，春秋佳日赓倡迭
和。"①著有乾隆《南浔文献志》二卷、《带湖草堂集》、《飞崖诗删》
八卷。②

　　此据咸丰《南浔镇志》卷三十所载著录。

---

　　①　(清)方焘著、刘承幹撰：《山子诗钞·自跋》，《丛书集成续编》第一
百三十册影印《吴兴丛书》本，上海书店出版社 1994 年版。
　　②　(清)汪曰桢纂：咸丰《南浔镇志》卷三十《著述二》，《中国地方志集
成·乡镇志专辑》第二十二册(下)影印清同治二年(1863)刻本，上海书店出
版社 1992 年版。

# 二、浙 江

## （一）现存志书

### 顺治《仙潭后志》不分卷

胡道传续编、沈豰毂订补，清顺治四年成书。

胡道传，生卒年不详，字幼学，号怀川。"甘贫嗜学，老而不倦。著有《长春闲录》、（顺治）《仙潭续志》。"①

沈豰毂（1594—1662），字子禧，号器车、渚椒，明崇祯丁丑进士，授枣强县令。明末甲申之变后，"肆力群书，手自删辑，肘不离案。大略始自诗词而进及子史、经世，旁罗诸家集说，天文律吕、西儒历法音算之学靡不精核，晚年则专事六经理学矣。"②著有

---

① （清）胡道传续编、沈豰毂订补：顺治《仙潭后志·隐逸》，《中国地方志集成·乡镇志专辑》第二十四册影印浙江图书馆藏清光绪二年（1876）钞本，上海书店出版社 1992 年版。按：德清县志编纂委员会编：《德清县志》著录《仙潭续志》刊本不详，当据此补之，参见该书第 731 页，浙江人民出版社 1992 年版。

② （清）陈玉垕撰：《渚（淑）［椒］公传》，（清）胡道传续编、沈豰毂订补：顺治《仙潭后志》卷首，《中国地方志集成·乡镇志专辑》第二十四册影印浙江图书馆藏清光绪二年（1876）钞本，上海书店出版社 1992 年版。

诗文二卷、《襄荪私言》一卷、《偶涉草》一卷。嘉庆《新市镇续志》卷二有传。

主要流布版本有浙江图书馆藏清光绪二年（1876）周衡钞本、上海书店出版社1992年版《中国地方志集成·乡镇志专辑》第二十四册影印清光绪二年（1876）钞本、新市镇人民政府等1995年版《仙潭文献·仙潭后志合刊》陈景超点校本、新市镇人民政府2010年版影印钞本。

## 康熙《乍浦九山补志》十二卷

王寅旭、李天植纂，清康熙十二年成书。

李天植（1591—1672）①，又名李确，字潜夫，又字因仲、潜初，乡人私谥介节先生。明崇祯癸酉举人。"自为诸生时，工诗歌、古文辞。……甲申闻变后，髡发入龙湫山中，自署龙湫山人。粮绝不给，好事者多载酒米以周之，非其人虽饥不受也。长吏守帅闻其名，车骑过之，逾垣避，终不见。每岁必赋三月十九日诗，读

---

①　关于李天植的生卒年，魏禧于"辛亥九月"撰《与周青士书》后"壬子七月自记"，李天植于当年三月去世。按魏禧生卒年为1624—1681年，其所谓"辛亥九月"当在清康熙十年（1671），"壬子七月"当在清康熙十一年（1672）。是则李氏卒年为清康熙十一年（1672）。据（清）宋景关纂：乾隆《乍浦志》卷五《隐逸》本传以及所引王涟所作墓志铭文，可知李天植享年八十二岁，由此推知其生年当为1591年。然中华书局胡守仁等校点本《魏叔子文集外篇》卷之六《与周青士书》云："潜夫名天植，崇祯癸酉登贤书，今年八十二矣。"则是以康熙十年时李天植已八十二岁，恐误。参见胡守仁等校点本《魏叔子文集》第280～282页，中华书局2003年版。检浙江省平湖市史志办公室2009年版《乍浦旧志三种》郭杰光整理本乾隆《乍浦志》所引《与周青士书》，原文即作"八十一岁"，良是。又据（清）宋景关纂：乾隆《乍浦志续纂·小引》所录李天植《九山志后序》，云："康熙四年八月，龙湫山人李确潜初氏撰，时年七十有五。"可推知康熙十年辛亥时，李天植当为八十一岁。参见浙江省平湖市史志办公室2009年版《乍浦旧志三种》郭杰光整理本，第75页。

327

者高其风而哀其志也。"①著有《蜃园文集》十卷、《九山游草》、《山房日录》四十卷等，编纂康熙《乍浦九山志》二卷，已佚。《清先正事略》《明遗民录》卷三十一有传。

王寅旭，生卒年不详，系李天植门生，所编纂康熙《乍浦九山补志》，雍正《浙江通志》著录，《四库全书》存目。

有清康熙十二年(1673)初刻本。

## 康熙《栖里景物略》十二卷

张之鼐辑，清康熙二十三年成书。

张之鼐，生卒年不详，字仲谋，斋曰半庵，诸生。"博览群书，长于诗文。隐居横潭别墅，诗文唱和，韵林中无不知有横潭张半庵也。喜著述，日居卧痴栖，拥万卷。手辑(康熙)《栖里景物略》十二卷、《神仙通纪》百卷、《横潭草堂诗》若干卷。"②

主要流布版本有清康熙二十三年(1684)钞稿本、浙江图书馆藏清嘉庆间传钞本、浙江省塘栖镇人民政府2005年版影印清康熙间钞本、浙江摄影出版社2006年版《文化塘栖丛书》点校本、西泠印社2010年《余杭历史文化研究丛书·历史文献》第六册影印本、浙江古籍出版社2012年版《余杭古籍再造丛书》影印本。

## 康熙《栖乘类编》

周逸民辑纂，卷数不详，约清康熙二十三年成书。

周逸民，即周兆谦，号逊庵，生卒年不详，清康熙时人。"善堪舆。取山水形势，撰《栖里图说》一卷，今已佚。暮年以来，取

---

① (清)宋景关纂：乾隆《乍浦志》卷五《隐逸》，浙江省平湖市史志办公室2009年版《乍浦旧志三种》郭杰光整理本，第36页。

② (清)王同纂：光绪《唐栖志》卷十二《人物五》，《文化塘栖丛书》标点本，浙江摄影出版社2006年版，第225页。

古人书以遣怀抱。取曹菽园(康熙)《栖水文乘》，条分类聚之，曰(康熙)《栖乘类编》。"①

主要流布版本有北京大学图书馆藏清乾隆间钞本、北京大学图书馆藏清乾隆三十年(1765)刻本。

### 康熙《乌青文献》十卷

张园真纂，清康熙二十七年成书。

张园真，生卒年不详，初字岩徵，改字炎贞，湖州府学生。"感镇志残缺，取而编纂之。凡关风俗人心者纤悉不遗，至于往迹遗事，搜讨亦殆尽，三年而成。康熙间辑《书画谱》，御采其说，咸谓遭逢之幸云。其读书谈道，向老不衰，每于鸡鸣披衣起，篝灯挟册，岑岑向简端作蝇头批注数十页。最后裒有明文集百余家，欲论次成书，颜曰《明文大观》，竟不获卒业以殁，论者惜之。"②著有《困庵刭记》《过春草堂集》。③民国《乌青镇志》卷二十八有传。

主要流布版本有清康熙二十七年(1688)春草堂初刻本、台湾地区藏旧钞本。

### 康熙《鄞西桃源志》五卷

明代张桃溪、杜思泉原纂，清代佚名增订，清康熙二十七年成书。

---

①　(清)王同纂：光绪《唐栖志》卷十二《人物五》，《文化塘栖丛书》标点本，浙江摄影出版社2006年版，第226页。

②　(清)董世宁纂：乾隆《乌青镇志》卷之九《人物》，《中国地方志集成·乡镇志专辑》第二十三册影印1918年版铅印本，上海书店出版社1992年版。

③　(清)董世宁纂：乾隆《乌青镇志》卷之十二《著述》，《中国地方志集成·乡镇志专辑》第二十三册影印1918年版铅印本，上海书店出版社1992年版。

上海图书馆有传钞清康熙二十七年（1688）重刊本。①

## 康熙《桃源乡志》八卷

臧麟炳纂，清康熙二十八年成书。

臧麟炳，生卒年不详，康熙间里人。

主要流布版本有浙江省宁波市天一阁博物馆藏 1924 年胡蕃钞本、浙江省宁波市天一阁博物馆藏清钞本及 1934 年油印本、上海图书馆藏残钞本、1959 年传钞本、上海书店出版社 1992 年版《中国地方志集成·乡镇志专辑》第二十四册影印清钞本、方志出版社 2006 年版龚烈沸点注本、中国档案出版社 2006 年版龚烈沸点校线装本。

## 康熙《仙潭文献》四卷

程之彭纂，清康熙三十年成书。

主要流布版本有浙江省图书馆藏 1946 年知虚子周轸油印残钞本、浙江省新市镇人民政府 1950 年版影印钞本、浙江省新市镇人民政府等 1995 年版《仙潭文献·仙潭后志合刊》陈景超点校本。

## 康熙《皋部志》不分卷

沈铨纂，清康熙三十八年成书。

有 1938 年版《绍兴县志资料》第一辑铅印本。

## 康熙《前朱里纪略》不分卷

盛爌纂，清康熙五十六年成书。

盛爌，生卒年不详。"字愚谷，康熙间恩贡生，官德清训导。

---

① 此据龚烈沸编著：《宁波古今方志录要》，宁波出版社 2001 年版，第 61 页。

性喜结纳，斋厨萧然而宾客辐辏。"著有《编蒲斋漫稿》《愚谷诗钞》等书。①民国《乌青镇志》卷二十八有传。

主要流布版本有复旦大学图书馆藏清嘉庆二十四年（1819）涌春居士钞本、上海书店出版社 1992 年版《中国地方志集成·乡镇志专辑》第二十一册影印清嘉庆二十四年（1819）钞本、国家图书馆出版社 2010 年版《复旦大学图书馆藏稀见方志丛刊》第十一册影印钞本。

### 康熙《金乡镇志》不分卷

佚名纂，清康熙年间成书。

主要流布版本有温州市图书馆藏 1929 年夏绍俅钞本、上海书店出版社 1992 年版《中国地方志集成·乡镇志专辑》第二十五册影印钞本。

### 雍正《硖川志略》一卷

蒋宏任纂，清雍正六年成书。

蒋宏任（1701—1742），字担斯，号东湖，监生。"为人坦荡，不立崖岸。尝即沈伯翰藩《硖川志略》手为校订付梓。"②另纂雍正《硖川山水志》，《四库全书》存目。民国《海宁州志稿》卷二十九《人物·文苑》有传。

主要流布版本有道光十三年（1833）吴江沈氏《昭代丛书》刻本、清道光二十四年（1844）刻本、上海书店出版社 1992 年版《中国地方志集成·乡镇志专辑》第二十册影印道光十三年（1833）《昭代丛

---

① （清）严辰纂：光绪《桐乡县志》卷十九《艺文志·子部》"《前珠里纪略》"条下注、《艺文志·集部》，《中国地方志集成·浙江府县志辑》第二十三册影印清光绪十三年（1887）刻本，上海书店出版社 1993 年版。

② （清）王德浩纂、曹宗载重订：嘉庆《硖川续志》卷七《耆旧》，《中国地方志集成·乡镇志专辑》第二十册影印清嘉庆十七年（1812）刻本，上海书店出版社 1992 年版。

书》本。

## 乾隆《乍浦志》六卷

宋景关纂，清乾隆二十二年成书。

宋景关（1724—1797）①，清代诗人，字今郿，号话桑，一号醒轩。系乾隆《乍浦九山续补志》编纂者宋景濂之弟，乾隆四十三年岁贡生。②"以明经老，益肆力于诗古文辞，并有师承。著作等身，尤于枌榆耆旧有继往开来之功。"③所著已刻者汇编为《乍川文献》五种，编纂乾隆《乍浦志》六卷、乾隆《乍浦志续纂》二卷。光绪《平湖县志》卷十七有传。

主要流布版本有清乾隆二十二年（1757）初刻本、清乾隆五十七年（1792）增刻本、清道光十九年（1839）校补重印本、上海书店出版社 1992 年版《中国地方志集成·乡镇志专辑》第二十册影印清乾隆五十七年（1792）增刻本、浙江省平湖市史志办公室 2009 年版《乍浦旧志三种》郭杰光整理本。

## 乾隆《南浔文献志》二卷

张鸿寯纂，清乾隆二十三年成书。

张鸿寯，生卒年不详，字醴源，号芛泉。著有乾隆《南浔文献

---

① 据（清）宋景关纂：乾隆《乍浦志续纂·小引》落款："壬子夏五，宋景关跋，时年六十有九。"按乾隆年间干支属壬子者为 1792 年，由此推知宋景关生年为 1724 年。参见浙江省平湖市史志办公室 2009 年版郭杰光整理本，第 75 页。又据（清）许河纂修：道光《乍浦续志》卷五《文苑》本传，云卒年七十四，则当卒于 1797 年。参见浙江省平湖市史志办公室 2009 年版郭杰光整理本，第 25 页。

② （清）邹璟纂：道光《乍浦备志》卷十九《科贡》，浙江省平湖市史志办公室 2009 年版郭杰光整理本，第 166 页。

③ （清）许河纂修：道光《乍浦续志》卷五《文苑》，浙江省平湖市史志办公室 2009 年版郭杰光整理本，第 25 页。

志》二册(卷)，"一名(乾隆)《重增南浔志》。"①

有国家图书馆藏残钞本。

### 乾隆《乌青镇志》十二卷

董世宁纂，清乾隆二十五年成书。

董世宁(1715—1771 以后)②，字贻清，号心山，奉天正红旗人，监生。乾隆二十二年任乌镇同知，③ 乾隆三十六年任开化府知府。④

主要流布版本有清乾隆二十五年(1760)初刻本、上海图书馆藏严辰手校清乾隆二十五年(1760)刻本⑤、1918 年版铅印本、上海书店出版社 1992 年版《中国地方志集成·乡镇志专辑》第二十三册影印 1918 年版铅印本。

### 乾隆《石步志》一卷

明代叶时标原纂，清代叶四聪订、叶维新重辑，清乾隆二十七

① （清）汪曰桢纂：咸丰《南浔镇志》卷二十九《著述一》，《中国地方志集成·乡镇志专辑》第二十二册(下)影印清同治二年(1863)刻本，上海书店出版社 1992 年版。

② 据清乾隆二十二年(1757)董世宁履历，云："汉军正红旗包衣，汉军赛东阿管领下。监生，年四十三岁。……分签掣浙江湖州府同知缺。"可以推知董世宁生于 1715 年，卒年不详。参见秦国经主编：《中国第一历史档案馆藏清代官员履历档案全编》第十七册，华东师范大学出版社 1997 年版，第709~710 页。

③ 卢学溥修、朱辛彝等纂：民国《乌青镇志》卷二十五《职官》，《中国地方志集成·乡镇志专辑》第二十三册影印 1936 年版刻本，上海书店出版社1992 年版。

④ 文山壮族苗族自治州地方志编纂委员会编纂：《文山壮族苗族自治州志》(第六卷)，云南人民出版社 2002 年版，第 276 页。

⑤ 按：严辰系清咸丰年间进士、翰林院庶吉士，卒于清光绪十九年(1893)，是则此校勘刻本成书年代当不晚于清光绪十八年(1892)，当在清同治、光绪年间。

年成书。

叶四聪（1682—?）①，字勿斋，清雍正元年举人，任两淮中正场盐课大使。

叶维新（1807—1835），字莲庄、子怀。生平重然诺，有节概，热心里中公益事业。

主要流布版本有浙江省宁波市天一阁博物馆藏钞本、上海书店出版社 1992 年版《中国地方志集成·乡镇志专辑》第二十五册影印天一阁钞本。

## 乾隆《东西林汇考》八卷

茅应奎纂，清乾隆三十一年成书。

茅应奎（1675—1769），字淇湄，一字渠眉，号湘客、耄叟。康熙庚子副榜贡生，乾隆二十四年任杭州府昌化县学教谕。"生平好学博洽，远游燕楚，登岱颠、泛洞庭，著诗万余首，与沈宗伯归愚、诸宫赞草庐最契合。所著有《五湖［诗］集》［八卷］行世。年九十余，视听不衰。"②著有《远游稿》《萧放窝琐录》等书。③民国《双林镇志》卷二十有详传。

主要流布版本有上海图书馆藏清乾隆三十一年（1766）稿本、上海书店出版社 1992 年版《中国地方志集成·乡镇志专辑》第二十二册（上）影印稿本、国家图书馆出版社 2011 年版《上海图书馆藏稀见方志丛刊》第八十九册影印稿本。

---

① 此据（清）叶四聪撰：《乾隆石步志序》，（明）叶时标原纂，（清）叶四聪订、叶维新重辑：《乾隆石步志》卷首，《中国地方志集成·乡镇志专辑》第二十五册影印宁波天一阁博物馆藏钞本，上海书店出版社 1992 年版。

② （清）茅应奎纂：乾隆《东西林汇考》卷五《征献志·科贡》，《中国地方志集成·乡镇志专辑》第二十二册（上）影印上海图书馆藏凝霞阁稿本，上海书店出版社 1992 年版。

③ 蔡蒙续纂：民国《双林镇志》卷三十《艺文》，《中国地方志集成·乡镇志专辑》第二十二册（下）影印上海商务印书馆 1917 年版铅印本，上海书店出版社 1992 年版。

### 乾隆《濮川风土记》二卷

杨树本纂，清乾隆三十二年成书。

杨树本（1731—1816）①，字大立，号荫轩。"乾隆癸酉、戊子［奉天、顺天两科］副榜，国子监教习。由考职第一授州同衔，任江西宁州州同。卓异，推升湖北鹤峰州知州。"乾隆五十五年授阶奉直大夫。② 著有《春秋事几终始》《纪元备考》《杨氏宗支考》《文房备览》《荫轩诗钞》《荫轩文钞》，③ 编纂乾隆《濮川风土记》二卷（稿本）、乾隆《濮院琐志》八卷、嘉庆《濮院琐志》八卷。嘉庆《濮川所闻记》卷三、光绪《嘉兴府志》卷六十一、民国《濮院志》卷十九有传。

有清乾隆三十二年（1767）稿本流传。

### 乾隆《唐栖志略》二卷

何琪纂，清乾隆三十四年成书。

何琪，生卒年不详，号春渚，又号枯树湾人，钱塘布衣。"书法似董文敏，尤工八分，以为世鲜识者，故不轻作。""性和蔼，品尤高洁"，"生平慕石守道、唐子方之为人（即北宋人石介、唐介），又号二介居士"。乾隆己丑（三十四年），"取周逸民（康熙）《栖乘类编》点窜删改，存十之一，厘为二卷，曰（乾隆）《唐栖志略》。虽

---

① 据（清）杨树本纂：嘉庆《濮院琐志》卷首嘉庆十三年《自序》知其当年七十八岁，推知杨树本生年当为1731年。又据夏辛铭纂：民国《濮院志》卷十九本传，知其享年八十六岁，则杨树本卒年当在1816年。

② （清）杨树本纂：嘉庆《濮院琐志》卷二《选举》，《中国地方志集成·乡镇志专辑》第二十一册影印浙江省图书馆藏传钞本，上海书店出版社1992年版。

③ （清）严辰纂：光绪《桐乡县志》卷十九《艺文志》，《中国地方志集成·浙江府县志辑》第二十三册影印清光绪十三年（1887）刻本，上海书店出版社1993年版。

地志之别乘，风雅之外编，而宗郦元之简，致柳州之洁。"①

　　主要流布版本有清乾隆五十四年（1789）初刻本、清嘉庆七年（1802）增补刻本、上海图书馆藏清钱塘罗氏恬养斋钞本②、南京图书馆藏清同治十一年（1872）朱文藻钞本、清光绪七年（1881）《武林掌故丛编·第二集》刻本、上海书店出版社 1992 年版《中国地方志集成·乡镇志专辑》第十八册影印清光绪七年（1881）《武林掌故丛编》本、上海书店出版社 1994 年版《丛书集成续编》第五十二册影印《武林掌故丛编》本、浙江摄影出版社 2006 年版《文化塘栖丛书》标点本、西泠印社 2010 年版《余杭历史文化研究丛书·历史文献》第六册影印本、《余杭史志网》刊登点校本。

### 乾隆《濮院琐志》八卷

　　杨树本纂，清乾隆三十九年成书。
　　杨树本生平已见"乾隆《濮川风土记》"条著录。
　　有清乾隆三十九年（1774）稿本流传。

### 乾隆《濮镇记闻》四卷

　　胡琢纂修，清乾隆五十二年成书。
　　胡琢，生卒年不详，字其章，号珠船，又号玉崖，濮院人。"乾隆甲午举人，官平阳训导。诗述称其谙习掌故，酒绿灯红，言之娓娓云。"③著有《赘翁笔记》《法眼观》④。嘉庆《濮川所闻记》卷

---

　　① （清）王同纂：光绪《唐栖志》卷十二《人物五》，《文化塘栖丛书》标点本，浙江摄影出版社 2006 年版，第 268~269 页。
　　② 按：恬养斋即清人罗以智的藏书楼名号，罗氏卒于 1860 年，则此恬养斋钞本当不晚于清咸丰末年。
　　③ 参见（清）严辰纂：光绪《桐乡县志》卷十九《艺文志·史部》"《濮镇记闻》六卷"条下注，《中国地方志集成·浙江府县志辑》第二十三册影印清光绪十三年（1887）刻本，上海书店出版社 1993 年版；（清）杨树本纂：嘉庆《濮院琐志》卷二《选举》，《中国地方志集成·乡镇志专辑》第二十一册影印浙江省图书馆藏传钞本，上海书店出版社 1992 年版。
　　④ （清）严辰纂：光绪《桐乡县志》卷十九《艺文志·子部》，《中国地方志集成·浙江府县志辑》第二十三册影印清光绪十三年（1887）刻本，上海书店出版社 1993 年版。

三、民国《濮院志》卷十九有传。

有中国国家图书馆藏钞本、上海书店出版社 1992 年版《中国地方志集成·乡镇志专辑》第二十一册影印钞本。

## 乾隆《乍浦志续纂》二卷

宋景关续纂，清乾隆五十六年成书。

宋景关生平已见"乾隆《乍浦志》"条著录。

主要流布版本有清乾隆五十七年（1792）初刻本、清道光十九年（1839）校补重印本、上海书店出版社 1992 年版《中国地方志集成·乡镇志专辑》第二十册影印清乾隆五十七年（1792）增刻本、浙江省平湖市史志办公室 2009 年版《乍浦旧志三种》郭杰光整理本。

## 乾隆《花溪志补遗》一卷

许良谟纂，清乾隆六十年成书。

许良谟，生卒年不详。初名文敷，字雯品，号梦椽，又号许田外史，诸生。"学问渊博，于乡邦文献尤所留意。"①著有《四书谈艺》一卷、乾隆《花溪志》十八卷（稿本毁于火，已佚）、《汲修斋丛书》等。②

主要流布版本有浙江图书馆藏清乾隆六十年（1795）稿本、浙江图书馆藏清光绪三十四年（1908）张氏小清仪阁钞本、浙江省嘉兴市图书馆藏钞本、上海书店出版社 1992 年版《中国地方志集成·乡镇志专辑》第二十册影印小清仪阁钞本。

① （清）李圭原修、许传沛原纂，刘蔚仁续修、朱锡恩续纂：民国《海宁州志稿》卷二十九《人物·文苑》，《中国地方志集成·浙江府县志辑》第二十二册影印 1922 年版续修铅印本，上海书店出版社 1993 年版。

② （清）李圭原修、许传沛原纂，刘蔚仁续修、朱锡恩续纂：民国《海宁州志稿》卷十四《艺文志·典籍十四》，《中国地方志集成·浙江府县志辑》第二十二册影印 1922 年版续修铅印本，上海书店出版社 1993 年版。

### 乾隆《五大夫里志》不分卷

潘思汉纂，清乾隆年间成书。

潘思汉，里人，生卒年不详。

有国家文物局文物保护科学技术研究所资料组藏钞本、浙江省上虞区图书馆藏扫描本。

### 嘉庆《宝前两溪志略》十二卷

吴玉树纂，清嘉庆十二年成书。

吴玉树，生卒年不详，字临夫，又号蕉散人，太学生。所纂嘉庆《宝前两溪志略》，"纂言纪事，约而能该，详而不滥，地志之善者。"①著有《叱灵集》、《三李斋效颦草》、《圣经翼》二卷、《前邱志》一卷、《辑谱稿余》二卷等书。②

主要流布版本有清嘉庆十二年（1807）初刻本、1922年《吴兴丛书》刻本、上海书店出版社1994年版《丛书集成续编》第四十九册影印《吴兴丛书》本。

### 嘉庆《濮院琐志》八卷

杨树本纂，清嘉庆十三年成书。

杨树本生平已见"乾隆《濮川风土记》"条著录。

有浙江省图书馆藏钞本、上海书店出版社1992年版《中国地方志集成·乡镇志专辑》第二十一册影印钞本。

---

① 刘承幹撰：《宝前两溪志略跋》，（清）吴玉树纂：嘉庆《宝前两溪志略》卷末，《丛书集成续编》第四十九册影印《吴兴丛书》本，上海书店出版社1994年版。

② （清）吴玉树纂：嘉庆《宝前两溪志略》卷十二《著述》，《丛书集成续编》第四十九册影印《吴兴丛书》本，上海书店出版社1994年版。

## 嘉庆《硖川续志》二十卷

王德浩纂、曹宗载重订，清嘉庆十七年成书。

王德浩，生卒年不详，字尔贻，号松岑，廪生。著有《艳雪亭杂纂》《松岑遗稿》。① "诵述清芬，早负文誉。……以硖川旧志虽有数本，皆略而未详，乃荟萃诸家，益以时事"，编纂为嘉庆《硖川续志》。② 民国《海宁州志稿》卷二十九有传。

曹宗载(1753—1824)③，字问渠，号桐石，道光元年贡生。性至孝。"里居教授，敦行为先，后生浮薄非礼之言，不敢以闻。……其自为诗则春容大雅，凡事关忠孝节义、有裨世道人心者，必长言感叹，使读者有所观感。"④ "[道光元年]，当事者以孝廉方正征，力辞不就。"著有《黛云馆赘语》三卷、《东山楼诗集》八卷并续集八卷、《紫峡文献录》二卷等书，协助王德浩重订嘉庆《硖川续志》。⑤

---

① 参见(清)王德浩纂、曹宗载重订：嘉庆《硖川续志》卷十四《著书目》，《中国地方志集成·乡镇志专辑》第二十册影印清嘉庆十七年(1812)刻本，上海书店出版社1992年版；(清)李圭原修、许传沛原纂，刘蔚仁续修、朱锡恩续纂：民国《海宁州志稿》卷十四《艺文志·典籍十四》，《中国地方志集成·浙江府县志辑》第二十二册影印1922年版续修铅印本，上海书店出版社1993年版。

② (清)李圭原修、许传沛原纂，刘蔚仁续修、朱锡恩续纂：民国《海宁州志稿》卷二十九《人物·文苑》，《中国地方志集成·浙江府县志辑》第二十二册影印1922年版续修铅印本，上海书店出版社1993年版。

③ 据民国《海宁州志稿》卷十五《艺文志·典籍十五》曹宗载本传，其卒年(清道光四年)七十二岁，则其生年当为1753年是。江庆柏编著《清代人物生卒年表》误作1754年(参见该书第712页，人民文学出版社2005年版)，而柯愈春著《清人诗文集总目提要》误作1742年(参见该书上册第816页，北京古籍出版社2001年版)，皆当改正。

④ (清)李圭原修、许传沛原纂，刘蔚仁续修、朱锡恩续纂：民国《海宁州志稿》卷二十九《人物·文苑》，《中国地方志集成·浙江府县志辑》第二十二册影印1922年版续修铅印本，上海书店出版社1993年版。

⑤ (清)李圭原修、许传沛原纂，刘蔚仁续修、朱锡恩续纂：民国《海宁州志稿》卷十五《艺文志·典籍十五》，《中国地方志集成·浙江府县志辑》第二十二册影印1922年版续修铅印本，上海书店出版社1993年版。

主要流布版本有清嘉庆十七年（1812）初刻本、上海辞书出版社图书馆藏清光绪八年（1882）诚朴堂钞本、山东大学图书馆藏旧残钞本、上海书店出版社 1992 年版《中国地方志集成·乡镇志专辑》第二十册影印清嘉庆十七年（1812）刻本。

### 嘉庆《新市镇续志》八卷

沈赤然纂，清嘉庆十七年成书。

沈赤然，字韫山，号梅村，乾隆戊子举人。"历任南宫、丰润、大城等县[令]，著有《五砚斋诗古文集》三十二卷、《读书随笔》二十二卷、《公羊谷梁异同合评》四卷、《两汉语偶》一卷、《寒夜丛谈》三卷[等书]。"①

主要流布版本有清嘉庆十七年（1812）初刻本、湖州市德清县史志办藏影印清嘉庆十七年（1812）刻本、上海书店出版社 1992 年版《中国地方志集成·乡镇志专辑》第二十四册影印清嘉庆十七年（1812）刻本。

### 嘉庆《濮川所闻记》六卷

金淮纂，濮镶、岳洙传、濮承钧续纂，清嘉庆十八年成书。

金淮，生卒年不详，字晓澜、渔艇，桐乡县廪监生，濮院人。"精医"，"熟悉掌故"。②

① （清）沈赤然纂：嘉庆《新市镇续志》卷一《科贡》、同书卷二《知县》，《中国地方志集成·乡镇志专辑》第二十四册影印上海图书馆藏清嘉庆十七年（1812）钞本，上海书店出版社 1992 年版。

② 参见（清）严辰纂：光绪《桐乡县志》卷十九《艺文志·史部》"《濮川所闻记》六卷续编二卷"条下注，《中国地方志集成·浙江府县志辑》第二十三册影印清光绪十三年（1887）刻本，上海书店出版社 1993 年版；夏辛铭纂：民国《濮院志》卷十九《人物二》金铉传附，《中国地方志集成·乡镇志专辑》第二十一册影印 1927 年版刻本，上海书店出版社 1992 年版。

　　濮鏣，生卒年不详，字雍宣，号秋槎，濮院人。乾隆戊申副
榜［贡生］，云和县教谕，著有《经学述》。① "精舆地掌故之学，家
居授徒二十余年，以经术文章提倡后进。"② "濮川风土，前人撰志
者略有数家，鏣虑久而散佚，就平日所参闻之旧志"，与金淮、濮
承钧、岳洙传共辑嘉庆《濮川所闻记》六卷（续编二卷）。③ 嘉庆《濮
川所闻记》卷三、光绪《嘉兴府志》卷六十一、民国《濮院志》卷十九
有传。

　　岳洙传，生卒年不详，字古香、鲁源，濮院人。道光壬午岁
贡，新城县训导。撰有《石刻考》四卷并《汉碑读字》《金石学录》
《濮录》三种，辑《濮川诗续钞》二十二卷。④

　　濮承钧，生卒年不详，字政衡，号湘船，国学生。"能诗工
文，广交好客。"⑤

　　主要流布版本有清嘉庆二十五年（1820）初刻本、华东师范大
学图书馆藏清钞本、上海书店出版社 1992 年版《中国地方志集成·
乡镇志专辑》第二十一册影印清嘉庆二十五年（1820）刻本。

---

　　① 参见（清）严辰纂：光绪《桐乡县志》卷十九《艺文志·经部》，《中国
地方志集成·浙江府县志辑》第二十三册影印清光绪十三年（1887）刻本，上
海书店出版社 1993 年版；（清）杨树本纂：嘉庆《濮院琐志》卷二《选举》，《中
国地方志集成·乡镇志专辑》第二十一册影印浙江省图书馆藏传钞本，上海书
店出版社 1992 年版。
　　② 夏辛铭纂：民国《濮院志》卷十九《人物二》，《中国地方志集成·乡
镇志专辑》第二十一册影印 1927 年版刻本，上海书店出版社 1992 年版。
　　③ （清）严辰纂：光绪《桐乡县志》卷十九《艺文志·史部》"《濮川所闻
记》六卷续编二卷"条下注，《中国地方志集成·浙江府县志辑》第二十三册影
印清光绪十三年（1887）刻本，上海书店出版社 1993 年版。
　　④ 参见夏辛铭纂：民国《濮院志》卷二十四《艺文·书目》，《中国地方
志集成·乡镇志专辑》第二十一册影印 1927 年版刻本，上海书店出版社 1992
年版。
　　⑤ 夏辛铭纂：民国《濮院志》卷十九《人物二》，《中国地方志集成·乡
镇志专辑》第二十一册影印 1927 年版刻本，上海书店出版社 1992 年版。

## 嘉庆《孝感里志》十二卷

张廉纂，清嘉庆二十四年成书。

张廉，生卒年不详，字通源，道光甲申岁贡生。"刻志经史，著有《士习论》。……晚岁究心姚江之学，著有《道学论》。……性孝友。以父病，翻阅医书，著《麻疹阐注》。又著有(嘉庆)《孝感里志》[十二卷]。以同邑章陶《季汉书》有遗义，著有《季汉书辨疑》。"①又有《春秋论》《列代史论》等书。

主要流布版本有清嘉庆二十四年(1819)初刊活字本、上海书店出版社1992年版《中国地方志集成·乡镇志专辑》第十八册影印清嘉庆二十四年(1819)活字本。

## 嘉庆《梅里志》十六卷

杨谦原纂、李富孙补辑，清嘉庆二十五年成书。

杨谦，字子让，号未孩，嘉兴廪生。乾隆三十年南巡召试。②"恂恂儒行，好读陆清献、张杨园之书。工诗文，擅隶书。又于朱检讨为同里后辈，知其事最悉，为撰年谱。注《暴书亭诗》行世。"③"读书不屑章句，慕程巽隐、张杨园之文章理学(即明人程

---

① (清)陈遹声修、蒋鸿藻纂：光绪《诸暨县志》卷三十本传，《中国地方志集成·浙江府县志辑》第四十一册影印清宣统二年(1910)刻本，上海书店出版社1993年版。

② (清)杨谦原纂、李富孙补辑、余懋续补：光绪《梅里志》卷八《荐辟》，《中国地方志集成·乡镇志专辑》第十九册影印清光绪三年(1877)仁济堂刻本，上海书店出版社1992年版。

③ (清)杨谦原纂、李富孙补辑、余懋续补：光绪《梅里志》卷十《文苑》，《中国地方志集成·乡镇志专辑》第十九册影印清光绪三年(1877)仁济堂刻本，上海书店出版社1992年版。

本立、张履祥)",博览群书。① 宣统《梅里备志》卷四有传。

李富孙(1764—1844)②,清代著名学者。字既汸,号芗芷,又号校经叟。嘉庆六年拔贡生。③"精研经学,以汉唐为宗。尝为《学规论》以课穷经、课经济,著有《愿学斋文钞》。富孙学有原本,与伯兄超孙、从弟遇孙有'后三李'之目。长游四方,就正于卢文弨、钱大昕、王昶、孙星衍,饫闻绪论。阮元抚浙,肄业诂经精舍,遂湛深经术。尤好读《易》,著《易解賸义》[三卷]。……又著《七经异文释》,就经、史、传、注、诸子百氏所引,以及汉、唐、宋石经,宋、元椠本,校其异同。……为《说文辨字正俗》八卷,同里钱泰吉谓其书大旨折中段注,而亦有段所未及者,读《说文》之津梁也。"④尚著有《汉魏六朝墓铭纂例》四卷、《鹤徵录》八卷、《后录》十二卷、《曝书亭词注》七卷、《校经顾文稿》十八卷等书。光绪《梅里志》卷十、宣统《梅里备志》卷四、《清史稿》卷四百八十

---

① 余霖纂:宣统《梅里备志》卷四《文苑》,《中国地方志集成·乡镇志专辑》第十九册影印 1922 年版阅沧楼刻本,上海书店出版社 1992 年版。

② 关于清代学者李富孙的生年,江庆柏编著《清代人物生卒年表》著录作 1784 年。而[美]恒慕义主编:《清代名人传略》中册本传作 1764 年,中国人民大学清史研究所《清代名人传略》编译组译,青海人民出版社 1992 年版,第 432 页。此外王德毅编《中国历代名人年谱总目》、黄惠贤主编《二十五史人名大辞典》等皆以其生年为 1764 年。检李富孙自撰《校经叟自订年谱》,云:"乾隆二十九年(1764)甲申八月初九日辰时生。"是则可知李富孙生年确为 1764 年,江著误。参见四川大学古籍整理研究所编《儒藏·史部·儒林年谱》第四十三册影印清道光二十四年(1844)刻本,四川大学出版社 2007 年版。至于李富孙卒年的考定,按自撰年谱下限为道光二十三年十一月,则一般文献记载中以为李富孙卒于公历 1843 年的说法当属不确。据(清)张廷济撰《桂馨堂集·感逝诗》云:"李兄芗芷同门,名富孙,……道光二十三年癸卯除夕卒,年八十。"可知李富孙卒年当在公历 1844 年 2 月 17 日。《清代诗文集汇编》第四百九十册影印清道光二十八年(1848)刻本,上海古籍出版社 2010 年版。

③ (清)杨谦原纂、李富孙补辑、余懋续补:光绪《梅里志》卷八《明经》,《中国地方志集成·乡镇志专辑》第十九册影印清光绪三年(1877)仁济堂刻本,上海书店出版社 1992 年版。

④ 赵尔巽等撰:《清史稿》卷四百八十二《儒林三》本传,中华书局点校本第四十三册,第 13259~13261 页。

二有传。

有清嘉庆二十五年（1820）增补初刻本、清道光三年（1823）校经顾重刻嘉庆增补本。

### 嘉庆《濮川所闻记续编》二卷

金淮纂，清嘉庆二十五年成书。

金淮生平已见"嘉庆《濮川所闻记》"条著录。

有清嘉庆二十五年（1820）初刻本流传。

### 道光《浒山志》八卷

高杲、沈煜纂，清道光五年成书。

沈煜（？—约1830）①，字星辉，号鹿园，嘉庆庚申举人，任杭州府余杭县教谕。"慷慨有其气，遇不平事直言不隐。宗党告缓急，若取诸寄，出不计偿。……余杭岁歉，与邑侯董君劝殷绅输

----

① （清）高杲、沈煜所纂道光《浒山志》初刻于道光十一年（1831）。据该志卷四高杲所说："今春开雕，竹坡、鹿园并归道山，因补次其崖略。"（参见《慈溪文献集成》（第一辑）王清毅等点校本，杭州出版社2004年版，第44页。）按竹坡即里人胡梯青，道光《浒山志》卷首有清道光六年胡序，落款作"时年七十四岁"，又据卷四本传，知其享寿七十六岁（参见王清毅等点校本第43页），由此可知胡梯青卒于清道光八年（1828）。检道光《浒山志》卷首清道光十一年（1831）高杲序文："数年来胡丈竹坡、沈子鹿园先后归道山矣。"结合其在同书卷四中所说的情况，可以推知沈煜当卒于清道光九年（1829）至清道光十年（1830）之间，故暂定沈煜卒年为1830年。然而浙江省中日关系史学会中日地方志比较研究课题组所刊布的研究成果《慈溪历代修志人物录》，对于沈煜生卒年情况则考定为1768—1824年，参见其官方网站"方志人物"栏目。童银舫所撰《姚北宗谱考录》一文亦同此结论，参见沈迪云主编：《地方文献论文集——萧山·地方文献国际学术研讨会》，三晋出版社2010年版，第386页。虽未审其确定沈氏生年有何依据，然而根据史料可以确定的是，沈煜卒年当在清道光八年（1828）以后，故而将其卒年定在1824年是错误的。

谷，民得无饥。"①与里人高杲共同编纂道光《浒山志》八卷。

主要流布版本有清道光十一年（1831）初刊活字本、余姚梅川胡惇裕堂1925年版重刷本、上海书店出版社1992年版《中国地方志集成·乡镇志专辑》第二十五册影印清道光十一年（1831）活字本、杭州出版社2004年版《慈溪文献集成》（第一辑）王清毅等点校本、国家图书馆出版社2010年版《复旦大学图书馆藏稀见方志丛刊》第十一、第十二册影印清道光十一年（1831）活字本。

## 道光《乍浦备志》三十六卷

邹璟纂，清道光六年成书。

邹璟，生卒年不详，字元培，号芷珊、南园老人，诸生，援例授职州同。②"性颖敏，善读书，做诗文搦管辄就。为人浑厚而精明，于世事无所不通晓。天人之感应，理数之乘除，昭昭若黑白分也。一切名教纲常之义、人情风俗之关，以及余庆余殃之验，与人言辄娓娓不倦。所著诗古文词并《南园杂识》若干卷，知言者率一望而可以略得其人之大凡。"③编纂《乍浦竹枝词》。

主要流布版本有中国科学院图书馆藏清道光八年（1828）初刻残本、清道光二十三年（1843）补刻本、浙江省平湖市图书馆藏钞本、上海书店出版社1992年版《中国地方志集成·乡镇志专辑》第二十册影印清道光二十三年（1843）补刻本、浙江省平湖市史志办公室2009年版《乍浦旧志三种》郭杰光整理本。

---

① （清）高杲、沈煜纂：道光《浒山志》卷四《仕宦》，《慈溪文献集成》（第一辑）王清毅等点校本，杭州出版社2004年版，第43～44页。

② （清）彭润章等修、叶廉锷等纂：光绪《平湖县志》卷十七《人物》，《中国地方志集成·浙江府县志辑》第二十册影印清光绪十二年（1886）刻本，上海书店出版社1993年版。

③ 参见（清）邹璟：道光《乍浦备志》卷首陈璞《序》，浙江省平湖市史志办公室2009年版郭杰光整理本；（清）彭润章等修、叶廉锷等纂：光绪《平湖县志》卷十七《人物》本传，《中国地方志集成·浙江府县志辑》第二十册影印清光绪十二年（1886）刻本，上海书店出版社1993年版。

## 道光《渔闲小志》不分卷

吴展成纂，清道光十一年成书。

吴展成(1745—1831以后)①，清代嘉庆、道光间人。字庆成，号螟巢、二瓢，暮年自号磨兜老人。"七岁能吟，十岁作《荆川纪事诗》有云：封土百年开战伐，将军六月鼓貔貅。老宿见而异之。十六补博士弟子员，旋食饩，有声庠序间。顾性澹泊，不亟亟于功名，中年即弃举子业，惟以笔墨自娱。终岁授徒，不出里社，肆力于诗古文辞。……生平著作甚富，手录精楷，晚年自定其稿为《春在草堂全集》[二十卷]。"②尚著有《兰言萃腋》十四卷、《螟巢杂志》三卷、《读书得间录》八卷、《啖蔗词》八卷、《海天缘》四卷等书。③ 光绪《嘉兴县志》卷二十五有传。

主要流布版本有北京师范大学图书馆藏清道光十一年(1831)稿本、浙江省嘉兴市俞国林等2000年钞本、嘉兴南湖区余新镇人民政府等2008年版《渔闲小志》吴上德、杨耀祖等校点注释本、学苑出版社2009年版《北京师范大学图书馆藏稀见方志丛刊续编》第四册影印清道光稿本。

---

① 关于清人吴展成的生年，本书采用了谭新红著：《清词话考述》的考订结论，参见该书第284页，武汉大学出版社2009年版。又见吴宏一主编：《清代诗话知见录》第762页，台湾"中央研究院"中国文哲研究所，2002年版。马兴荣、吴熊和等主编：《中国词学大辞典》著录吴展成卒年或约为1800年，参见该书第224页，浙江教育出版社1996年版。而道光《渔闲小志》于清道光十一年定稿之时，吴氏尚在人世，由此可知所谓1800年之说不确，其卒年或在清道光中期左右。

② (清)吴展成纂：道光《渔闲小志·人物》，吴上德、杨耀祖等点校本，浙江省嘉兴市南湖区余新镇人民政府，2008年版，第42~43页。

③ (清)吴展成纂：道光《渔闲小志·著述》，吴上德、杨耀祖等点校本，浙江省嘉兴市南湖区余新镇人民政府，2008年版，第59~60页。

### 道光《菱湖志》不分卷

沈云飞纂，清道光十五年成书。

沈云飞，生卒年不详，嘉庆十七年岁贡生。① 著有《古秀溪所闻》《秀溪表徵录》等书。②

有南京图书馆藏清道光十五年（1835）钞稿本、浙江省湖州图书馆藏影印清道光十五年（1835）钞稿本。

### 道光《乍浦续志》六卷

许河纂修，清道光十六年成书。

许河，生卒年不详，字右清，号德水，嘉庆戊午附贡生。③"性和易，敦孝友。笃好汉儒之学，自许郑以下靡不探讨，手自钞录者不下三四十种。"④著有《袁文后案》。

主要流布版本有清道光二十三年（1843）初刻本、上海图书馆藏钞本、上海书店出版社 1992 年版《中国地方志集成·乡镇志专辑》第二十册影印清道光二十三年（1843）刻本、浙江省平湖市史志办公室 2009 年版《乍浦旧志三种》郭杰光整理本、国家图书馆出版社 2011 年版《上海图书馆藏稀见方志丛刊》影印清道光二十三年（1843）刻本。

① （清）孙志熊纂：光绪《菱湖镇志》卷二十一《贡生》，《中国地方志集成·乡镇志专辑》第二十四册影印清光绪十九年（1893）临安孙氏刻本，上海书店出版社 1992 年版。

② （清）孙志熊纂：光绪《菱湖镇志》卷四十一《艺文》，《中国地方志集成·乡镇志专辑》第二十四册影印清光绪十九年（1893）临安孙氏刻本，上海书店出版社 1992 年版。

③ （清）许河纂修：道光《乍浦续志》卷五《科目》，浙江省平湖市史志办公室 2009 年版郭杰光整理本，第 26 页。

④ （清）彭润章等修、叶廉锷等纂：光绪《平湖县志》卷十七《人物》，《中国地方志集成·浙江府县志辑》第二十册影印清光绪十二年（1886）刻本，上海书店出版社 1993 年版。

### 道光《南浔镇志》十卷

范来庚纂，清道光二十年成书。

范来庚，生卒年不详，字小庭，号耿臣。系范锴之侄，秀水县学生。著有《南浔文征》《绿云山房诗编》《绿云山房文编》等书。①

主要流布版本有清道光二十一年（1840）初刻本、上海图书馆藏清光绪三十一年（1905）钞本、1936 年版《南林丛刊》铅印本、上海书店出版社 1992 年版《中国地方志集成·乡镇志专辑》第二十二册（上）影印《南林丛刊》铅印本。

### 道光《安昌志》不分卷

高骧云辑、韩启鸿补辑，清道光二十年成书。

高骧云（1796—1861）②，名钰山，字逸凡，清咸丰举人，历任河北密云、蓟州、良乡、房山等七州县长官，吏治清廉，政绩卓著。③

有 1938 年版《绍兴县志资料》第一辑铅印本。

### 道光《练溪文献》十四卷

朱闻纂，清道光二十八年成书。

---

① 参见（清）汪曰桢纂：咸丰《南浔镇志》卷十三《人物二》范锴本传附、同书卷三十《著述二》，《中国地方志集成·乡镇志专辑》第二十二册（下）影印清同治二年（1863）刻本，上海书店出版社 1992 年版。

② 据（清）宗稷辰撰《高逸凡寄葬房山墓记》："咸丰十一年（1861）八月十三日，逸凡以微疾卒于都下梓潼庙，年仅六十有六。"可推知高骧云生年为 1796 年。收入氏著《躬耻斋文钞》，越岘山馆印本。

③ 关于高骧云的具体生平事迹，可参见赵润东撰《一代清官高骧云》，载中国人民政治协商会议北京市房山区委员会文史工作委员会编：《房山文史资料》（第十六辑），2003 年版，第 158~165 页；倪守箴撰《编〈安昌志〉的廉吏高骧云》，《柯桥日报》2010 年 6 月 6 日。

有浙江省湖州市博物馆藏清同治间岱云书室钞本、浙江省湖州市地方志办公室藏影印清同治间岱云书室钞本。

## 道光《澉水新志》十二卷

方溶纂修、万亚兰补遗，清道光三十年成书。

方溶（1764—1853）①，嘉庆庚辰岁恩贡生，选於潜县训导。②"少精举业，屡试不售，遂潜心经学，熟悉舆图。所著《禹贡分笺》一书，考据精确，疏解简明，当世推为善本。又著有（道光）《澉水新志》十二卷，积四十年心力衷辑成书，颇为详备。"③光绪《海盐县志》卷十七有传。

万亚兰，生卒年不详，系方溶学友万诚之（万钱青）先生之孙。"不忘世好，屡蒙过访，与余（指方溶）谈经论史，考据详明。"④方溶将所成（道光）《澉水新志》稿本托付万亚兰辑补遗事，因以成书。

---

① 据（清）方溶撰《澉水新志序》落款，可知清道光三十年（1850）时方氏已八十七岁，则其生年当为 1764 年。关于其卒年，据袁增培撰《〈澉水新志〉的作者——方溶》一文的说法，以为方氏享年九十岁，据此则其卒年当在1853 年。参见政协海盐县文史资料工作委员会编：《海盐文史资料》第二十二辑，1992 年版，第 22 页。该文作者以方溶"约生于乾隆中叶"，未能考得具体生年，当是查检未细之故。

② （清）方溶纂修、万亚兰补遗：道光《澉水新志》卷八《选举》，《中国地方志集成·乡镇志专辑》第二十册影印 1936 年版《澉水志汇编》铅印本，上海书店出版社 1992 年版。按：（清）王彬修、徐用仪纂：光绪《海盐县志》卷三《选举表》著录为戊寅年，恐误。参见《中国地方志集成·浙江府县志辑》第二十一册影印清光绪三年（1877）蔚文书院刻本，上海书店出版社 1993 年版。

③ （清）王彬修、徐用仪纂：光绪《海盐县志》卷十七《人物传·文苑》，《中国地方志集成·浙江府县志辑》第二十一册影印清光绪三年（1877）蔚文书院刻本，上海书店出版社 1993 年版。参见程煦元纂：《澉志补录·人物》，《中国地方志集成·乡镇志专辑》第二十册影印 1936 年版《澉水志汇编》铅印本，上海书店出版社 1992 年版。

④ （清）方溶纂修、万亚兰补遗：道光《澉水新志》卷首方溶撰《澉水新志序》，《中国地方志集成·乡镇志专辑》第二十册影印 1936 年版《澉水志汇编》铅印本，上海书店出版社 1992 年版。

主要流布版本有清道光三十年（1850）初刻本、浙江图书馆藏钞本、《澂水志汇编》1936 年版铅印本、上海书店出版社 1992 年版《中国地方志集成·乡镇志专辑》第二十册影印《澂水志汇编》本、西泠印社 2012 年版《澂水志四种》影印本。

## 咸丰《南浔镇志》四十卷

汪曰桢纂，清咸丰八年成书。

汪曰桢（1812—1881）①，字仲维、刚木，号谢城、薪甫，清咸丰二年举人。② 著有《二十四史月日考》《南浔碑刻志》四卷等书。

主要流布版本有清咸丰九年（1859）初刻本、清同治二年（1863）乌程汪氏《荔墙丛刻》本、南京图书馆藏民国刻本、上海书店出版社 1992 年版《中国地方志集成·乡镇志专辑》第二十二册（下）影印清同治二年（1863）刻本。

## 同治《竹里述略》十二卷

徐士燕辑纂，清同治三年成书。

徐士燕（1819—?）③，字谷孙，廪生。编纂《从古堂款识学》一

---

①　据汪曰桢清咸丰二年履历，云："嘉庆壬申年四月十三日申时生。"则可知其生年为 1812 年。参见顾廷龙主编：《清代朱卷集成》第二百四十五册所载清咸丰二年汪曰桢履历，台湾成文出版社 1992 年版，第 413 页。按：王克文、余方德主编《湖州人物志》著录汪曰桢生于 1813 年，咸丰四年举人，两说皆误。参见该书第 204 页，上海社会科学院出版社 1990 年版。

②　（清）汪曰桢纂：咸丰《南浔镇志》卷十七《选举·举人》，《中国地方志集成·乡镇志专辑》第二十二册（下）影印清同治二年（1863）刻本，上海书店出版社 1992 年版。

③　关于徐士燕的生年，据徐氏为其父徐同柏所编《岁贡士寿臧府君年谱》所载："［嘉庆］二十四年（1819）己卯，四十五岁。六月十七日，子士燕生，字谷孙。"是则可知其生年为 1819 年。参见北京图书馆编：《北京图书馆藏珍本年谱丛刊》第一百三十五册影印《嘉业堂丛书》本，北京图书馆出版社 1999 年版。

卷、《性禾善米轩印谱》、道光《竹里述略稿》一卷(已佚)等书。

主要流布版本有浙江图书馆藏清同治三年(1864)稿本、南京大学图书馆藏钞本、上海书店出版社1992年版《中国地方志集成·乡镇志专辑》第十九册影印南京大学图书馆藏钞本。

## 同治《修川小志》二卷

邹存淦纂，清同治三年成书。

邹存淦(1829—1903?)①，医学家、藏书家。字俪笙，号师竹庐主人。系光绪进士邹寿祺之父、钟兆彬友人。"国学生，候选布政司理问，府同知衔，加诰封朝议大夫。"②因太平天国战乱，"避地越郡，在颠沛流离，而垂念桑梓"，编纂同治《修川小志》二卷。③ 著有《五代史记钞》、《田家占候集览》十卷、《外治寿世方初编》四卷并《二编》《三编》《己丑曝书记》稿本四卷等书。④

主要流布版本有上海图书馆藏清同治三年(1864)稿本、台湾

① 按：李玉安、黄正雨编著：《中国藏书家通典》著录邹存淦生年为1849年，而《修川小志》成书于同治三年，则当时邹氏仅十六岁，窥诸(清)邹存淦撰同治《修川小志·自序》文意及用词、语气，此说恐不确。参见该书第708页，中国国际文化出版社2005年版。又《海宁三大文化丛书·邑人辞典》著录邹存淦生卒年情况为"1819—约1903年左右"，未审何据，参见该书第55页，上海辞书出版社2002年版。检国家图书馆藏(清)邹存淦《师竹庐主人记年编》稿本，可知其生年当为道光九年(1829)。又据国家图书馆藏(清)毛奇龄撰《兼本杂录》清康熙间刻本后所附清光绪戊戌年(1898)邹存淦题跋，云其年七十，推知其生年亦为1829年，此可为佐证。由此可知上举两说皆误。然而《记年编》下限至清光绪二十九年(1903)，故不知邹存淦确切卒年。

② 顾廷龙主编：《清代朱卷集成》第二百八十二册光绪辛卯科邹寿祺履历附邹存淦小传，台湾成文出版社1992年版，第242页。

③ (清)钟兆彬纂辑：光绪《修川志余·序》，《中国地方志集成·乡镇志专辑》第二十册影印南京大学图书馆藏钞本，上海书店出版社1992年版。

④ (清)李圭原修、许传沛原纂，刘蔚仁续修、朱锡恩续纂：民国《海宁州志稿》卷十六《艺文志·典籍十八》，《中国地方志集成·浙江府县志辑》第二十二册影印1922年版续修铅印本，上海书店出版社1993年版。

省藏清同治三年（1864）邹氏手定底稿本、清同治十三年（1874）重订本、中国国家图书馆藏清光绪五年（1879）邹氏师竹友兰室钞本、浙江图书馆藏清光绪三十二年（1906）海宁张氏小清仪阁钞本、上海图书馆藏小清仪阁黑格钞本、浙江图书馆藏民国钞本、上海书店出版社1992年版《中国地方志集成·乡镇志专辑》第二十册影印上海图书馆藏小清仪阁传钞本。

### 同治《新塍琐志》十四卷

郑凤锵纂，清同治五年成书。

郑凤锵（1802—1863），字拙言，又字鸣玉，道光十四年举人，道光二十四年任浙江开化县训导。①"志功名，喜经济"，"言论慨慷，神情激越，思得所藉手，一展其经纶学问为快。乃一膺乡荐，春官屡试辄斥。以大挑得教职，选开化县教谕。俸满考验，上宪争相引重，以知县保荐送部引见。又值时势艰难，复自隐退，不就征，以是终于开化学任。暮年适丁浩劫，奔走流离，家具尽弃，百无一存，继以身殉难。"②"秉性刚毅，与人交不轻许可。课徒亦严而有法，远近争来执贽。经其指授者，辄掇科第以去。……训士先器识而后文艺，崖岸自立，亲炙者皆肃然。"③光绪《嘉兴府志》卷六十一、民国《乌青镇志》卷二十八有传。

有复旦大学图书馆藏清同治五年（1866）稿本、上海书店出版

<hr />

①　参见（清）严辰纂：光绪《桐乡县志》卷十一《选举表》、卷十五《人物下·文苑》本传，《中国地方志集成·浙江府县志辑》第二十三册影印清光绪十三年（1887）刻本，上海书店出版社1993年版；（清）郑凤铿纂：同治《新塍琐志》卷六《科第》，《中国地方志集成·乡镇志专辑》第十八册影印嘉兴市图书馆藏清光绪间稿本，上海书店出版社1992年版。

②　（清）郑凤铿纂：同治《新塍琐志》卷首同治五年孔宪采《序》，《中国地方志集成·乡镇志专辑》第十八册影印嘉兴市图书馆藏清光绪间稿本，上海书店出版社1992年版。

③　（清）严辰纂：光绪《桐乡县志》卷十五《人物下·文苑》，《中国地方志集成·浙江府县志辑》第二十三册影印清光绪十三年（1887）刻本，上海书店出版社1993年版。

社 1992 年版《中国地方志集成·乡镇志专辑》第十八册影印稿本。

## 同治《晟舍镇志》八卷

闵宝樑纂，清同治八年成书。

闵宝樑，生卒年不详，字六榆，号小圃，归安附贡生。"援例指分河南县丞，保升知县，赏戴蓝翎。改发江苏同知，署常州府总捕、水利通判。"①

主要流布版本有浙江大学图书馆藏清同治八年（1869）稿本、浙江省图书馆藏钞本、上海书店出版社 1992 年版《中国地方志集成·乡镇志专辑》第二十四册影印浙江省图书馆藏钞本。

## 同治《双林记增纂》十二卷

蔡蓉升原纂、佚名增删，清同治九年成书。

蔡蓉升，生卒年不详，字斐成，号雪樵，廪贡生。任训导，历署武义、桐庐等县学教谕。②"家贫，让产于兄，甘处陋室。敦品励学，以授徒为生。秋闱十三试，七荐不售。主讲席五十年，其门下多显著。……与门下士创蓉湖书院，……生平尝自道无一事不可对人，无一言不可告人，而乡人亦无闲言。"③著有《庚癸杂志》二卷、《梅花山馆诗文集》十四卷等书。民国《双林镇志新补》有传。

有中国人民大学图书馆藏钞本、国家图书馆出版社 2011 年版

① （清）闵宝樑纂：同治《晟舍镇志》卷三《历仕》，《中国地方志集成·乡镇志专辑》第二十四册影印浙江省图书馆藏钞本，上海书店出版社 1992 年版。
② 蔡蒙续纂：民国《双林镇志》卷二十七《仕宦》，《中国地方志集成·乡镇志专辑》第二十二册（下）影印上海商务印书馆 1917 年版铅印本，上海书店出版社 1992 年版。
③ 蔡蒙续纂：民国《双林镇志》卷二十《人物》，《中国地方志集成·乡镇志专辑》第二十二册（下）影印上海商务印书馆 1917 年版铅印本，上海书店出版社 1992 年版。

《中国人民大学图书馆藏稀见方志丛刊》第十八、第十九册影印钞本。

## 同治《濮录》不分卷

岳昭垲纂，清同治十二年成书。

岳昭垲，生卒年不详，字容春，号蓉村。同治元年嘉兴岁贡生，国子监算学生。① "博学多闻，著述宏富。征文考献，每以表彰先德为志道。道光间，金坛于相公修府志（即于尚龄等纂修道光《嘉兴府志》），随其从祖香雨、从伯古香两先生司采访，分校《人物志》。……又以乡里文献日就散佚，[嘉庆]《濮川所闻记》版本亦毁于兵燹，毅然以增订自任，成（同治）《濮录》。"②著有《织云楼诗钞》《织云楼别集》《金陀述志录》等书。③

有南京图书馆藏清同治十二年（1873）稿本、上海书店出版社1992年版《中国地方志集成·乡镇志专辑》第二十一册影印稿本。

## 同治《菱湖志》三卷

姚彦渠纂，清同治末年成书。

姚彦渠，生卒年不详，清代学者、史学家。字溉若，号巽园，诸生。"潜心力学，不得志于有司，退而著书，于经学罔弗贯串。尝病《禹贡》一书，前人论者数十家，无以诠明经旨，因穷流溯源，作《禹贡正诠》[四卷]。如驳徐氏《会笺》（即徐文靖撰《禹贡会笺》）漳不入河之非，《正义》（按：此即曹尔成撰《禹贡正义》）从漯入

354

---

① 夏辛铭纂：民国《濮院志》卷十七《选举》，《中国地方志集成·乡镇志专辑》第二十一册影印1927年版刻本，上海书店出版社1992年版。

② 夏辛铭纂：民国《濮院志》卷十九《人物二》，《中国地方志集成·乡镇志专辑》第二十一册影印1927年版刻本，上海书店出版社1992年版。

③ 夏辛铭纂：民国《濮院志》卷二十四《艺文·书目》，《中国地方志集成·乡镇志专辑》第二十一册影印1927年版刻本，上海书店出版社1992年版；又见《桐乡县志·旧志艺文志著作存目》，第1419页。

济、自济入河之误，皆独具卓见，非随声附和比也。其弟丙吉为付梓于松江，俞樾为之序。"①尚著有《春秋三传汇要》四卷、（即《春秋会要》）等书。②

　　主要流布版本有北京师范大学图书馆藏清同治末年稿本、上海书店出版社 1992 年版《中国地方志集成·乡镇志专辑》第二十四册影印稿本、学苑出版社 2009 年版《北京师范大学图书馆藏稀见方志丛刊续编》第四册影印稿本。

### 光绪《菱湖志略》六卷

　　王宸褒纂，清光绪初年成书。

　　王宸褒，生卒年不详，清代菱湖镇乡绅，编纂光绪《菱湖志略》稿本。③

　　此志现存清光绪初年稿本。

### 光绪《三江所志》不分卷

　　陈宗洛原纂、傅月樵补纂、何留学增订，清光绪元年成书。

　　陈宗洛（1753—1844 以后）④，即陈和，号息斋，诸生。秉性

① （清）孙志熊纂：光绪《菱湖镇志》卷二十八《文苑》，《中国地方志集成·乡镇志专辑》第二十四册影印清光绪十九年（1893）临安孙氏刻本，上海书店出版社 1992 年版。

② （清）孙志熊纂：光绪《菱湖镇志》卷四十一《艺文》，《中国地方志集成·乡镇志专辑》第二十四册影印清光绪十九年（1893）临安孙氏刻本，上海书店出版社 1992 年版。

③ 按：此志当成书于清光绪初年，沈慧编著《湖州方志提要》卷十著录此志未详，据以补之。参见该书第 117 页，中国文史出版社 2013 年版。

④ 据（清）梁恭辰撰：《北东园笔录续编》卷六《陈宗洛传》云："前年[陈宗洛]九十寿诞，子孙富贵双全。"而是书撰于清道光二十四年（1844），就此推知，即 1842 年陈宗洛年九十，由此可知其生年为 1753 年，卒年或为道光末年（咸丰初年）。

慈善，热心里中慈善公益事业。① 编纂《三江所志》稿本，佚。

傅月樵、何留学皆为里人。

有 1938 年版《绍兴县志资料》第一辑铅印本、上海书店出版社 1992 年版《中国地方志集成·乡镇志专辑》第二十五册影印《绍兴县志资料》第一辑铅印本。

### 光绪《梅里志》十八卷

杨谦原纂、李富孙补辑、余懋续补，清光绪二年成书。

杨谦、李富孙生平并见"嘉庆《梅里志》"条著录。

余懋（1836—1894），字啸松，系清同治翰林余弼之弟，擅长医术。于镇上募设仁济堂，多任义举。"里中文献多所留意，尝取杨谦（乾隆）《梅里志》[稿本]续而辑之。……喜吟诗，余事工篆刻，旁究堪舆家言，各有著录，能抉其要。盖无日不以济人为心者。"②著有《白岳盦杂缀》十二种、《白岳盦诗话》二卷、《负暄新语》一卷等书。③

有清光绪三年（1877）仁济堂初刻本、上海书店出版社 1992 年版《中国地方志集成·乡镇志专辑》第十九册影印清光绪三年（1877）刻本。

### 光绪《定乡小识》十六卷

张道纂，清光绪八年成书。

有清光绪八年（1882）武林丁氏初刻本、清光绪九年（1883）《武林掌故丛编·第八集》刻本。

---

① 参见（清）梁恭辰撰：《北东园笔录续编》卷六《陈宗洛传》，《笔记小说大观一编》第八册，台湾新兴书局有限公司影印本，1978 年版。

② 余霖纂：宣统《梅里备志》卷四《文苑》，《中国地方志集成·乡镇志专辑》第十九册影印 1922 年版阅沧楼刻本，上海书店出版社 1992 年版。

③ 余霖纂：宣统《梅里备志》卷六《著述》，《中国地方志集成·乡镇志专辑》第十九册影印 1922 年版阅沧楼刻本，上海书店出版社 1992 年版。

### 光绪《临平记补遗》四卷

张大昌纂，清光绪十年成书。

张大昌，字小云，举人出身，清光绪间曾助丁丙补钞文澜阁《四库全书》。

有清光绪十一年（1885）《武林掌故丛编·第十集》刻本、《余杭史志网》刊登点校本。

### 光绪《修川志余》二卷

钟兆彬纂辑，清光绪十四年成书。

钟兆彬，生卒年不详，字啸荪，系同治《修川小志》编纂者邹存淦之友人。因邹存淦所编纂同治《修川小志》，成书于战乱流离之际，舛误遗漏在所难免，因加以补正，成光绪《修川志余》二卷。

主要流布版本有中国科学院南京地理与湖泊研究所图书馆藏清光绪三十二年（1906）张氏小清仪阁钞稿本、浙江图书馆藏钞本、南京大学图书馆藏钞本、上海书店出版社1992年版《中国地方志集成·乡镇志专辑》第二十册影印南京大学图书馆藏钞本。

### 光绪《唐栖志》二十卷

王同纂，清光绪十五年成书。

王同（1839—1903），字肖兰、同伯，号吕庐，清光绪三年进士，官刑部主事。① "历主梅青、龟山、塘栖、慈湖诸书院。光绪十九年，任紫阳［书院］山长，至二十八年书院停办，凡历十年。

---

① 屈映光续修、陆懋勋续纂，齐耀珊重修、吴庆坻重纂：民国《杭州府志》卷一百十一《选举五·进士》，《中国地方志集成·浙江府县志辑》第二册影印1912年版铅印本，上海书店出版社1993年版。

辑有(光绪)《唐栖志》[十二卷]、《武林志异》《武林岁时记》《杭州三书院记略》等书。"①光绪八年至光绪十四年,曾协助丁丙补钞《文澜阁四库全书》,出力较多。文澜阁重建后,任董事。②

　　主要流布版本有清光绪十五年(1889)稿本、清光绪十六年(1890)初刻本、台湾文海出版社1974年版《清代稿本百种汇刊》第三十八种影印清光绪十五年(1889)稿本、上海书店出版社1992年版《中国地方志集成·乡镇志专辑》第十八册影印清光绪十六年(1890)刻本、浙江摄影出版社2006年版《文化塘栖丛书》标点本、《余杭历史文化研究丛书·历史文献》第六册影印本、国家图书馆出版社2011年版《中国人民大学图书馆藏稀见方志丛刊》影印清光绪十六年(1890)刻本、浙江古籍出版社2012年版《余杭古籍再造丛书》(第二批)影印清光绪十六年(1890)刻本。

### 光绪《小溪志》八卷

　　柴望纂,清光绪十七年成书。③

　　有清光绪十七年(1891)刊本、民国间钞本、宁波出版社2009年版影印民国钞本。

### 光绪《菱湖镇志》四十四卷

　　孙志熊纂,清光绪十八年成书。

　　孙志熊(1868—1892),字诵芬,号翰卿,归安县增学生。十三岁时,听本生父孙莲士先生说"菱湖历唐宋至今千余年无志书,

---

　　① 孙延钊撰:《浙江紫阳书院掌故征存录》三《人物考略·山长》,王国平主编:《西湖文献集成》第二十册《书院·文澜阁·西泠印社专辑》,杭州出版社2004年版,第749页。

　　② 参见顾志兴著:《杭州藏书史》,中国社会科学出版社2011年版,第135~136页。

　　③ 按:龚烈沸编著《宁波古今方志录要》误作清光绪二十七年刊本,据以改之。参见该书第63页,宁波出版社2001年版。

思辑一编垂永久而未遑也"，"自是勤搜群籍，博访故事，孜孜不倦，积十年成书四十四卷（即光绪《菱湖镇志》）。同郡俞先生樾、陆先生心源，今之魁硕也，皆诧为不刊之作，趣付梓，其精审可知矣。……有生之年，大氏手未尝释卷也。"①著有《经义纂要》《知新录》《陶诗笺注》《诵清芬馆杂纂》《菱湖纪事诗再续刻》等十余种。②

有清光绪十九年（1893）临安孙氏初刻本、上海书店出版社1992年版《中国地方志集成·乡镇志专辑》第二十四册影印清光绪十九年（1893）刻本。

### 光绪《四安镇志》

朱镇纂，卷数不详，清光绪中叶成书。

朱镇（1846—1916），字生白，附贡生，擅长地理与考据之学。

有清光绪中叶稿本流传。

### 光绪《临平记再续》三卷

陈棠、姚景瀛纂，清光绪二十一年成书。

姚景瀛（1867—1961），即姚瀛，字虞琴，清末民初杭州藏书家、画家。

陈棠，字荫轩，里人，系姚景瀛表亲。

有浙江图书馆藏清光绪间钞稿本、《余杭史志网》刊登点校本。

---

①　（清）杨岘撰：《孙君墓志铭》，《迟鸿轩文弃续》，清光绪十九年（1893）刻本。又见（清）孙志熊纂：光绪《菱湖镇志》卷首，《中国地方志集成·乡镇志专辑》第二十四册影印清光绪十九年（1893）临安孙氏刻本，上海书店出版社1992年版。

②　参见（清）孙志熊纂：光绪《菱湖镇志》卷四十一《艺文》，《中国地方志集成·乡镇志专辑》第二十四册影印清光绪十九年（1893）临安孙氏刻本，上海书店出版社1992年版。

### 光绪《湖墅小志》四卷

高鹏年纂，清光绪二十二年成书。

高鹏年，生卒年不详，诸生，工诗文。

有清光绪二十二年（1896）仁和黄氏石印本。

### 光绪《忠义乡志》二十卷

吴文江纂，清光绪二十三年成书。

吴文江（1857—1897）①，号可舟。"由增贡生遵筹饷例用，遇缺（先）［选］训导。识见卓越，慨然以远大自任。……性喜聚书，庋置九千余卷，独坐一楼（即菰酥楼），昕夕批阅无厌倦。留心掌故，遇有系于一邑者，录为《粉社备稽》。尝借钞钱塘丁氏书，积成卷帙。县志故多错讹，文江——校勘，寻以议修未果，仿古《桃源志》《三茅志》体例而增损之，搜逸辑匿，不遗余力。而各族谱乘及采访有未详者，则又博考古书征引所出，分类排录，为图二、卷二十。"②热心乡里公益事业，勇于担当。"慨邑乘废坠，惧文献之

---

① 据吴文江于清光绪二十三年（1897）夏五月口授之光绪《忠义乡志例言》云："奈草创甫成，尚需厘订，心力交瘁，二竖遘灾，正不自知其沉疴之能起否，因嘱儿子崇崤将全稿奉刘丈雨棠（即刘绍琮），并将采访条例朗诵数过，凡为登稿时所更定者，口授词句，——增录，成例言十有六则，大致略备于此。"可知吴氏此时已经身染重病。检同书卷十二本传："稿初脱，病危，执其友刘绍琮手，谆谆以志事相托，语不及私，年四十一卒，远近惜之。"又据清光绪二十七年刘绍琮跋："［光绪《忠义乡志》］经始于癸巳孟春，讫丁酉再易稿，而可舟以积劳致疾，竟于是秋卒已。"是则吴文江卒于清光绪二十三年丁酉（1897），推其生年当在 1857 年。

② （清）吴文江纂：光绪《忠义乡志》卷十二《人物传三》，《中国地方志集成·乡镇志专辑》第二十四册影印上海图书馆藏清光绪二十七年（1901）刻本，上海书店出版社 1992 年版。

无征，毅然以乡志为亟"，① 编纂光绪《忠义乡志》二十卷。著有《瓻酴楼诗稿》《县志校勘记》。

主要流布版本有吉林大学图书馆藏清光绪二十三年（1897）瓻酴楼稿本、清光绪二十七年（1901）初刻本、1937 年版重印本、台湾成文出版社 1983 年版《中国方志丛书·华中地方》第六百号影印刻本、上海书店出版社 1992 年版《中国地方志集成·乡镇志专辑》第二十四册影印刻本、国家图书馆出版社 2013 年版《吉林大学图书馆藏稀见方志丛刊》第十六、第十七册影印稿本。

### 光绪《清湖小志》八卷

张宗禄原纂、张统镐续纂，清光绪二十七年成书。

张宗禄，生卒年不详，字南园，光绪戊子附贡生。② "性好隐而淡于功名，每肆志山水，间一得佳景，即赋诗以纪之，甚且乐而忘返。"③

主要流布版本有复旦大学图书馆藏清光绪二十七年（1901）稿本、上海书店出版社 1992 年版《中国地方志集成·乡镇志专辑》第二十五册影印稿本、国家图书馆出版社 2010 年版《复旦大学图书馆藏稀见方志丛刊》第十一册影印稿本。

### 光绪《新市镇再续志》四卷

费悟纂，清光绪二十八年成书。

---

① （清）李前泮撰：《忠义乡志序》，（清）吴文江纂：光绪《忠义乡志》卷首，《中国地方志集成·乡镇志专辑》第二十四册影印上海图书馆藏清光绪二十七年（1901）刻本，上海书店出版社 1992 年版。

② （清）张宗禄原纂、张统镐续纂：光绪《清湖小志》卷三《科名·贡生》，《中国地方志集成·乡镇志专辑》第二十五册影印复旦大学图书馆藏稿本，上海书店出版社 1992 年版。

③ （清）张宗禄原纂、张统镐续纂：光绪《清湖小志》卷首序，《中国地方志集成·乡镇志专辑》第二十五册影印复旦大学图书馆藏稿本，上海书店出版社 1992 年版。并参见《复旦大学图书馆藏稀见方志丛刊》第十一册影印稿本，国家图书馆出版社 2010 年版。

费悟(1828—1902 以后)①，字兰舫，诸生。

有日本东京大学东洋文化研究所藏清光绪二十八年（1902）钞稿本、浙江省湖州市新市镇人民政府 2008 年版影印钞稿本。

## 光绪《剡源乡志》二十四卷

赵霈涛纂，清光绪二十八年成书。

赵霈涛(1842—1908)②，字武烈，号醉仙。"承累代家学，储书二万卷以教子弟，又以丹山赤水古神仙之所居，采药炼丹时以救世，乐剡源山水之明秀也，搜辑古今载籍、名贤著述，芟芜录粹，考核精详，为(光绪)《剡源乡志》二十四卷，刊印行世。"③编纂《剡源石刻志》，著有《陈本堂先生年谱》一卷附《续校录》一卷、《剡源先正祠全录》二卷、《剡曲草堂稿》五卷等书。④

主要流布版本有清光绪二十八年（1902）奉化赵氏剡曲草堂初刊活字本、1916 年版铅印本、上海书店出版社 1992 年版《中国地方志集成·乡镇志专辑》第二十四册影印 1916 年版铅印本、国家图书馆方志资源库图像扫描本。

## 光绪《蒲岐所志》二卷

倪启辰纂，清光绪三十一年成书。

① 此据陈桥驿撰：《〈新市镇志〉考录——兼介流落海外的光绪钞本〈新市镇再续志〉》，收入氏著《陈桥驿方志论集》，杭州大学出版社 1997 年版，第 231 页。

② 此据《奉化教育志》编纂委员会编：《奉化教育志》，浙江人民出版社 2003 年版，第 330 页。

③ （清）铁甲山樵蒋□（按：原文不清）所撰《书赵醉仙先生剡源乡志后》，（清）赵霈涛纂：光绪《剡源乡志》卷首，《中国地方志集成·乡镇志专辑》第二十四册影印 1916 年版剡溪草堂铅印本，上海书店出版社 1992 年版。

④ （清）赵霈涛纂：光绪《剡源乡志》卷十六《艺文下》，《中国地方志集成·乡镇志专辑》第二十四册影印 1916 年版剡溪草堂铅印本，上海书店出版社 1992 年版。

倪启辰，生卒年不详，字子昌，诸生。

主要流布版本有浙江省温州市图书馆藏 1936 年钞本、南京大学图书馆藏钞本、上海书店出版社 1992 年版《中国地方志集成·乡镇志专辑》第二十五册影印南京大学图书馆藏钞本。

## 光绪《重增濮川志略》十四卷

明代濮孟清原纂，清代濮侣庄订补、濮龙锡增订、濮润淞等后人重增，清光绪三十二年成书。

濮侣庄，生卒年不详，字道水，国子生，系濮龙锡叔父。"仪表伟秀，卓荦多才。及补博士弟子，好为古文辞。力缵前修，辑《谱略》《垂镇古迹》等书，表扬先代。其有功于我宗者，不可殚述。……教授生徒，罔非名儁，门下有登进士者。"①编纂康熙《增订濮川志略》七卷，已佚。

濮龙锡（？—1691），字九上，号懒云，系濮侣庄之侄，庠生。"（受）[授]徒讲学，绝口不谈当世事，足不蹑公府门。……凡族戚交游间操履端方者，往来无间；其凉德佻达者，拒之不欲一面也。""恒好读《左氏春秋》，至老不倦。肆力古文诗词，或胜客晴窗，游情翰墨，寸楮尺缣，识者竞宝之。公素醇谨，无妄语，表里一致。洁清自持，恭己幽烛，有隐德，乡邦共推重。"②增订康熙《增订濮川志略》。嘉庆《濮川所闻记》卷三、光绪《嘉兴府志》卷六十一有传。

濮润淞（1751—？）③，国学生。"字银台，号桐园。世业医，

---

①　（清）濮孟清原纂、濮侣庄订补、濮龙锡增订、濮润淞等后人重增：光绪《重增濮川志略》卷之四《卓概》，《中国地方志集成·乡镇志专辑》第二十一册影印浙江省图书馆藏清钞本，上海书店出版社 1992 年版。

②　（清）濮孟清原纂、濮侣庄订补、濮龙锡增订、濮润淞等后人重增：光绪《重增濮川志略》卷之四《卓概》，《中国地方志集成·乡镇志专辑》第二十一册影印浙江省图书馆藏清钞本，上海书店出版社 1992 年版。

③　（清）濮孟清原纂、濮侣庄订补、濮龙锡增订、濮润淞等后人重增：光绪《重增濮川志略》卷之五《谱略》，《中国地方志集成·乡镇志专辑》第二十一册影印浙江省图书馆藏清钞本，上海书店出版社 1992 年版。

著有医书八种。"①编纂乾隆《重增濮川志略》十四卷，佚。

有浙江省图书馆藏清钞本、上海书店出版社 1992 年版《中国地方志集成·乡镇志专辑》第二十一册影印清钞本。

### 宣统《梅里备志》八卷

余霖纂，清宣统三年成书。

余霖（1873—1941），字楫江，号了翁，又号无阁居士。系光绪《梅里志》编纂者余懋之子，光绪二十八年举人。② 协助沈增植续修《浙江通志》，并协助金甸丞编纂《秀水县志》。③ 1929 年开始，任职上海佛学书局，主编《佛学半月刊》十余年。著有《歇庵诗存》，编纂宣统《梅里备志》八卷。④

有 1922 年阅沧楼刻本、上海书店出版社 1992 年版《中国地方志集成·乡镇志专辑》第十九册影印民国阅沧楼刻本。

### 宣统《闻湖志稿》二十卷

唐佩金纂，清宣统三年成书。

唐佩金（1858—1929），清末民初书画家，字暎荪，号印生（亦作印僧），邑庠生。以县佐出任金闾。工诗，善书画。著有《闻川缀旧诗献曝亭賸稿》。⑤ 该志中国科学院南京地理研究所图书馆藏

---

① （清）金淮等纂、濮镶等续纂：嘉庆《濮川所闻记》卷三《艺事》，《中国地方志集成·乡镇志专辑》第二十一册影印清嘉庆二十五年（1820）刻本，上海书店出版社 1992 年版。

② 余霖纂：宣统《梅里备志》卷四《文苑》余懋本传附，《中国地方志集成·乡镇志专辑》第十九册影印 1922 年版阅沧楼刻本，上海书店出版社 1992 年版。

③ 参见《浙江省出版志》编纂委员会编：《浙江省出版志》第十编《人物》，浙江人民出版社 2007 年版，第 922 页。

④ 参见《嘉兴市志》编纂委员会编：《嘉兴市志》下册第四十八篇《人物传记》，中国书籍出版社 1997 年版，第 2252 页。

⑤ 参见倪禹功著：《嘉秀近代画人搜铨》（手写影印本），上海书店出版社 1998 年版。

有稿本，所流通之清宣统三年(1911)铅印本现仅存四卷。①

主要流布版本有中国科学院南京地理与湖泊研究所图书馆藏清宣统三年(1911)稿本、清宣统三年(1911)铅印本、南京大学图书馆藏民国时期高可安钞本、上海书店出版社1992年版《中国地方志集成·乡镇志专辑》第十九册影印清宣统三年(1911)初印本。

### 清末《沥海所志稿》

杨肇春编，卷数不详，清代末年成书。

杨肇春，字越川，"清优附贡生，浙江法政学堂毕业，曾官广东，盐运司经历。"②

有1938年版《绍兴县志资料》第一辑铅印本。

### 清代《光溪志》

陈延恩纂，卷数以及成书年代皆不详。

# （二）亡佚志书

### 清初《濮川小志》

佚名纂，卷数不详。清代初年成书，佚。

此据濮龙锡撰《镇图说》所述著录。③

---

① 按：浙江省嘉兴市图书馆藏有该志清宣统三年(1911)铅印本之足本。

② （清)杨肇春编：《沥海所志稿》卷首，《绍兴县志资料》1938年第一辑铅印本。

③ 参见夏辛铭纂：民国《濮院志》卷二十七《集文二》，《中国地方志集成·乡镇志专辑》第二十一册影印1927年版刻本，上海书店出版社1992年版。

### 顺治《仙潭志略》

潘谷纂，卷数不详。清顺治初年成书，佚。

潘谷，生卒年不详，字是嘉，号拙居，康熙间岁贡生，著有《开卷益》《字学类辨》。①

此据嘉庆《新市镇续志》卷二本传著录。②

### 顺治《浔溪文献》四卷

潘尔夔纂，清顺治元年成书，佚。

潘尔夔，生卒年不详，字友龙，明末诸生。喜好南浔风土，"崇祯癸未，遂寓居于浔。习稔旧闻，因成[顺治]《浔溪文献》四卷。尔夔慷慨有风致，能文工书，庄允城(即庄廷鑨之父)慕之，列其名于《明书》简端。偶与允城有财帛交以致诟，削其名，得不罹祸。镇之有志自尔夔始，是后夏光远、陈可升、庄学德、张鸿寯、方熊、方焘、董肇铠屡次增订，汇为一编，尔夔原本遂不复可识别矣。又著《涉江草》。"③

此据道光《南浔镇志·凡例》所述著录。④

### 顺治《临平续记》

潘夏珠纂，卷数不详。清顺治年间成书，佚。

① (清)沈赤然纂：嘉庆《新市镇续志》卷二《拔贡》，《中国地方志集成·乡镇志专辑》第二十四册影印上海图书馆藏清嘉庆十七年(1812)钞本，上海书店出版社1992年版。

② 参见沈慧编著：《湖州方志提要》，中国文史出版社2013年版，第127页。

③ (清)汪曰桢纂：咸丰《南浔镇志》卷十四《寓贤》，《中国地方志集成·乡镇志专辑》第二十二册(下)影印清同治二年(1863)刻本，上海书店出版社1992年版。

④ 参见沈慧编著：《湖州方志提要》，中国文史出版社2013年版，第88页。

潘夏珠，名云赤。① 出沈谦门下，有"东江八子"之称，著有《桐鱼新扣词》。②

此据民国《杭州府志》卷八十七所述著录。③

## 康熙《重修乌青镇志》

沈嗣骏纂，卷数不详。清康熙初年成书，佚。

沈嗣骏（？—1675）④，字逸之，号芷庵，庠生。"屡试不遇，北游京洛，所过山川阨塞，无不指画形势。秦抚蔡正庵、督师孙白谷雅重公，延至幕府，运筹决胜，赞助为多。已而倦游归里，键户著述。尤留心梓里，凡祠庙、桥梁、胜迹泯没不传者，一一取而表章之。著诗集《牡丹续谱》行世。"⑤民国《乌青镇志》卷二十八有传。

此据光绪《乌程县志》卷三十一所述著录。⑥

## 康熙《乍浦九山志》二卷

李确纂，清康熙四年成书，佚。

---

① 按：洪焕椿编著《浙江方志考》以潘夏珠字云赤，不确。参见浙江人民出版社 1984 年版，第 458 页。

② 参见(清)洪升著、刘辉校笺：《洪升集》，浙江古籍出版社 1992 年版，第 67 页。

③ 参见洪焕椿编著：《浙江方志考》，浙江人民出版社 1984 年版，第458 页。

④ 关于沈嗣骏的生卒年，据(清)杨雍建编：《抚黔奏疏》卷之一所载康熙十九年十二月初二日奏本《题为报父丁忧事》："查［铜仁府署知府沈鉁生之父］沈嗣骏于康熙十四年十月二十二日在籍病故。"是则可知沈嗣骏卒于1675年。参见沈云龙主编：《近代中国史料丛刊续编》第三十三辑（第三百二十三号），台湾文海出版社有限公司 1976 年版，第 175~176 页。

⑤ (清)董世宁纂：乾隆《乌青镇志》卷之九《人物》，《中国地方志集成·乡镇志专辑》第二十三册影印 1918 年版铅印本，上海书店出版社 1992 年版。

⑥ 按：张园真纂《乌青文献》著录此志为康熙《重修乌青志》。参见沈慧编著：《湖州方志提要》，中国文史出版社 2013 年版，第 105 页。

李确即明末清初遗老李天植，生平已见"康熙《乍浦九山补志》"条著录。

此据乾隆《乍浦志》卷五《隐逸》本传所述著录。①

### 康熙《双林志》六卷

吴若金纂，清康熙十二年成书，佚。

吴若金，即吴锜，生卒年不详，字匡东，号鹭山，县学生。"与凌一飞、顾起云有咏双林八景、十二景诗，为一时所传诵。尝辑(康熙)《双林志》[六卷]，于陈所志本多所增补。"②

此据同治《湖州府志》卷六十所述著录。③

### 康熙《双林补志》十六卷

吴若金原纂、吴世英补纂，清康熙十二年成书，佚。

吴若金生平已见"康熙《双林志》"条著录。

此据民国《双林镇志》卷二十所述著录。

### 康熙《乍浦九山续志》

李蔗村纂，卷数不详。清康熙十二年成书，佚。

李蔗村，生卒年不详，名为光，字宛星，系康熙《乍浦九山补志》编纂者李天植侄子，增广生。"山人(按：即李天植，号龙湫山人)既殁，嗣子燿相继殂谢，遗稿往往散佚，赖为光搜辑成编，得

① (清)宋景关纂：乾隆《乍浦志》卷五《隐逸》，浙江省平湖市史志办公室 2009 年版《乍浦旧志三种》郭杰光整理本，第 36 页。

② 蔡蒙续纂：民国《双林镇志》卷二十《人物》，《中国地方志集成·乡镇志专辑》第二十二册(下)影印上海商务印书馆 1917 年版铅印本，上海书店出版社 1992 年版。

③ 参见沈慧编著：《湖州方志提要》，中国文史出版社 2013 年版，第109 页。

不废坠。性喜吟咏，兼善骈体。"①

此据道光《乍浦备志》卷二十五《隐逸》所述著录。

### 康熙《仙潭志补》

胡尔嘉纂，卷数不详。约清康熙十三年成书，佚。

胡尔嘉，字仲纶，系顺治《仙潭后志》编纂者胡道传之孙，里人。

此据康熙《仙潭文献·修志始末》所述著录。②

### 康熙《仙潭志余》

陈尚古纂，卷数不详。清康熙十三年成书，佚。

陈尚古，生卒年不详，明末清初人，字云瞻、彦朴，清康熙二十六年举人。③ 编纂康熙《新溪注》八卷，著有《簪云楼杂说》一卷。

此据光绪《新市镇再续志》所载该志序文著录。④

### 康熙《新溪注》八卷

陈尚古纂，清康熙十三年成书，佚。

陈尚古生平已见"康熙《仙潭志余》"条著录。

---

① （清）宋景关纂：乾隆《乍浦志》卷五《隐逸·李天植传》宋景关按语，浙江省平湖市史志办公室 2009 年版《乍浦旧志三种》郭杰光整理本，第 37~38 页。参见（清）邹璟纂：道光《乍浦备志》卷二十五《隐逸》李天植本传附，浙江省平湖市史志办公室 2009 年版郭杰光整理本，第 227 页。

② 参见沈慧编著：《湖州方志提要》，中国文史出版社 2013 年版，第 128 页。

③ 参见来新夏著：《清人笔记随录》，中华书局 2008 年第 2 版，第 106 页。

④ 此据沈慧编著：《湖州方志提要》，中国文史出版社 2013 年版，第 128 页。

此据同治《湖州府志》卷六十所述著录。①

### 康熙《增订濮川志略》七卷

明代濮孟清原纂，清代濮侣庄订补、濮龙锡增订，清康熙十四年成书，佚。

濮侣庄、濮龙锡生平并见"光绪《重增濮川志略》"条著录。

此据光绪《重增濮川志略》卷之四所载濮氏诸传著录。②

### 康熙《栖水文乘》

曹菽园辑，卷数不详。清康熙二十三年成书，佚。

曹菽园，即曹屹，生卒年不详，字圣谟，诸生。"沉静淡泊，键户读书。工诗文，喜（传）［撰］述。所辑（康熙）《栖水文乘》一书，遍采古今，手自录纪，数万余言。蝇头细楷，笔不苟。又著《蒿芦诗歌》《爨余词》若干卷。"③

此据光绪《唐栖志》卷十二本传所述著录。

### 康熙《东双林志》十六卷

倪汝进纂，清康熙三十九年成书，佚。

倪汝进，生卒年不详，字天持，号瑶池。"博学多闻，编（康熙）《东双林志》十六卷，补陈士雅、吴若金两志所未备。慨族谱之毁于明之倭乱也，乃将世系重创，悉心搜访，以次续增。……又精

---

① 参见沈慧编著《湖州方志提要》，第 128 页。

② （清）濮孟清原纂、濮侣庄订补、濮龙锡增订、濮润淞等后人重增：光绪《重增濮川志略》卷之四《卓概》，《中国地方志集成·乡镇志专辑》第二十一册影印浙江省图书馆藏清钞本，上海书店出版社 1992 年版。

③ （清）王同纂：光绪《唐栖志》卷十二《人物五》，《文化塘栖丛书》标点本，浙江摄影出版社 2006 年版，第 226 页。

研地理，所居为松庐，闭户著书，老而不倦。"①

此据民国《双林镇志》卷三十一所述著录。②

### 康熙《同辑双林志》十卷

谈嗣升、凌维远纂，清康熙四十一年成书，佚。

谈嗣升，生卒年不详，字仲超，号文登，县学生。"沈潜笃学，慷慨好施，尝与凌桂萼（凌维远）同纂康熙《［同辑］双林志》［十卷］。"③

凌维远，生卒年不详，字黼猷，号桂萼，县学生。"博闻强识，专研古文，［与谈嗣升］著康熙《［同辑］双林志》［十卷］，郑芷畦元庆尝于《湖录》中称之。"④

此据民国《双林镇志》卷三十一所述著录。⑤

### 康熙《濮川纪略》二卷

张其是纂，清康熙前中期成书，佚。

张其是，生卒年不详，字文韩，号菊岑。"诗风骨遒上，为沈

---

①　蔡蒙续纂：民国《双林镇志》卷二十《人物》，《中国地方志集成·乡镇志专辑》第二十二册(下)影印上海商务印书馆 1917 年版铅印本，上海书店出版社 1992 年版。

②　参见沈慧编著：《湖州方志提要》，中国文史出版社 2013 年版，第 109 页。

③　蔡蒙续纂：民国《双林镇志》卷二十《人物》，《中国地方志集成·乡镇志专辑》第二十二册(下)影印上海商务印书馆 1917 年版铅印本，上海书店出版社 1992 年版。

④　蔡蒙续纂：民国《双林镇志》卷二十《人物》，《中国地方志集成·乡镇志专辑》第二十二册(下)影印上海商务印书馆 1917 年版铅印本，上海书店出版社 1992 年版。

⑤　参见沈慧编著：《湖州方志提要》，中国文史出版社 2013 年版，第 109~110 页。

山臞、曹名竹所赏。"①著有《碧草轩诗钞》一卷。② 嘉庆《濮川所闻记》卷三、光绪《嘉兴府志》卷六十一、民国《濮院志》卷十九有传。

此据光绪《嘉兴府志》卷八十八所述著录。③

### 康熙《双林纪略》

范硕纂，卷数不详。清康熙五十一年成书，佚。

范硕，生卒年不详，字且俨，号西怀，县学生。"少有大志，读书娴经济，所著《水利管见》刊入县志。"④著有《诗录拾遗》等书。⑤

此据民国《双林镇志》卷三十一所述著录。⑥

### 康熙《浔溪文献》

夏光远纂，卷数不详。清康熙五十五年成书，佚。

---

① (清)严辰纂：光绪《桐乡县志》卷十九《艺文志·集部》，《中国地方志集成·浙江府县志辑》第二十三册影印清光绪十三年(1887)刻本，上海书店出版社 1993 年版。

② 按(清)杨树本纂：嘉庆《濮院琐记》卷三《文苑》著录《碧草轩诗集》三卷，同书卷三《著述》又著录张其是《碧草轩诗钞》，未详卷数，是则显为两书。光绪《桐乡县志》卷十九《艺文志·集部》著录此书钞本为一卷，则嘉庆《志》所著录者当为足本。参见《中国地方志集成·乡镇志专辑》第二十一册影印浙江省图书馆藏传钞本，上海书店出版社 1992 年版。

③ 参见洪焕椿编著：《浙江方志考》，浙江人民出版社 1984 年版，第470 页。

④ 蔡蒙绥纂：民国《双林镇志》卷二十《人物》，《中国地方志集成·乡镇志专辑》第二十二册(下)影印上海商务印书馆 1917 年版铅印本，上海书店出版社 1992 年版。

⑤ 蔡蒙绥纂：民国《双林镇志》卷三十《艺文》，《中国地方志集成·乡镇志专辑》第二十二册(下)影印上海商务印书馆 1917 年版铅印本，上海书店出版社 1992 年版。

⑥ 参见沈慧编著：《湖州方志提要》，中国文史出版社 2013 年版，第110 页。

夏光远，生卒年不详，字永宾，号乐岩、乐清，系雍正甲辰进士夏封泰之父。康熙丙申安吉岁贡生，任浙江永嘉县训导。"瓯俗武健好胜，诸生有以讼牒来者，必告以情恕理遣，士风为之丕变，邑之绅士即学旁创生祠绘像焉。"① 著有《五经纂要》《图书考》等书，均佚。②

此据道光《南浔镇志·凡例》所述著录。③

### 康熙《再续溇水志》十二卷

吴为龙纂，清康熙年间成书，佚。

吴为龙（1636—1698），字汝纳，又字思云。④ 清代诗人。清康熙间曾以布衣荐为博学鸿词科，力辞不赴。长于骈文，文辞优雅，著有《树萱轩赋稿》。⑤

此据光绪《嘉兴府志》卷八十八所述著录。⑥

### 雍正《栖里续补志略》

韩应潮原辑、佚名增补，卷数不详。清康熙、雍正年间（约雍

① （清）汪曰桢纂：咸丰《南浔镇志》卷十三《人物二》夏封泰本传附，《中国地方志集成·乡镇志专辑》第二十二册（下）影印清同治二年（1863）刻本，上海书店出版社1992年版。

② （清）汪曰桢纂：咸丰《南浔镇志》卷二十九《著述一》，《中国地方志集成·乡镇志专辑》第二十二册（下）影印清同治二年（1863）刻本，上海书店出版社1992年版。

③ 参见沈慧编著：《湖州方志提要》，中国文史出版社2013年版，第88页。

④ 参见洪焕椿编著：《浙江方志考》，浙江人民出版社1984年版，第477页。

⑤ 参见何宝民主编：《中国诗词曲赋辞典》，大象出版社1997年版，第161页。

⑥ 参见洪焕椿编著：《浙江方志考》，浙江人民出版社1984年版，第477页。

正初年)成书，佚。

韩应潮，生卒年不详，字生江，晚号琴溪渔隐，布衣。"工诗，风雅绝俗。补辑[周逸民纂(康熙)]《栖乘类编》，乾隆以后事迹，颇借以传，自署曰《唐栖志略续补》。兵后缺帙不全，可惜也。"①

此据光绪《唐栖志》卷十二本传所述著录。

## 雍正《梅里志》四卷

韩存礼纂，清雍正二年成书，佚。

## 乾隆《乍浦九山续补志》

宋景濂纂，卷数不详。清乾隆二年成书，佚。

宋景濂②，生卒年不详，字双颖，廪膳生。系乾隆《乍浦志》编纂者宋景关之兄。"学诗于陆检讨奎勋，学骈体于刘秀才锡勇，古文则私淑周宏起，妥帖排纂，自成一家言。性卞急，中年与黄正色游，熏陶涵养，渐归和平。踵李孝廉天植《九山志》，网罗散佚，作(乾隆)《乍浦九山续补志》，未成而目疾作，遂辍业。"③光绪《平湖县志》卷十七有传。

此据道光《乍浦备志》卷二十四本传所述著录。

---

① (清)王同纂：光绪《唐栖志》卷十二《人物五》，《文化塘栖丛书》标点本，浙江摄影出版社 2006 年版，第 240～241 页。据传记资料可知，《唐栖志略续补》纪事下限或在咸丰末年。

② 按：宋景濂系宋景关之兄，据道光《乍浦备志》卷二十四《文苑》本传，其卒年六十，由已知宋景关之生卒年情况，可大致推断宋景濂当卒于乾隆末期，唯具体年代不详。

③ (清)邹璟纂：道光《乍浦备志》卷二十四《文苑》，浙江省平湖市史志办公室 2009 年版郭杰光整理本，第 222 页。

### 乾隆《南浔续志》一卷

陈可升纂，清乾隆五年成书，佚。

陈可升，生卒年不详，字日如，号补亭。著有乾隆《浔溪文献》一册，"一名《浔南掌故》，又名［乾隆］《南浔续志》。"①又有《饕轩集》二卷、《旭峰诗草》。

此据咸丰《南浔镇志》卷二十九所述著录。

### 乾隆《双林支乘》

姚葭客纂，卷数不详。清乾隆九年成书，佚。

姚葭客，生卒年不详，字圣郊，监生。

此据同治《湖州府志》卷六十一所述著录。②

### 乾隆《南浔文献志稿》二卷

张鸿寓纂，清乾隆二十三年成书，佚。

张鸿寓生平已见"乾隆《南浔文献志》"条著录。

此据咸丰《南浔镇志》卷二十九所述著录。

### 乾隆《南浔文献志》不分卷

方熊纂，清乾隆二十六年成书，佚。

---

① （清）汪曰桢纂：咸丰《南浔镇志》卷二十九《著述一》，《中国地方志集成·乡镇志专辑》第二十二册（下）影印清同治二年（1863）刻本，上海书店出版社1992年版。

② 参见沈慧编著：《湖州方志提要》，中国文史出版社2013年版，第110页。

方熊生平已见"清代《梅林小志》"条著录。

此据民国《南浔志》卷四十一所述著录。①

### 乾隆《梅里志》十六卷

杨谦纂，清乾隆三十八年成书，佚。

杨谦生平已见"嘉庆《梅里志》"条著录。

此据宣统《梅里备志》卷四所述著录。

### 乾隆《琏市志》

嵇瑛纂，卷数不详。清乾隆四十七年成书，佚。

嵇瑛（1715—1782 以后）②，字宝琛，荫生出身，刑部员外郎。清乾隆二十一年分掣得南安知府，乾隆二十七年任云南普洱知府。③

此据道光《练溪文献》所载嵇瑛序文著录。④

### 乾隆《重修南浔镇志》十二卷

方焘纂，清乾隆五十年成书，佚。

---

① 按：咸丰《南浔镇志》著录为未见志书，今佚。参见沈慧编著：《湖州方志提要》，中国文史出版社 2013 年版，第 90 页。

② 据嵇瑛清乾隆二十九年（1764）履历，云是年五十岁，则其生年当在 1715 年。参见秦国经主编：《中国第一历史档案馆藏清代官员履历档案全编》第二册，华东师范大学出版社 1997 年版，第 66 页。

③ 秦国经主编：《中国第一历史档案馆藏清代官员履历档案全编》第二册，华东师范大学出版社 1997 年版，第 66 页。

④ 参见沈慧编著：《湖州方志提要》，中国文史出版社 2013 年版，第 121 页。

方煋（约 1729—1798 以后）①，清乾嘉时诗人，字笥岩，号淞洋、裘庄村农。系乾隆《南浔文献志》编纂者方熊之弟，嘉兴府学生。"诗冲澹夷犹，不缋章绘句，而天机流衍，自谐律吕。……又善画，集中有自题画卷。"②所纂乾隆《重修南浔镇志》，"与董肇锽（乾隆）《[南浔镇]志》大同小异"。③　著有《山子诗钞》十一卷。

此据咸丰《南浔镇志》卷三十所述著录。

## 乾隆《南浔镇志》十二卷

董肇锽纂，清乾隆五十一年成书，佚。

董肇锽，生卒年不详，字金奏，号梅圃。系董煟侄孙，南浔县学生。著有《梅圃小草》、《客窗偶存》一卷、《录存编》二册。④

---

①　据刘承幹撰《山子诗钞自跋》："《浔溪诗征》言先生《诗钞》十一卷，编年自戊寅讫丁巳，不著年号，计其时当在乾嘉间。……卷末有《戊午除夕》四诗，定位戊午一岁作，丁巳之后，意先生不日归道山……"方煋当是清乾嘉时人无疑，此"戊午岁"，即指清嘉庆三年（1798），又据方煋所撰《山子诗钞》卷十一《戊午除夕四首》诗第一首："抱憾未完身内事，问年已届古稀辰"，则此年方煋约七十岁，则其生年约当在 1729 年。至于其卒年，据刘承幹所说可能在 1798 年或此后不久，然未能确证。参见（清）方煋撰：《山子诗钞》，《丛书集成续编》第一百三十册影印《吴兴丛书》本，上海书店出版社 1994 年版。

②　（清）方煋著、刘承幹撰：《山子诗钞·自跋》，《丛书集成续编》第一百三十册影印《吴兴丛书》本，上海书店出版社 1994 年版。

③　（清）汪曰桢纂：咸丰《南浔镇志》卷三十《著述二》按语，《中国地方志集成·乡镇志专辑》第二十二册（下）影印清同治二年（1863）刻本，上海书店出版社 1992 年版。

④　参见（清）汪曰桢纂：咸丰《南浔镇志》卷十三《人物二》董煟本传附、同书卷三十《著述二》，《中国地方志集成·乡镇志专辑》第二十二册（下）影印清同治二年（1863）刻本，上海书店出版社 1992 年版。

此据同治《湖州府志》卷六十一所述著录。①

### 乾隆《重增濮川志略》十四卷

明代濮孟清原纂，清代濮侣庄订补、濮龙锡增订、濮润淞重增，清乾隆五十四年成书，佚。

濮侣庄、濮龙锡、濮润淞诸人生平并见"光绪《重增濮川志略》"条著录。

此据嘉庆《濮川所闻记》卷三所述著录。

### 乾隆《花溪志》十八卷

许良谟纂，清乾隆五十八年成书，佚。

许良谟生平已见"乾隆《花溪志补遗》"条著录。

此据民国《海宁州志稿》卷十四所述著录。②

### 乾隆《菱湖小志》十卷

孙霖纂，清乾隆前期成书，佚。

孙霖，生卒年不详，字武水，诸生。"弱冠工诗，壮游历名山川，登步眺听，开拓心胸。或参佐幕府，骋词分韵，淬励切劘，故其诗日益遒上。"③著有《羡门山人诗钞》十一卷、《芝松丛话》《三游

① 参见洪焕椿编著：《浙江方志考》，浙江人民出版社 1984 年版，第481~482 页。

② （清）李圭原修、许传沛原纂，刘蔚仁续修、朱锡恩续纂：民国《海宁州志稿》卷十四《艺文志·典籍十四》，《中国地方志集成·浙江府县志辑》第二十二册影印 1922 年版续修铅印本，上海书店出版社 1993 年版。

③ （清）孙志熊纂：光绪《菱湖镇志》卷二十八《文苑》，《中国地方志集成·乡镇志专辑》第二十四册影印清光绪十九年（1893）临安孙氏刻本，上海书店出版社 1992 年版。

武夷日记》等书。① 编纂乾隆《菱湖小志》十卷，佚。②

此据沈宝青所撰《菱湖镇志序》所述著录。③

## 乾隆《乌青杂识》

夏驷纂，卷数不详。清康熙年间成书，佚。

夏驷，生卒年不详。"由廪生入贡太学。性好游，南历楚粤，北走卢龙，所至征歌命酒，怀古赋诗，远近传写。……文章尤工骈体，清壮顿挫，不做靡靡缛乡。晚节诗亦豪宕悲壮，负才不遇，读者为之太息。"④著有《交山平寇本末》三卷、《上谷纪游》《千叠波余》等书。⑤ 民国《乌青镇志》卷二十八有传。

此据民国《乌青镇志》卷三十八所述著录。⑥

---

① （清）孙志熊纂：光绪《菱湖镇志》卷四十一《艺文》，《中国地方志集成·乡镇志专辑》第二十四册影印清光绪十九年（1893）临安孙氏刻本，上海书店出版社1992年版。

② 据（清）沈宝青撰：《菱湖镇志序》，（清）孙志熊纂：光绪《菱湖镇志》卷首，《中国地方志集成·乡镇志专辑》第二十四册影印清光绪十九年（1893）临安孙氏刻本，上海书店出版社1992年版。按：沈慧编著《湖州方志提要》卷十仅著录此志为清代稿本而未能断年，且不详其卷数，据以补之。参见该书第116页，中国文史出版社2013年版。

③ （清）孙志熊纂：光绪《菱湖镇志》卷首，《中国地方志集成·乡镇志专辑》第二十四册影印清光绪十九年（1893）临安孙氏刻本，上海书店出版社1992年版。

④ （清）董世宁纂：乾隆《乌青镇志》卷之九《人物》，《中国地方志集成·乡镇志专辑》第二十三册影印1918年版铅印本，上海书店出版社1992年版。

⑤ （清）董世宁纂：乾隆《乌青镇志》卷之十二《著述》，《中国地方志集成·乡镇志专辑》第二十三册影印1918年版铅印本，上海书店出版社1992年版。

⑥ 参见沈慧编著：《湖州方志提要》，中国文史出版社2013年版，第105页。

### 乾隆《浔溪文献》

庄学德纂，卷数不详。清乾隆年间成书，佚。①
此据民国《南浔志》卷四十著录。②

### 乾隆《濮院志》

屠本仁纂，卷数不详。清乾隆年间成书，佚。

屠本仁，生卒年不详，字任之、莼渚，号道甫。乾隆己酉举人，嘉庆中任丽水县教谕。"其学工于考证，雪钞露纂，至老不辍。诸生请业者勖以经史，使不囿俗学。好金石，时手拓而疏证之。……性严介而廉肃，士不堪附，既去乃见思焉。"③在任期间促成李遇孙编撰《括苍金石志》，又曾辑嘉庆《丽水县志》，然仅成《沿革表》。纂修嘉庆《嘉兴县志》，颇得称誉。著有《碧玉壶吟稿》。

此据光绪《嘉兴府志》卷八十八所述著录。④

### 乾隆《北溪志》

戈温如纂，卷数不详。清乾隆前中期成书，佚。

戈温如，生卒年不详，字星溪，号天机，清乾隆间诸生，著有《适吾庐诗钞》三卷、《星溪诗存》四卷等书。⑤

---

① 咸丰《南浔镇志》卷二十九著录此志。
② 按：咸丰《南浔镇志》卷二十九著录此志为佚，参见沈慧编著：《湖州方志提要》，中国文史出版社 2013 年版，第 89 页。
③ 夏辛铭纂：民国《濮院志》卷十九《人物二》，《中国地方志集成·乡镇志专辑》第二十一册影印 1927 年版刻本，上海书店出版社 1992 年版。
④ 参见洪焕椿编著：《浙江方志考》，浙江人民出版社 1984 年版，第 470 页。
⑤ 平湖县志编纂委员会编：《平湖县志》第三十三编《文献 书目》，上海人民出版社 1993 年版，第 837 页。

此据乾隆《平湖县志》所载著录。①

### 乾隆《湖墅志》

魏标纂，卷数不详。清乾隆末年成书，佚。

魏标（1755—1825），字书青，号古愚，清乾隆间诸生、诗人。②

此据民国《杭州府志》卷八十七所述著录。③

### 乾隆《硖川新志》二卷

沈元镇辑，清乾隆末年成书，佚。

此据陈鳣撰嘉庆《硖川续志叙》所述著录。④

### 乾隆《三江志略》

陈和编纂，卷数不详。清乾隆末年成书，佚。

陈和，即陈宗洛，生平已见"光绪《三江所志》"条著录。

此据梁恭辰撰《北东园笔录续编》卷六本传所述著录。

### 嘉庆《双林续记》十三卷

沈荣晋纂，清嘉庆二十四年成书，佚。

沈荣晋（1760？—1820 以后），原名沈元勋，字开之，号怡亭。

---

① 又见平湖县志编纂委员会编《平湖县志》著录，第 821 页。

② 参见洪焕椿编著：《浙江方志考》，浙江人民出版社 1984 年版，第461 页。

③ 并见洪焕椿编著《浙江方志考》，第 461 页。

④ （清）王德浩纂、曹宗载重订：嘉庆《硖川续志》卷七《耆旧》，《中国地方志集成·乡镇志专辑》第二十册影印清嘉庆十七年（1812）刻本，上海书店出版社 1992 年版。

"嗜学，工制艺，尤肆力于诗古文。静穆端方，动必以正。"①嘉庆十八年岁贡生。② 著有《豫游草》等书。③ 民国《双林镇志》卷二十有详传。卒年六十余。

此据民国《双林镇志》卷三十一所述著录。④

## 嘉庆《增修双林续记》

沈荣晋原纂、郑昌祺增修，卷数不详。清嘉庆二十四年成书，佚。

沈荣晋生平已见"嘉庆《双林续记》"条著录。

郑昌祺，即郑士枚，生卒年不详，字金科，号诗城。"英姿卓荦，所为文倜傥不群。嘉庆丙子乡试卷落，邑令陈三立房力荐再三，终以试帖微疵见遗，人咸惜之。当沈怡亭（按：即沈荣晋）纂（嘉庆）《双林[志]续记》[十三卷]未成也，别撰（道光）《双林志》，取前人各本详加采访，成若干卷，论者谓较之《续记》尤详简得当，惜稿佚。"⑤民国《双林镇志新补》有传。

---

① 蔡蒙续纂：民国《双林镇志》卷二十《人物》，《中国地方志集成·乡镇志专辑》第二十二册（下）影印上海商务印书馆 1917 年版铅印本，上海书店出版社 1992 年版。

② 蔡蒙续纂：民国《双林镇志》卷三十《贡举》，《中国地方志集成·乡镇志专辑》第二十二册（下）影印上海商务印书馆 1917 年版铅印本，上海书店出版社 1992 年版。

③ 蔡蒙续纂：民国《双林镇志》卷三十《艺文》，《中国地方志集成·乡镇志专辑》第二十二册（下）影印上海商务印书馆 1917 年版铅印本，上海书店出版社 1992 年版。

④ 参见沈慧编著：《湖州方志提要》，中国文史出版社 2013 年版，第 111~112 页。

⑤ 蔡蒙续纂：民国《双林镇志》卷二十《人物》，《中国地方志集成·乡镇志专辑》第二十二册（下）影印上海商务印书馆 1917 年版铅印本，上海书店出版社 1992 年版。

此据民国《双林镇志》卷二十本传所述著录。①

## 嘉庆《上柏志》四卷

徐熊飞纂，清嘉庆末年成书，佚。②

徐熊飞（1762—1835），字子宣、渭扬，号雪庐，文学家，诗人。清嘉庆九年举人，特赏翰林院典籍衔。学问渊博，曾被阮元聘为诂经精舍讲席，又工诗文，著有《白鹄山房诗初集》三卷、《前溪碑碣》二卷、《武康伽蓝记》二卷等书。③

此据同治《湖州府志》卷六十一所述著录。④

## 道光《琏市志》四卷

沈焯纂，清道光七年成书，佚。

沈焯，字平远，号鹿坪，乾隆六十年乙卯进士。"有显官私人通款于焯，谓词林可得，焯力却之，竟以知县归班。改就教谕，补台州府[学]教授。嘉庆己卯（二十四年）引疾归，馆于青镇严氏者十年，邑之人士竞来请业焉。"⑤

此据同治《湖州府志》卷六十一所述著录。⑥

---

① 参见沈慧编著：《湖州方志提要》，中国文史出版社 2013 年版，第 111~112 页。

② 同治《湖州府志》卷六十一著录此志。

③ 参见《清史列传》卷七十三《文苑传四》本传，王锺翰点校本第十九册，中华书局 1987 年版，第 6006 页；香港徐氏宗亲会编：《徐氏历代名人录》，1971 年版，第 126 页。

④ 参见沈慧编著：《湖州方志提要》，中国文史出版社 2013 年版，第 132 页。

⑤ 卢学溥修、朱辛彝等纂：民国《乌青镇志》卷三十《寓贤》，《中国地方志集成·乡镇志专辑》第二十三册影印 1936 年版刻本，上海书店出版社 1992 年版。

⑥ 参见沈慧编著：《湖州方志提要》，中国文史出版社 2013 年版，第 121 页。

### 道光《双林志》

郑士枚纂，卷数不详。清道光中期成书，佚。

郑士枚，即郑昌祺，生平已见"嘉庆《增修双林续记》"条著录。

此据民国《双林镇志》卷三十一所述著录。①

### 道光《竹里述略稿》一卷

徐士燕辑纂，清道光二十九年成书，佚。

徐士燕生平已见"同治《竹里述略》"条著录。

此据徐士燕撰同治《竹里述略自序》所述著录。②

### 道光《南浔志稿》二卷

董恂纂，清道光年间成书，佚。

董恂（约1780—1850），字谦甫，号壶山，湖州府学生。"工诗词，能医，亦通经学。尝疏《夏小正》（即《夏小正传注集证》四卷），并重修(道光)《南浔镇志》[稿本二卷]。"③

此据咸丰《南浔镇志》卷十三本传所述著录。

### 道光《南浔备志》四卷

沈登赢纂，清道光年间成书，佚。

①　参见沈慧编著：《湖州方志提要》，中国文史出版社2013年版，第112页。

②　(清)徐士燕纂：同治《竹里述略》，上海书店出版社1992年版《中国地方志集成·乡镇志专辑》第19册影印南京大学图书馆藏钞本。

③　(清)汪曰桢纂：咸丰《南浔镇志》卷十三《人物二》董熿本传附，《中国地方志集成·乡镇志专辑》第二十二册(下)影印清同治二年(1863)刻本，上海书店出版社1992年版。

沈登嬴（1794—1842），字金坡，号柳桥，嘉兴府学生。热心乡里公益事业，曾董理赈灾以及修筑河塘事务。"性醇厚，外和内介"，"急人之急，虽当匮乏，必黾勉应之，屡被市侩所欺，不暇顾，卒以是耗其家赀。善读书，喜考史传异同，尤留心于乡邦文献。谓府志讹舛，因历引史籍以识其误，复搜采南浔事实，作(道光)《南浔备志》[四册]，皆未卒业。"①著有《湖州府志记疑》四册、《湖州历朝地志汇钞》二册、《南浔著述总录》三卷等十二种。②

此据咸丰《南浔镇志》卷十三本传所述著录。

### 咸丰《双林镇志》

戴梅檐纂，卷数不详。清咸丰十一年成书，佚。

戴梅檐（？—1861），即戴铨，里人，诸生。"咸丰丙辰，郑芸史训常、徐少青震耀等延郡人戴梅檐铨取前人所纂者修辑之，事未竣而粤寇乱起。辛酉秋，梅檐卒，稿尽遗亡。"③

此据蔡荣升撰《增纂双林镇志叙》所述著录。④

### 同治《菱湖志》二十四卷

卞乃𬙂纂，清同治末年成书，佚。

卞乃𬙂（？—1860），字小雅。"少豪纵，不拘小节。以诸生从

---

① （清）汪曰桢纂：咸丰《南浔镇志》卷十三《人物二》，《中国地方志集成·乡镇志专辑》第二十二册(下)影印清同治二年(1863)刻本，上海书店出版社1992年版。

② （清）汪曰桢纂：咸丰《南浔镇志》卷三十《著述二》，《中国地方志集成·乡镇志专辑》第二十二册(下)影印清同治二年(1863)刻本，上海书店出版社1992年版。

③ （清）蔡荣升撰：《增纂双林镇志叙》，蔡蒙续纂：民国《双林镇志》卷首，《中国地方志集成·乡镇志专辑》第二十二册(下)影印上海商务印书馆1917年版铅印本，上海书店出版社1992年版。

④ 参见沈慧编著：《湖州方志提要》，中国文史出版社2013年版，第112页。

军，积劳至知县，需次江苏[娄县]。咸丰九年秋，署娄县[知县]。……久[在]军中，娴战守，慷慨敢任事。"①咸丰三年，入江南提督邓绍良军幕，襄办文案。著有《从军纪事》一卷，其所作诗由孙志熊编辑为《劫余吟》。编纂同治《菱湖志》二十四卷，佚。②光绪《归安县志》卷四十有传。

此据光绪《菱湖镇志》卷四十一所述著录。③

### 同治《菱湖志稿》三卷

姚彦渠纂，清同治末年成书，佚。

姚彦渠生平已见"同治《菱湖志》"条著录。

此据光绪《菱湖镇志》卷四十一所述著录。④

### 光绪《清湖小志稿》八卷

张宗禄纂，清光绪八年成书，佚。

张宗禄生平已见"光绪《清湖小志》"条著录。

此据光绪《清湖小志》卷首序所述著录。⑤

---

①　（清）孙志熊纂：光绪《菱湖镇志》卷三十《殉难》，《中国地方志集成·乡镇志专辑》第二十四册影印清光绪十九年（1893）临安孙氏刻本，上海书店出版社1992年版。

②　按：沈慧编著《湖州方志提要》卷十仅著录此志为清代稿本，未能断年，据以补之。又误著录编纂者为"卞乃绳"。参见该书第117页，中国文史出版社2013年版。

③　参见沈慧编著：《湖州方志提要》，中国文史出版社2013年版，第117页。

④　（清）孙志熊纂：光绪《菱湖镇志》卷四十一《艺文》，《中国地方志集成·乡镇志专辑》第二十四册影印清光绪十九年（1893）临安孙氏刻本，上海书店出版社1992年版。

⑤　（清）张宗禄原纂、张统镐续纂：光绪《清湖小志》卷首序，《中国地方志集成·乡镇志专辑》第二十五册影印复旦大学图书馆藏稿本，上海书店出版社1992年版。并参见《复旦大学图书馆藏稀见方志丛刊》第十一册影印稿本，国家图书馆出版社2010年版。

### 光绪《双林志续纂新辑》

蔡汝锽纂，卷数不详。清光绪十二年成书，佚。

蔡汝锽(1845—1886)①，字元襄，光绪二年丙子举人。"外和而中刚，未尝立崖岸，至其所不可，必有执持。兵法吏治，皆所究心，能用古说合时变。[其师施补华先生]弟子数十人，独君体用咸有，冀有树立于世。"②"有文名，工楷法……生平急公好义，有豪气，尝随其叔父雪樵先生(即同治《双林记增纂》的编纂者蔡蓉升)创办蓉湖书院及崇善堂，颇著勋劳，蓉湖书院列其名焉。碑记列其名，至今镇人犹称颂不置。"③著有《求是居释经》、光绪《双林志续纂新辑》(按：此志二卷，未成)。④ 民国《双林镇志》卷二十、民国《双林镇志新补》皆有传。

此据民国《双林镇志》卷三十一所述著录。⑤

---

① 据(清)施补华撰：《泽雅堂文集》卷八《蔡元襄哀辞》："光绪丙子举于乡……[光绪]丙戌十月，竟以疾卒于家，年四十二。"是则蔡汝锽生于1845年，病逝于清光绪十二年(1886)。参见《清代诗文集汇编》第七百三十一册影印清光绪十九年(1893)陆心源刻本，上海古籍出版社2010年版。

② (清)施补华撰：《泽雅堂文集》卷八《蔡元襄哀辞》，《清代诗文集汇编》第七百三十一册影印清光绪十九年(1893)陆心源刻本，上海古籍出版社2010年版。

③ 蔡松辑纂：民国《双林镇志新补》，《中国地方志集成·乡镇志专辑》第二十二册(下)影印嘉兴市图书馆藏1915年稿本，上海书店出版社1992年版。

④ 蔡蒙续纂：民国《双林镇志》卷三十《艺文》，《中国地方志集成·乡镇志专辑》第二十二册(下)影印上海商务印书馆1917年版铅印本，上海书店出版社1992年版。

⑤ 参见沈慧编著：《湖州方志提要》，中国文史出版社2013年版，第113页。

## 清代《硖川志稿》

吴志云纂，卷数以及成书年代皆不详，佚。

此据民国《海宁州志稿》卷十六所述著录。①

---

① 参见洪焕椿编著：《浙江方志考》，浙江人民出版社 1984 年版，第 464 页。

# 三、上 海

## (一)现存志书

### 康熙《紫隄小志》四卷

汪永安辑撰,侯棠、秦立增订,清康熙五十七年成书。

汪永安,生卒年不详。字存夜,号叟否。"休宁流寓起幼子。入籍为华庠增生。幼禀羸弱,常恐不寿,故自号叟否。构书室曰'吟巢',潜心养性,读书著述其中。卒享寿考。生平谨言惇行,善与老成人交。偶宿陈氏轩中,轩故有女鬼为祟,永安正色挥之,弗敢近。所著有《建文纪年》《七书转借录》《历朝改元录》《村阀汇编》、(康熙)《紫隄村志》、(康熙)《紫隄村小志》①、《拟古乐府》《怡云集》《吟匏诗余》《古文草》。"②咸丰《黄渡镇志》卷七《游寓》

---

① 按:此志成书年代晚于康熙《紫隄小志》,或为康熙《紫隄小志》异钞稿本。

② (清)汪永安原本、侯承庆续修、沈葵增修:咸丰《紫隄村志》卷六《人物》,上海市地方志办公室编:《上海乡镇旧志丛书》第十三册顾积仁标点本,上海社会科学院出版社2006年版,第160页。

有传。

秦立（1660—1733），字与参，号云津，又号芝斋。"世居盘龙江上，为吾邑著姓。……[康熙丁未岁]补博士弟子员。自少好学，于书无不读，而尤专精史学，其于古文笃嗜归熙甫，故其所作清真朴老，……观其所论学，校风俗、赋法、水利诸篇，皆切中利病，至其忠孝、节烈等传，皆有关系。晚年纂辑邑乘，广咨博访，举前志之纰缪者正之，阙遗者补之，凡十六卷，名为《练川野录》。"著有《芝斋文集》六卷、《[芝斋]诗集》二卷、《见闻褉志》十二卷、《勗德录》，① 纂有康熙《淞南志》八卷、雍正《嘉定县志补编》五卷。与侯棠共同增订康熙《紫隄小志》。光绪《嘉定县志》卷十九《文学》有传。

主要流布版本有上海博物馆藏清康熙五十七年（1718）稿本、上海社会科学院出版社 2006 年版《上海乡镇旧志丛书》第十三册何建木整理本。

## 康熙《淞南志》八卷

秦立编，清康熙六十一年成书。

秦立生平已见"康熙《紫隄小志》"条著录。

主要流布版本有清嘉庆十年（1805）秦鉴刻本、清嘉庆间《嫏邑志林》刻本（佚）、上海图书馆藏钞本、上海书店出版社 1992 年版《中国地方志集成·乡镇志专辑》第四册影印清嘉庆十年（1805）刻本、上海社会科学院出版社 2006 年版《上海乡镇旧志丛书》第十三册曾抗美等标点本。

---

① 参见钱大昭：《秦云津先生传略》，（清）秦立编：康熙《淞南志》清嘉庆十年（1805）秦鉴刻本卷首附，上海市地方志办公室编：《上海乡镇旧志丛书》第十三册曾抗美等标点本，上海社会科学院出版社 2006 年版；光绪《嘉定县志》卷二十六《艺文三·子部·儒家类》，《中国地方志集成·上海府县志辑》第八册影印清光绪八年（1882）刻本，上海书店出版社 2010 年版。

## 雍正《紫隄村小志》三卷

汪永安辑录，侯棠、秦立增订，清雍正十一年成书。

汪永安、侯棠、秦立三人生平并见"康熙《紫隄小志》"条著录。

主要流布版本有上海博物馆藏钞本、上海市图书馆藏 1959 年传钞本、上海市文物保管委员会 1962 年版《上海史料丛编》铅印本、上海社会科学院出版社 2006 年版《上海乡镇旧志丛书》第十三册何建木标点本。

## 乾隆《西林志略》六卷

张端木纂，成书于清乾隆前期（下限为乾隆二十年）。

张端木（1711—?），字昆乔，清江苏松江府上海县人，乾隆七年进士，官任知县。[①] 撰有《钱录》十二卷，《四库全书》存目。曾编纂《江东志》、乾隆《西林志略》、乾隆《西林杂记》等书。

主要流布版本有上海图书馆藏清乾隆前期残稿本。

## 乾隆《西林杂记》一卷

张端木纂，成书于清乾隆三十年。

张端木生平已见"乾隆《西林志略》"条著录。

主要流布版本有清乾隆三十年（1765）浙江临海章安官舍初刻本（佚）、清嘉庆十一年（1806）爱日楼重刻本、清光绪十二年（1886）秦荣光跋钞本（佚）、上海博物馆藏清光绪十六年（1890）秦荣光钞本及民国钞本、上海市文物保管委员会 1963 年版《上海史料丛编》铅印本、上海社会科学院出版社 2006 年版《上海乡镇旧志丛书》第十四册贺姝祎标点本。

---

① 秦国经主编：《中国第一历史档案馆藏清代官员履历档案全编》第十七册，华东师范大学出版社 1997 年版，第 348 页。

### 乾隆《真如里志》四卷

陆立编辑，成书于清乾隆三十六年。

陆立，生卒年不详。字价人，上海人，乾隆戊寅庠生。① "为文裕深裔孙。父永坚字侣班，由沪城迁居真如，遂入邑庠。品学为乡里矜式，为文得力《史》《汉》。时真如未有镇志，立收辑六年，七易稿而成（按：即乾隆《真如里志》）四卷。后青浦王侍郎昶主修（嘉庆）《［直隶］太仓州志》，采及邑镇，立《志》独收入焉。"② 撰有《世泽汇编》以及乾隆《真如里志》四卷（又名《桃溪志》）。③ 光绪《宝山县志》卷十《文学》有传。

主要流布版本有清乾隆三十七年（1772）苏州后乐堂初刻本、上海博物馆藏 1965 年王德乾捐赠初刻本、上海图书馆藏清传钞本、上海图书馆藏刻本传钞本、上海市文物保管委员会 1962 年版《上海史料丛编》铅印本、上海书店出版社 1992 年版《中国地方志集成·乡镇志专辑》第三册影印上海图书馆藏传钞乾隆三十七年（1772）刻本、上海社会科学院出版社 2004 年版《上海乡镇旧志丛书》第四册穆俦标点本。

### 乾隆《安亭江志稿》三卷

孙岱纂，清乾隆三十七年成书。

① 王德乾辑：民国《真如志》卷四《选举志·科贡·庠生》，上海市地方志办公室编：《上海乡镇旧志丛书》第四册穆俦标点本，上海社会科学院出版社 2004 年版，第 83 页。

② 洪复章纂：民国《真如里志·人物志·文学》，上海市地方志办公室编：《上海乡镇旧志丛书》第四册穆俦标点本，上海社会科学院出版社 2004 年版，第 84 页。

③ 王德乾辑：民国《真如志》卷七《艺文志·书目》，上海市地方志办公室编：《上海乡镇旧志丛书》第四册穆俦标点本，上海社会科学院出版社 2004 年版，第 209~210 页。

孙岱，生卒年不详。字子佩，系嘉庆《安亭志稿》编纂者陈树德之甥，监生。"潜心经史百家，兼蒐讨金石碑版"①，"以留心文献为己任，搜存补亡，阅五年辑《安亭人物志》三卷粗讫，遂捐馆舍，不溃于成。"②著有《三潞斋集》十卷、《守斋类稿》四卷、《安亭人物传》四卷等共十五种，其中已刊刻有《震川年谱》一卷、《长笛沧波集》六卷。③辑有乾隆《安亭人物志》三卷初稿，即嘉庆《安亭志》卷十六至十八《人物》部分。道光《昆新两县志》卷二十七《文苑二》有传。

主要流布版本有上海图书馆藏清乾隆三十七年（1772）稿本。

## 乾隆《娄塘志》九卷

陈曦编，清乾隆三十七年成书。

陈曦，生卒年不详，清乾隆间人。字跃云，号迂轩，又号药耘山人。系钱大昕妹婿。"附贡生，四库馆誊录，议叙州同。钱氏婿，常往来里中与内兄弟少詹、徵君两人相切劘，故所诣益纯粹。诗最工集杜。乾隆丙申平定金川，恭集御制诗句，献颂三十章，称旨，赐缎。辑（乾隆）《娄唐塘志》九卷④、《娄唐

①　（清）张鸿等修、王学浩等纂：道光《昆新两县志》卷二十七《文苑二》，《中国地方志集成·江苏府县志辑》第十五册影印清道光六年（1826）刻本，江苏古籍出版社1991年版。

②　（清）陈树德、孙岱纂：嘉庆《安亭志》陈树德《跋》，上海市地方志办公室编：《上海乡镇旧志丛书》第二册王健标点本，上海社会科学院出版社2004年版，第329页。

③　（清）陈树德、孙岱纂：嘉庆《安亭志》卷十二《艺文八·书目》，上海市地方志办公室编：《上海乡镇旧志丛书》第二册王健标点本，上海社会科学院出版社2004年版，第190~191页。

④　按此志版本流布情况为：清乾隆三十七年（1772）定稿，嘉庆十年（1805）初刊，于咸丰四年（1854）重印，光绪十七年（1891）修补重印，至民国二十五年（1936）据光绪十七年刻本铅印线装刊行。

塘风雅》一卷。"①光绪《嘉定县志·文学》亦有传。

主要流布版本有清乾隆三十七年（1772）稿本、清嘉庆十年（1805）《嫏邑志林》刻本、清同治间刻本（未见）、清咸丰四年（1854）重印本、清光绪十七年（1891）修补重刻本、1914年版铅印本、1936年娄塘梅祖德线装铅印清光绪刻本、上海书店出版社1992年版《中国地方志集成·乡镇志专辑》第三册影印1936年版铅印本、上海社会科学院出版社2004年版《上海乡镇旧志丛书》第一册梅森标点本。

### 乾隆《干山志》十六卷

周厚地辑，清乾隆五十一年成书。

周厚地，生卒年不详，字雨坪。著有《五茸志补》《鲈乡志略》（已佚）、《峰泖名胜》《云间书画备征录》《山居清课》《无生心印》《峰泖清音集》《墨盦诗文集》，辑有乾隆《干山志》《干山诗录》《表贞录》。②

主要流布版本有天马山中峰寺通量本传钞本（20世纪四十年代后）、上海市松江博物馆藏钞本、上海市文物保管委员会再钞本（20世纪五六十年代）、上海书店出版社1992年版《中国地方志集成·乡镇志专辑》第一册影印本、上海松江县地方志编纂委员会办公室1994年版点校本、上海社会科学院出版社2005年版《上海乡镇旧志丛书》第九册王永顺等整理本。

### 乾隆《续外冈志》四卷

钱肇然编，清乾隆五十一年成书。

---

① （清）张启秦纂辑、陆世益编：光绪《望仙桥乡志稿·人物·流寓》，上海市地方志办公室编：《上海乡镇旧志丛书》第二册杨军益标点本，上海社会科学院出版社2004年版，第78页。

② （清）周厚地辑：乾隆《干山志》卷之十五《著述》，上海市地方志办公室编：《上海乡镇旧志丛书》第九册王永顺等标点本，上海社会科学院出版社2005年版，第168~171页。

钱肇然(1729—1786以后)，字希文，晚自号敬亭，系清代史家钱大昕同族弟。"性严冷，不好与人狎，为文刻苦，以先民为程，弱冠后补博士弟子。乡先进殷君聘尹有(崇祯)《外冈志》，敬亭搜罗遗事，续成[乾隆《续外冈志》]四卷，简当有法。少多病，因博观《灵素》《难经》《甲乙》诸书，并宋元以来诸家书，尽得其旨，能决死生于数年前，不爽毫发，然未尝受人一钱之馈。"①撰有《回春约言》《记梦诗钞》《祁冈诗拾遗集》、乾隆《续外冈志》四卷。②

主要流布版本有清嘉庆十一年(1806)《嘐邑志林》初刻本、上海市嘉定博物馆藏钞本、上海市文物保管委员会1961年版《上海史料丛编》铅印本、上海书店出版社1992年版《中国地方志集成·乡镇志专辑》第二册影印《上海史料丛编》铅印本、上海社会科学院出版社2004年版《上海乡镇旧志丛书》第二册王健标点本。

## 嘉庆《江东续志》

沈瞻泰辑，卷数不详。清嘉庆初年成书。

沈瞻泰，生卒年不详，为沈徵佺后人。著有《鲁斋诗集》《春雨杂录》，纂有光绪《江东续志》(成书于清光绪十九年之前，已佚)。③

主要流布版本有清代钞本，时代早于光绪年间。

---

① （清)钱大昕：《敬亭弟墓志铭》，(清)钱大昕撰、吕友仁校点：《潜研堂集》卷四十八《墓志铭七》，上海古籍出版社2009年第二版，第846~848页。(清)钱肇然编：乾隆《续外冈志》亦附录此文。

② （清)钱肇然编：乾隆《续外冈志》卷四《书籍》，上海市地方志办公室编：《上海乡镇旧志丛书》第二册王健标点本，上海社会科学院出版社2004年版，第61页。

③ （清)佚名纂修：光绪《江东志》卷之七《艺文志·书目》，上海市地方志办公室编：《上海乡镇旧志丛书》第十四册占旭东等标点本，上海社会科学院出版社2006年版，第132页。又见柴志光主编：《浦东古旧书经眼录》，上海远东出版社2009年版，第361~362页。

### 嘉庆《干巷志》六卷

朱栋撰，清嘉庆四年成书。

朱栋，生卒年不详。字二垞，州同知，干巷人。"侍父廷芝，幕游京师，敏而好学，才名噪甚。后复出入关塞，增广识见，故所学益进。七试秋闱，再荐不售，潦倒而归。自恨生平无以发抒其经济而表见于后世，由是往来柘湖，采辑一方之沿革、名迹、节义、艺文等类，著为(嘉庆)《干巷志》六卷、(嘉庆)《朱泾志》十卷①，考证明确。生平著述甚富，若《湖山到处吟》《二垞诗稿》《二白词》《砚小史》《读书求甚解》等书，皆脍炙人口。"②

主要流布版本有清嘉庆六年(1801)柘湖丁氏种松山房初刻本、清光绪二十九年(1903)干巷乡先哲祠重印本、1933年高燮重印清嘉庆本、上海书店出版社1992年版《中国地方志集成·乡镇志专辑》第一册影印1933年版重印本、上海社会科学院出版社2005年版《上海乡镇旧志丛书》第五册董桂兰等整理本。

### 嘉庆《杨行志》不分卷

黄程云原辑、贺鸿藻校录，清嘉庆四年成书。

黄程云，生卒年不详，字纪轩。乾隆初年，杨行里人孔兼三纂有《白沙志》稿本，久佚。黄程云系"孔君壁邻至友"，"得闻颠末，依样葫芦，编辑成集(按：即乾隆《杨行志稿》，已佚)"。嘉庆四

---

①　按：此志《中国地方志联合目录》误作嘉庆九年纂。

②　(清)龚宝琦修、黄厚本纂：光绪《金山县志》卷二十一《文苑传》，《中国地方志集成·上海府县志辑》第十册影印清光绪四年(1878)刻本，上海书店出版社2010年版。按：高如圭原纂、万以增重辑：民国《章练小志》卷五《寓贤》所载朱栋传记，云："字东木，号二垞，金山诸生。……著有《二垞集》《天爵录》。"与光绪《金山县志》所载稍有异同。参见上海市地方志办公室编：《上海乡镇旧志丛书》第八册陈麦青标点本，上海社会科学院出版社2006年版，第101~102页。

年，贺鸿藻"在败纸残字中始睹是编"，"谨照原稿略录数节"，成嘉庆《杨行志》。①

主要流布版本有清嘉庆四年(1799)初刻本(后亡佚)、苏州市文管会藏清残钞本、上海博物馆藏钞本、南京图书馆藏钞本、上海师范大学图书馆藏1963年传钞苏州市文管会藏清残钞本、上海书店出版社1992年版《中国地方志集成·乡镇志专辑》第四册影印南京图书馆藏钞本、上海社会科学院出版社2006年版《上海乡镇旧志丛书》第十册曹光甫标点本。

## 嘉庆《南翔镇志》十二卷

张承先原辑、程攸熙增订，清嘉庆十一年成书。

张承先，生卒年不详。"字诵芬，[一字蒿庐，又字史亭，]嘉定[南翔]诸生。……教授安亭里，数十里间事关节义，必采访确实，胪陈当道，以风励末俗。又能留心文献，所至故家旧族以及祠宇寺观，撴拾旧闻，并著于录。熟精有明一代掌故，凡三百年朝臣贤否、政治得失及大小三案，原原本本，各有论断，识者谓具良史才。古文词经经纬史，确有根据，诗无时下习气。私淑归太仆，拟即于世美堂故址创建祠堂，为亭以覆秦国公、刘尚书石，未果。"②"尝辑(乾隆)《槎溪里志》，③殚心搜择，文献可徵。"著有《钓珊瑚

① （清）黄程云原辑、贺鸿藻校录：嘉庆《杨行志·凡例》，上海市地方志办公室编：《上海乡镇旧志丛书》第十册曹光甫标点本，上海社会科学院出版社2006年版。

② 参见(清)陈树德、孙岱纂：嘉庆《安亭志》卷十八《人物三·寓贤》，上海市地方志办公室编：《上海乡镇旧志丛书》第二册王健标点本，上海社会科学院出版社2004年版，第302~303页；童世高编纂：民国《钱门塘乡志》卷九《人物志下·流寓》，上海市地方志办公室编：《上海乡镇旧志丛书》第二册许洪新等标点本，上海社会科学院出版社2004年版，第110页。

③ 按：此志又名《南翔镇志》，原稿虽佚，而其中多数材料保存于嘉庆《南翔镇志》之中。

庄诗文钞》。① 光绪《望仙桥乡志稿·人物》、民国《钱门塘乡志》卷九有传。

程攸熙(1812—1870),"初名廷俞,字宝辉,一字謇堂,诸生。居南翔,受业王绅,推演师说,著《四书尊闻编》。学者经其指授,为文悉有法度。行谊敦笃,尝创支谱,立宗祠。嘉庆甲子夏霪雨,米价腾踊,邻境闭籴,攸熙投牒县中详请,给票赴籴,民赖以安。"②著有《吹影编》四卷、《謇堂散体文》(一名《乘移桤杂说》)。③ 增订嘉庆《南翔镇志》十二卷。④

主要流布版本有清嘉庆十二年(1807)程氏寻乐草堂增订初刻本、清嘉庆十二年(1807)《疁邑志林》刻本、上海图书馆藏钞本、1924年南翔陈再有凤翥楼重校铅印本、上海书店出版社1992年版《中国地方志集成·乡镇志专辑》第三册影印1924年版精校重印本、上海古籍出版社2003年版《江南名镇志》丛书朱瑞熙标点本、上海社会科学院出版社2004年版《上海乡镇旧志丛书》第三册朱红标点本。

### 嘉庆《寒圩志》不分卷

杨学渊纂,清嘉庆十一年成书。

杨学渊(1729—1806),字说研,号小厓。"奉庠廪生,嘉庆丙

---

① (清)张承先著、程攸熙增订:嘉庆《南翔镇志》卷六《人物上·文学》,上海市地方志办公室编:《上海乡镇旧志丛书》第三册朱红标点本,上海社会科学院出版社2004年版,第78页。

② (清)程其珏修、杨震福等纂:光绪《嘉定县志》卷十九《文学》,《中国地方志集成·上海府县志辑》第八册影印清光绪八年(1882)刻本,上海书店出版社2010年版。

③ (清)程其珏修、杨震福等纂:光绪《嘉定县志》卷二十六《艺文三·子部·杂家类》,《中国地方志集成·上海府县志辑》第八册影印清光绪八年(1882)刻本,上海书店出版社2010年版。

④ 按:《中国地方志联合目录》误断此志为乾隆年间纂,实为与陈曦编纂的乾隆《娄唐塘志》(即乾隆《南翔镇志》)九卷稿本相混淆所致。

辰科恩贡。学问宏博，文才敏捷，手录书盈几箧。其作文讲法脉而尚经籍，诗律书法，无不专精。……十赴秋闱，屡荐不受。(中书陈礼园等人)争延之以为子弟师，……时方举孝廉方正科，学师孔欲以品行端方荐，坚辞之。友人请镌文稿，亦不允，曰：'文誊真似可矣，若镌板乌可乎？'其谦抑每如此。……暮年虔诵《金刚经》。岁七十八，尤作蝇头细书。"①

主要流布版本有上海市松江图书馆原藏清嘉庆十一年(1806)稿本。

### 嘉庆《朱泾志》十卷

朱栋纂，清嘉庆十二年成书。

朱栋生平已见"嘉庆《干巷志》"条著录。

主要流布版本有清嘉庆十二年(1807)初刻本(后亡佚)、1916年重版铅印本、民国传钞本、上海书店出版社1992年版《中国地方志集成·乡镇志专辑》第一册影印1916年版铅印本、上海社会科学院出版社2005年版《上海乡镇旧志丛书》第五册郭子建标点本。

### 嘉庆《石冈广福合志》四卷

萧鱼会、赵稷思编，清嘉庆十二年成书。

萧鱼会、赵稷思皆为里中诸生，生平不详。

主要流布版本有清嘉庆十二年(1807)初刻本、上海博物馆藏1958年传钞本、上海书店出版社1992年版《中国地方志集成·乡镇志专辑》第三册影印清嘉庆十二年(1807)刻本、上海社会科学院出版社2004年版《上海乡镇旧志丛书》第一册吴宣德标点本。

399

---

① 　(清)杨学渊纂：嘉庆《寒圩志·科目》，上海市地方志办公室编：《上海乡镇旧志丛书》第五册孟斐标点本，上海社会科学院出版社2005年版，第13页。

### 嘉庆《方泰志》三卷

王初桐纂辑，清嘉庆十二年成书。

王初桐（1730—1821），字于阳，原名元烈，字耿仲。号竹所，又号罐整山人。"性恬淡，从幼赤贫，不喜功名富贵。阅史必先《隐逸传》，嫌其钓名者多，真隐者少。……历署新城、淄川、平阴、寿光、潍县等知县，宁海州同知。所至政简刑清。……[嘉庆四年]初桐年已七十，遂致仕还乡……平生别无嗜好，惟好著书。"①著有《东山祝嘏九成乐曲》九卷、《海右集》四卷（清乾隆五十七年刻本）、《白门集》二卷（清乾隆五十八年刻本）、《十二河山集》二卷（清嘉庆三年刻本）、《齐鲁韩诗谱》四卷、《群书经眼录》六十卷、《京邸校书录》四卷等书四十余种，著录三十七种，刊刻十六种。纂嘉庆《寿光县志》二十卷、《纪纪》五卷，纂辑嘉庆《嘉定县志》二十四卷、嘉庆《方泰志》三卷。② 咸丰《黄渡镇志》卷六《文学》、光绪《嘉定县志》卷十九《文学》皆有传。

主要流布版本有清嘉庆十二年（1807）初刻本、1915年嘉定陈乃钧铅印本、上海图书馆1959年传钞嘉定陈乃钧铅印本、上海书店出版社1992年版《中国地方志集成·乡镇志专辑》第三册影印上海图书馆藏传钞本、上海社会科学院出版社2004年版《上海乡镇旧志丛书》第一册吴宣德等标点本。

### 嘉庆《安亭志稿》十七卷

陈树德纂，清嘉庆十二年成书。

---

① （清）王初桐纂辑：嘉庆《方泰志》卷二《吏隐》，上海市地方志办公室编：《上海乡镇旧志丛书》第一册吴宣德标点本，上海社会科学院出版社2004年版，第48~49页。

② （清）王初桐纂辑：嘉庆《方泰志》卷三《艺文》，上海市地方志办公室编：《上海乡镇旧志丛书》第一册吴宣德标点本，上海社会科学院出版社2004年版，第64~73页。

陈树德，生卒年不详，字以诵，"[又]字裕本，嘉定国子[监]生，居安亭东泗泾。博学好古，尝辑乡先贤黄淳耀年谱……又辑（嘉庆）《安亭志》，于两邑孝节、艺文多所阐发云。"[1]著有《黄忠节公年谱》(已刊刻)、《三传蒙拾》。[2] 分辑嘉庆《安亭志》"沿革"等部分十七卷。

主要流布版本有上海图书馆藏清嘉庆十二年(1808)稿本。

## 嘉庆《安亭志》二十卷

陈树德编辑，清嘉庆十三年成书。

陈树德生平已见"嘉庆《安亭志稿》"条著录。

主要流布版本有清嘉庆十三年(1808)初刻本、1916 年油印清嘉庆刊本、1937 年安亭吴廷铨铅印本、南京博物院藏昆山图书馆钞本、《乡镇志专辑》第三册影印 1937 年版铅印本、上海古籍出版社 2003 年版《江南名镇志》丛书点校本、上海社会科学院出版社 2004 年版《上海乡镇旧志丛书》第二册王健标点本。

## 嘉庆《法华镇志》八卷

王钟编录，清嘉庆十八年成书。

王钟(1760—1837)，字一亭，号纪辰。附贡生。"品端学粹，工古诗文辞。书得二王法，善擘窠大字，笔力遒劲，名重一时，凡廨庙颜额多出其手。嘉庆甲戌，与修邑志；戊寅，与修郡志。手辑

---

① （清)张鸿等修、王学浩等纂：道光《昆新两县志》卷三十《游寓》，《中国地方志集成·江苏府县志辑》第十五册影印清道光六年(1826)刻本，江苏古籍出版社 1991 年版。

② （清)陈树德、孙岱纂：嘉庆《安亭志》卷十二《艺文八·书目》，上海市地方志办公室编：《上海乡镇旧志丛书》第二册王健标点本，上海社会科学院出版社 2004 年版，第 191 页。

(嘉庆)《法华镇志》,① 穷乡僻壤，搜索无遗。著《毋自广斋诗文稿》。道光十七年，无疾而终，年七十八。"②原稿本佚。

主要流布版本有清光绪十三年(1887)陈丽江钞本、上海图书馆藏清光绪三十三年(1907)金祥凤残钞本、上海市长宁区档案馆藏1979年文稿纸钢笔再钞本、上海市长宁区档案馆藏朵云轩笺毛笔钞本、上海社会科学院出版社2006年版《上海乡镇旧志丛书》第十二册许洪新标点本。

## 嘉庆《珠里小志》十八卷

周郁宾纂，清嘉庆二十年成书。

周郁宾(1780—1834)，字仁望，号泉南，(朱家角)本镇人。诸生。"熟于诸史，尝撰《辽金纪事本末》若干卷，《历代官制沿革考》若干卷。"③纂有嘉庆《珠里小志》十八卷。④

主要流布版本有清嘉庆二十年(1815)十柳家田初刻本、上海市青浦博物馆藏钞本、上海市文物保管委员会地方历史研究部地志组1963年钞本、上海书店出版社1992年版《中国地方志集成·乡镇志专辑》第二册影印清嘉庆二十年(1815)初刻本、上海古籍出版社2000年版戴扬本标点本、上海社会科学院出版社2005年版《上海乡镇旧志丛书》第七册戴扬本整理本。

---

① 按：此志又名《淞溪志》，《中国地方志联合目录》《中国地方志集成·乡镇志专辑》皆失载，《中国地方志总目提要》有著录。

② 王钟简传最初见于(清)金祥凤钞补：光绪《法华镇志》卷六《文苑》，上海市地方志办公室编：《上海乡镇旧志丛书》第十二册许洪新标点本，上海社会科学院出版社2006年版，第112页。此据胡人凤续辑：民国《法华乡志》卷五《文苑》，上海市地方志办公室编：《上海乡镇旧志丛书》第十二册许洪新标点本，上海社会科学院出版社2006年版，第209页。

③ (清)周郁宾纂：嘉庆《珠里小志》陈兴宗《序》，上海市地方志办公室编：《上海乡镇旧志丛书》第七册戴扬本整理本，上海社会科学院出版社2005年版。

④ 按：嘉庆《珠里小志》所附戴扬本《整理说明》误作清嘉庆三十年刻本。

### 嘉庆《马陆志》七卷

封导源编，清嘉庆二十年成书。

封导源，生卒年不详，字浚川，嘉定马陆诸生。其家"累世簪缨，为疁南望族"。① 续修《封氏族谱》，② 编纂嘉庆《马陆志》七卷。③

主要流布版本有清嘉庆二十年（1815）初刻本、上海图书馆藏清嘉庆间（末年）钞本④、1948 年张乃铨铅印本、上海图书馆藏1958 年传钞本、上海书店出版社 1992 年版《中国地方志集成·乡镇志专辑》第三册影印清嘉庆中传钞本、上海社会科学院出版社2004 年版《上海乡镇旧志丛书》第一册戴扬本整理本。

### 道光《金泽小志》六卷

周凤池原纂、蔡自申等续纂，清道光十一年成书。

周凤池，生卒年不详，约为乾隆时人。字玉台，金泽人，乡间"隐君"，著有乾隆《金泽小志》遗稿四卷，佚。⑤

---

① （清）封导源编：嘉庆《马陆志》李赓芸《序》，上海市地方志办公室编：《上海乡镇旧志丛书》第一册吴宣德等标点本，上海社会科学院出版社2004 年版。

② （清）封导源编：嘉庆《马陆志》卷六《艺文志·书目》，上海市地方志办公室编：《上海乡镇旧志丛书》第一册吴宣德等标点本，上海社会科学院出版社 2004 年版，第 43 页。

③ 按：嘉庆《马陆志》所附戴扬本《整理说明》误作此志为"嘉庆二年刊本"。

④ 按：此钞本年代当在清嘉庆二十年至二十五年之间。

⑤ （清）周凤池原纂、蔡自申等续纂：道光《金泽小志》陈栻《序》，上海市地方志办公室编：《上海乡镇旧志丛书》第七册杨军益标点本，上海社会科学院出版社 2005 年版。

蔡自申（1779—1831 以后），松江府青浦县学增广生。① "字时升，（金泽）本镇人。道光壬辰科（按：即清道光十二年）经魁。"②续纂道光《金泽小志》六卷。主要流布版本有上海市文物管理委员会藏清道光十一年（1831）残稿本、上海图书馆藏钞本、上海市文物保管委员会 1962 年版《上海史料丛编》铅印本、上海书店出版社 1992 年版《中国地方志集成·乡镇志专辑》第二册影印钞本、上海社会科学院出版社 2005 年版《上海乡镇旧志丛书》第七册杨军益标点本。

### 道光《塘湾乡九十一图志》二卷

张杞村辑，清道光十五年成书。

张杞村，生卒年不详。"［名惠曾］，字纪堂，号杞村。道光十年，白学台科取本学佾生。"③纂辑道光《塘湾乡九十一图志》。④

主要流布版本有上海图书馆藏清钞本、上海市文物保管委员会 1961 年版《上海史料丛编》铅印清末钞本、上海书店出版社 1992 年版《中国地方志集成·乡镇志专辑》第一册影印清钞本、上海社会科学院出版社 2006 年版《上海乡镇旧志丛书》第十三册戴扬本标点本。

### 道光《蒲溪小志》四卷

顾传金编纂，清道光十七年成书。

---

① 顾廷龙主编：《清代朱卷集成》第一百三十五册所载道光十二年蔡自申履历，台湾成文出版社 1992 年版，第 75 页。

② （清）周凤池原纂、蔡自申等续纂：道光《金泽小志》卷之三《科目》，上海市地方志办公室编：《上海乡镇旧志丛书》第七册杨军益标点本，上海社会科学院出版社 2005 年版，第 43 页。

③ （清）张杞村辑：道光《塘湾乡九十一图志》上编《人物》，上海市地方志办公室编：《上海乡镇旧志丛书》第十三册戴扬本标点本，上海社会科学院出版社 2006 年版，第 18 页。

④ 按：《中国地方志联合目录》著录此志编纂者为"何文源、王霭如纂"，误。参见该书第 10 页，中华书局 1985 年版。

顾传金（1773—?），号愚谿氏，清嘉庆诸生。"家道殷实，热心本镇公益，倡议建桥便民，设局其家，并任总理。"①纂有道光《七宝镇小志》。

主要流布版本有上海博物馆藏李氏钞本、上海图书馆藏钞本、江苏省镇江图书馆藏钞本、上海市文物保管委员会1961年版《上海史料丛编》铅印本、上海书店出版社1992年版《中国地方志集成·乡镇志专辑》第一册影印钞本、上海古籍出版社2003年版《江南名镇志》丛书王孝俭等点校本。

### 咸丰《黄渡镇志》十卷

章树福纂辑，清咸丰元年成书。

章树福，生卒年不详。"字清甫，一字农芗，诸生。居黄渡，尝以汪存夜《黄谿杂志》半涉虚无，其逸闻轶事仅见洪璞及陆曰寿诗中，乃广搜博考，辑（咸丰）《黄渡镇志》，时称善本。"②著有《泉门草》一卷。③ 宣统《黄渡续志》卷五《文学》、民国《钱门塘乡志》卷九有详传。

主要流布版本有清咸丰三年（1853）章氏寿研堂初刻本、1923年章钦亮重校铅印本、上海书店出版社1992年版《中国地方志集成·乡镇志专辑》第三册影印1923年版重校铅印本、上海社会科学院出版社2004年版《上海乡镇旧志丛书》第三册邹怡标点本。

---

① （清）顾传金编纂：道光《七宝镇小志》卷之四《安平桥始末记》，上海市地方志办公室编：《上海乡镇旧志丛书》第十三册石中玉标点本，上海社会科学院出版社2006年版，第83页。
② （清）程其珏修、杨震福等纂：光绪《嘉定县志》卷十九《文学》，《中国地方志集成·上海府县志辑》第八册影印清光绪八年（1882）刻，上海书店出版社2010年版。
③ 童世高编纂：（民国）《钱门塘乡志》卷十一《艺文志下》，上海市地方志办公室编：《上海乡镇旧志丛书》第二册许洪新等标点本，上海社会科学院出版社2004年版，第140页。

### 咸丰《寒圩志》不分卷

杨学渊原纂、佚名增补，清咸丰元年成书。

杨学渊生平已见"嘉庆《寒圩志》"条著录。

主要流布版本有上海图书馆藏清咸丰元年（1851）增补嘉庆稿本、清光绪十年（1884）庄仁锦钞本（未见）、上海博物馆藏清传钞本、上海市文物保管委员会 1962 年版《上海史料丛编》铅印本、上海书店出版社 1992 年版《中国地方志集成·乡镇志专辑》第一册影印清咸丰元年（1851）增补嘉庆稿本、上海社会科学院出版社 2005年版《上海乡镇旧志丛书》第五册孟斐标点本。

### 咸丰《紫隄村志》八卷

汪永安原本、侯承庆续修、沈葵增修，清咸丰六年成书。

汪永安生平已见"康熙《紫隄小志》"条著录。

侯承庆，生卒年不详。字灿东，号云岩，上庠生。"始从徐克溶学，继为松江钱氏馆甥，与内兄钱景钱容相切磨，得入泮。归里后，馆村北顾氏，宾主相得，至老未尝更易。爱花卉，书斋遍植之。工篆隶真楷。修上谷东西族谱，偕同里朱孔阳续辑（道光）《紫隄村志》《淞南诗钞》。"①

沈葵，"字钦阳，［号心卿］，居新嘉里，嘉庆二十二年松庠"，"道光癸卯，松府岁［贡生］"。② 著有咸丰《紫隄村志》《周易全旨便读》（未梓）、《地理胪指》《十国春秋摘录》《史学启蒙》《天文管见》《盆梅记略》《青秧杂说》《类经摘注》《斳山何氏医案》《青灯蔓草

---

① （清）汪永安原本、侯承庆续修、沈葵增修：咸丰《紫隄村志》卷六《人物》，上海市地方志办公室编：《上海乡镇旧志丛书》第十三册顾积仁标点本，上海社会科学院出版社 2006 年版，第 174 页。

② （清）汪永安原本、侯承庆续修、沈葵增修：咸丰《紫隄村志》卷八《里绅》，上海市地方志办公室编：《上海乡镇旧志丛书》第十三册顾积仁标点本，上海社会科学院出版社 2006 年版，第 229、239 页。

二集》《盆植百咏》，辑有《松南诗草合编》四卷、《上谷诗集》。①

主要流布版本有南京图书馆藏清咸丰六年（1856）增补稿本、上海图书馆藏传钞本、上海市文物保管委员会1961年版《上海史料丛编》铅印本、上海书店出版社1992年版《中国地方志集成·乡镇志专辑》第一册影印传钞本、上海社会科学院出版社2006年版《上海乡镇旧志丛书》第十三册顾积仁标点本、上海古籍出版社2008年版《江南名镇志》丛书王孝俭等标点本。

### 同治《厂头镇志》八卷

钱以陶著，清同治七年成书。

钱以陶，生卒年不详，字梅君，乡绅。"尝兼访并采，集成一编，题曰《厂头杂录》（按：此书已佚）"，② 是为同治《厂头镇志》的编纂蓝本。

主要流布版本有上海博物馆藏1965年王德乾捐赠清同治七年（1868）稿本、上海社会科学院出版社2004年版《上海乡镇旧志丛书》第三册魏小虎标点本。

### 同治《清风泾志》十卷

陈宗溥纂，清同治十二年成书。

陈宗溥，生卒年不详，字竹士，善邑岁贡生。"咸丰庚申岁贡，就职训导。镇南人。"③"敦本力学，从游甚众。家祠有义庄，

---

① （清）汪永安原本、侯承庆续修、沈葵增修：咸丰《紫隄村志》卷八《文籍》，上海市地方志办公室编：《上海乡镇旧志丛书》第十三册顾积仁标点本，上海社会科学院出版社2006年版，第245~247页。

② （清）钱以陶著：同治《厂头镇志·自序》，上海市地方志办公室编：《上海乡镇旧志丛书》第三册魏小虎标点本，上海社会科学院出版社2004年版。

③ （清）程兼善重纂：宣统《续修枫泾小志》卷四《志选举·贡生》，上海市地方志办公室编：《上海乡镇旧志丛书》第六册姜汉椿等标点本，上海社会科学院出版社2005年版，第119页。

兵燹后几至废坠，宗溥力举之，得复旧制。同治七年，规创书院，邀同志广为劝募，藉立始基。办理瘗埋，出馆谷余资以佐经费，十余年不倦也。尝获曹相骏(嘉庆)《枫溪小志稿》，以略而不备，积廿年之久，增葺大半。光绪初，娄邑程侯其珏、嘉郡许太守瑶光，聘修府、县志，以其娴于掌故也。"①编纂有《枫泾小志》(同治《清风泾志》)、《苏吕策论》。②

台湾地区藏该志钞本，惜年代不详。

## 同治《张泽志稿》不分卷

章耒初稿、徐复熙增纂，清同治十二年成书。

章耒，生卒年不详，字次柯，郡城西阛街人。"同治十二年选拔贡生。少读书过目能诵。及长，潜心力学，凡天文、历算、舆地、兵防以至医卜壬遁家言，靡不研究。九应省试，五荐而不售。晚年馆里中徐氏，专以诱掖后进为己任，遇有质疑问难者，辄详为理解，口讲指示，昕宵无倦色。曾辑(同治)《张泽志》初稿。卒年五十五。"③著有《春秋内外传笙辞考证》《王山学略》《□氏二家学略》(按：原文阙字)、《端文学略》《张泽诗钞》《张泽文钞》等。④

徐复熙，里人，生卒年不详，著有《恪斋诗钞》。在章耒《张泽志稿》的基础上，增纂为同治《张泽志稿》。

---

① (清)许光墉、叶世雄、费沄修辑：光绪《重辑枫泾小志》卷六《志人物·列传下》，上海市地方志办公室编：《上海乡镇旧志丛书》第六册姜汉椿等标点本，上海社会科学院出版社 2005 年版，第 186 页。

② (清)许光墉、叶世雄、费沄修辑：光绪《重辑枫泾小志》卷八《志艺文·书目》，上海市地方志办公室编：《上海乡镇旧志丛书》第六册姜汉椿等标点本，上海社会科学院出版社 2005 年版，第 241 页。

③ (清)封作梅补辑、封文权续补：光绪《张泽志》卷八《人物志·寓公》，上海市地方志办公室编：《上海乡镇旧志丛书》第九册姜汉椿等标点本，上海社会科学院出版社 2005 年版，第 59~60 页。

④ (清)章耒初稿、徐复熙增纂：同治《张泽志稿·艺文》，上海市地方志办公室编：《上海乡镇旧志丛书》第九册姜汉椿等标点本，上海社会科学院出版社 2005 年版，第 52~53 页。

主要流布版本有上海博物馆藏清同治十二年（1873）稿本、上海博物馆藏清同治间钞本①、上海书店出版社1992年版《中国地方志集成·乡镇志专辑》第一册影印清同治十二年（1873）稿本、上海市松江县地方志编纂委员会办公室1994年版点校本、上海社会科学院出版社2005年版《上海乡镇旧志丛书》第九册姜汉椿等标点本。

### 光绪《盘龙镇志》不分卷

金惟鳌纂辑，清光绪元年成书。

金惟鳌，生卒年不详，清同治、光绪间人。字圭钦，盘龙[镇]人，光绪丙子岁[贡生]。② 著有《龙江水利考》《双榆草堂诗文集》《安斋记》。③ 纂辑光绪《盘龙镇志》。④

主要流布版本有上海图书馆藏清光绪元年（1875）稿本、上海市文物保管委员会1961年版《上海史料丛编》铅印本、上海书店出版社1992年版《中国地方志集成·乡镇志专辑》第二册影印传钞本、上海社会科学院出版社2005年版《上海乡镇旧志丛书》第七册姜汉椿等标点本。

### 光绪《蒸里志略》十二卷

叶世熊纂，清光绪九年成书。

① 按：此钞本成书年代当在清同治十二、十三年之间，稍晚于稿本。

② （清）金惟鳌纂辑：光绪《盘龙镇志·科目·贡生》，上海市地方志办公室编：《上海乡镇旧志丛书》第七册姜汉椿等标点本，上海社会科学院出版社2005年版，第61页。

③ 上海市青浦县县志编纂委员会编：《青浦县志》第二十八篇《文化·古今主要著作目录选》，上海人民出版社1990年版。

④ 按：《中国地方志联合目录》此条误作“金惟鳌 圭钦纂”，似以为二人。著录卷数亦误作三卷。

叶世熊(1837—1909)，字梦飞，号培卿。"幼读书颖悟，弱冠游青浦庠。庚申之乱，官军屯守泖滨，饷需不赀，熊解囊以助。事平，大吏上闻，得议叙训导。三赴秋闱，不售，遂淡仕进。生平事亲以孝，交友以信。镇有曹雪庄、陈竹士二先生(嘉庆、同治)《枫泾小志》遗稿未刊，熊偕许光埤、费沄，将旧稿增辑付梓，一乡掌故赖不湮没。其他纂家乘、创婴堂、濬河道、建宗祠义祠，皆力任不辞。光绪初，《松江府志》《青浦县志》先后续修，采访有功。卒年七十三。著有《醉月居诗词钞》《叶氏支谱》、(宣统)《蒸里志略》行世。"①民国《青浦县续志》卷十六有传。

主要流布版本有清宣统二年(1910)青浦叶桐叔铅印本、上海书店出版社1992年版《中国地方志集成·乡镇志专辑》第二册影印清宣统二年(1910)铅印本、上海社会科学院出版社2005年版《上海乡镇旧志丛书》第八册许洪新标点本。

## 光绪《二十六保志》四卷

唐锡瑞辑，清光绪十二年成书。

唐锡瑞(约1836—1918)，字子衡，系唐心柏长子。"事亲纯孝。善堪舆、医学，能丈量田亩。松江育婴堂有南汇沙田一万六千余亩，上海清节堂有嘉定县田二千余亩，锡瑞按户清丈造册绘图，堂中得有稽考。同治四年秋，浙藩应宝时函聘襄办工赈，历办浙西河工并海宁州备塘河工。工长一百二十里，逐日乘马河干，日夜督促，如期竣工。四乡桥梁有圮坏者，募款修建，行旅称便。光绪三十二年，米价奇昂，申请地方当道禁米出口，保留积谷，民食以纾。又龙华子药厂存储火药逾时过久，虑有不测，力请迁移，当道韪其言，卒将废药倾弃，地方称庆。平时掩骼埋胔，遇善必为。著

---

① （清）程兼善重纂：宣统《续修枫泾小志》卷六《志人物·列传下》，上海市地方志办公室编：《上海乡镇旧志丛书》第六册姜汉椿等标点本，上海社会科学院出版社2005年版，第216页。

有《唐氏四礼辑要》二卷，二十六保[光绪]《保志》四卷，① 卒年八十三。"②

主要流布版本有上海师范大学图书馆藏清光绪十二年（1886）唐氏念本堂稿本、上海师范大学图书馆藏 1960 年传钞稿本、上海社会科学院出版社 2006 年版《上海乡镇旧志丛书》第十二册张剑光等整理本。

### 光绪《月浦志》十卷

张人镜纂，清光绪十四年成书。

张人镜，生卒年不详。字心箴，号蓉台，诸生。"自高祖金惠以降，世负乡望。月浦东滨海塘，潮流冲击，河道易于淤塞。人镜既董理一乡公务，专致力于农田水利。同治、光绪间，先后请拨巨款，三次修筑海塘，五次开浚马路干河。……并以余力倡导地方善举，如施衣给药、保婴恤茕等等，无不力为提倡。邑有大工役，从事者咸推为领袖。"③著有《东林雅集图题咏集》《月溪风雅集》《介眉集》，编纂光绪《月浦镇志》十四卷、《张氏宗谱》（辑存）。④ 民国《宝山县续志》卷十四《德义》有传。

主要流布版本有上海博物馆藏清光绪十四年（1888）稿本、上海市文物保管委员会 1962 年版《上海史料丛编》铅印本、上海书店

① 按：此志《中国地方志联合目录》《中国地方志集成·乡镇志专辑》皆失载。

② 吴馨、江家嵋修，姚文枬纂：民国《上海县志》卷十五《人物下》，《中国地方志集成·上海府县志辑》第四册影印 1936 年版铅印本，上海书店出版社 2010 年版。

③ 陈应康总纂：民国《月浦里志》卷十二《人物志·德义》，上海市地方志办公室编：《上海乡镇旧志丛书》第十册魏小虎标点本，上海社会科学院出版社 2006 年版，第 135~136 页。

④ 陈应康总纂：民国《月浦里志》卷十三《艺文志·书目》，上海市地方志办公室编：《上海乡镇旧志丛书》第十册魏小虎标点本，上海社会科学院出版社 2006 年版，第 190~193 页。

出版社 1992 年版《中国地方志集成·乡镇志专辑》第四册影印稿本、上海社会科学院出版社 2006 年版《上海乡镇旧志丛书》第十册魏小虎标点本。

## 光绪《罗店镇志》八卷

王树棻修，潘履祥总纂，朱诒祥、钱栩分纂，清光绪十五年成书。

王树棻，时任知县。

潘履祥（1830—1915），字春生，晚号耐叟。同治九年庚午并补同治元年壬戌恩科经魁，拣选知县、举人。① "襟期夷旷，诗、古文辞如其人，尤留心乙部之学，异闻轶事，条录甚富。光绪丙子，知县梁蒲贵聘修邑志（按：即光绪《宝山县志》），与朱延射并总其成。继修辑（光绪）《罗店镇志》，以一手定稿。既不得志于春官，遂寄情山水，……光绪乙巳，与同里举人朱诒泰同游泖水，互联律句八章，艺林传为盛事。"②另著有《游湖小识》一卷、《备忘随笔》六卷。③

朱诒祥，生卒年不详，同治五年附生。④ 分纂光绪《罗店镇志》。

① 参见（清）潘履祥总纂，朱诒祥、钱栩分纂：光绪《罗店镇志》卷之四《选举志·举人》，上海市地方志办公室编：《上海乡镇旧志丛书》第十一册杨军益标点本，上海社会科学院出版社 2006 年版，第 162 页；光绪《罗店镇志·纂校姓氏》。

② 张允高等修、钱淦等纂：民国《宝山县续志》卷十四《文学》，《中国地方志集成·上海府县志辑》第九册影印 1921 年版铅印本，上海书店出版社 2010 年版。

③ 张允高等修、钱淦等纂：民国《宝山县续志》卷十五《书目》，《中国地方志集成·上海府县志辑》第九册影印 1921 年版铅印本，上海书店出版社 2010 年版。

④ （清）潘履祥总纂，朱诒祥、钱栩分纂：光绪《罗店镇志》卷之四《选举志·贡生》，上海市地方志办公室编：《上海乡镇旧志丛书》第十一册杨军益标点本，上海社会科学院出版社 2006 年版，第 174 页。

钱栩，生卒年不详，同治十年增生。① "字蘧石，若霖子。生八岁而孤，嫡母金殉节粤难，生母王茹苦抚之成立。栩奉侍极谨，……为学笃守先正之说，里中善举，尤力主扩张。"②著有《粹言铭座录》《寸草轩诗賸》《千里共明月图徵诗》一卷。③ 分纂光绪《罗店镇志》。

主要流布版本有清光绪十五年（1889）增订原稿铅印本、上海书店出版社1992年版《中国地方志集成·乡镇志专辑》第四册影印清光绪十五年（1889）铅印本、上海社会科学院出版社2006年版《上海乡镇旧志丛书》第十一册杨军益标点本。

## 光绪《颜安小志》十二卷

高如圭编撰，清光绪十六年成书。

高如圭，生卒年不详，字琢堂，国学生。"咸丰庚申之乱，胥塘李雪渔蔚云乔梓避难来乡，互相砥砺，置经史文集数十种，间录古今闻见所经，以资考证。……性慷慨，热心地方公益。……继值练西建堂接婴，练东又创颜安书院，先后割亩助成之。平居睦姻任，无微不至，行谊方正，有古君子风。晚年辑（光绪）《颜安小志》，分别部居，悉心搜采，临殁犹日手一编，斟酌损益之。一隅文献之徵，赖以不坠。"④纂有光绪《颜安小志》稿本，未刊。

---

① （清）潘履祥总纂，朱诒祥、钱栩分纂：光绪《罗店镇志》卷之四《选举志·贡生》，上海市地方志办公室编：《上海乡镇旧志丛书》第十一册杨军益标点本，上海社会科学院出版社2006年版，第175页。

② 张允高等修、钱淦等纂：民国《宝山县续志》卷十四《孝友》，《中国地方志集成·上海府县志辑》第九册影印1921年版铅印本，上海书店出版社2010年版。

③ 张允高等修、钱淦等纂：民国《宝山县续志》卷十五《书目》，《中国地方志集成·上海府县志辑》第九册影印1921年版铅印本，上海书店出版社2010年版。

④ 高如圭原纂、万以增重辑：民国《章练小志》卷四《人物》，上海市地方志办公室编：《上海乡镇旧志丛书》第八册陈麦青标点本，上海社会科学院出版社2005年版，第82~83页。

主要流布版本有上海博物馆藏钞本、上海社会科学院出版社
2005 年版《上海乡镇旧志丛书》第八册魏小虎标点本。

### 光绪《重辑枫泾小志》十卷

许光墉、叶世熊、费沄修辑，清光绪十七年成书。

叶世熊生平已见"光绪《蒸里志略》"条著录。

许光墉，生卒年不详。"字侍庭，辰珠孙，附贡生。……家多
外侮，性坚忍，卒能自立。好读书，游庠后颇知发愤。数赴秋闱，
未售。生平乐于为善，云间书院捐田百亩。分纂（光绪）《枫泾小
志》，并助资付印。"①

费沄，生卒年不详。"字二川，善庠生。中年习幕维扬，既而
改游沪渎。好交游，凡戚友之相访者，靡不殷勤款待。（光绪）《枫
泾小志》之修，沄亦与有力焉。卒年六十四。著有《紫藤花馆吟
草》。"②

主要流布版本有清光绪十七年（1891）铅印本、上海书店出版
社 1992 年版《中国地方志集成·乡镇志专辑》第二册影印清光绪十
七年（1891）铅印本、上海社会科学院出版社 2005 年版《上海乡镇
旧志丛书》第六册姜汉椿等标点本。

### 光绪《江东志》十二卷

佚名纂修，清光绪十九年成书。

主要流布版本有上海图书馆藏钞本、上海书店出版社 1992 年
版《中国地方志集成·乡镇志专辑》第一册影印钞本、上海社会科

---

①　(清)程兼善重纂：宣统《续修枫泾小志》卷六《志人物·列传下》，上
海市地方志办公室编：《上海乡镇旧志丛书》第六册姜汉椿等标点本，上海社
会科学院出版社 2005 年版，第 217 页。

②　(清)程兼善重纂：宣统《续修枫泾小志》卷六《志人物·列传下》，上
海市地方志办公室编：《上海乡镇旧志丛书》第六册姜汉椿等标点本，上海社
会科学院出版社 2005 年版，第 217 页。

学院出版社 2006 年版《上海乡镇旧志丛书》第十四册占旭东等整理本。

### 光绪《纪王镇志》四卷

曹蒙纂，清光绪二十三年成书。

曹蒙，一作曹孔昭，生卒年不详。"字桐孙，一字起溟。诸生。居纪王庙。为文古茂渊朴，得大家气息。尤工近体诗，著有《抱玉堂诗集》及(光绪)《纪王镇志》。"①

主要流布版本有上海博物馆藏清光绪二十三年(1897)稿本、上海社会科学院出版社 2006 年版《上海乡镇旧志丛书》第十三册载之标点本。

### 光绪《淀湖小志》八卷

诸福坤原著，陈庆林、万以增补著，陶惟坻校订，清光绪二十八年成书。

诸福坤(1843—1902)，"字元简，一字安贞，号杏庐。江苏长洲人。增贡生。②"私淑桐城文学，其为文义法严正，情韵甚美，以显微阐幽、扶翊名教为重。撰《杏庐文钞》八卷"，"于学无不窥，凡兵谋、术数、丹经、摄生、梵书、杂家、法家，皆抄录成帙。丹墨错综，用力精研诸书，点勘秘籍名家言数十种，证纯纠驳，细字眉列旁注。"③编纂光绪《淀湖小志》。④

① 陈传德修、黄世祚纂：民国《嘉定县续志》卷十一《文学》，《中国地方志集成·上海府县志辑》第八册影印 1930 年版铅印本，上海书店出版社 2010 年版。

② (清)蔡丙圻撰：光绪《黎里续志》卷首《题咏撰文姓氏考》，《吴江乡镇旧志丛刊·黎里志(两种)》陈其弟点校本，广陵书社 2011 年版，第 306 页。

③ 刘声木撰：《桐城文学渊源考》卷十一《诸福坤传》，徐天祥点校本，黄山书社 1989 年版，第 331 页。

④ 按：此志《中国地方志联合目录》与《中国地方志集成·乡镇志专辑》皆未著录。

陈庆林（1874—1933），即陈去病，近代诗人。字佩忍，号巢南，吴江人。"师事诸福坤，受古文法，习闻绪论，亦工古文。"①同盟会成员，南社组织者之一。民国建立后，任江苏革命博物馆馆长。著有《浩歌堂诗钞》，曾创办《二十世纪大舞台》杂志。② 补纂光绪《淀湖小志》八卷，编纂《湖北乡土历史教科书》《直隶乡土历史教科书》《江西乡土历史教科书》等。

万以增（？—1923），江苏青浦人（今属上海市），③ 字继长（一字纪常），增生。笃志医学，博通中西诸学说。宣统年间，加入中西医学研究会。④ 南社成员。与陈庆林（去病）补纂光绪《淀湖志》八卷。

主要流布版本有上海图书馆藏清光绪二十八年（1902）稿本、民国间陶惟坻批校原稿钞本、上海社会科学院出版社 2005 年版《上海乡镇旧志丛书》第八册石中玉整理本。

### 光绪《徐汇记略》一卷

马良纂，清光绪二十九年成书。

马良，清光绪间里人，生平事迹不详。

主要流布版本有上海土山湾印书馆 1919 年版铅印本。

### 光绪《张泽志》十二卷

封作梅补辑、封文权续补，清光绪三十年成书。

---

① 刘声木撰：《桐城文学渊源考》卷十一《陈庆林传》，徐天祥点校本，黄山书社 1989 年版，第 341 页。

② 参见孙文治主编：《东南大学校友业绩》，东南大学出版社 2002 年版，第 14~15 页；陈去病：《垂虹亭长传》，卞孝萱、唐文权编著：《民国人物碑传集》卷十，凤凰出版社 2011 年版，第 597~598 页。

③ 据陈玉堂编著：《中国近现代人物名号大辞典》（全编增订本），浙江古籍出版社 2005 年版，第 15 页。

④ 据《中西医学报》第六期，宣统二年（1910）九月版。

封作梅，生卒年不详。"［字］若羹，娄县籍。光绪庚子岁贡，候选训导。"①著有《春秋列国疆域图说》十卷，在同治《张泽志稿》的基础上，续辑为光绪《张泽志》二稿。

封文权（1868—1943），字衡甫，号庸盦，别号无闷。张泽乡八图封家堠人。博览群书，于宋儒性理之学钻研颇深。不应科举，终身布衣。工于书法，楷书师颜真卿，善作擘窠大字，雄浑遒劲。著有《庸盦文稿》《庸盦诗稿》《庸盦日记》《簋进斋金石录》《华亭娄县续志稿·艺文志》《簋进斋书画录》等。② 在封作梅续辑《张泽志稿》的基础上增补续纂，为光绪《张泽志》定稿。

主要流布版本有上海市松江博物馆藏钞本、上海书店出版社1992年版《中国地方志集成·乡镇志专辑》第一册影印钞本、上海松江县地方志编纂委员会办公室1994年版点校本、上海社会科学院出版社2005年版《上海乡镇旧志丛书》第九册姜汉椿等标点本。

### 光绪《望仙桥乡志稿》不分卷

张启秦纂辑、陆世益编，清光绪三十一年成书。

张启秦（？—1912），字孝臣，别署非子，廪生。"淹贯经史辞章，尤精小学，书法精篆、隶、八分，擅篆刻。善饮，饮不至醉。教授里中，能尽启发之妙。处事严明，待人和蔼。理乡政，人咸敬惮之。光绪中叶，建广仁堂三楹于城隍行宫之西。宣统三年，受上海［圣］约翰大学之聘，期年而赴修文之召矣。"③著有《临文便览校

---

① （清）封作梅补辑、封文权续补：光绪《张泽志》卷七《选举志·贡生》，上海市地方志办公室编：《上海乡镇旧志丛书》第九册姜汉椿等标点本，上海社会科学院出版社2005年版，第45页。

② 参见上海市松江县地方史志编纂委员会编著：《松江县志》第三十一卷《人物》，上海人民出版社1991年版。

③ 杨大璋纂：（民国）《望仙桥乡志续稿·人物志第九》，上海市地方志办公室编：《上海乡镇旧志丛书》第三册许丽莉标点本，上海社会科学院出版社2004年版，第51页。

误》二卷,《续修四库全书》著录。纂辑光绪《望仙桥乡志稿》。①

主要流布版本有上海博物馆藏清光绪三十一年(1905)稿本、民国杨大璋过录稿本、上海市嘉定博物馆藏民国初年钞本、上海书店出版社1992年版《中国地方志集成·乡镇志专辑》第三册影印清光绪间稿本、上海社会科学院出版社2004年版《上海乡镇旧志丛书》第二册杨军益标点本。

### 光绪《法华镇志》八卷

金祥凤钞补,清光绪三十一年成书。

金祥凤,生卒年不详,字丹仪,西镇人。"民国四年,北洋大学土木科毕业,得工科学士学位。现任上海水泥工程师。"②补辑光绪《法华镇志》③。

主要流布版本有上海市图书馆藏清光绪三十三年(1907)金祥凤钞补本、上海市长宁区档案馆藏1979年文稿纸钢笔再钞本、《上海乡镇旧志丛书》第十二册许洪新标点本。

### 宣统《续修枫泾小志》十卷

程兼善重纂,清宣统二年成书。

程兼善(1840—1918),"[晚]字达青。光绪丙午岁贡,[嘉善优贡生],就职训导。镇南人。"④著有《枫溪棹歌》《潜阳樵唱》《怀

---

① 按:《上海乡镇旧志丛书》误著录此志为民国版。

② 胡人凤续辑:民国《法华乡志》卷四《学校》附录《大学毕业生》,上海市地方志办公室编:《上海乡镇旧志丛书》第十二册许洪新标点本,上海社会科学院出版社2006年版,第166页。

③ 按:此志《中国地方志联合目录》《中国地方志集成·乡镇志专辑》皆失载,《中国地方志总目提要》有著录。

④ (清)程兼善重纂:宣统《续修枫泾小志》卷四《志选举·贡生》,上海市地方志办公室编:《上海乡镇旧志丛书》第六册姜汉椿等标点本,上海社会科学院出版社2005年版,第119页。

饼吟稿》《武水志余》《古泉考略》《幻楼词》，［总纂］（光绪）《於潜县志》，［分纂］《嘉善县志》。① 重纂有宣统《续修枫泾小志》。"里人万以增重辑《章练小志》，亦多所商正。"②

　　主要流布版本有清宣统三年（1911）铅印本、上海书店出版社1992年版《中国地方志集成·乡镇志专辑》第二册影印清宣统三年（1911）铅印本、上海社会科学院出版社2005年版《上海乡镇旧志丛书》第六册姜汉椿等标点本。

### 宣统《黄渡续志》八卷

　　章圭璩纂辑，清宣统三年成书。

　　章圭璩（1870—1937），号篆生。"光绪甲辰科（按：即清光绪三十年）刘春霖榜［进士］。［任］工部主事、营缮司行走，寻工部奉裁，改度支部主事、制用司行走。"③"由进士馆奏派日本，游学法政大学毕业。宣统二年，学部考列优等引见，奉旨仍以主事留度支部优先补用。"④与朱寿鹏、汪锡增等同辑《光绪朝东华续录》六十四卷，并著有《商标法要义》一卷（已刊）、《二十四史名言录》一卷、《二十四史使节表》一卷、《勤生堂集》六卷、《笔记》二卷纂及

　　① （清）程兼善重纂：宣统《续修枫泾小志》卷八《志艺文·书目》，上海市地方志办公室编：《上海乡镇旧志丛书》第六册姜汉椿等标点本，上海社会科学院出版社2005年版，第285页。所增补传记资料参见高如圭原纂、万以增重辑：民国《章练小志》卷五《寓贤》。

　　② 高如圭原纂、万以增重辑：民国《章练小志》卷四《人物》，上海市地方志办公室编：《上海乡镇旧志丛书》第八册陈麦青标点本，上海社会科学院出版社2005年版，第103页。

　　③ （清）章圭璩纂辑：宣统《黄渡续志》卷四《选举·科贡》，上海市地方志办公室编：《上海乡镇旧志丛书》第三册杨军益标点本，上海社会科学院出版社2004年版，第31页。

　　④ （清）章圭璩纂辑：宣统《黄渡续志》卷四《选举·毕业奖励》，上海市地方志办公室编：《上海乡镇旧志丛书》第三册杨军益标点本，上海社会科学院出版社2004年版，第36页。

《天如先生史论评选》四卷。① 纂辑宣统《黄渡续志》八卷。

主要流布版本有清宣统三年(1911)初刊本、1923年章氏勤生堂章钦亮重校铅印本、上海书店出版社1992年版《中国地方志集成·乡镇志专辑》第三册影印1923年版铅印本、上海社会科学院出版社2004年版《上海乡镇旧志丛书》第三册杨军益标点本。

## 宣统《彭浦里志》八卷

侯丙吉纂，清宣统三年成书。

侯丙吉，清末里人，生平事迹不详。

主要流布版本有上海博物馆藏清宣统三年(1911)稿本。

## 宣统《重辑张堰志》十二卷

姚裕廉、范炳垣修辑，清宣统三年成书。

姚裕廉(1841—1911以后)，字崧龄，号申甫，又号贞甫。光绪壬辰岁贡，内阁中书。② 修辑宣统《重辑张堰志》十二卷。

范炳垣，生卒年不详，与姚裕廉共同修辑宣统《重辑张堰志》。

主要流布版本有上海图书馆藏清宣统三年(1911)稿本、1920年金山姚氏松韵堂铅印本、上海书店出版社1992年版《中国地方志集成·乡镇志专辑》第二册影印1920年版铅印本、上海社会科学院

① （清）章圭璨纂辑：宣统《黄渡续志》卷六《艺文·书目》，上海市地方志办公室编：《上海乡镇旧志丛书》第三册杨军益标点本，上海社会科学院出版社2004年版，第55页。

② （清）姚裕廉、范炳垣修辑：宣统《重辑张堰志》卷五《志选举·贡生》，上海市地方志办公室编：《上海乡镇旧志丛书》第五册戎济方标点本，上海社会科学院出版社2005年版，第117页。关于姚裕廉生卒年及字号等记载，各类志书记载皆不全。此间所录姚裕廉生年资料，据顾廷龙主编《清代朱卷集成》第411册所载本人履历补充，台湾成文出版社1992年版，第331页。又宣统《重辑张堰志》云"字贞甫"恐误。

出版社 2005 年版《上海乡镇旧志丛书》第五册戎济方标点本。

# （二）亡佚志书

## 顺治《月浦志》

明末清初陆士超纂辑，卷数不详。约成书于清顺治年间，佚。
陆士超，生卒年不详，字公砚，号慎庵，明末诸生。①
此据滕固所撰民国《月浦里志序》所述著录。

## 清初《续吴淞所志》

刘璟纂辑，卷数不详。约成书于顺治、康熙年间，佚。②
此据光绪《宝山县志》引刘璟自序所述著录。

## 康熙《临江小志》不分卷

张震高、朱谨撰，清康熙末年成书，佚。
张震高，生卒年不详。"字洽闻，号天卿。撰旧志（按：即康熙《临江小志》，已佚）。"③所纂志书"仅《列传》与《纪将军庙题咏》而已，其他阙如。"④

---

① 参见上海市地方志办公室编：《上海方志提要》，上海社会科学院出版社 2005 年版，第 580 页。
② 参见上海市地方志办公室编：《上海方志提要》，第 587~588 页。
③ （清）曹蒙纂：光绪《纪王镇志》卷三《人物》，上海市地方志办公室编：《上海乡镇旧志丛书》第十三册载之标点本，上海社会科学院出版社 2006 年版，第 21 页。
④ （清）曹蒙纂：光绪《纪王镇志·序》，上海市地方志办公室编：《上海乡镇旧志丛书》第十三册载之标点本，上海社会科学院出版社 2006 年版。

朱谨，生卒年不详。"字雪鸿，昆山人。国初馆于本镇，有文名。"①在张震高撰康熙《临江小志》基础上，增列《艺文》门，并刊行志书。②

此据光绪《纪王镇志》卷三所述著录。

### 康熙《临江乡小志》二卷

张震高撰，清康熙末年成书，佚。

张震高生平已见"康熙《临江小志》"条著录。

此据光绪《纪王镇志》序文及卷三本传所述著录。③

### 康熙《清浦里志》二卷

沈徵佺著，清康熙年间成书，佚。

沈徵佺，生卒年不详，字尧民，号子服、松涛居士。"博通经史，旁涉诸子百家。隐居海滨。著作颇多，有《松涛集》、（康熙）《小江东志》（按：即康熙《清浦里志》，已佚），编辑家乘十五集。邑志次于硕士之列，事亲亦以孝谨称。"④

此据光绪《江东志》卷之五本传所述著录。

①　（清）曹蒙纂：光绪《纪王镇志》卷三《人物》，上海市地方志办公室编：《上海乡镇旧志丛书》第十三册载之标点本，上海社会科学院出版社 2006 年版，第 31 页。

②　（清）曹蒙纂：光绪《纪王镇志·整理说明》，上海市地方志办公室编：《上海乡镇旧志丛书》第十三册载之标点本，上海社会科学院出版社 2006 年版。

③　参见上海市地方志办公室编：《上海乡镇旧志丛书》第十三册光绪《纪王镇志》载之标点本，上海社会科学院出版社 2006 年版。

④　（清）佚名纂修：光绪《江东志》卷之五《人物志补遗·儒林》，上海市地方志办公室编：《上海乡镇旧志丛书》第十四册占旭东等标点本，上海社会科学院出版社 2006 年版，第 108 页。

### 康熙《槎溪里志》三卷

杨志达纂辑，清康熙年间成书，佚。①

### 康熙《朱泾续志》

曹观有续纂，卷数不详。清康熙年间成书，佚。②

### 康熙《九峰志》

诸嗣郢纂，卷数不详。清康熙年间成书，佚。③
此据光绪《青浦县志》所载著录。

### 雍正《鹤沙志》十卷

朱之屏、黄仲若纂辑，卷数不详。于清康熙、雍正年间成书，佚。④

### 乾隆《白沙志》

孔兼三纂，卷数不详。清乾隆初年成书，佚。⑤
此据嘉庆《杨行志·凡例》所述著录。⑥

---

① 参见上海市地方志办公室编：《上海方志提要》，上海社会科学院出版社 2005 年版，第 581 页。
② 参见上海市地方志办公室编：《上海方志提要》，第 589 页。
③ 参见上海市地方志办公室编：《上海方志提要》，第 594 页。
④ 参见上海市地方志办公室编：《上海方志提要》，第 581 页。
⑤ 参见上海市地方志办公室编：《上海方志提要》，第 583 页。
⑥ 参见（清）黄程云原辑、贺鸿藻校录：嘉庆《杨行志·凡例》，上海市地方志办公室编：《上海乡镇旧志丛书》第十册曹光甫标点本，上海社会科学院出版社 2006 年版。

### 乾隆《杨行志稿》

黄程云纂，卷数不详。清乾隆初年成书，佚。

黄程云生平已见"嘉庆《杨行志》"条著录。

此据嘉庆《杨行志·凡例》所述著录。①

### 乾隆《月浦志》

陆慎庵原辑、佚名增纂，卷数不详。清乾隆九年成书，佚。

陆慎庵即陆士超，生平已见"顺治《月浦志》"条著录。

此据嘉庆《月浦志》陈钧《原序》著录。②

### 乾隆《续朱里志》

佚名纂，卷数不详。清乾隆十七年成书，佚。③

此据乾隆《金山县志》所引著录。

### 乾隆《大场续志》

柏学源辑、孙稚川续辑，卷数不详。清乾隆十七年成书，佚。

孙稚川，生卒年不详。"名惠，号人瞻。家居大厂镇北弄，清

---

① 参见上海市地方志办公室编：《上海乡镇旧志丛书》第十册嘉庆《杨行志》曹光甫标点本，上海社会科学院出版社 2006 年版。

② 参见(清)张人镜纂：光绪《月浦志》卷首陈钧《原序》，上海市地方志办公室编：《上海乡镇旧志丛书》第十册魏小虎标点本，上海社会科学院出版社 2006 年版。

③ 参见上海市地方志办公室编：《上海方志提要》，上海社会科学院出版社 2005 年版，第 583 页。

乾隆时诸生，举为乡饮大宾。"①在柏学源志稿的基础上，续辑乾隆《大场续志》。

此据民国《大厂里志》所述著录。

### 乾隆《江湾里志》六卷

李保泰、李大智纂辑，清乾隆四十一年成书，佚。

李保泰（1742—1813），字景三、邃庵，乾隆三十五年举人，乾隆四十五年进士。任扬州府教授。"以古文提倡大江南北，英俊多出其门。迁国子监博士。旋乞归，侨居昆山。"②"李琴溪延主西席，授经保桂堂，［与李大智］创辑里志（按：即乾隆《江湾里志》）。"③

李大智，字香坪，清乾隆时人。④

此据民国《江湾里志》卷十二本传所述著录。

### 乾隆《南翔镇志》十二卷

张承先辑，清乾隆四十七年成书，佚。

张承先生平已见"嘉庆《南翔镇志》"条著录。

---

① 张仰先编纂：民国《大厂里志》卷一《按语》，上海市地方志办公室编：《上海乡镇旧志丛书》第十一册杨军益标点本，上海社会科学院出版社2006年版，第2页。

② （清）梁蒲贵等修、朱延射等纂：光绪《宝山县志》卷九《列传·文学》，《中国地方志集成·上海府县志辑》第九册影印清光绪八年（1882）学海书院刻本，上海书店出版社2010年版。

③ 钱淦总纂：民国《江湾里志》卷十二《人物志·游寓》，上海市地方志办公室编：《上海乡镇旧志丛书》第十一册颜小忠标点本，上海社会科学院出版社2006年版，第121页。

④ 钱淦总纂：民国《江湾里志·编辑人员题名录》，上海市地方志办公室编：《上海乡镇旧志丛书》第十一册颜小忠标点本，上海社会科学院出版社2006年版。

此据嘉庆《南翔镇志》卷六本传所述著录。①

## 乾隆《槎溪志稿》

张承先辑，卷数不详。清乾隆四十七年成书，佚。

张承先生平已见"嘉庆《南翔镇志》"条著录。

此据嘉庆《南翔镇志》卷六所述著录。②

## 乾隆《沈巷志稿》

陆旭照、顾后兴合纂，卷数不详。清乾隆五十五年成书，佚。③

顾后兴，生卒年不详，字丘堂，县学生。

## 乾隆《钱门塘市记》一卷

徐文范纂辑，清乾隆六十年成书，佚。

徐文范（1734—1803），字仲补，一字虹坡，清乾隆监生。"事父昌期至孝，扶持抑搔，未尝一日离。……质颖异，读书目数行下，为文峻劲廉悍。……因详考史志、历代舆地及《寰宇记》《元和志》等书，历二十余年，撰成《东晋南北朝舆地表》二十七卷，凡年代、州郡、县郡等泾渭分明，于南北交征、疆场陷复之迹，了如指掌。同时阳湖洪亮吉撰《东晋南北朝疆域志》，世号精

426

---

① 参见上海市地方志办公室编：《上海乡镇旧志丛书》第三册嘉庆《南翔镇志》朱红标点本，上海社会科学院出版社 2004 年版，第 78 页。

② 参见（清）张承先著、程攸熙增订：嘉庆《南翔镇志》卷六《人物上·文学》，上海市地方志办公室编：《上海乡镇旧志丛书》第三册朱红标点本，上海社会科学院出版社 2004 年版，第 78 页。

③ 参见上海市地方志办公室编：《上海方志提要》，上海社会科学院出版社 2005 年版，第 584 页。

核，文范书实较胜之，王鸣盛、钱大昕推许甚至。"①另著有《廿二史目录异同》四卷、《历代州郡表考略》十卷、《舆图考略》八卷、(乾隆)《钱门塘市记》一卷(已佚)等九种，辑有《同邑著述序跋》十六卷。②

此据民国《钱门塘乡志》卷十所述著录。

## 乾隆《望仙桥志》四卷

钱桂发纂辑，清乾隆中期成书，佚。

钱桂发(1697—1775)，字方五，号小山，诸生。系清代史学家钱大昕之父。"少承庭训，以读书立品为务。性耿介，不妄与人交，友朋有过失，规箴必尽所欲言。……年近四十，始补学官弟子。岁科试，文益有名，而秋赋屡踬。及子大昕通籍登朝，遂绝意进取，以诗酒自娱。""授徒二十年，遇少年质美者，必教以兼通古学，勿蹈科举空疏之陋。"③"经学宗许郑声韵之学，尤钩稽缜密。书法近董其昌，不轻下笔。晚岁望益隆，绝不干谒当事，遇公事不避嫌怨。"④著有《小山吟稿》三卷，纂辑乾隆《望仙桥志》四卷，佚。光绪《望仙桥乡志稿·人物》有传。

此据光绪《望仙桥乡志稿》本传所述著录。

---

① 童世高编纂：民国《钱门塘乡志》卷八《人物志上·文学》，上海市地方志办公室编：《上海乡镇旧志丛书》第二册许洪新等标点本，上海社会科学院出版社 2004 年版，第 103 页。

② 童世高编纂：民国《钱门塘乡志》卷十《艺文志上》，上海市地方志办公室编：《上海乡镇旧志丛书》第二册许洪新等标点本，上海社会科学院出版社 2004 年版，第 130~136 页。

③ (清)钱大昕：《先考赠中宪大夫府君家传》，(清)钱大昕撰、吕友仁校点：《潜研堂集》卷五十《家传》，上海古籍出版社 2009 年第二版，第 870~871 页。

④ (清)张启秦纂辑、陆世益编：光绪《望仙桥乡志稿·人物·善良》，上海市地方志办公室编：《上海乡镇旧志丛书》第二册杨军益标点本，上海社会科学院出版社 2004 年版，第 53 页。

## 乾隆《峰泖志》

王廷和编纂，卷数不详。清乾隆后期成书，佚。①

王廷和，清乾隆间举人。

此据光绪《华亭县志》所载著录。

## 乾隆《留溪小志》四卷

吴大复编纂，清乾隆末年成书，佚。

吴大复，生卒年不详，字翔云，诸生。“能文，工吟咏。著有《南湖》《南塘》等集，又著(乾隆)《留溪小志》(已佚)，未刊行。”②著有《竹溪诗草》《南湖集》《南塘集》。③

此据宣统《重辑张堰志》卷六本传所述著录。

## 乾隆《金泽小志》四卷

周凤池纂辑，清乾隆年间成书，佚。

周凤池生平已见“道光《金泽小志》”条著录。

此据陈栻所撰道光《金泽小志序》所述著录。④

---

① 参见上海市地方志办公室编：《上海方志提要》，上海社会科学院出版社2005年版，第594页。

② (清)姚裕廉、范炳垣修辑：宣统《重辑张堰志》卷六《列传上》，上海市地方志办公室编：《上海乡镇旧志丛书》第五册戎济方标点本，上海社会科学院出版社2005年版，第152页。

③ (清)姚裕廉、范炳垣修辑：宣统《重辑张堰志》卷九《志艺文》，上海市地方志办公室编：《上海乡镇旧志丛书》第五册戎济方标点本，上海社会科学院出版社2005年版，第220页。

④ (清)周凤池原纂、蔡自申等续纂：道光《金泽小志》，上海市地方志办公室编：《上海乡镇旧志丛书》第七册杨军益标点本，上海社会科学院出版社2005年版。

### 乾隆《贞溪志》

沈懋官辑，卷数不详。清乾隆年间成书，佚。

### 乾隆《望仙桥志》

佚名纂，卷数不详。清乾隆年间成书，佚。
此据光绪《嘉定县志》所载著录。

### 乾隆《朱里志》

朱履升纂辑，卷数不详。清乾隆年间成书，佚。①

### 乾隆《朱溪纪略》

曹天名纂辑，卷数不详。清乾隆年间成书，佚。②
曹天名，字舒青，工诗古文。

### 乾隆《鲈乡志略》

周厚地纂辑，卷数不详。清乾隆年间成书，佚。③
周厚地生平已见"乾隆《干山志》"条著录。
此据乾隆《干山志》卷之十五所载书目著录。

---

① 参见上海市地方志办公室编：《上海方志提要》，上海社会科学院出版社 2005 年版，第 583 页。
② 参见上海市地方志办公室编：《上海方志提要》，第 583 页。
③ 参见上海市地方志办公室编：《上海方志提要》，第 590 页。

### 乾隆《吴淞续志》四卷

佚名纂，清乾隆年间成书，佚。①

### 乾隆《下沙志》

佚名纂，卷数不详。清乾隆年间成书，佚。

### 乾隆《贞丰志》

陶渻村纂，卷数不详。清乾隆年间成书，佚。

陶渻村生平已见"光绪《周庄镇志》"条著录。

此据民国《吴县志》卷第五十八下所载著录。

### 嘉庆《月浦志》六卷

陈钧、陆丕绪纂，清嘉庆元年成书，佚。

陈钧（？—1798），字启枫，号鉴堂，乾隆四十二年举人。"性耿介，足不履公庭，有以私事干者，辄却之。家贫，藏书甚富，日事批阅，详加注释。作《醒世歌》，毅然以启迪后人为己任。著(嘉庆)《月浦志》，于水利、荒政倍加详密。后馆罗店，从游益众。"②著有《易经提解要览》《醒世歌》《学诗堂草》，编纂嘉庆《月浦志》六卷。③　光绪《宝山县志》卷十《文学》有传，又见

---

① 　参见上海市地方志办公室编：《上海方志提要》，第588页。

② 　（清）张人镜纂：光绪《月浦志》卷之五《人物志上·儒林》，上海市地方志办公室编：《上海乡镇旧志丛书》第十册魏小虎标点本，上海社会科学院出版社2006年版，第189～191页。

③ 　陈应康总纂：民国《月浦里志》卷十三《艺文志·书目》，上海市地方志办公室编：《上海乡镇旧志丛书》第十册魏小虎标点本，上海社会科学院出版社2006年版，第97页。

民国《月浦里志》卷十二《文学》本传。

陆丕绪，生卒年不详，本名寅，月浦人，诸生。"刚正之士，其曾伯祖(陆慎庵)向辑(顺治)《月浦志》(按：此志已佚)。"①与陈钧共纂嘉庆《月浦志》。

此据民国《月浦里志》卷十三所载书目著录。

### 嘉庆《罗溪志》

范朝佐纂辑，卷数不详。清嘉庆九年成书，佚。

范朝佐，生卒年不详。"字翼王，国学生。博学好古，著(嘉庆)《罗店里志》(按：即嘉庆《罗溪志》)，钱宫詹大昕作序。"②

此据光绪《罗店镇志》卷之五本传所述著录。

### 嘉庆《娄塘镇续志》

潘孝曾辑纂，卷数不详。清嘉庆十一年成书，佚。③

潘孝曾，字子诚，国学生，清代画家，著有《琴书小史所见录》等书。④

此据光绪《嘉定县志》所载清嘉庆十一年瞿中溶序所述著录。

---

① (清)陈钧、陆丕绪纂：嘉庆《月浦志》陈钧《原序》，(清)张人镜纂：光绪《月浦志》卷首附，上海市地方志办公室编：《上海乡镇旧志丛书》第十册魏小虎标点本，上海社会科学院出版社 2006 年版。

② (清)潘履祥总纂，朱诒祥、钱枏分纂：光绪《罗店镇志》卷之五《人物志上·文学》，上海市地方志办公室编：《上海乡镇旧志丛书》第十一册杨军益标点本，上海社会科学院出版社 2006 年版，第 213 页。

③ 参见上海市地方志办公室编：《上海方志提要》，上海社会科学院出版社 2005 年版，第 584 页。

④ 参见赵禄祥主编：《中国美术家大辞典》，北京出版社 2007 年版，第 2057 页。

### 嘉庆《沈巷志》

顾后兴续纂，卷数不详。清嘉庆十五年成书，佚。①

### 嘉庆《大场镇志》五卷

侯廷铨续辑，清嘉庆十七年成书，佚。

侯廷铨，生卒年不详。字季华，嘉庆九年附贡生，后为举人。"少好左氏学，著《春秋氏族考》及《周易简金》。续修（嘉庆）《潜溪志》（按：又作《钱溪志》，即嘉庆《大场镇志》），补柏氏（按：即柏学源纂乾隆《大场续志》）所未备。"②

此据光绪《宝山县志》卷十本传所述著录。

### 嘉庆《枫溪小志》

曹相骏辑，卷数不详。清嘉庆年间成书，佚。

曹相骏，生卒年不详。"字雪庄，金山庠生。博学多闻，研究经史，闭门著述，考古证今，辑有《枫溪诗存》、（嘉庆）《枫溪小志》。"③

此据光绪《重辑枫泾小志》卷六本传所述著录。

---

① 参见上海市地方志办公室编：《上海方志提要》，第 584 页。

② （清）梁蒲贵等修、朱延射等纂：光绪《宝山县志》卷十《列传·文学》，《中国地方志集成·上海府县志辑》第九册影印清光绪八年（1882）学海书院刻本，上海书店出版社 2010 年版。

③ （清）许光墉、叶世雄、费沄修辑：光绪《重辑枫泾小志》卷六《志人物·列传下》，上海市地方志办公室编：《上海乡镇旧志丛书》第六册姜汉椿等标点本，上海社会科学院出版社 2005 年版，第 176~177 页。按，曹相骏纂（嘉庆）《枫溪小志》，同书卷八《志艺文·书目》作《清风泾小志》。

### 嘉庆《续金泽志》六卷

周凤池原纂、黄汝玉等增订,清嘉庆年间成书,佚。①
周凤池生平已见"道光《金泽小志》"条著录。
此据陈栻撰道光《金泽小志序》所述著录。②

### 嘉庆《真如征》二十四卷

张为金纂,清嘉庆年间成书,佚。
此据民国《真如志》所载著录。

### 嘉庆《重辑贞溪编》

曹组城重辑,卷数不详。清嘉庆年间成书,佚。
曹组城,生卒年不详,诸生。"字式金,青浦人,居小蒸。读
书好古,与陈兴宗善。曹宗儒(洪武)《贞溪编》岁久失传,组城复
辑之(按:即嘉庆《重辑贞溪编》),王昶比之汪永安《紫隄志》。"③
此据光绪《松江府续志》卷二十五本传所述著录。

### 嘉庆《[嘉定]南门志》一卷

陈瑨纂辑,清嘉庆年间成书,佚。④

---

① 参见上海市地方志办公室编:《上海方志提要》,上海社会科学院出
版社 2005 年版,第 584 页。
② 参见(清)周凤池原纂、蔡自申等续纂:道光《金泽小志》,上海市地
方志办公室编:《上海乡镇旧志丛书》第七册杨军益标点本,上海社会科学院
出版社 2005 年版。
③ (清)溥润等修、姚光发等纂:光绪《松江府续志》卷二十五《古今人
传》,《中国地方志集成·上海府县志辑》第三册影印清光绪十年(1884)刻本,
上海书店出版社 2010 年版。
④ 载上海市地方志办公室编:《上海方志提要》,上海社会科学院出版
社 2005 年版,第 588 页。惜未能给出志书断年。

### 道光《江湾里志》

盛大镛续纂，卷数不详。清道光八年成书，佚。

盛大镛，生卒年不详，清道光时人，字东序，居镇上。"幼孤，习计然术，旋弃，攻举子业，补诸生。博览书史，折中于学师章谦存。与同邑沈学渊、同里李成凤友善。因里志久乏善本，身任纂修，咨访数载始成书（按：即道光《江湾里志》）。尤好义举，里中崇善堂、留婴堂皆其所创建。"①另著有《乡党顺文》《忠报编》《循陔楼诗文集》《小曲江诗汇》。② 光绪《宝山县志》卷十《文学》传同。

此据民国《江湾里志》卷十二本传所述著录。

### 道光《七宝镇志》一卷

陆元勋编纂，清道光十七年成书，佚。

陆元勋（1810—1841），号半塘，青浦人，居七宝北镇，道光庠生。"道光十三年，以府案首游庠。孝友出于天性，而其孝友之事较他人为独苦。……少年颖悟，因家贫不能从师，年十四即外出处馆。功课之暇，好学深思，专攻举子业。……自游庠后，益奋志于学，朝夕吟哦，学问赅博，故得历试优等。"③"工书法，尤精于篆刻。"④所纂道光《七宝镇志》稿本一卷，约与道光《蒲溪小志》同

---

① 钱淦总纂：民国《江湾里志》卷十二《人物志·文学》，上海市地方志办公室编：《上海乡镇旧志丛书》第十一册颜小忠标点本，上海社会科学院出版社2006年版，第103页。

② 钱淦总纂：民国《江湾里志》卷十三《艺文志·书目》，上海市地方志办公室编：《上海乡镇旧志丛书》第十一册颜小忠标点本，上海社会科学院出版社2006年版，第136页。

③ （清）顾传金辑：道光《蒲溪小志》卷二《列传》，上海古籍出版社2003年版王孝俭等标点本，第48~49页；上海市地方志办公室编：《上海方志提要》，第589页。按：《上海方志提要》所载陆元勋籍贯与游庠时代皆误。

④ （清）顾传金辑：道光《蒲溪小志》卷三《艺术》，上海古籍出版社2003年版王孝俭等标点本，第57页。

时成书。

此据道光《蒲溪小志》卷二本传所述著录。

### 道光《张堰志略》不分卷

时之瑛纂，清道光十八年成书，佚。

时之瑛，生卒年不详。字晓白，时光弼之子，"能承家学，亦好古之士"。"据[吴大复纂《留溪小志》]残稿修辑之，名曰（道光）《张堰志略》。"①另著有《留溪游庠记》。②

此据宣统《重辑张堰志》卷六本传所述著录。

### 道光《葛隆镇志稿》

赵翰纂辑，卷数不详。清道光二十年成书，佚。③

赵翰，生卒年不详，字西屏、芸史，清道光间诸生。

### 道光《钱门塘镇志》

童善辑纂，卷数不详。清道光二十一年成书，佚。

童善（1811—1841），字继之，一字道生，诸生。"少寓吴门，从沈旭初习岐黄术。弱冠随父归隐郭泽塘上。性孝友，不苟言笑。有邀诊者，虽昏夜风雨，不以艰苦辞，于贫病尤多方施济。里中自宋以来，纪述阙如，善苦心搜辑，撰志（按：即道光、咸丰间所纂

①　（清）姚裕廉、范炳垣修辑：宣统《重辑张堰志》卷六《列传上》，上海市地方志办公室编：《上海乡镇旧志丛书》第五册戎济方标点本，上海社会科学院出版社2005年版，第152页。

②　（清）姚裕廉、范炳垣修辑：宣统《重辑张堰志》卷九《志艺文》，上海市地方志办公室编：《上海乡镇旧志丛书》第五册戎济方标点本，上海社会科学院出版社2005年版，第216页。

③　参见上海市地方志办公室编：《上海方志提要》，上海社会科学院出版社2005年版，第589页。

《钱门塘镇志》)二卷，未及成书卒。"①另修辑《童氏族谱》，末附《家乘》一卷。②

此据民国《钱门塘乡志》卷八本传所述著录。

### 道光《塘湾乡志》

佚名辑，卷数不详。清道光前期成书，佚。

此据道光《塘湾乡九十一图志》所附跋文引述著录。③

### 道光《厂头杂录》

钱以陶辑纂，卷数不详。清道光年间成书，佚。

钱以陶生平已见"同治《厂头镇志》"条著录。

此据钱以陶撰同治《厂头镇志·自序》所述著录。④

### 道光《厂头镇志》

钱以陶辑纂，清道光年间成书，佚。⑤

钱以陶生平已见"同治《厂头镇志》"条著录。

---

①　童世高编纂：民国《钱门塘乡志》卷八《人物志上·文学》，上海市地方志办公室编：《上海乡镇旧志丛书》第二册许洪新等标点本，上海社会科学院出版社 2004 年版，第 105 页。

②　童世高编纂：民国《钱门塘乡志》卷十《艺文志上》，上海市地方志办公室编：《上海乡镇旧志丛书》第二册许洪新等标点本，上海社会科学院出版社 2004 年版，第 131 页。

③　参见上海市地方志办公室编：《上海乡镇旧志丛书》第十三册道光《塘湾乡九十一图志》戴扬本标点本，上海社会科学院出版社 2006 年版。

④　参见上海市地方志办公室编：《上海乡镇旧志丛书》第三册同治《厂头镇志》魏小虎标点本，上海社会科学院出版社 2004 年版。

⑤　参见上海市地方志办公室编：《上海方志提要》，上海社会科学院出版社 2005 年版，第 585 页。

此据钱以陶撰同治《厂头镇志·自序》所述著录。①

## 道光《吴淞里志》

吴文源纂辑，卷数不详。清道光年间成书，佚。②

## 道光《紫隄村志》

佚名纂，卷数不详。清道光年间成书，佚。

## 同治《下槎杂志》

严贻钟纂辑，卷数不详。约于清同治七年成书，佚。③

## 同治《南浦恭桑录》

丁宜福纂辑，又名同治《南浦十六保志》，卷数不详。清同治十三年成书，佚。④

丁宜福（1832—1875）⑤，号时水、慈水，同治十一年岁贡生，

---

① （清）钱以陶著：同治《厂头镇志·自序》，上海市地方志办公室编：《上海乡镇旧志丛书》第三册魏小虎标点本，上海社会科学院出版社 2004 年版。
② 参见上海市地方志办公室编：《上海方志提要》，第 585 页。
③ 参见上海市地方志办公室编：《上海方志提要》，第 588 页。
④ 参见上海市地方志办公室编：《上海方志提要》，第 589 页。
⑤ 按：王作九撰《浦东"野"诗人——丁宜福》所述，以为丁氏生于 1817 年，载上海市南汇县政协文史资料工作委员会编：《南汇县文史资料选辑》第十辑，1992 年版，第 32 页。检顾廷龙主编《清代朱卷集成》第四百一十册丁宜福履历，云："道光壬辰年正月初八日吉时生"，则其生年当为清道光十二年（1832）。载该书第四百一十册，台湾成文出版社 1992 年版，第 23 页。又王作九文云丁宜福于清同治十三年（1874）受聘分纂同治《南汇县志》，次年去世，则其享寿四十四岁，王文所谓五十七岁之说不确。

同治十三年受聘纂修《南汇县志》，任分纂职，负责风俗、艺文以及人物列传方面的编写工作。擅长诗词歌赋，风格通俗流畅、贴近民生，著有《东亭吟稿》《寿松堂文集》《浦南白屋诗》等书。①

### 同治《江湾志稿》十卷

陆宿海再续纂，又名同治《江湾续志》，清同治年间成书，佚。

陆宿海（约 1841—1921），清同治时人，字星发。"性孝友，幼习计然术，中年后专心善举。凡里中桥梁、道路、沟渠等工，均竭力从事，至老弗衰。尤邃于《易》义，问吉凶者，日造其门。《江湾镇志》（即道光《江湾里志》）系其外祖盛大镛所修辑，恐日久散佚，重录之，三阅寒暑乃竣。"②续纂同治《江湾志稿》，著有《田家五行志补》。③

此据民国《江湾里志》卷十三所载著录。

### 同治《引翔乡志》一卷

王焕崧纂辑，清同治年间成书，佚。④

王焕崧（1817—1890）⑤，字纪台，附贡生，奖五品衔训导。通

① 关于丁宜福的详细生平事迹，参见前引《浦东"野"诗人——丁宜福》一文所述，载上海市南汇县政协文史资料工作委员会编：《南汇县文史资料选辑》第十辑，1992 年版，第 31~35 页。

② 钱淦总纂：民国《江湾里志》卷十二《人物志·德义》，上海市地方志办公室编：《上海乡镇旧志丛书》第十一册颜小忠标点本，上海社会科学院出版社 2006 年版，第 112 页。

③ 钱淦总纂：民国《江湾里志》卷十三《艺文志·书目》，上海市地方志办公室编：《上海乡镇旧志丛书》第十一册颜小忠标点本，上海社会科学院出版社 2006 年版，第 137 页。

④ 按：上海市地方志办公室编《上海方志提要》未能给出志书断代。

⑤ 据王焕崧撰《冬荣室诗钞》载清光绪十二年（1886）所作《七十双寿》诗，可知其生年为 1817 年。中国科学院图书馆藏清光绪三十三年（1907）铅印本。又据该书王增禧跋语，王焕崧卒年七十四岁，则其卒于 1890 年。参见江庆柏编著：《清代人物生卒年表》第 62 页，人民文学出版社 2005 年版。

晓经史，善吟咏。著有《冬荣室诗钞》，编纂同治《引翔乡志》。

此据民国《上海县续志》著录。

### 同治《吴淞新志》三卷

顾车轮纂辑，清同治年间成书，佚。①
顾车轮，生卒年不详，字翼轩，松江府学生。

### 同治《吴淞志》二卷

车信臣纂辑，约于清同治末年成书，佚。②
车信臣，字任甲，廪生。从清代甘肃著名学者王权问学，"履蹈端方，志刚气煦，表里莹澈，无一不可爱敬"，③ 其治学态度深受王氏欣赏。

### 光绪《南桥里志》八卷

宋玉诏纂辑，清光绪初年成书，佚。④
宋玉诏，字雪庄，里人，诸生，光绪《重修奉贤县志》有传。此志稿本原由宋氏后裔宋家富所藏，后毁于"文革"期间。⑤

### 光绪《罗店镇志稿》

王树棻修，潘履祥总纂，朱诒祥、钱栩分纂，卷数不详。清光

---

①　参见上海市地方志办公室编：《上海方志提要》，上海社会科学院出版社 2005 年版，第 588 页。

②　参见上海市地方志办公室编：《上海方志提要》，第 588 页。

③　(清)王权著《笠云山房诗文集》卷七《赠门人车信臣序》，吴绍烈、路志霄等校点本，兰州大学出版社 1990 年版，第 144~145 页。

④　参见上海市地方志办公室编：《上海方志提要》，第 587 页。

⑤　参见上海市地方志办公室编：《上海方志提要》，第 587 页。

绪五年成书，佚。

王树棻、潘履祥、朱诒祥、钱栩诸人生平见"光绪《罗店镇志》"条著录。

此据民国《宝山县续志》卷十四本传所述著录。

### 光绪《枫泾小志》

叶世熊纂，卷数不详。清光绪十六年成书，佚。

叶世熊生平已见"光绪《蒸里志略》"条著录。

此据宣统《续修枫泾小志》卷六本传所述著录。

### 光绪《外冈志简编》

陆咏荃原纂、陆世益重编，卷数不详。清光绪十七年成书，佚。①

陆咏荃，字荪畦，系陆世益之父。

陆世益（1891—1982），字史一、号壮游，② 曾编纂《外冈新志》（未成），1961 年任上海文史馆官员。《嘉定县志》有详传。③

### 光绪《泖塔小志》

阮文善纂，卷数不详。清光绪二十六年成书，佚。④

此据民国《青浦县续志》卷二十一所述著录。

---

① 参见上海市地方志办公室编：《上海方志提要》，上海社会科学院出版社 2005 年版，第 586 页。

② 参见上海市地方志办公室编：《上海方志提要》，第 458 页。

③ 参见上海市嘉定县志编纂委员会编：《嘉定县志》第七编卷三十五本传，上海人民出版社 1992 年版，第 1138~1139 页。

④ 参见上海市地方志办公室编：《上海方志提要》，第 594 页。

## 光绪《蒸里志略》

姚鉴纂辑，卷数不详。清光绪年间成书，佚。

此据民国《青浦县续志》卷二十一所述著录。

## 光绪《真如续志稿》三卷

王家芝创修、侯锡恩主纂，清光绪年间成书，佚。

王家芝，字秀甫，号眉叔，热心地方公益与善举，订立章程，条理井然，以输捐议叙八品衔。① 创修光绪《真如续志稿》。

侯锡恩，字春覃，清同治间岁贡生，著有《诒植堂诗文集》。②

## 光绪《钱门塘镇志》

童善原辑、童以谦重订，卷数不详。清光绪年间成书，佚。

童善生平已见"道光《钱门塘镇志》"条著录。

童以谦（1836—?），字翼臣，一字撝庐，光绪间贡生。刊有《自得居塾草》行世，著有《自得居丛述》《自得老人年谱》一卷、《自得居诗文稿》二卷。③ 重订光绪《钱门塘镇志》。

此据民国《钱门塘乡志》卷十所载著录。

---

① 参见吴成平主编：《上海名人辞典》，上海辞书出版社 2001 年版，第 38 页。

② 张仰先编纂：民国《大场里志》卷一，上海市地方志办公室编：《上海乡镇旧志丛书》第十一册杨军益标点本，上海社会科学院出版社 2006 年版，第 29 页。并参见上海市地方志办公室编：《上海方志提要》，第 587 页。

③ 参见童世高编纂：民国《钱门塘乡志》卷七《选举志·诸生》、卷十《艺文志上》，上海市地方志办公室编：《上海乡镇旧志丛书》第二册许洪新等标点本，上海社会科学院出版社 2004 年版，第 88、130 页。

### 光绪《菊泉里志》

刘械纂辑，卷数不详。清光绪年间成书，佚。①

### 光绪《莘庄镇志》

佚名纂，卷数不详。清光绪年间成书，佚。②
此据唐锡瑞撰光绪《二十六保志自序》所述著录。

### 光绪《城南志钞》

陈思浩纂辑，卷数不详。清光绪末年（宣统初年以前）成书，佚。③
此据民国《续纂华娄县志稿》著录。

### 光绪《干山志略》一卷

何廷璋辑，清光绪末年成书，佚。
何廷璋，生卒年不详，字端夫，清末诸生。编纂《干山志略》（已佚），清光绪间曾纂修《干山何氏族谱》。
此据民国《青浦县续志》二十一所述著录。

### 清末《闵行镇志》

佚名纂，卷数不详。清末成书，佚。④

① 参见上海市地方志办公室编：《上海方志提要》，上海社会科学院出版社 2005 年版，第 589 页。
② 参见上海市地方志办公室编：《上海方志提要》，第 589 页。
③ 参见上海市地方志办公室编：《上海方志提要》，第 588 页。
④ 参见上海社会科学院出版社 2006 年版《上海乡镇旧志丛书》第 12 册张剑光等整理本光绪《二十六保志》。

此据唐锡瑞撰光绪《二十六保志自序》引述著录。

### 清末《高桥里志》

佚名纂，卷数不详。清末成书，佚。①
此据民国《江湾志》所载著录。

### 清末《南塘志》

佚名纂，卷数不详。清末成书，佚。②

### 清代《厂头里志》

严典辑纂，卷数不详。约成书于清道光以前，佚。③
此据民国《真如志》所载著录。

---

① 参见上海市地方志办公室编：《上海方志提要》，上海社会科学院出版社 2005 年版，第 590 页。
② 参见上海市地方志办公室编：《上海方志提要》，上海社会科学院出版社 2005 年版，第 588 页。
③ 参见上海市地方志办公室编：《上海方志提要》，上海社会科学院出版社 2005 年版，第 588 页。

# 四、福　建

## （一）现存志书

### 康熙《海口特志》不分卷

林以宷纂，清康熙十三年成书。

林以宷，生卒年不详，清康熙间人，布衣。

有福建师范大学图书馆藏钞本、上海书店出版社1992年版《中国地方志集成·乡镇志专辑》第二十六册影印钞本、海潮摄影艺术出版社1994年版《海口志》(三种合刊)俞达珠集校本。

### 康熙《安海志》不分卷

佚名纂，清康熙年间成书。

有福建师范大学图书馆藏残钞本、福建省图书馆藏钞本、上海书店出版社1992年版《中国地方志集成·乡镇志专辑》第二十六册影印福建省图书馆藏钞本。

### 雍正《连江里志略》四卷

郑得来原纂、郑孝锡补订，清雍正六年成书。

郑得来，生卒年不详，字光雨，号墨愚，清顺治十四年岁贡生，系郑孝锡之叔祖。"以明经进士弃官归隐"，① 著有《墨愚集》十卷、《谱系》四卷、《心经注解》等书，② 参与编纂康熙《仙游县志》，编纂康熙《连江里志略》四卷，佚。雍正《连江里志略》卷之三、道光《枫亭志》卷三有简传。

郑孝锡，生卒年不详，字天章，诸生，系康熙《连江里志略》编纂者郑得来之侄孙。

有福建省仙游县图书馆藏钞本、福建省仙游县枫亭文化研究会编《枫亭文化研究》郑秋鉴等点校本。

### 乾隆《镇海卫志》四卷

陆云骧纂，清乾隆十七年成书。

陆云骧，号潜鸿，生卒年不详，清乾隆间人，布衣。"自少有志于学，数奇弗遂，每于农功稍暇，辄考究传文、博览杂记，奇情朴茂，往迹爬罗，……因［镇海］卫奉裁，旧志无存，以其所见所闻"，③ 编纂乾隆《镇海卫志》。

主要流布版本有福建师范大学图书馆藏清乾隆十七年（1752）辑录钞稿本、福建省龙海县关头村藏朱陈鹏钞本、台湾成文出版社1983年版《中国方志丛书》华中第四百九十三号影印清乾隆间钞本、中州古籍出版社1993年版黄超云校注本。

---

① （清）薛天玉撰《连江里志略序》，（清）郑得来原纂、郑孝锡补订：雍正《连江里志略》卷首，福建省仙游县图书馆藏钞本。

② 参见吴春永撰《郑得来与〈连江里志略〉》，《莆田晚报·副刊》，2012年10月16日。

③ （清）罗宾服撰：《镇海卫志辑略序》，黄超云撰：《镇海卫志校注》，中州古籍出版社1993年版，第5页。

### 道光《长乐梅花志》五卷

陆元机修、池春雷纂，清道光八年成书。

主要流布版本有福建师范大学图书馆藏钞本、厦门大学图书馆藏钞本、上海书店出版社 1992 年版《中国地方志集成·乡镇志专辑》第二十六册影印厦门大学图书馆藏钞本。

### 道光《诒经堂重修安平志》不分卷

柯琮璜纂修，清道光十五年成书。

柯琮璜（？—1855），号竹山，清道光元年（1821）举人，拣选知县，后任南安县教谕、泉州府教授。① 参与编纂道光《晋江县志》，任采访。

主要流布版本有福建师范大学图书馆藏钞本、福建省安海乡土志编辑委员会 1957 年郑士美等整理本、上海书店出版社 1992 年版《中国地方志集成·乡镇志专辑》第二十六册影印福建省图书馆藏钞本、中国文联出版社 2000 年版《安海乡土史料丛刊第一辑·安平志》陈方圆等校注本。

### 道光《洪塘小志》不分卷

佚名纂，清道光二十一年成书。

有 1927 年版杨遂重编石印本、上海书店出版社 1992 年版《中国地方志集成·乡镇志专辑》第二十六册影印 1927 年版重编石印本。

446

---

① 参见《安海乡土史料丛刊第一辑·安平志》，陈方圆等校注本，中国文联出版社 2000 年版，第 177 页。

### 道光《枫亭志》不分卷

林朗如纂，清道光二十五年成书。

林朗如（1790—1870），名有融，清嘉庆二十四年举人。"排难解纷，造福乡间。博览群书，手不释卷，晚益甚。《史记》《汉书》《文选》《韩昌黎文集》《陆宣公奏议》，皆所素嗜。而东西馆谷，教授生陡，必以先圣贤为法。辑（道光）《枫亭志》《瓯邹楼诗草》并《杂录》，以著述自娱。"①

有清道光二十五年（1845）初刻本、福建省仙游县枫亭文化研究会《枫亭文化研究》郑秋鉴等点校本。

### 同治《螺洲志》四卷

百花洲渔增修，清同治二年成书。

有福建省图书馆藏 1923 年钞本、上海书店出版社 1992 年版《中国地方志集成·乡镇志专辑》第二十六册影印钞本、福州市地方志编纂委员会 2004 年版点校本。

### 同治《藤山志》

郑思铨纂，卷数不详。清同治年间成书。
有福建省图书馆藏乐安蒋氏旧钞本。

### 同治《藤山志稿》

郑思铨纂，卷数不详。清同治年间成书。
有福建省图书馆藏郑丽生春檗斋残钞本。

---

① 宋慎杰纂：《枫亭志续编·人物传》，福建省仙游县枫亭文化研究会编《枫亭文化研究》郑秋鉴等点校本。

### 光绪《续修安平志》不分卷

黄其琛续订，清光绪十年成书。

黄其琛，生卒年不详，清光绪间人，诸生。

有福建师范大学图书馆藏钞本、上海书店出版社 1992 年版《中国地方志集成·乡镇志专辑》第二十六册影印钞本。

### 光绪《湄州屿志略》四卷

杨浚纂，清光绪十四年成书。

杨浚(1830—1890)，字雪沧、健公，号冠悔道人、观颐道人，清代福建藏书家、学者。清咸丰二年(1851)举人，任内阁中书，充国史馆、方略馆校对官，后历主漳州、厦门各大书院。聚书七万余卷，多善本，有藏书楼名冠悔堂。留心地方文献，曾汇刊《正谊堂全书》三百八十八卷、《闽竹居丛书》二十八种，编纂《北郭园全集》。著述甚丰，有《冠悔堂全集》二十一卷、《冠悔堂杂录》十五卷、《岛居随录》十卷并《续录》《三录》《四录》《冠悔堂金石题跋》等多种，① 纂修同治《淡水厅志》。

主要流布版本有清光绪十四年(1888)冠悔堂初刻本、《福建师范大学福清分校学报》1990 年第 2 期范传贤等整理标点本、九州出版社厦门大学出版社 2005 年版《台湾文献汇刊》第五辑第十六册影印清光绪十四年(1888)刻本。

### 光绪《甘棠城志》不分卷

刘廷赞纂，清光绪三十三年成书。

---

① 对于杨浚著述名目之辑考，可参见尤小平撰《杨浚与冠悔堂藏书》，《闽台文化交流》，2008 年第 2 期；刘繁撰《杨浚及其著述与交游考论》，福建师范大学 2010 年度硕士学位论文，以及刘繁撰《杨浚著述辑考》，《福建图书馆理论与实践》，2013 年第 2 期。

福建省福安市藏残钞本。

## 清代《吉阳里志》不分卷

陈藩纂。

成书年代与版本流传皆不详。

# （二）亡佚志书

### 康熙《连江里志略》四卷

郑得来纂，清康熙八年成书，佚。

郑得来生平已见"雍正《连江里志略》"条著录。

此据福建省仙游县枫亭文化研究会《枫亭文化研究》郑秋鉴等点校本前言。

### 道光《安平纪略》

柯希九纂，卷数不详。不晚于清道光十年成书，佚。

道光《晋江县志》卷四注引此志。

# 五、广 东

## （一）现存志书

### 顺治《南海九江乡志》五卷

黎春曦纂，清顺治十四年成书。

黎春曦，生卒年不详，字梅映，号梅岳。"由番禺学习《礼记》，[崇祯庚辰年]，赐特用出身，初授山东武定州知州。"①"性清廉，与上官龃龉，遂告归。……国亡不复出，自以躬际沧桑，同乡故旧朋好、忠臣义士与国俱亡，及嘉、隆以来缙绅大夫、同里闲者，其嘉言懿行不及时记录，恐日久湮没，无以为后进法"，② 因而编纂顺治《南海九江乡志》，又著有《复抑茅庐诗草》。

主要流布版本有清顺治十四年（1657）初刻本、清同治十三年

---

① （清）黎春曦纂：顺治《南海九江乡志》卷之三《选举》，《中国地方志集成·乡镇志专辑》第三十册影印上海图书馆藏钞本，上海书店出版社 1992 年版。

② （清）九龙真逸辑：《胜朝粤东遗民录》卷一《黎春曦传》，载《清代传记丛刊·遗逸类⑤》，台湾明文书局 1985 年版。

（1874）刻本、上海图书馆藏钞本、上海书店出版社 1992 年版《中国地方志集成·乡镇志专辑》第三十一册影印钞本、旅港南海九江商会 1998 年版影印清同治十三年（1874）刻本。

### 乾隆《西樵山志》六卷

罗国器重辑、马符录编，清乾隆六年成书。

罗国器，生卒年不详，字跃剑，号岭南，清雍正四年（1723）乡试解元、①雍正五年（1724）进士。著有《五经通解》《离骚解》《庄子注》《李杜诗解》（佚）等书，② 编纂雍正《西樵山志》五卷，佚。

马符录，生卒年不详，字受之，清雍正岁贡生，官陆丰县训导。③

主要流布版本有广东省立中山图书馆藏清乾隆六年（1741）初刻残本、广东省立中山图书馆藏 1938 年聂崇一钞本、齐鲁书社 1996 年版《四库全书存目丛书·史部》第二百四十一册影印刻本、广西师范大学 2012 年版《西樵历史文化文献丛书·西樵山志》影印刻本。

### 乾隆《澳门记略》二卷

张汝霖、印光任纂，清乾隆十六年成书。

张汝霖（1709—1769），字芸墅，清乾隆间拔贡生，历任广东河源、香山等地知县，乾隆十三年实授澳门同知，与香山知县暴煜订立《澳夷善后事宜》十二条，重申中国政府对于澳门的司法与行

---

①　（清）郭汝诚主修、罗家政等总纂：咸丰《顺德县志》卷十一《选举二》，顺德市地方志办公室点校本，中山大学出版社 1993 年版，第 304 页。

②　（清）郭汝诚主修、罗家政等总纂：咸丰《顺德县志》卷二十五《列传五》本传，顺德市地方志办公室点校本，中山大学出版社 1993 年版，第 794 页。

③　此据乾隆《陆丰县志》卷四、同治《南海县志》卷九相关记载。

政主权。① 著有《吴越吟》《耳鸣集》等书。乾隆《香山县志》卷四、姚鼐撰《广州府澳门海防同知赠中宪大夫翰林院侍读张君墓志铭并序》有详传。

印光任(1691—1758)②，字黻昌，号炳岩，清雍正间由廪生举孝廉方正，历任广东石城、广宁、高要等地知县，颇有政绩清誉。乾隆九年为首任澳门同知，在任期间，订立《管理蕃舶及寄居澳门夷人规约》七条，加强了对澳门的管辖力度，并能妥善处理各项涉外事务。③ 后为广西庆远、太平两地知府，卒年六十八。著有《炳岩诗文集》《补亭集话》等书。乾隆《香山县志》卷四、袁枚撰《广西太平府知府印公传》有详传。

主要流布版本有清乾隆十六年(1751)刻本④、广东省图书馆藏《四库全书》底本精钞本、清嘉庆五年(1800)重刻本、清道光《昭代丛书》本、《如不及斋》丛书本、清光绪六年(1880)重印本、清光绪间《岭海异闻录》刻本、广东高等教育出版社1988年版赵春晨点校本、澳门文化司署1992年版《澳门文化丛书》赵春晨校注本。

---

① 赵春晨：《简论〈澳门记略〉及其作者》，《汕头大学学报》(人文科学版)，1988年第1~2合期。

② 据印光任清雍正八年(1730)二月履历，该年四十岁，推其生年在1691年，参见秦国经主编：《中国第一历史档案馆藏清代官员履历档案全编》第十一册，华东师范大学出版社1997年版，第714页。又据袁枚所撰《广西太平府知府印公传》，印氏卒年六十八岁，则其当卒于1758年。然而施宣圆主编：《上海700年》(修订本)以为印光任生卒年为"约1685—1753"，此说不确，据以改之。上海人民出版社2000年第2版，第499页。

③ 赵春晨撰：《简论〈澳门记略〉及其作者》，《汕头大学学报》(人文科学版)，1988年第1~2合期。

④ 按：《中国地方志联合目录》以及国家图书馆等著录该志初刻本为清乾隆十六年，然而赵春晨认为《澳门记略》初刻本的年代最迟应不晚于清乾隆四十七年。参见氏撰《前言》所述，载赵春晨点校本《澳门记略》，广东高等教育出版社1988年版。又见骆伟、邓骏捷撰：《〈澳门记略〉清乾隆"西阪草堂"版本考》，《中国典籍与文化》，2011年第1期。

### 乾隆《佛山忠义乡志》十一卷

毛维骐、陈炎宗纂，清乾隆十七年成书。

毛维骐（1712—1757 以后）①，清江苏吴县监生，乾隆十九年至二十二年曾任广州府同知。

陈炎宗，生卒年不详，字文樵，号云麓。乾隆六年辛酉解元，乾隆十三年戊辰进士。"馆选越六月即告归，居家三十年，主讲岭南义学。性孤介恬淡，非公事无一刺及长吏。……所居乡曰佛山，搜罗文献，辑为［乾隆］《［佛山忠义］乡志》［十一卷］，识者称其简而有章。生平为诗古文词，未尝属稿，挥成辄为人持去，故多散佚。"②民国《佛山忠义乡志》卷十四有传。

有清乾隆十八年（1753）初刻本流传。

### 嘉庆《龙山乡志》十四卷

温汝能纂，清嘉庆十年成书。

温汝能（1748—1811），字希禹，号谦山，乾隆戊申顺天榜举人，官中书舍人。③"筑中斋莲溪上，藏书数万卷，日事考索。性好施急难，……居恒广搜先哲诗文，辑为书皆以海名。选择当而搜罗广，前此未尝有也。年六十四卒，著有《谦山诗钞》《［谦山］文钞》《孝经约解》、（嘉庆）《龙山乡志》［十四卷］、《粤东诗海》一百

---

①　据毛维骐清乾隆十五年（1750）十一月履历，云是年三十九岁，推知其生年当为 1712 年是。参见秦国经主编：《中国第一历史档案馆藏清代官员履历档案全编》第十七册，华东师范大学出版社 1997 年版，第 5 页。

②　（清）吴荣光纂：道光《佛山忠义乡志》卷九《人物·文苑》，《中国地方志集成·乡镇志专辑》第三十册影印清道光三十一年（1831）刻本，上海书店出版社 1992 年版。

③　（清）温汝能纂：嘉庆《龙山乡志》卷七《选举志·举人》，《中国地方志集成·乡镇志专辑》第三十一册影印清嘉庆十年（1805）金紫阁刻本，上海书店出版社 1992 年版。

六卷、《文海》六十六卷。"①"洪稚存太史称其高出流品，凡贵游之习、风气之场，概不能染。归田后刻书甚夥，枣梨之资费以巨万，而粤东《文海》《诗海》之选，尤称大备。"②咸丰《顺德县志》卷二十七有详传。

有清嘉庆十年（1805）金紫阁初刻本、上海书店出版社1992年版《中国地方志集成·乡镇志专辑》第三十一册影印清嘉庆十年刻本。

### 道光《佛山忠义乡志》十四卷

吴荣光纂，清道光十年成书。

吴荣光（1773—1843），字伯荣，号荷屋，嘉庆四年己未进士。③ 历任翰林院编修、江南道监察御史、军机章京、福建浙江湖南等地按察使、布政使，后升任湖南巡抚、署理湖广总督。④ "家本素封，早登词馆，得与当代名公巨人上下议论，文章学术具有渊源。其骈俪辞章之学，得之德清蔡之定；训诂声音之学，得之仪征阮元；金石考证之学，得之大兴翁方纲；真草行隶之学，得之诸城刘墉；若有守有为、图功立事，又掌院南昌彭元瑞所激励裁成者也。素寡欲好，凡声色玩好、宫室园林之美，略不关心，而于法书

---

① （清）郭汝诚修、罗家政等纂：咸丰《顺德县志》卷二十七《列传七》本传，顺德市地方志办公室点校本，中山大学出版社1993年版，第825~826页。

② （清）李桓辑：《国朝耆献类征初编》卷一百四十七本传，载《清代传记丛刊·综录类⑦》，台湾明文书局1985年版。

③ （清）吴荣光纂：道光《佛山忠义乡志》卷十《选举上》，《中国地方志集成·乡镇志专辑》第三十册影印清道光三十一年（1831）刻本，上海书店出版社1992年版。

④ 参见（美）恒慕义主编：《清代名人传略》下册本传，中国人民大学清史研究所《清代名人传略》编译组译，青海人民出版社1992年版，第13~16页。

名画、乐石吉金、家书壁简，视同性命。"①著有《石云山人集》《吾学录》等书。民国《佛山忠义乡志》卷十四有详传。

主要流布版本有清道光十一年(1831)初刻本、清同治十三年(1874)刻本、上海图书馆藏钞本、上海书店出版社 1992 年版《中国地方志集成·乡镇志专辑》第三十册影印清道光十一年(1831)刻本。

### 道光《佛山街略》一卷

佚名纂，清道光十年成书。

主要流布版本有伦敦英国国家图书馆东方写本与印本部藏15269.E8. 清道光十年(1830)禅山怡文堂初刻本、广东省佛山市博物馆藏影印刻本、武汉出版社 1998 年版《稀见清世史料并考释》王庆成钞录校读本。

### 道光《龙江志略》四卷

儒林书院纂，清道光十三年成书。

主要流布版本有广东省图书馆藏清道光十三年(1833)卷一至卷三残钞本、广东省图书馆藏钞本、广东省图书馆藏清朱丝栏钞本(不分卷)、广东省图书馆藏 1936 年钞黄若侯增纂本(仅存卷一与卷五)、国家图书馆出版社 2010 年版《广东省立中山图书馆藏稀见方志丛刊》第二十三册影印钞本。

### 光绪《九江儒林乡志》二十一卷

朱次琦、冯栻宗纂，清光绪九年成书。

---

①　汪宗准修：民国《佛山忠义乡志》卷十四《人物一·名臣》，《中国地方志集成·乡镇志专辑》第三十册影印 1926 年版刻本，上海书店出版社 1992年版。

朱次琦(1807—1881)，字浩虔、稚圭，号子襄，人称九江先生。清代著名学者，经学家。道光二十七年丁未进士，前署山西襄陵县知县、赏给五品衔。推崇朱熹理学，强调为学必须注重道德修养与经世致用的精神。著有《国朝名臣言行录》《五史实征录》《晋乘》等书。去世前尽焚所著，现存《焚余集》四卷，与朱宗琦同辑《朱氏传芳集》八卷。① 门人简朝亮等辑有《朱九江先生文集》刊刻行世。光绪《九江儒林乡志》卷十四有详传。

冯栻宗，生卒年不详，字衍蕃，号越生。同治四年乙丑进士，任刑部贵州司主事、前吉林理刑，赏加四品衔。与朱次琦共同编纂光绪《九江儒林乡志》二十一卷。②

主要流布版本有清光绪九年(1883)初刻本、民国影印本、广东省社会科学院藏民国石印本、旅港南海九江商会1986年版影印清光绪刻本、上海书店出版社1992年版《中国地方志集成·乡镇志专辑》第三十一册影印清光绪九年(1883)刻本。

## 光绪《梅菉志》四卷

梁兆罃纂，清光绪二十八年成书。

梁兆罃(1864—1926)，字孝乐，号希声，清光绪二十七年举人。"编校祖父文集多种，[祖父梁松年著]《心远小榭集》其所校刻也"，"喜为经史之学，兼明算数，不屑于八股帖括，……家居不出，日事著述"。③ 著有《天文算法考》《周礼正义》《十三经算法考》等书。

---

① （清）朱次琦、冯栻宗纂：光绪《九江儒林乡志》卷八《艺文略》、同书卷十《选举略》，《中国地方志集成·乡镇志专辑》第三十一册影印清光绪九年(1883)刻本，上海书店出版社1992年版。

② （清）朱次琦、冯栻宗纂：光绪《九江儒林乡志》卷十《选举略》，《中国地方志集成·乡镇志专辑》第三十一册影印清光绪九年(1883)刻本，上海书店出版社1992年版。

③ 参见容肇祖1934年所撰：《著者略传》，载薄树人主编：《中国科学技术典籍通汇·天文卷》第一分册，河南教育出版社1995年版，第971页。

有广东省图书馆藏清光绪二十八年（1902）稿本、广东省吴川市地方志办公室 2009 年版林彬整理影印稿本流传。

### 宣统《龙江志略》四卷

儒林书院纂，清宣统年间成书。

有广东省立中山图书馆藏钞本、国家图书馆出版社 2010 年版《广东省立中山图书馆藏稀见方志丛刊》第二十三册影印钞本。

# （二）亡佚志书

### 康熙《佛山忠义乡志》十卷

李侍问纂，清康熙十年成书，佚。

李侍问，生卒年不详，字謇衷，邑诸生。以"阐幽光、扶名教，使一乡故事无任遗佚而已"为己任，创修康熙《佛山忠义乡志》。①

此据吴荣光纂道光《佛山忠义乡志》卷九《人物·孝友》本传著录，《中国地方志集成·乡镇志专辑》第三十册影印清道光三十一年（1831）刻本，上海书店出版社 1992 年版。

### 雍正《西樵山志》五卷

罗国器纂，清雍正四年成书，佚。

---

① 参见（清）吴荣光纂：道光《佛山忠义乡志》卷九《人物·孝友》，《中国地方志集成·乡镇志专辑》第三十册影印清道光三十一年（1831）刻本，上海书店出版社 1992 年版；汪宗准修：民国《佛山忠义乡志》卷十四《人物四·文苑》，《中国地方志集成·乡镇志专辑》第三十册影印 1926 年版刻本，上海书店出版社 1992 年版。

　　罗国器生平已见"乾隆《西樵山志》"条著录。

　　此据郭汝诚主修、罗家政等总纂咸丰《顺德县志》卷二十五《列传五》本传著录，顺德市地方志办公室点校本，中山大学出版社1993年版，第794页。

# 六、安　徽

## （一）现存志书

### 康熙《善和乡志》二卷

程襄纂，清康熙八年成书。

程襄，生卒年不详，字用初，号柏岩，清初布衣。博通经史之学，尤长于《春秋》。

有安徽省黄山市博物馆藏清嘉庆四年（1799）程树基钞本、黄山书社 2009 年版《安徽历代方志丛书·祁阊志》（外四部）点校本。

### 康熙《杏花村志》十二卷

郎遂纂，清康熙二十四年成书。

郎遂（1654—约 1739），字赵客，号杏村、西樵子。"由诸生入太学，以诗文名于时。"①著有《池阳韵纪》《杏花拾遗》《池州诗

---

① 参见（清）漆日榛修、桂超万纂：道光《贵池县志·人物志·文苑》本传，清道光二十六年（1846）刻本。

史》等书。①

主要流布版本有清康熙二十四年(1685)聚星楼初刻本、浙江省宁波市天一阁博物馆藏清康熙二十四年(1685)十竹斋刻绘图本、《四库全书》本、1920年版《贵池先哲遗书》刊本、上海书店出版社1992年版《中国地方志集成·乡镇志专辑》第二十七册影印《贵池先哲遗书》本、江苏古籍出版社1992年版影印《贵池先哲遗书》本、齐鲁书社1996年版影印清康熙二十四年(1685)聚星楼初刻本、广陵书社2006年版《中国园林名胜志丛刊》第十五册影印清康熙二十四年(1685)聚星楼初刻本、安徽省杏花村旅游发展公司2009年重印本。

### 雍正《休宁孚潭志》四卷

许绪祖纂，清雍正元年成书。

有安徽省图书馆藏钞本、上海书店出版社1992年版《中国地方志集成·乡镇志专辑》第二十七册影印钞本。

### 雍正《岩镇志草》四卷

佘华瑞纂，清雍正十三年成书。

佘华瑞(1658—1738)，字胐生、号西麓，清康熙间诸生，选授桐城训导。清雍正十三年，举博学鸿词科，不赴。工诗古文辞，留心乡邦文献，著有《绿萝山人集》二卷、《桯斋集》等书。②

主要流布版本有清乾隆间刻本、南开大学图书馆藏清钞本、上海图书馆藏留耕堂版钞本、安徽省黄山市地方志办公室藏影钞留耕

①　参见张敏慧撰《(康熙)杏花村志的社会影响与价值》，《安徽师范大学学报》(哲学社会科学版)，2009年第3期。

②　参见黄山市徽州区地方志编纂委员会编：《黄山市徽州区志》，黄山书社2012年版，第1069页；以及吴之兴编著：《钟灵毓秀徽州区·徽州人物》，安徽人民出版社2010年版，第102~104页。

堂本、上海书店出版社 1992 年版《中国地方志集成·乡镇志专辑》第二十七册影印安徽省图书馆藏钞本、黄山市徽州区人民政府等 2004 年版吴之兴点校本。

### 乾隆《沙溪集略》八卷

凌应秋辑，清乾隆二十四年成书。

凌应秋，生卒年不详，字沙溪，诸生。

有安徽省博物馆藏清乾隆二十四年（1759）稿本、上海书店出版社 1992 年版《中国地方志集成·乡镇志专辑》第十七册影印稿本。

### 乾隆《橙阳散志》十二卷

江登云纂，清乾隆四十年成书。

江登云（1717—1778），字舒青，号爱山，系嘉庆《橙阳散志》编纂者江绍莲之父。"乾隆丁卯［武］举人，戊辰［武］进士。御前侍卫，历任湖北襄阳、湖南镇筸左营游击，江西南安参将。现任协镇江西袁州临江副将，两署镇守南赣吉袁临宁等处总兵官。"①著有《修本堂集》《爱山诗草》（皆佚），撰有笔记《素壶便录》。《重修安徽通志》卷一百八十七有传。

国家图书馆藏清乾隆四十年（1775）稿本。

### 嘉庆《橙阳散志》十五卷

江登云原纂、江绍莲续纂，清嘉庆十四年成书。

江登云生平已见"乾隆《橙阳散志》"条著录。

---

① （清）江登云原纂、江绍莲续纂：嘉庆《橙阳散志》卷二《选举》，《中国地方志集成·乡镇志专辑》第二十七册影印南京大学图书馆藏清嘉庆十四年（1809）刻本，上海书店出版社 1992 年版。

江绍莲，系乾隆《橙阳散志》编纂者江登云之子，邑庠生。著有《梅宾诗草》《黄山杂咏》《闻见闲言》《蟾扶文萃》等书。①

有清嘉庆十四年(1809)初刻本、上海书店出版社1992年版《中国地方志集成·乡镇志专辑》第二十七册影印清嘉庆十四年(1809)刻本。

### 光绪《善和乡志》八卷

程文翰编，清光绪七年成书。

程文翰(1812—1891)，字灿廷，号西周、西园老人，太学生。热心地方公益事业，多为善举。②

有安徽省图书馆藏清光绪七年(1881)残钞稿本、上海书店出版社1992年版《中国地方志集成·乡镇志专辑》第二十七册影印清光绪七年(1881)残钞稿本。

### 光绪《采石志》不分卷

李恩绶纂，清光绪年间成书。

李恩绶(1835—1911)，字丹叔，号亚白、讷庵，附贡生，清末镇江文坛领袖人物。③ 编纂有《巢湖志》《香花墩志》一卷、《紫蓬山志》以及《庐阳名胜辑要》等书。④

主要流布版本有安徽省博物馆藏清光绪年间稿本、安徽省图书

---

①　(清)江登云原纂、江绍莲续纂：嘉庆《橙阳散志》卷十《艺文·书籍》，《中国地方志集成·乡镇志专辑》第二十七册影印南京大学图书馆藏清嘉庆十四年(1809)刻本，上海书店出版社1992年版。

②　参见张健著：《新安文献研究》，安徽人民出版社2005年版，第112页；戎毓明主编：《安徽人物大辞典》，团结出版社1992年版，第128页。

③　镇江市润州区地方志编纂委员会编：《润州区志》第七编《人物》，上海社会科学院出版社1995年版，第363页。

④　胡为和修、孙国钧纂：民国《丹徒县续志》卷十八《艺文一·书目》，《中国地方志集成·江苏府县志辑》第三十册影印1926年版刻本，江苏古籍出版社1991年版。

馆藏1981年钞本、黄山书社1992年版《采石志·采石矶风景名胜小志》李昌志标点重刊本。

# （二）亡佚志书

## 乾隆《采石山志》

曹洛禋纂，卷数不详。清乾隆年间成书，佚。

曹洛禋，生卒年不详，清雍正七年（1729）举人，历任国子监助教、国子监司业、翰林院侍读学士等职。

此据李昌志标点《采石志·采石矶风景名胜小志》重刊序言所述著录。

## 清代《采石志》五卷

曹重斗纂，成书年代不详，佚。

曹重斗，生卒年不详，字獬钟，号蓼栖，好学嗜古。

此据李昌志标点《采石志·采石矶风景名胜小志》重刊序言所述著录。

# 七、山　西

## （一）现存志书

### 光绪《清源乡志》十八卷

王勋祥修、王效尊纂，清光绪八年成书。

王勋祥，生卒年不详，时任山西徐沟知县，主修光绪《清源乡志》。

王效尊，生卒年不详，系顺治《清源志》编纂者王颙儒族孙。清咸丰五年乙卯举人，任赵城县训导，内阁中书衔。① 主编光绪《太原县志》、光绪《太谷县志》。

主要流布版本有清光绪八年（1882）梗阳书院初刻本、上海书店出版社1992年版《中国地方志集成·乡镇志专辑》第二十九册影印清光绪八年（1882）刻本、凤凰出版社2005年版《中国地方志集成·山西府县志专辑》第三册影印刻本。

---

① （清）王勋祥修、王效尊纂：光绪《清源乡志》卷十三《选举》、同书卷十四《仕籍》，《中国地方志集成·乡镇志专辑》第二十九册影印清光绪八年（1882）梗阳书院刻本，上海书店出版社1992年版。

### 光绪《平顺乡志》不分卷

佚名纂，清光绪十年成书。

主要流布版本有山西省图书馆藏钞本、山西省平顺县史志编委办公室 1983 年版标点本、上海书店出版社 1992 年版《中国地方志集成·乡镇志专辑》第二十九册影印钞本。

### 光绪《平顺乡志附录》一卷

佚名纂，清光绪十年成书。

主要流布版本有山西省图书馆藏钞本、山西省平顺县史志编委办公室 1983 年版标点本、上海书店出版社 1992 年版《中国地方志集成·乡镇志专辑》第二十九册影印钞本。

# （二）亡佚志书

### 顺治《清源志》

和羹修、王颙儒纂，卷数不详。清顺治十八年成书，佚。

和羹，生卒年不详，直隶内丘人，副榜贡生。清顺治十五年，任清源知县。① "欲纂辑[志书]，苦无绪理可寻。每向文献家咨访世传，幸有罗子名国寿者搜括祖考钞本，出以相示。上至春秋，下至有明嘉、隆而止。……嘉、隆而后又苦无所稽矣，幸有荐绅先生王心孩（即王颙儒），自为诸生时即究心于人物、山川、风土之盛，

---

① （清）王勋祥修、王效尊纂：光绪《清源乡志》卷十二《职官》，《中国地方志集成·乡镇志专辑》第二十九册影印清光绪八年（1882）梗阳书院刻本，上海书店出版社 1992 年版。

或采之曩喆之传记，或得之父老之睹闻，始兼综靡遗。……爰相商确，佐以府志而纂辑［顺治《清源志》］，以付剞劂。"①主修顺治《清源志》，佚。

王颙儒，生卒年不详，字心孩，系光绪《清源乡志》编纂者王效尊族祖。明崇祯壬午（1642）举人，清顺治丁亥（1647）进士，山东兖州府曹州知州。②"时承明季乱，曹多豪猾，公内严守备、外示抚绥，数月，反侧归农，逃亡复业，境内萧然。甫一载，解组归，仍闭户读书。"③著有《四书音辨》，编纂顺治《清源志稿》、协助和羹编纂顺治《清源志》，均佚。

此据和羹所撰《清源县志序》记载著录。④

### 顺治《清源志稿》

王颙儒纂，卷数不详。清顺治年间成书（或略早于清顺治十八年），佚。王颙儒生平已见"顺治《清源志》"条著录。

此据光绪《清源乡志》卷十四本传著录。

### 乾隆《清源乡志稿》

秦为龙纂，卷数不详。清乾隆五十七年成书，佚。

---

① （清）和羹撰：《清源县志序》，（清）王勋祥修、王效尊纂：光绪《清源乡志》卷首，《中国地方志集成·乡镇志专辑》第二十九册影印清光绪八年（1882）梗阳书院刻本，上海书店出版社1992年版。

② （清）王勋祥修、王效尊纂：光绪《清源乡志》卷十三《选举》，《中国地方志集成·乡镇志专辑》第二十九册影印清光绪八年（1882）梗阳书院刻本，上海书店出版社1992年版。

③ （清）王勋祥修、王效尊纂：光绪《清源乡志》卷十四《人物·宦绩》，《中国地方志集成·乡镇志专辑》第二十九册影印清光绪八年（1882）梗阳书院刻本，上海书店出版社1992年版。

④ （清）王勋祥修、王效尊纂：光绪《清源乡志》卷首，《中国地方志集成·乡镇志专辑》第二十九册影印清光绪八年（1882）梗阳书院刻本，上海书店出版社1992年版。

　　秦为龙，生卒年不详，字敬侯，号一泉。乾隆五十一年丙午举人，候选知县。① "大挑一等，分发甘肃知县。以才学为上游所重，自以性耽经籍，不耐烦剧，改教职，补广灵教谕。广灵边地，朴陋少文，公加意训迪，每月课口讲指画，以培植人才为己任。性嗜读，终日危坐，手一编，诵声琅琅，至午夜不止。著作颇富，手订(乾隆)《清源志》书稿，自康熙以来至乾隆，采述甚备，尤为一邑文献云。"②

---

　　① （清）王勋祥修、王效尊纂：光绪《清源乡志》卷十三《选举》，《中国地方志集成·乡镇志专辑》第二十九册影印清光绪八年（1882）梗阳书院刻本，上海书店出版社1992年版。
　　② （清）王勋祥修、王效尊纂：光绪《清源乡志》卷十四《人物·宦绩》，《中国地方志集成·乡镇志专辑》第二十九册影印清光绪八年（1882）梗阳书院刻本，上海书店出版社1992年版。

# 八、山　东

### 康熙《颜神镇志》五卷

叶先登修、冯文显纂，清康熙三年成书。

叶先登（1601—1691），长泰县武安镇人，字岸伯，明崇祯十二年举人，清顺治九年进士，授翰林院检讨，曾任颜神镇通判。主修康熙《颜神镇志》，编纂康熙《长泰县志》。著有《纪游诗集》《敝帚集》《木天草》等书。①

冯文显，生卒年不详，庠生。

主要流布版本有清康熙九年（1670）初刻本、上海书店出版社1992年版《中国地方志集成·乡镇志专辑》第29册影印清康熙九年（1670）刻本、中国文化出版社2013年版线装校勘本。

### 康熙《颜山杂记》四卷

孙廷铨纂，清康熙四年成书。

---

① 参见长泰县地方志编纂委员会编：《长泰县志》卷三十七《人物》第一章《人物传》本传，方志出版社2005年版，第1025~1026页；以及中国人民政治协商会议福建省长泰县委员会文史资料研究委员会编《长泰文史资料》第九辑，1986年版，第102页。

孙廷铨（1613—1674），字枚先，号沚亭，清代顺治、康熙两朝重臣。明崇祯三年进士，授魏县令。清顺治二年，授河间推官。后历任吏部主事、太常寺少卿、太仆寺卿、户部左侍郎、户部兵部及吏部尚书。康熙元年以内秘书院大学士入参机务，"公自登朝以至为相，始典铨衡，继司国计，既而掌中枢、晋冢宰，端揆百僚，我国家数十年来人才之登进，国用之权衡，军政之振肃，以至赞画庙谟，论思密切，皆藉公一人为重。公以端方直亮之体，运通明练达之才，恭慎弥加，勤敏不懈，以故历任要职皆能善于其官，以无负圣天子委任之意，至今称贤公辅者必归之。……生平忠孝，秉于至性，温恭端悫，渊然湛然，故食报于天者最厚。荷两朝之殊眷，恩礼兼隆，始终无间，君臣遭遇之际，可谓盛矣。……性恬然寡营，历膴仕而家无余赀。持躬谦退，高而能下，施与族党，乐善不倦。精于识鉴，丙戌典陕西乡试，号称得人。"①著有康熙《颜山杂记》四卷、《汉史亿》《厚归录》及诗文若干卷。《汉名臣传》卷二、《清史稿》卷二百五十、《碑传集》卷七皆有详传。

主要流布版本有清康熙十七年（1678）《孙文定公全集》初刻本、《四库全书》本、海南出版社 2001 年版《故宫珍本丛刊》第 251 册影印清康熙十七年刻本、上海古籍出版社 2010 年版《清代诗文集汇编》第 42 册影印刻本、齐鲁书社 2012 年版《淄博市地情史料丛书·颜山杂记》李新庆校注本。

## 康熙《张秋志》十二卷

林芃、马之骦纂，清康熙九年成书。

马之骦（1626—1695 以后），字旻徕，清顺治元年拔贡生。著

---

① （清）张英著：《笃素堂文集》卷十二《光禄大夫内秘书院大学士前太保兼太子太保吏部尚书孙文定公墓志铭》，《清代诗文集汇编》第一百五十册影印清乾隆刻本，上海古籍出版社 2010 年版。

有诗集《古调堂初集》六卷、《徂徕诗集》《毛诗元韵》等书。① 与林
芃共同编纂康熙《张秋志》。

　　主要流布版本有清康熙九年（1670）初刻本、山东省图书馆藏
清康熙间斌业斋钞稿本、清乾隆三十二年（1767）补刻本、上海书
店出版社1992年版《中国地方志集成·乡镇志专辑》第29册影印
斌业斋钞本、山东省阳谷历史文化研究会2012年版李印元校点本、
华文出版社2012年版《齐鲁文丛丛书·张秋镇志》点校本、国家图
书馆出版社2013年版《北京大学图书馆藏稀见方志丛刊》影印清乾
隆三十二年（1767）补刻本。

---

① 参见河北省保定市地方志编纂委员会编：《保定市志》第四册，方志
出版社1999年版，第769页。

# 九、湖　南

## （一）现存志书

### 康熙《浯溪考》二卷

王世禛纂，清康熙四十年成书。

王世禛（1634—1711），即王士禛，号渔洋山人，清初著名诗人、文学家。清顺治十五年进士，历任礼部主事、国子监祭酒、左都御史、刑部尚书等职。著有《香祖笔记》《池北偶谈》《渔洋山人精华录》《带经堂集》等书。

主要流布版本有清康熙四十年（1701）初刻本、齐鲁书社1996年版《四库全书存目丛书·史部》第二百三十五册影印清康熙四十年（1701）刻本、台湾新文丰出版公司1997年版《丛书集成三编》第七十九册影印清康熙四十年（1701）刻本、齐鲁书社2007年版袁世硕主编《王士禛全集》赵立纲点校本。

### 乾隆《浯溪新志》十四卷

宋溶纂修，清乾隆三十五年成书。

宋溶，生卒年不详，字怀山，清乾隆十二年举人，乾隆三十二年任祁阳知县。著有《息机庄诗文集》十二卷、《延青阁读史杂感百咏》一卷、《宜休书屋诗稿》二卷等书。①

主要流布版本有清乾隆三十八年（1770）清泉官舍初刻本、江苏古籍出版社2004年版《中国地方志集成·湖南府县志辑》第四十一册影印清乾隆三十八年（1770）刻本、政协湖南省祁阳县委员会等2004年版欧阳友徽主编《祁阳县文化志》（《祁阳文史》第十五辑）附录蒋炼标点本。

# （二）亡佚志书

## 乾隆《沧浪乡志》二卷

高治清纂，清乾隆四十七年成书，佚。

高治清（1699—1782以后）②，监生，所纂乾隆《沧浪乡志》被署理湖南巡抚李世杰告发"语多悖妄"，立案严讯，乾隆帝认为乃是李世杰吹毛求疵、"办理太过"，加以责备，此案亦不予追究。此志系清代卷入文字狱案的唯一地方志书。

---

① 参见(清)常明等修、杨芳灿等纂：嘉庆《四川通志》卷一百八十七《经籍·集部二十》所载，清嘉庆二十一年（1816）刻本。

② 据清乾隆四十七年（1782）三月十四日李世杰奏《查获悖妄乡镇志折》所云："如今因［高治清］年已八十四岁"，可推知其生年为1699年。参见《清代文字狱档》第七辑，上海书店出版社2007年版，第450页。

# 十、四 川

## (一)现存志书

### 道光《绥靖屯志》十卷

李涵元修、潘时彤纂，清道光五年成书。

李涵元，生卒年不详，监生，时任绥靖屯屯务官。

潘时彤(1784 前—1825 以后)①，字紫垣，生卒年不详，清道光举人，"家世藏书，性复好学"，② 曾纂修嘉庆《华阳县志》、道光《昭烈忠武陵庙志》，主讲成都芙蓉书院。

主要流布版本有清道光五年(1825)刻本、四川省图书馆藏钞本、巴蜀书社 1992 年版《中国地方志集成·四川府县志辑》第六十六册影印清道光五年(1825)刻本。

---

① 参见李兆成撰《潘时彤与〈昭烈忠武陵庙志〉》，《四川文物》，2003年第 4 期。

② (清)董淳撰：《嘉庆华阳县志序》，载董淳等修、潘时彤等纂：嘉庆《华阳县志》，清嘉庆二十一年(1816)刻本。

### 同治《章谷屯志略》不分卷

吴德煦纂，清同治十三年成书。

吴德煦，生卒年不详，字子和，清同治十一年任章谷屯屯务官。

主要流布版本有南京大学图书馆藏清同治十三年（1874）稿本、清同治十三年（1874）初刻本、清光绪二十年（1894）刻本、清宣统二年（1910）《振绮堂丛书》铅印本、浙江省图书馆藏钞本、台湾地区成文出版社 1968 年版《中国方志丛书·西部地方》第十八号影印本、中央民族学院图书馆 1979 年版《中国民族史地资料丛刊》第十二册影印本、上海书店出版社 1994 年版《丛书集成初编》第五十四册影印本、兰州大学出版社 2003 年版《中国西南文献丛书第一辑·西南稀见方志文献》第四十八卷影印本、四川省丹巴县地方志编纂办公室 2011 年版《解读〈章谷屯志略〉——旧志整理》彭建中整理本。

# （二）亡佚志书

### 同治《章谷屯志稿》

佚名编纂（或为吴德煦之前的某任章谷屯屯务官），卷数不详。清同治年间成书，已佚。吴德煦纂同治《章谷屯志略·序》中述及此志稿。

# 十一、陕　西

### 道光《泾阳鲁桥镇志》五卷

王介纂，清道光元年成书。

王介，生卒年不详。字一臣，嘉庆间禀生。"尝以乡志为己任，倡义捐金，谋诸同辈，搜罗十余年，共得境内名宦乡贤三十位，节烈贤孝二十人，为崇厥祀。考吾乡志书创自先生，厥功甚伟，因商同人，立神牌，延入报功祠。"①著有《名贤词翰集》四卷、《名贤尺牍》四卷、《宝田堂王氏家乘》八卷、《正学斋文集》一卷等书。②

有清道光元年（1821）初刻本、上海书店出版社 1992 年版《中国地方志集成·乡镇志专辑》第二十八册影印清道光元年（1821）刻本。

---

①　冯庚修、郭思锐纂：民国《续修泾杨鲁桥镇城乡志》卷七《乡贤志》，《中国地方志集成·乡镇志专辑》第二十八册影印西安精益印书馆 1923 年版铅印本，上海书店出版社 1992 年版。

②　冯庚修、郭思锐纂：民国《续修泾杨鲁桥镇城乡志》卷十二《艺文志上》，《中国地方志集成·乡镇志专辑》第二十八册影印西安精益印书馆 1923 年版铅印本，上海书店出版社 1992 年版。

### 道光《重修辋川志》六卷

胡元煐纂,清道光十七年成书。

胡元煐,生卒年不详,字筱碧,举人出身。清道光二十年任泾阳知县,曾重修道光《泾阳县志》三十卷。①

主要流布版本有清道光十七年(1837)初刻本、清道光二十二年(1842)《蓝田县志》刻本附录、清光绪元年(1875)《续修蓝田县志》刻本附录、台湾成文出版社1969年版《中国方志丛书·华北地方》第二百三十五号影印清光绪元年(1875)《蓝田县志》刻本附录本、蓝田文史资料委员会2006年版《蓝田文史资料第十五辑》曹永斌校注本。

### 光绪《马嵬志》十六卷

胡凤丹纂,清光绪三年成书。

胡凤丹生平已见"同治《鹦鹉洲小志》"条著录。

主要流布版本有清光绪三年(1877)永康胡氏退补斋初刻本、台湾美汉出版社1967年版影印清光绪三年(1877)永康胡氏退补斋初刻本、台湾广文书局1984年版《中国近代小说史料续编》影印清光绪三年(1877)初刻本、江苏古籍出版社1990年版严仲仪校点本、北京出版社2000年版四库未收书辑刊编纂委员会编《四库未收书辑刊》第十辑第三册影印清光绪三年(1877)初刻本、广陵书社2006年版《中国园林名胜志丛刊》第六、第七册影印清光绪三年(1877)初刻本。

---

① 参见王明德编注:《历代蓝田诗辑注》,陕西省蓝田县文化馆编印,第156页。

# 十二、云　南

## 乾隆《嶍嘉志书草本》不分卷

罗仰锜纂，清乾隆十一年成书。

罗仰锜（1677—1746 以后）①，"江西吉安府泰和县岁贡生。由保举发滇，以云、贵、广西三省试用。雍正十年八月到任，乾隆六年二月，奉调中甸州判。"②"雍正十年，初设分防州判，公首任事。创建城垣、衙署、坛庙及治南凤翅桥，并设在城东、麻得田、丙坡、蔑架、昔塔五处义学，各置租谷以为延师之资。在嶍甚久，人皆德之。"③"乾隆八年正月，仍奉调回嶍嘉任。十一年十月十日，以衰病乞休离任。"④在任期间纂有乾隆《嶍嘉志书草本》。

主要流布版本有国家图书馆藏清乾隆十一年（1746）稿本、云

---

① 据罗仰锜清雍正七年（1729）履历，云"年五十三岁"，是则推知其生年为 1677 年。参见秦国经主编：《中国第一历史档案馆藏清代官员履历档案全编》第十一册，华东师范大学出版社 1997 年版，第 370 页。

② （清）罗仰锜纂：乾隆《嶍嘉志书草本·秩官志》，陶冶、芮增瑞等点注校勘本，云南大学出版社 1994 年版，第 31 页。

③ （清）王聿修纂：乾隆《嶍嘉志》卷之四《秩官志》，陶冶、芮增瑞等点注校勘本，云南大学出版社 1994 年版，第 184 页。

④ （清）罗仰锜纂：乾隆《嶍嘉志书草本·秩官志》，陶冶、芮增瑞等点注校勘本，云南大学出版社 1994 年版，第 31 页。

南省图书馆藏传钞稿本、云南大学出版社 1994 年版陶冶等点校本、云南人民出版社 2005 年版杨成彪主编《楚雄彝族自治州旧方志全书·双柏卷》芮增瑞校注本。

### 乾隆《崿嘉志》五卷

王聿修纂，清乾隆四十六年成书。

王聿修（1707—1788），清乾隆年间史学家。"河南禹州举人，[乾隆]四十四年由四川拱县知县补授崿嘉任。"①"[王]聿修，字念祖，号孝山。禹州人。乾隆元年举人，授确山县教谕，迁四川珙县知县，以挂误解官，掌崇庆州书院。复补云南南安州州判，分理崿嘉县地，以老辞归，卒年八十一。祀乡贤，详《儒林传》。"著有《禹州纪年》四卷、《全史提要》四卷、《景贤录》（四卷）、《四书五经简明讲议》《易说》（钞本）等。曾编纂乾隆《崿嘉县志》四卷、乾隆《禹州志》十二卷、《续纂禹州志》十四卷，以及《叶县志》《确山县志》《珙县志》八卷等志书。②

主要流布版本有清乾隆四十六年（1781）初刻本、云南省图书馆藏刻本传钞本、云南大学出版社 1994 年版陶冶等点校本、云南人民出版社 2005 年版杨成彪主编《楚雄彝族自治州旧方志全书·双柏卷》芮增瑞校注本。

---

① （清）王聿修修纂：乾隆《崿嘉志》卷之四《秩官志》，陶冶、芮增瑞等点注校勘本，云南大学出版社 1994 年版，第 185 页。

② 李敏修辑录、申畅校补：《中州艺文录校补》卷七，中州古籍出版社 1995 年版，第 127~128 页。政协禹州市学习文史委员会编：《禹州文史第十四辑》，2004 年版，第 231~232 页。

# 十三、台湾地区

## 光绪《苑里志》二卷

蔡振丰编，清光绪二十三年成书。

蔡振丰（1862—1911），字启运，号见先，附生。系晚清著名爱国诗人丘逢甲之表兄。甲午战争期间，曾协助丘逢甲等进行爱国主义活动。性好文学，参与创建"栎社"与"鹿苑吟社"等文学团体。① 著有《养余斋诗钞》《启运诗草》等书。

主要流布版本有民国钞本（台湾藏本，具体年代不详）、台湾银行经济研究室1959年版《台湾文献丛刊》（第四十八种）排印本、台湾成文出版社1984年版《中国方志丛书·台湾地区》第二十八号影印本、台湾大通书局1984年版《台湾文献史料丛刊》第一辑第十四册影印本、上海书店出版社1992年版《中国地方志集成·乡镇志专辑》第二十六册影印《台湾文献丛刊》本。

---

① 参见邱筑昌著：《丘逢甲交往录》，华中师范大学出版社2004年版，第302页；以及《台湾文献史料丛刊309种提要》，《台湾文献史料丛刊》第一辑（1），台湾大通书局1984年版，第26页。

## 光绪《树杞林志》不分卷

林百川、林学源纂，清光绪二十四年成书。

林百川，生卒年不详，附生。

林学源，生卒年不详，清光绪二年入台北府学，选用训导。①与林百川合作编纂光绪《树杞林志》。

主要流布版本有台湾银行经济研究室 1961 年版《台湾文献丛刊》(第六十三种)排印本、台湾大通书局 1984 年版《台湾文献史料丛刊》第一辑第七册影印本、上海书店出版社 1992 年版《中国地方志集成·乡镇志专辑》第二十六册影印《台湾文献丛刊》本。

---

① 参见《台湾文献史料丛刊 309 种提要》，《台湾文献史料丛刊》第一辑(1)，台湾大通书局 1984 年版，第 32 页。

# 十四、北　京

## 道光《漷阴志略》一卷

管庭芬纂，清道光十一年成书。

管庭芬（1797—1880），字培兰、子佩，号芷湘、笠翁，诸生。清代学者、藏书家、书画家。"少而嗜学，尤长校勘，熟谙乡里掌故。佐警石（按：即钱泰吉）辑《海昌备志》，又为蒋生沐校刻诸书。光绪六年卒，年八十四。"①著有《海昌经籍著录考》《海昌丛载》《天竺山志》《芷湘吟稿》《芷湘笔乘》等书。②

该志有国家图书馆藏清道光十一年（1831）稿本、上海图书馆藏钞本流传。

481

---

① 徐世昌等编、沈芝盈等点校：《清儒学案》卷一百四十三《嘉兴二钱学案》，中华书局 2008 年版，第 5631 页。
② 参见中国人民政治协商会议浙江省海宁市委员会文史资料委员会：《海宁艺苑人物》（《海宁人物资料》第三辑），1990 年版，第 183 页；以及《海宁三大文化丛书·邑人辞典》，上海辞书出版社 2002 年版，第 48~49 页。

# 十五、河　南

## 同治《洛阳龙门志》二卷

路朝霖纂，清同治九年成书。

路朝霖(1852—1926?)①，字访岩、覃叔，"由监生报捐郎中，签分户部[郎中]"，清同治八年举人，清光绪二年进士，改翰林院庶吉士。自光绪三年起，历任四川东乡、万县知县，光绪十四年捐升[河南]道员。② 擅长诗文书法。著有《松野书屋诗文集》《红鹅馆诗钞》等。③

主要流布版本有清光绪十三年(1887)初刻本、郑州市新华书店古旧书门市部1962年誊印清光绪十三年(1887)刻本、广陵书社2006年版《中国佛寺志丛刊》第八册影印清光绪刻本。

---

① 据路朝霖清光绪三年十一月(1877)履历，是年二十六岁，推其生年当为1852年。参见秦国经主编：《中国第一历史档案馆藏清代官员履历档案全编》第二十七册，华东师范大学出版社1997年版，第350页。

② 据路朝霖清光绪二十五年(1899)履历，参见秦国经主编：《中国第一历史档案馆藏清代官员履历档案全编》第五册，华东师范大学出版社1997年版，第348页。

③ 参见林见曾、肖先治等编著：《贵州著名历史人物传》，贵州人民出版社2001年版，第509页。

# 十六、湖　北

### 同治《鹦鹉洲小志》四卷

胡凤丹纂，清同治十三年成书。

胡凤丹（1828—1890），字枫江、月樵，号萍浮散人、归田老人等，清代著名学者、藏书家。生平乐善好施，热心文化事业。曾任湖北道员，主持湖北官书局，后在杭州设立退补斋，汇刊《金华丛书》一百六十五种。藏书丰富，有"十万卷楼"，以著书自娱。[1]著有《退补斋诗存》十六卷并《二编》十卷、《退补斋文存》十二卷并《二编》五卷等。编纂同治《鹦鹉洲小志》四卷、光绪《马嵬志》十六卷。

主要流布版本有清同治十三年（1874）退补斋初刻本、湖北教育出版社 2002 年版《湖北地方古籍文献丛书·鹦鹉洲小志》杜朝晖点注本、广陵书社 2006 年版《中国园林名胜志丛刊》第十四册影印清同治十三年（1874）退补斋初刻本。

---

[1]　参见台湾东吴大学中国文学系谢婉贞撰：《胡凤丹生平及其著述考》（未刊本）。

# 参 考 文 献

## 一、地方文献(按成书时间先后排序)

### (一)分省通志

[1]陈宏谋,范咸等.乾隆湖南通志[M]//四库全书存目丛书编委
会.四库全书存目丛书史部第二百十七册影印清乾隆二十二年
(1757)刻本[G].济南:齐鲁书社,1996.

[2]吴坤修等,何绍基等.光绪重新安徽通志[M]//台湾华文书局
编纂委员会.中国省志汇编丛书之三影印清光绪三年(1877)刻
本[G].台北:台湾华文书局,1967.

[3]江苏省地方志编纂委员会办公室.江苏省通志稿·选举志[M].
南京:江苏古籍出版社,1993.

[4]翟文选等,王树枏等.民国奉天通志[M].沈阳:辽宁民族出
版社,2010.

### (二)府州县志

[5]许瑶光等,吴仰贤等.光绪嘉兴府志[M]//上海书店出版社编
纂委员会.中国地方志集成·浙江府县志辑第十二、十三、十
四册影印清光绪五年(1879)刻本[G].上海:上海书店出版
社,1993.

[6]李铭皖，谭钧培，冯桂芬．同治苏州府志[M]//江苏古籍出版社编纂委员会．中国地方志集成·江苏府县志辑第七至十册影印清光绪八年(1882)江苏书局刻本[G]．南京：江苏古籍出版社，1991．

[7]溥润等，姚光发等．光绪松江府续志[M]//上海书店出版社编纂委员会．中国地方志集成·上海府县志辑第三册影印清光绪十年(1884)刻本[G]．上海：上海书店出版社，2010．

[8]屈映光，陆懋勋，齐耀珊，吴庆坻．民国杭州府志[M]//上海书店出版社编纂委员会．中国地方志集成·浙江府县志辑第一至三册影印 1912 年版铅印本[G]．上海：上海书店出版社，1993．

[9]王祖畲．宣统太仓州志[M]//江苏古籍出版社编纂委员会．中国地方志集成·江苏府县志辑第十八册影印 1919 年版刻本[G]．南京：江苏古籍出版社，1991．

[10]杭允景．康熙昆山县志[M]．清钞本．

[11]张鸿等，王学浩等．道光昆新两县志[M]//江苏古籍出版社编纂委员会．中国地方志集成·江苏府县志辑第十五册影印清道光六年(1826)刻本[G]．南京：江苏古籍出版社，1991．

[12]劳逢源，沈伯棠等．道光歙县志[M]．清道光八年(1828)刻本．

[13]王检心，刘文淇等．道光重修仪征县志[M]//江苏古籍出版社编纂委员会．中国地方志集成·江苏府县志辑第四十五册影印清光绪十六年(1890)刻本[G]．南京：江苏古籍出版社，1991．

[14]刘宗元等，刘燡．同治广济县志[M]//江苏古籍出版社编纂委员会．中国地方志集成·湖北府县志辑第二十五册影印清同治十一年(1872)活字本[G]．南京：江苏古籍出版社，2001．

[15]周际霖等，周顼等．同治如皋县续志[M]//台湾成文出版社．中国方志丛书华中地方第四十六号影印清同治十二年(1873)刻本[G]．台北：台湾成文出版社有限公司，1970．

485

[16] 王彬，徐用仪．光绪海盐县志[M]//上海书店出版社编纂委
员会．中国地方志集成·浙江府县志辑第二十一册影印清光
绪三年（1877）蔚文书院刻本[G]．上海：上海书店出版
社，1993．

[17] 龚宝琦，黄厚本．光绪金山县志[M]//上海书店出版社编纂
委员会．中国地方志集成·上海府县志辑第十册影印清光绪
四年（1878）刻本[G]．上海：上海书店出版社，2010．

[18] 金福曾等，熊其英等．光绪吴江县续志[M]//江苏古籍出版
社编纂委员会．中国地方志集成·江苏府县志辑第二十册影
印清光绪五年（1879）刻本[G]．南京：江苏古籍出版
社，1991．

[19] 何绍章等，吕耀斗等．光绪丹徒县志[M]//江苏古籍出版社
编纂委员会．中国地方志集成·江苏府县志辑第三十册影印
清光绪五年（1879）刻本[G]．南京：江苏古籍出版社，1991．

[20] 金吴澜等，汪堃等．光绪昆新两县续修合志[M]//江苏古籍
出版社编纂委员会．中国地方志集成·江苏府县志辑第十六
册影印清光绪六年（1880）刻本[G]．南京：江苏古籍出版
社，1991．

[21] 裴大中等，秦缃业等．光绪无锡金匮县志[M]//江苏古籍出
版社编纂委员会．中国地方志集成·江苏府县志辑第二十四
册影印清光绪七年（1881）刻本[G]．南京：江苏古籍出版
社，1991．

[22] 李昱，陆心源．光绪归安县志[M]//上海书店出版社编纂委
员会．中国地方志集成·浙江府县志辑第二十七册影印清光
绪八年（1882）刻本[G]．上海：上海书店出版社，1993．

[23] 程其珏，杨震福等．光绪嘉定县志[M]//上海书店出版社编
纂委员会．中国地方志集成·上海府县志辑第八册影印清光
绪八年（1882）刻本[G]．上海：上海书店出版社，2010．

[24] 梁蒲贵等，朱延射等．光绪宝山县志[M]//上海书店出版社
编纂委员会．中国地方志集成·上海府县志辑第九册影印清
光绪八年（1882）学海书院刻本[G]．上海：上海书店出版

社，2010.

[25]谢延庚，刘寿曾．光绪江都县续志[M]//江苏古籍出版社编
纂委员会．中国地方志集成·江苏府县志辑第六十七册影印
清光绪十年(1884)刻本[G]．南京：江苏古籍出版社，1991.

[26]郑钟祥等，庞鸿文等．光绪常昭和志稿[M]//江苏古籍出版
社编纂委员会．中国地方志集成·江苏府县志辑第二十二册
影印清光绪三十年（1904）活字本[G]．南京：凤凰出版
社，2008.

[27]严辰．光绪桐乡县志[M]//上海书店出版社编纂委员会．中
国地方志集成·浙江府县志辑第二十三册影印清光绪十三年
(1887)刻本[G]．上海：上海书店出版社，1993.

[28]彭润章等，叶廉锷等．光绪平湖县志[M]//上海书店出版社
编纂委员会．中国地方志集成·浙江府县志辑第二十册影印
清光绪十二年（1886）刻本[G]．上海：上海书店出版
社，1993.

[29]赵惟崳，石中玉，吴受福．光绪嘉兴县志[M]//上海书店出
版社编纂委员会．中国地方志集成·浙江府县志辑第十五册
影印清光绪三十四年(1908)刻本[G]．上海：上海书店出版
社，1993.

[30]陈遹声，蒋鸿藻．光绪诸暨县志[M]//上海书店出版社编纂
委员会．中国地方志集成·浙江府县志辑第四十一册影印清
宣统二年(1910)刻本[G]．上海：上海书店出版社，1993.

[31]张允高等，钱淦等．民国宝山县续志[M]//上海书店出版社
编纂委员会．中国地方志集成·上海府县志辑第九册影印
1921年版铅印本[G]．上海：上海书店出版社，2010.

[32]陈思，缪荃孙．民国江阴县续志[M]//江苏古籍出版社编纂
委员会．中国地方志集成·江苏府县志辑第二十六册影印
1921年版刻本[G]．南京：江苏古籍出版社，1991.

[33]刘蔚仁，朱锡恩．民国海宁州志稿[M]//上海书店出版社编
纂委员会．中国地方志集成·浙江府县志辑第二十二册影印
1922年版续修铅印本[G]．上海：上海书店出版社，1993.

[34] 连德英，李传元. 民国昆新两县续补合志[M]//江苏古籍出版社编纂委员会. 中国地方志集成·江苏府县志辑第十七册影印 1923 年版刻本[G]. 南京：江苏古籍出版社，1991.

[35] 胡为和，孙国钧. 民国丹徒县续志[M]//江苏古籍出版社编纂委员会. 中国地方志集成·江苏府县志辑第三十册影印 1926 年版刻本[G]. 南京：江苏古籍出版社，1991.

[36] 钱祥保，桂邦杰等. 民国江都县续志[M]//江苏古籍出版社编纂委员会. 中国地方志集成·江苏府县志辑第六十七册影印 1926 年版刻本[G]. 南京：江苏古籍出版社，1991.

[37] 陈传德，黄世祚. 民国嘉定县续志[M]//上海书店出版社编纂委员会. 中国地方志集成·上海府县志辑第八册影印 1930 年版铅印本[G]. 上海：上海书店出版社，2010.

[38] 曹允源，李根源. 民国吴县志[M]//江苏古籍出版社编纂委员会. 中国地方志集成·江苏府县志辑第十一册影印苏州文新公司 1933 年版铅印本[G]. 南京：凤凰出版社，2008.

[39] 吴馨，江家楣，姚文枏. 民国上海县志[M]//上海书店出版社编纂委员会. 中国地方志集成·上海府县志辑第四册影印 1936 年版铅印本[G]. 上海：上海书店出版社，2010.

[40] 石国柱，许承尧. 民国歙县志[M]//江苏古籍出版社编纂委员会. 中国地方志集成·安徽府县志辑第五十一册影印 1937 年版铅印本[G]. 南京：江苏古籍出版社，1998.

**(三) 乡镇旧志**

[41] 胡道传，沈戬毅. 顺治仙潭后志[M]//上海书店编纂委员会. 中国地方志集成·乡镇志专辑第二十四册影印浙江图书馆藏清光绪二年(1876)钞本[G]. 上海：上海书店出版社，1992.

[42] 秦立. 康熙淞南志[M]//上海市地方志办公室. 上海乡镇旧志丛书第十三册曾抗美等标点本[G]. 上海：上海社会科学院出版社，2006.

[43] 陈惟中. 康熙吴郡甫里志[M]//上海书店编纂委员会. 中国地方志集成·乡镇志专辑第五册影印南京大学图书馆藏钞

本[G].上海：上海书店出版社，1992.

[44]张之鼐.康熙唐栖景物略[M]//塘栖镇人民政府.文化塘栖丛书标点本[G].杭州：浙江摄影出版社，2006.

[45]盛爌.康熙前朱里纪略[M]//上海书店编纂委员会.中国地方志集成·乡镇志专辑》第二十一册影印复旦大学图书馆藏稿本[G].上海：上海书店出版社，1992.

[46]周厚地.乾隆干山志[M]//上海市地方志办公室.上海乡镇旧志丛书第九册王永顺等标点本[G].上海：上海社会科学院出版社，2005.

[47]钱肇然.乾隆续外冈志[M]//上海市地方志办公室.上海乡镇旧志丛书第二册王健标点本[G].上海：上海社会科学院出版社，2004.

[48]彭方周，顾时鸿，王立礼.乾隆吴郡甫里志[M]//上海书店编纂委员会.中国地方志集成·乡镇志专辑第六册影印南清乾隆三十年(1765)刻本[G].上海：上海书店出版社，1992.

[49]赵曜.乾隆璜泾志略稿[M]//上海书店编纂委员会.中国地方志集成·乡镇志专辑第九册影印南京图书馆藏稿本[G].上海：上海书店出版社，1992.

[50]陈尚隆，陈树毅.乾隆陈墓镇志[M]//上海书店编纂委员会.中国地方志集成·乡镇志专辑第六册影印1946年版钞本[G].上海：上海书店出版社，1992.

[51]曹炜，陆松龄.乾隆沙头里志[M]//上海书店编纂委员会.中国地方志集成·乡镇志专辑第八册影印上海图书馆藏清钞本[G].上海：上海书店出版社，1992.

[52]顾镇，周昂.乾隆支溪小志[M]//沈秋农，曹培根.常熟乡镇旧志集成朱绍曾标点本[G].扬州：广陵书社，2007.

[53]仲沈洙，仲栻，仲枢，仲周需.乾隆盛湖志[M]//吴江市人民政府.吴江乡镇旧志丛刊·盛湖志(四种)沈春荣等点校本[G].扬州：广陵书社，2011.

[54]孙阳顾，曹吴霞.乾隆儒林六都志[M]//吴江市人民政府.吴江乡镇旧志丛刊·儒林六都志沈春荣等校注本[G].扬州：

广陵书社，2010.

[55] 罗仰锜. 乾隆嶍嘉志书草本[M]. 昆明：云南大学出版社，1994.

[56] 王聿修. 乾隆嶍嘉志[M]. 昆明：云南大学出版社，1994.

[57] 宋景关. 乾隆乍浦志续纂[M]//平湖市史志办公室. 乍浦旧志三种郭杰光整理本[G]. 平湖：浙江省平湖市史志办公室，2009.

[58] 胡琢. 乾隆濮镇纪闻[M]//上海书店编纂委员会. 中国地方志集成·乡镇志专辑第二十一册影印北京图书馆藏钞本[G]. 上海：上海书店出版社，1992.

[59] 茅应奎. 乾隆东西林汇考[M]//上海书店编纂委员会. 中国地方志集成·乡镇志专辑第二十二册（上）影印上海图书馆藏凝霞阁稿本[G]. 上海：上海书店出版社，1992.

[60] 叶时标，叶四聪，叶维新. 乾隆石步志[M]//上海书店编纂委员会. 中国地方志集成·乡镇志专辑第二十五册影印宁波天一阁博物馆藏钞本[G]. 上海：上海书店出版社，1992.

[61] 董世宁. 乾隆乌青镇志[M]//上海书店编纂委员会. 中国地方志集成·乡镇志专辑第二十三册影印1918年版铅印本[G]. 上海：上海书店出版社，1992.

[62] 林正青. 乾隆小海场新志[M]//上海书店编纂委员会. 中国地方志集成·乡镇志专辑第十七册影印清乾隆四年（1739）刻本[G]. 上海：上海书店出版社，1992.

[63] 杨学渊. 嘉庆寒圩志[M]//上海市地方志办公室. 上海乡镇旧志丛书第五册孟斐标点本[G]. 上海：上海社会科学院出版社，2005.

[64] 周郁宾. 嘉庆珠里小志[M]//上海市地方志办公室. 上海乡镇旧志丛书第七册戴扬本整理本[G]. 上海：上海社会科学院出版社，2005.

[65] 陈树德，孙岱. 嘉庆安亭志[M]//上海市地方志办公室. 上海乡镇旧志丛书第二册王健标点本[G]. 上海：上海社会科学院出版社，2004.

[66]张承先，程攸熙．嘉庆南翔镇志[M]//上海市地方志办公室．上海乡镇旧志丛书第三册朱红标点本[G]．上海：上海社会科学院出版社，2004．

[67]王初桐．嘉庆方泰志[M]//上海市地方志办公室．上海乡镇旧志丛书第一册吴宣德标点本[G]．上海：上海社会科学院出版社，2004．

[68]封导源．嘉庆马陆志[M]//上海市地方志办公室．上海乡镇旧志丛书第一册吴宣德等标点本[G]．上海：上海社会科学院出版社，2004．

[69]周之桢．嘉庆同里志[M]//吴江市人民政府．吴江乡镇旧志丛刊·同里志（两种）沈春荣等点校本[G]．扬州：广陵书社，2011．

[70]黄程云，贺鸿藻．嘉庆杨行志[M]//上海市地方志办公室．上海乡镇旧志丛书第十册曹光甫标点本[G]．上海：上海社会科学院出版社，2006．

[71]王德浩，曹宗载．嘉庆硃川续志[M]//上海书店编纂委员会．中国地方志集成·乡镇志专辑第二十册影印清嘉庆十七年（1812）刻本[G]．上海：上海书店出版社，1992．

[72]金淮等，濮鑅等．嘉庆濮川所闻记[M]//上海书店编纂委员会．中国地方志集成·乡镇志专辑第二十一册影印清嘉庆二十五年（1820）刻本[G]．上海：上海书店出版社，1992．

[73]杨树本．嘉庆濮院琐志[M]//上海书店编纂委员会．中国地方志集成·乡镇志专辑第二十一册影印浙江省图书馆藏传钞本[G]．上海：上海书店出版社，1992．

[74]江登云，江绍莲．嘉庆橙阳散志[M]//上海书店编纂委员会．中国地方志集成·乡镇志专辑第二十七册影印南京大学图书馆藏清嘉庆十四年（1809）刻本[G]．上海：上海书店出版社，1992．

[75]沈赤然．嘉庆新市镇续志[M]//上海书店编纂委员会．中国地方志集成·乡镇志专辑第二十四册影印上海图书馆藏清嘉庆十七年（1812）钞本[G]．上海：上海书店出版社，1992．

［76］吴玉树．嘉庆宝前两溪志略［M］//上海书店出版社．丛书集
成续编第四十九册影印吴兴丛书本［G］．上海：上海书店出版
社，1994．

［77］柳树芳．道光分湖小识［M］//吴江市人民政府．吴江乡镇旧
志丛刊·分湖三志沈春荣等点校本［G］．扬州：广陵书
社，2008．

［78］张杞村．道光塘湾乡九十一图志［M］//上海市地方志办公室．
上海乡镇旧志丛书第十三册戴扬本标点本［G］．上海：上海社
会科学院出版社，2006．

［79］顾传金．道光七宝镇小志［M］//上海市地方志办公室．上海
乡镇旧志丛书第十三册石中玉标点本［G］．上海：上海社会科
学院出版社，2006．

［80］顾传金．道光蒲溪小志［M］．王孝俭等标点本，上海：上海古
籍出版社，2003．

［81］周凤池，蔡自申等．道光金泽小志［M］//上海市地方志办公
室．上海乡镇旧志丛书第七册杨军益标点本［G］．上海：上海
社会科学院出版社，2005．

［82］凌寿祺．道光浒墅关志［M］．钦瑞兴点校本，扬州：广陵书
社，2012．

［83］施若霖．道光璜泾志稿［M］//上海书店编纂委员会．中国地
方志集成·乡镇志专辑第九册影印1940年版铅印本［G］．上
海：上海书店出版社，1992．

［84］沈藻采．道光元和唯亭志［M］//苏州工业园区乡镇志丛书编
纂委员会．苏州工业园区乡镇志丛书·元和唯亭志徐维新点
校本［G］．北京：方志出版社，2001．

［85］倪赐，苏双翔．道光唐市志［M］//沈秋农，曹培根．常熟乡
镇旧志集成曹培根标点本［G］．扬州：广陵书社，2007．

［86］单学傅．道光钓渚小志［M］//沈秋农，曹培根．常熟乡镇旧
志集成朱绍曾标点本［G］．扬州：广陵书社，2007．

［87］杨希澡．道光恬庄小识［M］//沈秋农，曹培根．常熟乡镇旧
志集成李克为等标点本［G］．扬州：广陵书社，2007．

[88]顾崇善.道光里睦小志[M]//沈秋农,曹培根.常熟乡镇旧志集成朱绍曾标点本[G].扬州:广陵书社,2007.

[89]翁广平.道光平望志[M]//吴江市人民政府.吴江乡镇旧志丛刊·平望志(三种)沈春荣等点校本[G].扬州:广陵书社,2011.

[90]姚鹏春.道光白蒲镇志[M]//上海书店编纂委员会.中国地方志集成·乡镇志专辑第十六册影印清道光咸丰间姚氏钞本[G].上海:上海书店出版社,1992.

[91]阮先.道光北湖续志[M]//广陵书社编纂委员会.扬州地方文献丛刊孙叶峰点校本[G].扬州:广陵书社,2003.

[92]许河.道光乍浦续志[M]//平湖市史志办公室.乍浦旧志三种郭杰光整理本[G].平湖:浙江省平湖市史志办公室,2009.

[93]方溶,万亚兰.道光澂水新志[M]//上海书店编纂委员会.中国地方志集成·乡镇志专辑第二十册影印1936年版澂水志汇编铅印本[G].上海:上海书店出版社,1992.

[94]吴展成.道光渔闲小志[M].吴上德、杨耀祖等点校本,嘉兴:浙江省嘉兴市南湖区余新镇人民政府,2008.

[95]高杲,沈煜.道光浒山志[M]//慈溪市人民政府等.慈溪文献集成(第一辑)王清毅等点校本[G].杭州:杭州出版社,2004.

[96]吴荣光.道光佛山忠义乡志[M]//上海书店编纂委员会.中国地方志集成·乡镇志专辑第三十册影印清道光三十一年(1831)刻本[G].上海:上海书店出版社,1992.

[97]汪永安,侯承庆,沈葵.咸丰紫隄村志[M]//上海市地方志办公室.上海乡镇旧志丛书第十三册顾积仁标点本[G].上海:上海社会科学院出版社,2006.

[98]阮先.咸丰北湖续志补遗[M]//广陵书社编纂委员会.扬州地方文献丛刊孙叶峰点校本[G].扬州:广陵书社,2003.

[99]汪曰桢.咸丰南浔镇志[M]//上海书店编纂委员会.中国地方志集成·乡镇志专辑第二十二册(下)影印清同治二年

（1863）刻本［G］．上海：上海书店出版社，1992.

［100］章耒，徐复熙．同治张泽志稿［M］//上海市地方志办公室．
上海乡镇旧志丛书第九册姜汉椿等标点本［G］．上海：上海
社会科学院出版社，2005.

［101］钱以陶．同治厂头镇志［M］//上海市地方志办公室．上海乡
镇旧志丛书第三册魏小虎标点本［G］．上海：上海社会科学
院出版社，2004.

［102］倪大临，陶炳曾．同治重修茜泾记略［M］//上海书店编纂委
员会．中国地方志集成·乡镇志专辑第八册影印南京图书馆
藏钞本［G］．上海：上海书店出版社，1992.

［103］程国昶，邵灿，佚名．同治泾里续志［M］．江阴：江苏省江
阴县长泾乡党委暨人民政府，1986.

［104］邱标．同治两淮通州金沙场志［M］//上海书店编纂委员会．
中国地方志集成·乡镇志专辑第十六册影印传钞经畬楼藏稿
本［G］．上海：上海书店出版社，1992.

［105］郑凤铿．同治新塍琐志［M］//上海书店编纂委员会．中国地
方志集成·乡镇志专辑第十八册影印嘉兴市图书馆藏清光绪
间稿本［G］．上海：上海书店出版社，1992.

［106］邹存淦．同治修川小志［M］//上海书店编纂委员会．中国地
方志集成·乡镇志专辑第二十册影印上海图书馆藏小清仪阁
传钞本［G］．上海：上海书店出版社，1992.

［107］岳昭垲．同治濮录［M］//上海书店编纂委员会．中国地方志
集成·乡镇志专辑第二十一册影印南京图书馆藏稿本［G］．
上海：上海书店出版社，1992.

［108］闵宝樑．同治晟舍镇志［M］//上海书店编纂委员会．中国地
方志集成·乡镇志专辑第二十四册影印浙江省图书馆藏钞
本［G］．上海：上海书店出版社，1992.

［109］金祥凤．光绪法华镇志［M］//上海市地方志办公室．上海乡
镇旧志丛书第十二册许洪新标点本［G］．上海：上海社会科
学院出版社，2006.

［110］曹蒙．光绪纪王镇志［M］//上海市地方志办公室．上海乡镇

旧志丛书第十三册载之标点本[G]. 上海：上海社会科学院
出版社，2006.

[111]封作梅，封文权. 光绪张泽志[M]//上海市地方志办公室.
上海乡镇旧志丛书第九册姜汉椿等标点本[G]. 上海：上海
社会科学院出版社，2005.

[112]佚名. 光绪江东志[M]//上海市地方志办公室. 上海乡镇旧
志丛书第十四册占旭东等标点本[G]. 上海：上海社会科学
院出版社，2006.

[113]许光墉，叶世雄，费沄. 光绪重辑枫泾小志[M]//上海市地
方志办公室. 上海乡镇旧志丛书第六册姜汉椿等标点本[G].
上海：上海社会科学院出版社，2005.

[114]金惟鳌. 光绪盘龙镇志[M]//上海市地方志办公室. 上海乡
镇旧志丛书第七册姜汉椿等标点本[G]. 上海：上海社会科
学院出版社，2005.

[115]张启秦，陆世益. 光绪望仙桥乡志稿[M]//上海市地方志办
公室. 上海乡镇旧志丛书第二册杨军益标点本[G]. 上海：
上海社会科学院出版社，2004.

[116]潘履祥，朱诒祥，钱枏. 光绪罗店镇志[M]//上海市地方志
办公室. 上海乡镇旧志丛书第十一册杨军益标点本[G]. 上
海：上海社会科学院出版社，2006.

[117]蔡丙圻. 光绪黎里续志[M]//吴江市人民政府. 吴江乡镇旧
志丛刊·黎里志(两种)陈其弟点校本[G]. 扬州：广陵书
社，2011.

[118]陶煦. 光绪周庄镇志[M]//上海书店编纂委员会. 中国地方
志集成·乡镇志专辑第六册影印清光绪八年(1882)刻本[G].
上海：上海书店出版社，1992.

[119]倪赐，苏双翔，龚文洵. 光绪唐市补志[M]//沈秋农，曹培
根. 常熟乡镇旧志集成曹培根标点本[G]. 扬州：广陵书
社，2007.

[120]黄冈. 光绪新续梅李小志[M]//沈秋农，曹培根. 常熟乡镇
旧志集成黄斐标点本[G]. 扬州：广陵书社，2007.

[121]马幼良．光绪四镇略迹[M]//沈秋农，曹培根．常熟乡镇旧志集成朱绍曾标点本[G]．扬州：广陵书社，2007.

[122]仲廷机．光绪盛湖志[M]//吴江市人民政府．吴江乡镇旧志丛刊·盛湖志(四种)沈春荣等点校本[G]．扬州：广陵书社，2011.

[123]仲虎腾．光绪盛湖志补[M]//吴江市人民政府．吴江乡镇旧志丛刊·盛湖志(四种)沈春荣等点校本[G]．扬州：广陵书社，2011.

[124]张人镜．光绪月浦志[M]//上海市地方志办公室．上海乡镇旧志丛书第十册魏小虎标点本[G]．上海：上海社会科学院出版社，2006.

[125]黄兆柽．光绪平望续志[M]//吴江市人民政府．吴江乡镇旧志丛刊·平望志(三种)沈春荣等点校本[G]．扬州：广陵书社，2011.

[126]叶长龄等，叶钟敏．光绪杨舍堡城志稿[M]//张家港地方志办公室．张家港旧志汇编黄晓曙等点校本[G]．南京：凤凰出版社，2006.

[127]王同．光绪唐栖志[M]//塘栖镇人民政府．文化塘栖丛书标点本[G]．杭州：浙江摄影出版社，2006.

[128]杨谦，李富孙，余懋．光绪梅里志[M]//上海书店编纂委员会．中国地方志集成·乡镇志专辑第十九册影印清光绪三年(1877)仁济堂刻本[G]．上海：上海书店出版社，1992.

[129]钟兆彬．光绪修川志余[M]//上海书店编纂委员会．中国地方志集成·乡镇志专辑第二十册影印南京大学图书馆藏钞本[G]．上海：上海书店出版社，1992.

[130]濮孟清，濮侣庄，濮龙锡，濮润淞等后人．光绪重增濮川志略[M]//上海书店编纂委员会．中国地方志集成·乡镇志专辑第二十一册影印浙江省图书馆藏清钞本[G]．上海：上海书店出版社，1992.

[131]孙志熊．光绪菱湖镇志[M]//上海书店编纂委员会．中国地方志集成·乡镇志专辑第二十四册影印清光绪十九年(1893)

临安孙氏刻本[G].上海：上海书店出版社，1992.

[132]王勋祥，王效尊.光绪清源乡志[M]//上海书店编纂委员会.中国地方志集成·乡镇志专辑第二十九册影印清光绪八年(1882)梗阳书院刻本[G].上海：上海书店出版社，1992.

[133]吴文江.光绪忠义乡志[M]//上海书店编纂委员会.中国地方志集成·乡镇志专辑第二十四册影印上海图书馆藏清光绪二十七年(1901)刻本[G].上海：上海书店出版社，1992.

[134]张宗禄，张统镐.光绪清湖小志[M]//上海书店编纂委员会.中国地方志集成·乡镇志专辑第二十五册影印复旦大学图书馆藏稿本[G].上海：上海书店出版社，1992.

[135]赵霈涛.光绪剡源乡志[M]//上海书店编纂委员会.中国地方志集成·乡镇志专辑第二十四册影印1916年版剡溪草堂铅印本[G].上海：上海书店出版社，1992.

[136]陈至言，於炳炎.光绪信义志[M]//上海书店编纂委员会.中国地方志集成·乡镇志专辑第八册影印清光绪三十三年(1907)钞稿本[G].上海：上海书店出版社，1992.

[137]程兼善.宣统续修枫泾小志[M]//上海市地方志办公室.上海乡镇旧志丛书第六册姜汉椿等标点本[G].上海：上海社会科学院出版社，2005.

[138]章圭璪.宣统黄渡续志[M]//上海市地方志办公室.上海乡镇旧志丛书第三册杨军益标点本[G].上海：上海社会科学院出版社，2004.

[139]姚裕廉，范炳垣.宣统重辑张堰志[M]//上海市地方志办公室.上海乡镇旧志丛书第五册戎济方标点本[G].上海：上海社会科学院出版社，2005.

[140]赵诒翼.宣统信义志稿[M]//上海书店编纂委员会.中国地方志集成·乡镇志专辑第八册影印本清宣统三年(1911)钞本[G].上海：上海书店出版社，1992.

[141]沈眉寿，纪磊纂修，龚希彝.宣统震泽镇志续稿[M]//吴江市人民政府等.吴江乡镇旧志丛刊·震泽镇志续稿沈春荣等点校本[G].扬州：广陵书社，2009.

[142]王觐宸,程业勤.宣统淮安河下志[M]//淮安市地方志办公室.淮安文献丛刻(第4辑)荀德麟等点校本[G].北京:方志出版社,2006.

[143]王锡极,丁时需,王之瑚,佚名.宣统开沙志[M]//上海书店编纂委员会.中国地方志集成·乡镇志专辑第十四册影印清宣统三年(1911)铅印本[G].上海:上海书店出版社,1992.

[144]余霖.宣统梅里备志[M]//上海书店编纂委员会.中国地方志集成·乡镇志专辑第十九册影印1922年版阅沧楼刻本[G].上海:上海书店出版社,1992.

[145]胡人凤.民国法华乡志[M]//上海市地方志办公室.上海乡镇旧志丛书第十二册许洪新标点本[G].上海:上海社会科学院出版社,2006.

[146]高如圭,万以增.民国章练小志[M]//上海市地方志办公室.上海乡镇旧志丛书第八册陈麦青标点本[G].上海:上海社会科学院出版社,2006.

[147]王德乾.民国真如志[M]//上海市地方志办公室.上海乡镇旧志丛书第四册穆俦标点本[G].上海:上海社会科学院出版社,2004.

[148]洪复章.民国真如里志[M]//上海市地方志办公室.上海乡镇旧志丛书第四册穆俦标点本[G].上海:上海社会科学院出版社,2004.

[149]童世高.民国钱门塘乡志[M]//上海市地方志办公室.上海乡镇旧志丛书第二册许洪新等标点本[G].上海:上海社会科学院出版社,2004.

[150]杨大璋.民国望仙桥乡志续稿[M]//上海市地方志办公室.上海乡镇旧志丛书第三册许丽莉标点本[G].上海:上海社会科学院出版社,2004.

[151]陈应康.民国月浦里志[M]//上海市地方志办公室.上海乡镇旧志丛书第十册魏小虎标点本[G].上海:上海社会科学院出版社,2006.

［152］张仰先．民国大厂里志［M］//上海市地方志办公室．上海乡
镇旧志丛书第十一册杨军益标点本［G］．上海：上海社会科
学院出版社，2006．

［153］钱淦．民国江湾里志［M］//上海市地方志办公室．上海乡镇
旧志丛书第十一册颜小忠标点本［G］．上海：上海社会科学
院出版社，2006．

［154］费善庆．民国垂虹识小录［M］//江苏古籍出版社编纂委员
会．中国地方志集成·江苏府县志辑第二十三册影印钞
本［G］．南京：江苏古籍出版社，1991．

［155］蔡松．民国双林镇志新补［M］//上海书店编纂委员会．中国
地方志集成·乡镇志专辑第二十二册（下）影印嘉兴市图书馆
藏1915年稿本［G］．上海：上海书店出版社，1992．

［156］萧焕梁．民国无锡开化乡志［M］//上海书店编纂委员会．中
国地方志集成·乡镇志专辑第十四册影印1916年版侯学愈
活字本［G］．上海：上海书店出版社，1992．

［157］蔡蒙．民国双林镇志［M］//上海书店编纂委员会．中国地方
志集成·乡镇志专辑第二十二册（下）影印上海商务印书馆
1917年版铅印本［G］．上海：上海书店出版社，1992．

［158］程煦元．澂志补录［M］//上海书店编纂委员会．中国地方志
集成·乡镇志专辑第二十册影印1936年版澂水志汇编铅印
本［G］．上海：上海书店出版社，1992．

［159］冯庚，郭思锐．民国续修泾阳鲁桥镇城乡志［M］//上海书店
编纂委员会．中国地方志集成·乡镇志专辑第二十八册影印
西安精益印书馆1923年版铅印本［G］．上海：上海书店出版
社，1992．

［160］夏辛铭．民国濮院志［M］//上海书店编纂委员会．中国地方
志集成·乡镇志专辑第二十册影印1927年版刻本［G］．上
海：上海书店出版社，1992．

［161］汪宗准．民国佛山忠义乡志［M］//上海书店编纂委员会．中
国地方志集成·乡镇志专辑第三十册影印1926年版刻
本［G］．上海：上海书店出版社，1992．

[162]卢学溥，朱辛彝等．民国乌青镇志［M］//上海书店编纂委员
会．中国地方志集成·乡镇志专辑第二十三册影印1936年版
刻本［G］．上海：上海书店出版社，1992.

**（四）新修方志**

[163]浙江省社会科学院．浙江人物简志［M］．杭州：浙江人民出
版社，1986.

[164]上海市青浦县县志编纂委员会．青浦县志［M］．上海：上海
人民出版社，1990.

[165]上海市松江县地方史志编纂委员会．松江县志［M］．上海：
上海人民出版社，1991.

[166]德清县志编纂委员会．德清县志［M］．杭州：浙江人民出版
社，1992.

[167]湖北省武穴市地方志编纂委员会．广济县志［M］．上海：汉
语大词典出版社，1994.

[168]镇江市润州区地方志编纂委员会．润州区志［M］．上海：上
海社会科学院出版社，1995.

[169]桐乡市桐乡县志编纂委员会．桐乡县志［M］．上海：上海书
店出版社，1996.

[170]嘉兴市志编纂委员会．嘉兴市志［M］．北京：中国书籍出版
社，1997.

[171]河北省保定市地方志编纂委员会．保定市志第四册［M］．北
京：方志出版社，1999.

[172]文山壮族苗族自治州地方志编纂委员会．文山壮族苗族自治
州志(第六卷)［M］．昆明：云南人民出版社，2002.

[173]奉化教育志编纂委员会．奉化教育志［M］．杭州：浙江人民
出版社，2003.

[174]浙江省出版志编纂委员会．浙江省出版志［M］．杭州：浙江
人民出版社，2007.

[175]张天禄．福州人名志［M］．福州：海峡摄影艺术出版社，
2007.

[176]佛山市南海区九江镇地方志编纂委员会．南海市九江镇志[M]．广州：广东经济出版社，2009.

**（五）地方文史**

[177]孙文治．东南大学校友业绩[M]．南京：东南大学出版社，2002.

[178]梁一波．张家港名贤[M]．南京：凤凰出版社，2008.

[179]政协禹州市学习文史委员会．禹州文史第十四辑[M]．禹州：政协禹州市学习文史委员会，2004.

[180]中国人民政治协商会议江苏省大丰县委员会文史资料研究委员会等．大丰县文史资料第六辑[M]．大丰：中国人民政治协商会议江苏省大丰县委员会文史资料研究委员会等，1986.

[181]政协如皋市委员会文史资料研究委员会．如皋文史第五辑[M]．如皋：政协如皋市委员会文史资料研究委员会，1990.

[182]政协如皋市委员会文史资料研究委员会．如皋文史第六辑[M]．如皋：政协如皋市委员会文史资料研究委员会，1990.

[183]淮安县政协文史资料研究委员会．淮安文史资料第四辑[M]．淮安：淮安县政协文史资料研究委员会，1986.

[184]政协海盐县文史资料工作委员会．海盐文史资料第二十二辑[M]．海盐：政协海盐县文史资料工作委员会，1992.

[185]中国人民政治协商会议浙江省桐乡县委员会文史资料工作委员会．桐乡县历史名人史料（二）[M]．桐乡：中国人民政治协商会议浙江省桐乡县委员会文史资料工作委员会，1986.

[186]中国人民政治协商会议北京市房山区委员会文史工作委员会．房山文史资料（第十六辑）[M]．房山：中国人民政治协商会议北京市房山区委员会文史工作委员会，2003.

## 二、传记史料(按出版时间先后排序)

[187]王锺翰．清史列传[M]．北京：中华书局，1987．

[188]恒慕义，中国人民大学清史研究所清代名人传略编译组．清代名人传略[M]．西宁：青海人民出版社，1992．

[189]国史馆．清国史[M]．北京：中华书局，1993．

[190]钱仪吉．碑传集[M]．北京：中华书局，1993．

[191]刘锦藻．清续文献通考[M]//续修四库全书委员会．续修四库全书第八百十九册影印清光绪乙巳(1905)坚瓠庵铅印本[G]．上海：上海古籍出版社，1996．

[192]苏树藩．清朝御史题名录[M]//续修四库全书委员会．续修四库全书第七百五十一册影印本[G]．上海：上海古籍出版社，1996．

[193]卞孝萱，唐文权．民国人物碑传集[M]．南京：凤凰出版社，2011．

## 三、文集笔记(按刊布时间先后排序)

[194]杨岘．迟鸿轩文弃续[M]．清光绪十九年(1893)刻本．

[195]王焕崧．冬荣室诗钞[M]．中国科学院图书馆藏清光绪三十三年(1907)铅印本．

[196]符葆森．寄心庵诗话[M]．首都图书馆藏山阴余念祖钞本．

[197]汪鋆．砚山丛稿·京江耆旧小传[M]//屈万里，刘光佑．《明清未刊稿汇编》第一册影印稿本[G]．台北：台湾联经出版事业公司，1976．

[198]杨雍建．抚黔奏疏[M]//沈云龙．近代中国史料丛刊续编第三十三辑(第三百二十三号)[G]．台北：台湾文海出版社有限公司，1976．

[199]叶恭绰．全清词钞[M]．北京：中华书局，1982．

[200]张伯驹．春游琐谈[M]．郑州：中州古籍出版社，1984．

［201］阮元．揅经室二集［M］．北京：中华书局，1993.

［202］方焘．山子诗钞［M］//上海书店编纂委员会．丛书集成续编
第一百三十册影印吴兴丛书本［G］．上海：上海书店出版
社，1994.

［203］孙原湘．天真阁集［M］//续修四库全书编纂委员会．续修四
库全书第一四八八册影印清嘉庆五年（1800）增修刻本［G］.
上海：上海古籍出版社，1996.

［204］宋徵舆．林屋文稿［M］//四库全书存目丛书编纂委员会．四
库全书存目丛书第二百十五册影印清康熙九年（1670）龠楼刻
本［G］．济南：齐鲁书社，1997.

［205］魏禧．魏叔子文集［M］．北京：中华书局，2003.

［206］陈左高．历代日记丛谈［M］．上海：上海画报出版社，2004.

［207］章学诚，仓修良．文史通义新编新注［M］．杭州：浙江古籍
出版社，2005.

［208］袁世硕．王士禛全集［M］．济南：齐鲁书社，2007.

［209］钱大昕，吕友仁．潜研堂集［M］．上海：上海古籍出版
社，2009.

［210］张英．笃素堂文集［M］//清代诗文集汇编编纂委员会．清代
诗文集汇编第一百五十册影印清乾隆刻本［G］．上海：上海
古籍出版社，2010.

［211］张廷济．桂馨堂集［M］//清代诗文集汇编编纂委员会．清代
诗文集汇编第四百九十册影印清道光二十八年（1848）刻
本［G］．上海：上海古籍出版社，2010.

［212］沈曰富．受恒受渐斋集［M］//清代诗文集汇编编纂委员会.
清代诗文集汇编第六百二十八册影印清光绪丁亥（1887）刻
本［G］．上海：上海古籍出版社，2010.

［213］施补华．泽雅堂文集［M］//清代诗文集汇编编纂委员会．清
代诗文集汇编第七百三十一册影印清光绪十九年（1893）陆心
源刻本［G］．上海：上海古籍出版社，2010.

［214］缪荃孙．艺风堂文续集［M］//清代诗文集汇编编纂委员会.
清代诗文集汇编第七百五十六册影印清宣统二年（1910）刻、

民国二年(1913)印本[G].上海:上海古籍出版社,2010.

## 四、谱牒年表(按成书时间先后排序)

[215]叶朝庆,叶天庆.皇清例赠儒林郎附贡生显考云樵府君年谱[M].上海图书馆藏清道光间水心斋刻本.

[216]李富孙.校经叟自订年谱[M]//四川大学古籍整理研究所.儒藏·史部·儒林年谱第四十三册影印清道光二十四年(1844)刻本[G].成都:四川大学出版社,2007.

[217]徐士燕.岁贡士寿臧府君年谱[M]//北京图书馆.北京图书馆藏珍本年谱丛刊第一百三十五册影印嘉业堂丛书本[G].北京:北京图书馆出版社,1999.

[218]邹存淦.师竹庐主人记年编[M].中国国家图书馆藏稿本.

[219]卞宗谟.卞徵君年谱[M]//北京图书馆.北京图书馆藏珍本年谱丛刊第一百三十册影印1912年揖峰书屋木活字版卞徵君集本[G].北京:北京图书馆出版社,1999.

[220]林乐志.比干后裔:林氏家族三千年统谱(续集)[M].北京:光明日报出版社,2000.

[221]姜亮夫,陶秋.历代人物年里碑传综表[M].北京:中华书局,1959.

[222]江庆柏.清代人物生卒年表[M].北京:人民文学出版社,2005.

[223]张慧剑.明清江苏文人年表[M].北京:人民文学出版社,2008.

504

## 五、文献汇刊(按出版时间先后排序)

[224]台湾银行经济研究室.台湾文献丛刊[G].台北:台湾银行经济研究室,1960.

[225]上海市文物保管委员会.上海史料丛编[G].上海:上海市文物保管委员会,1961-1962.

[226] 台湾文海出版社编纂委员会. 清代稿本百种汇刊[G]. 台北：台湾文海出版社，1974.

[227] 屈万里，刘光佑. 明清未刊稿汇编[G]. 台北：台湾联经出版事业公司，1976.

[228] 沈云龙. 近代中国史料丛刊续编[G]. 台北：台湾文海出版社有限公司，1976.

[229] 中央民族学院图书馆. 中国民族史地资料丛刊[G]. 北京：中央民族学院图书馆，1979.

[230] 台湾省文献会. 台湾文献史料丛刊[G]. 台北：台湾大通书局，1984.

[231] 周骏富. 清代传记丛刊[G]. 台北：台湾明文书局，1985.

[232] 江苏古籍出版社编纂委员会. 中国地方志集成·江苏府县志辑[G]. 南京：江苏古籍出版社，1991.

[233] 上海书店出版社编纂委员会. 中国地方志集成·乡镇志专辑[G]. 上海：上海书店出版社，1992.

[234] 上海书店出版社编纂委员会. 中国地方志集成·浙江府县志辑[G]. 上海：上海书店出版社，1993.

[235] 上海书店出版社编纂委员会. 丛书集成初编[G]. 上海：上海书店出版社，1994.

[236] 上海书店出版社编纂委员会. 丛书集成续编[G]. 上海：上海书店出版社，1994.

[237] 陈景超. 仙潭文献·仙潭后志合刊[G]. 湖州：新市镇人民政府等，1995.

[238] 续修四库全书编纂委员会. 续修四库全书[G]. 上海：上海古籍出版社，1996.

[239] 顾廷龙. 清代朱卷集成[G]. 台北：台湾成文出版社，1992.

[240] 秦国经. 中国第一历史档案馆藏清代官员履历档案全编[G]. 上海：华东师范大学出版社，1997.

[241] 四库全书存目丛书编纂委员会. 四库全书存目丛书[G]. 济南：齐鲁书社，1997.

[242] 北京图书馆. 北京图书馆藏珍本年谱丛刊[G]. 北京：北京

505

图书馆出版社，1999.

[243]安海乡土史料编纂委员会．安海乡土史料丛刊[G]．北京：
　　　中国文联出版社，2000.

[244]故宫博物院．故宫珍本丛刊[G]．海口：海南出版社，2001.

[245]湖北大学古籍研究所．湖北地方古籍文献丛书[G]．武汉：
　　　湖北教育出版社，2002.

[246]甘肃省古籍文献整理编印中心．中国西南文献丛书·第一
　　　辑·西南稀见方志文献[G]．兰州：兰州大学出版社，2003.

[247]朱瑞熙等．江南名镇志丛书[G]．上海：上海古籍出版
　　　社，2003.

[248]广陵书社编纂委员会．扬州地方文献丛刊[G]．扬州：广陵
　　　书社，2003-2011.

[249]江苏古籍出版社编纂委员会．中国地方志集成·湖南府县志
　　　辑[G]．南京：江苏古籍出版社，2004.

[250]国家图书馆地方志家谱文献中心．孤本方志选编[G]．北京：
　　　线装书局，2004.

[251]王清毅，岑华潮．慈溪文献集成[G]．杭州：杭州出版
　　　社，2004.

[252]凤凰出版社编纂委员会．中国地方志集成·山西府县志专
　　　辑[G]．南京：凤凰出版社，2005.

[253]杨成彪．楚雄彝族自治州旧方志全书[G]．昆明：云南人民
　　　出版社，2005.

[254]陈支平．台湾文献汇刊[G]．厦门：厦门大学出版社，2005.

[255]台湾成文出版社编纂委员会．中国方志丛书[G]．台北：台
　　　湾成文出版社，1985.

[256]无锡市委宣传部．无锡地方文献丛书[G]．北京：中国文史
　　　出版社，2005.

[257]上海市地方志办公室．上海乡镇旧志丛书[G]．上海：上海
　　　社会科学院出版社，2004-2006.

[258]张家港市党史地方志办公室．张家港旧志汇编[G]．南京：
　　　凤凰出版社，2006.

［259］淮安市地方志办公室．淮安文献丛刻［G］．北京：方志出版社，2006.

［260］塘栖镇人民政府．文化塘栖丛书［G］．杭州：浙江摄影出版社，2006.

［261］沈秋农，曹培根．常熟乡镇旧志集成［G］．扬州：广陵书社，2007.

［262］江庆柏．清代地方人物传记丛刊［G］．扬州：广陵书社，2007.

［263］四川大学古籍整理研究所．儒藏·史部·儒林年谱［G］．成都：四川大学出版社，2007.

［264］李永明．北京师范大学图书馆藏稀见方志丛刊［G］．北京：北京图书馆出版社，2008.

［265］李永明．北京师范大学图书馆藏稀见方志丛刊续编［G］．北京：学苑出版社，2009.

［266］安徽旧志整理出版委员会．安徽历代方志丛书［G］．合肥：黄山书社，2009.

［267］复旦大学图书馆．复旦大学图书馆藏稀见方志丛刊［G］．北京：国家图书馆出版社，2010.

［268］倪俊明．广东省立中山图书馆藏稀见方志丛刊［G］．北京：国家图书馆出版社，2010.

［269］清代诗文集汇编编纂委员会．清代诗文集汇编［G］．上海：上海古籍出版社，2010.

［270］上海书店出版社编纂委员会．中国地方志集成·上海府县志辑［G］．上海：上海书店出版社，2010.

［271］同里镇人民政府，吴江市档案局．吴江乡镇旧志丛刊［G］．扬州：广陵书社，2007-2011.

［272］朱金坤．余杭历史文化研究丛书·历史文献［G］．杭州：西泠印社，2010.

［273］国家图书馆古籍馆．中国古代地方传记人物汇编［G］．北京：国家图书馆出版社，2010.

［274］中国人民大学图书馆．中国人民大学图书馆藏稀见方志丛

刊[G].北京：国家图书馆出版社，2011.

[275]上海图书馆.上海图书馆藏稀见方志丛刊[G].北京：国家
图书馆出版社，2011.

[276]上海书店出版社编纂委员会.清代文字狱档(增订本)[G].
上海：上海书店出版社，2011.

[277]浙江图书馆.浙江图书馆藏稀见方志丛刊[G].北京：国家
图书馆出版社，2011.

[278]辽宁省图书馆.辽宁省图书馆藏稀见方志丛刊[G].北京：
国家图书馆出版社，2012.

[279]南京图书馆.南京图书馆藏稀见方志丛刊[G].北京：国家
图书馆出版社，2012.

[280]余杭区地方志编纂委员会办公室.余杭古籍再造丛书[G].
杭州：浙江古籍出版社，2012.

[281]淄博市地方史志办公室.淄博市地情史料丛书[G].济南：
齐鲁书社，2012.

[282]无锡市委宣传部.无锡文库[G].南京：凤凰出版社，2012.

[283]齐鲁文丛编纂委员会.齐鲁文丛丛书[G].北京：华文出版
社，2012.

[284]温春来.西樵历史文化文献丛书[G].南宁：广西师范大学
出版社，2012.

[285]彭卫国.上海辞书出版社图书馆藏稀见方志续编[G].上海：
上海辞书出版社，2013.

[286]吉林大学图书馆.吉林大学图书馆藏稀见方志丛刊[G].北
京：国家图书馆出版社，2013.

508

## 六、目录提要(按出版时间排序)

### (一)书目著录

[287]中央民族学院图书馆.中央民族学院图书馆方志目录[M].
北京：中央民族学院图书馆，1956.

[288] 浙江省嘉兴市图书馆．浙江省嘉兴市图书馆方志目录[M]．嘉兴：浙江省嘉兴市图书馆，1956．

[289] 浙江省嘉兴市图书馆．浙江省方志目录[M]．嘉兴：浙江省嘉兴市图书馆，1956．

[290] 华南师范学院图书馆．华南师范学院图书馆方志目录[M]．广州：华南师范学院图书馆，1957．

[291] 上海图书馆．徐家汇藏书楼所藏地方志目录初稿[M]．上海：上海图书馆，1957．

[292] 北京师范大学图书馆．北京师范大学图书馆地方志目录[M]．北京：北京师范大学图书馆，1959．

[293] 中国科学院图书馆．中国科学院图书馆馆藏地方志目录油印本[M]．北京：中国科学院图书馆，1976．

[294] 安徽大学图书馆．安徽大学图书馆馆藏地方志目录[M]．合肥：安徽大学图书馆，1977．

[295] 苏州市图书馆．苏州市图书馆地方志目录[M]．苏州：苏州市图书馆，1977．

[296] 厦门大学图书馆．厦门大学图书馆馆藏地方志目录初稿[M]．厦门：厦门大学图书馆，1977．

[297] 清华大学图书馆．清华大学图书馆馆藏地方志目录[M]．北京：清华大学图书馆，1978．

[298] 中国社会科学院考古研究所．中国社会科学院考古研究所地方志目录[M]．北京：中国社会科学院考古研究所，1978．

[299] 河南省哲学社会科学研究所．河南省哲学社会科学研究所地方志目录[M]．郑州：河南省哲学社会科学研究所，1978．

[300] 湖南省哲学社会科学研究所．湖南省哲学社会科学研究所地方志目录[M]．长沙：湖南省哲学社会科学研究所，1978．

[301] 江苏师范学院图书馆．江苏师范学院图书馆馆藏方志目录[M]．徐州：江苏师范学院图书馆，1979．

[302] 上海图书馆．上海图书馆地方志目录[M]．上海：上海图书馆，1979．

[303] 湖南师范学院图书馆．湖南师范学院图书馆馆藏方志目

录[M].长沙:湖南师范学院图书馆,1980.

[304]华东师范大学图书馆.华东师范大学图书馆馆藏地方志目录[M].上海:华东师范大学图书馆,1981.

[305]湖南图书馆.湖南省图书馆馆藏湖南地方志目录[M].长沙:湖南图书馆,1984.

[306]中国科学院北京天文台.中国地方志联合目录[M].北京:中华书局,1985.

[307]张世泰,冯伟勋,倪俊明.广东省中山图书馆藏广东地方志目录[M].广州:广东省中山图书馆历史文献部,1986.

[308]安徽师范大学图书馆.安徽师范大学图书馆藏方志目录[M].郑州:河南大学出版社,1986.

[309]中国人民大学图书馆.中国人民大学图书馆地方志目录[M].北京:中国人民大学图书馆,1987.

[310]河南大学图书馆.河南大学图书馆藏地方志目录[M].郑州:河南高校图书情报工作编辑部,1988.

[311]华南师范大学图书馆.华南师范大学图书馆馆藏地方志目录[M].广州:华南师范大学图书馆,1989.

[312]香港大学图书馆.香港大学冯平山图书馆藏中国地方志目录[M].香港:香港大学图书馆,1990.

[313]倪晶莹,张锡康.四川大学图书馆藏地方志目录[M].成都:四川大学出版社,1991.

[314]中国社会科学院历史研究所图书馆.中国社会科学院历史研究所藏线装地方志书目[M].北京:中国社会科学院历史研究所图书馆,1997.

[315]柴志光.浦东古旧书经眼录[M].上海:上海远东出版社,2009.

[316]郑宝谦.福建省旧方志综录[M].福州:福建人民出版社,2012.

**(二)提要考录**

[317]瞿宣颖.方志考稿甲集[M].北京:天春书社,1930.

［318］张国淦．中国古方志考［M］．北京：中华书局，1962.

［319］洪焕椿．浙江方志考［M］．杭州：浙江人民出版社，1984.

［320］倪波．江苏方志考［M］．长春：吉林省图书馆学会等，1985.

［321］何金文．四川方志考［M］．长春：吉林省图书馆学会
等，1985.

［322］陈光贻．稀见地方志提要［M］．济南：齐鲁书社，1987.

［323］广西壮族自治区方志馆．广西方志提要［M］．南宁：广西人
民出版社，1988.

［324］李默．广东方志考略［M］．长春：吉林省图书馆学会
等，1988.

［325］徐复，季文通．江苏旧方志提要［M］．南京：江苏古籍出版
社，1993.

［326］李敏修，申畅．中州艺文录校补［M］．郑州：中州古籍出版
社，1995.

［327］金恩辉，胡述兆．中国地方志总目提要［M］．台北：台湾汉
美图书有限公司，1996.

［328］阳海清．中南、西南地区省、市图书馆馆藏古籍稿本提
要［M］．武汉：华中理工大学出版社，1998.

［329］柯愈春．清人诗文集总目提要［M］．北京：北京古籍出版
社，2001.

［330］林平，张纪亮．明代方志考［M］．成都：四川大学出版
社，2001.

［331］龚烈沸．宁波古今方志录要［M］．宁波：宁波出版社，2001.

［332］上海市地方志办公室．上海方志提要［M］．上海：上海社会
科学院出版社，2005.

［333］张耕田，陈巍．民国苏州艺文志［M］．扬州：广陵书
社，2005.

［334］陈金林，徐恭时．上海方志通考［M］．上海：上海辞书出版
社，2007.

［335］彭年德．江宁历代方志提要与评析［M］．南京：南京市江宁
区地方志编撰委员会办公室，2007.

[336] 来新夏. 清人笔记随录 [M]. 北京：中华书局，2008.

[337] 周中孚，黄曙辉等. 郑堂读书记 [M]. 上海：上海书店出版社，2009.

[338] 顾宏义. 宋朝方志考 [M]. 上海：上海古籍出版社，2010.

[339] 沈慧. 湖州方志提要 [M]. 北京：中国文史出版社，2013.

## 七、研究著述（按姓氏首字音序先后排序）

### （一）专著论集

[340] 巴兆祥. 方志学新论 [M]. 上海：学林出版社，2004.

[341] 仓修良，叶建华. 章学诚评传 [M]. 南京：南京大学出版社，1996.

[342] 仓修良. 仓修良探方志 [M]. 上海：华东师范大学出版社，2005.

[343] 仓修良. 方志学通论（增订本）[M]. 上海：华东师范大学出版社，2013.

[344] 仓修良. 史家·史籍·史学 [M]. 济南：山东教育出版社，2000.

[345] 仓修良. 中国古代史学史 [M]. 北京：人民出版社，2009.

[346] 陈光贻. 中国方志学史 [M]. 福州：福建人民出版社，1998.

[347] 陈其弟. 感悟修志 [M]. 扬州：广陵书社，2010.

[348] 陈其弟. 苏州地方志综录 [M]. 扬州：广陵书社，2008.

[349] 陈桥驿. 陈桥驿方志论集 [M]. 杭州：杭州大学出版社，1997.

[350] 樊树志. 江南市镇：传统的变革 [M]. 上海：复旦大学出版社，2005.

[351] 樊树志. 明清江南市镇探微 [M]. 上海：复旦大学出版社，1990.

[352] 傅逅勒. 嘉兴历代人物考略 [M]. 香港：香港天马出版有限公司，2005.

［353］傅振伦．傅振伦方志论著选［M］．杭州：浙江人民出版社，1992.

［354］顾志兴．杭州藏书史［M］．北京：中国社会科学出版社，2011.

［355］何槐昌．浙江藏书家传略［M］．上海：上海人民出版社，2013.

［356］洪焕椿．浙江文献丛考［M］．杭州：浙江人民出版社，1983.

［357］黄苇等．方志学［M］．上海：复旦大学出版社，1993.

［358］黄锡云．绍兴方志史略［M］．北京：中华书局，2008.

［359］黄永年．黄永年古籍序跋述论辑录［M］．北京：中华书局，2007.

［360］江苏省地方志学会．江苏当代方志论文选［C］．北京：方志出版社，1995.

［361］来新夏．方志学概论［M］．福州：福建人民出版社，1983.

［362］来新夏．三学集［M］．北京：中华书局，2002.

［363］雷坚．广西方志编纂史［M］．南宁：广西人民出版社，2007.

［364］李玉安，黄正雨．中国藏书家通典［M］．北京：中国国际文化出版社，2005.

［365］李泽．朱士嘉方志文集［M］．北京：北京燕山出版社，1991.

［366］刘道胜．徽州方志研究［M］．合肥：黄山书社，2010.

［367］刘俊文，栾成显等．日本学者研究中国史论著选译第六卷明清［M］．北京：中华书局，1993.

［368］刘尚恒，郑玲．安徽藏书家传略［M］．合肥：黄山书社，2013.

［369］刘声木．桐城文学渊源考［M］．徐天祥点校本，合肥：黄山书社，1989.

［370］刘纬毅，诸葛计等．中国方志史［M］．太原：三晋出版社，2010.

［371］梅森．方志学简论［M］．合肥：黄山书社，1997.

［372］倪禹功．嘉秀近代画人搜铨（手写影印本）［M］．上海：上海书店出版社，1998.

[373]蒲霞．明清以来徽州方志编纂成就[M]．合肥：安徽大学出版社，2013.

[374]沈迪云．地方文献论文集——萧山·地方文献国际学术研讨会[C]．太原：三晋出版社，2010.

[375]沈尔立．珠溪文儒[M]．上海：上海三联书店，2007.

[376]宋晞．方志学研究论丛[M]．台北：台湾商务印书馆股份有限公司，1999.

[377]台湾东吴大学历史学系．方志学与社区乡土史学术研讨会论文集[C]．台北：台湾学生书局，1998.

[378]谭新红．清词话考述[M]．武汉：武汉大学出版社，2009.

[379]天津市地方志办公室．海峡两岸地方史志比较研究文集[C]．天津：天津社会科学院出版社，1998.

[380]王长英，黄兆郸．福建藏书家传略[M]．福州：福建教育出版社，2007.

[381]魏桥等．浙江方志源流[M]．杭州：浙江人民出版社，1988.

[382]吴宏一．清代诗话知见录[M]．台北：台湾中央研究院中国文哲研究所，2002.

[383]许卫平．中国近代方志学[M]．南京：江苏古籍出版社，2002.

[384]薛虹．中国方志学概论[M]．哈尔滨：黑龙江人民出版社，1984.

[385]杨军昌．中国方志学概论[M]．贵阳：贵州人民出版社，1999.

[386]杨立诚，金步瀛．中国藏书家考略[M]．上海：上海古籍出版社，1987.

[387]姚金祥，何惠明．简明方志编纂学[M]．海口：南海出版公司，1994.

[388]姚金祥．志海学泳集[M]．北京：方志出版社，2007.

[389]云南省图书馆．云南地方文献概说[M]．昆明：云南美术出版社，2005.

[390]张安东．清代安徽方志研究[M]．合肥：黄山书社，2012.

[391]张松斌．方志学探微[M]．福州：海潮出版社，1997．

[392]张天禄．福州方志史略[M]．福州：海风出版社，2007．

[393]张英聘．明代南直隶方志研究[M]．北京：社会科学文献出版社，2005．

（二）专题论文

[394]鲍永军．乾隆乌青镇志述评[J]．浙江方志，1996，3：27-32．

[395]蔡一平．英年早殒的方志纂辑家——孙志熊和他的菱湖镇志[J]．湖州师范学院学报，1987，1：98-99．

[396]曹培根．常熟乡镇旧志集成及其史料价值[J]．江苏地方志，2008，1：31-32．

[397]曹培根．常熟乡镇旧志考述[J]．常熟理工学院学报，2011，1：114-119．

[398]曹振武．乡镇村志刍议[J]．史志研究，2003，4：59-60．

[399]陈国生，李廷勇．中国旧方志序跋的文献价值[J]．史志研究，1999，1：45-49．

[400]陈鸿图．池上乡志中的客家意象[J]．东台湾研究，2009，13：153-164．

[401]陈凯．旧方志文献分类刍议[J]．广西地方志，2010，4：24-26．

[402]陈凯．明清乡镇志书概述与学术研究综论[A]//上海市地方志办公室等．上海研究论丛（第二十辑）[C]．上海：上海人民出版社，2012：151-158．

[403]陈凯．清代乡镇志书研究二题——以上海乡镇旧志丛书为例[J]．史林，2011，1：32-38．

[404]陈凯．清代乡镇志书研究综述[J]．宁夏史志，2013，5：18-25．

[405]陈辽．乡镇旧志集成后地方志功能的提升——读评常熟乡镇旧志集成[J]．中国地方志，2009，11：23-24．

[406]陈其弟．分湖志及其编纂者[A]//陈其弟．苏州地方志综

录[M]．扬州：广陵书社，2008：197-200．

[407]陈其弟．苏州的乡镇志[A]//陈其弟．苏州地方志综录[M]．
扬州：广陵书社，2008：47-50．

[408]陈桥驿．新市镇志考录——兼介流落海外的光绪钞本新市镇
再续志[A]//陈桥驿．陈桥驿方志论集[M]．杭州：杭州大
学出版社，1997：226-231．

[409]程成贵．光绪善和乡志（残本）浅析[J]．祁门志苑，1985，
2：35-39．

[410]褚赣生．明清乡镇志发展的历史地理考察[A]//中国地理学
会历史地理专业委员会历史地理编辑委员会．历史地理（第
八辑）[C]．上海：上海人民出版社，1990：245-258．

[411]褚赣生．明清乡镇志发展原因初探[J]．文献，1990，2：
112-120．

[412]丁志安．淮安方志漫谈[A]//淮安县政协文史资料研究委员
会．淮安文史资料（第四辑）[C]．淮安：淮安县政协文史资
料研究委员会，1986：116-133．

[413]樊树志．明清长江三角洲的市镇网络[J]．复旦学报（社会科
学版），1987，2：93-101．

[414]樊树志．明清江南市镇的实态分析：以苏州府嘉定县为中
心[J]．学术研究，1988，1：87-91．

[415]樊树志．明清时代的濮院镇[J]．江海学刊（文史哲版），
1985，3：24-36．

[416]方舟．徽州乡绅与地方社会：以岩镇志草为中心[J]．徽学，
2006，1：166-174．

[417]冯尔康．乾嘉以来的江都乡镇志和专志[J]．东北史地，
2011，1：20-22．

[418]甘兰经．苏州的乡镇志[A]//苏州历史学会．苏州历史学会
论文选[C]．苏州：苏州历史学会，1983：283-290．

[419]侯月祥．台湾省乡镇志的纂修[J]．中国地方志，2001，3：
64-68．

[420]黄秀政．论台湾的乡镇志纂修——以鹿港镇志为例[A]//天

津市地方志办公室．海峡两岸地方史志比较研究文集[C]．天津：天津社会科学院出版社，1998：49-62．

[421]黄永年．二百年前江南社会的剪影——读珠里小志[A]//黄永年．黄永年古籍序跋述论辑录[M]．北京：中华书局，2007：391-393．

[422]蒋武雄．地方志在中国灾荒研究上的价值[A]//台湾东吴大学历史学系．方志学与社区乡土史学术研讨会论文集[C]．台北：台湾学生书局，1998：49-68．

[423]开铮．卢学溥与乌青镇志[A]//中国人民政治协商会议浙江省桐乡县委员会文史资料工作委员会．桐乡县历史名人史料（二）[C]．桐乡：浙江省桐乡县委员会文史资料工作委员会，1986：177-182．

[424]考之．九江早期的方志：九江乡志[J]．九江侨刊，1998，24：15-16．

[425]来新夏．旧地方志资料在经济建设中的作用[A]//来新夏．三学集[M]．北京：中华书局，2002：315-328．

[426]李恺玉，李石根等．两淮十三场现存最古的场志——清乾隆四年刻本小海场新志初步研究[A]//中国人民政治协商会议江苏省大丰县委员会文史资料研究委员会等．大丰县文史资料（第六辑）[C]．大丰：中国人民政治协商会议江苏省大丰县委员会文史资料研究委员会，1986：176-183．

[427]李正中．方志的文献价值及其著录[J]．历史教学，1985，11：39-42．

[428]刘福铸．福建乡镇志中的妈祖史料[J]．莆田学院学报，2004，1：79-83．

[429]刘俊．中国唯一入选四库全书的村志：杏花村志[J]．中国地方志，2008，9：53-58．

[430]刘添元．梅县现存最早的乡志：西阳乡志[J]．梅县侨声，1989，20：66-78．

[431]骆伟．岭南乡镇志、乡土志述评[J]．广东史志，2003，2：53-56．

[432]马时高．静海乡志及其它[J]．南通今古，1988，6：19-22.

[433]梅森．钱门塘乡志整理提要[J]．上海志鉴，2003，2：
36-37.

[434]缪小咏．独树一帜的江苏乡镇志[A]//江苏省地方志学会．
江苏当代方志论文选[C]．北京：方志出版社，1995：
634-642.

[435]缪小咏．历史上苏南乡镇志编纂述略[J]．江苏地方志，
1992，1：38-41.

[436]祁明．乡镇村志编纂初探[J]．沧桑，1994，3：30-31.

[437]钱澄宇．南京博物院珍藏江苏稀见方志抄本考略（上）[J]．
江苏地方志，2013，1：65-68.

[438]钱澄宇．南京博物院珍藏江苏稀见方志抄本考略（下）[J]．
江苏地方志，2013，2：56-59.

[439]邱禹．震泽镇和震泽镇志[J]．江苏地方志，1986，1：
43-45.

[440]森正夫．江南三角洲的乡镇志——以明后半期为主[A]//赵
毅，林凤萍．第七届明史国际学术讨论会论文集[C]．长春：
东北师范大学出版社，1999：340-358.

[441]沈尔立．十柳山人与珠里小志——清代秀才周郁宾[A]//沈
尔立．珠溪文儒[M]．上海：上海三联书店，2007：99-102.

[442]沈渭滨．晚清村镇志纂修的成熟及其人文历史价值——以江
南名镇志紫堤村志为中心的分析[J]．史林，2007，2：
173-182.

[443]沈渭滨．乡镇志是研究上海人文历史的重要文献——以蒲溪
小志为例[J]．学术月刊，2002，5：76-78.

[444]沈永清．简评紫隄村志[J]．上海志鉴，2002，5：39-40.

[445]盛清沂．吾国历代之乡镇志暨本省当前编纂乡镇志问题[J]．
台湾文献，1966，17（2）：29-31.

[446]孙冰．镇志的编纂和明清江南市镇变迁——以浙江湖州双林
镇为例[J]．中国地方志，2005，4：55-61.

[447]唐力行，申浩．地方记忆与江南社会生活图景——评上海乡

镇旧志丛书[J]. 社会科学, 2006, 1: 180-187.

[448] 田佳琦. 再论乡镇志[J]. 沧桑, 2012, 6: 6-8.

[449] 童银舫. 姚北宗谱考录[A]//沈迪云. 地方文献论文集——萧山·地方文献国际学术研讨会. 太原: 三晋出版社, 2010: 383-391.

[450] 王刚, 朱春阳. 以紫堤村志为例: 透视清代江南社会风尚[J]. 甘肃农业, 2005, 12: 186.

[451] 王红花. 论林正青小海场新志的史料价值[J]. 盐城工学院学报(社会科学版), 2011, 4: 1-4.

[452] 王卫平. 日本的村志编纂[J]. 江苏地方志, 2001, 3: 25-27.

[453] 吴滔. 在历史现场阅读江南乡镇志[A]//吴松弟, 连晓鸣, 洪振宁. 走入历史的深处: 中国东南地域文化国际学术研讨会论文集[C]. 上海: 上海人民出版社, 2011: 154-214.

[454] 吴滔. 在田野中阅读江南乡镇志[A]//王铭铭. 中国人类学评论(第12辑)[C]. 北京: 世界图书出版公司北京公司, 2009: 100-132.

[455] 吴之兴. 岩镇志草提要[J]. 徽州社会科学, 2004, 5: 36-37.

[456] 吴宗泉. 第一部白蒲镇志及其作者考略[A]//政协如皋市委员会文史资料研究委员会. 如皋文史(第五辑)[C]. 如皋: 政协如皋市委员会文史资料研究委员会, 1990: 89-94.

[457] 谢青, 吴微. 佘华瑞撰岩镇志草简述[J]. 安徽史志通讯, 1984, 1: 54.

[458] 徐晓. 吴县乡镇志录[J]. 吴县地方志通讯, 1986, 3: 72.

[459] 殷衍滔. 顾镇生卒年考辨[J]. 常熟理工学院学报(哲学社会科学版), 2012, 9: 100-102.

[460] 尤淑君. 台湾乡镇志的发展、运作及其实务问题[J]. 台湾研究, 2013, 4: 58-64.

[461] 袁增培. 潋水新志的作者——方溶[A]//政协海盐县文史资料工作委员会. 海盐文史资料(第二十二辑)[C]. 海盐: 政

协海盐县文史资料工作委员会，1992：22-27.

[462] 曾一民．论方志文献资料的学术价值[A]//天津市地方志办公室．海峡两岸地方史志比较研究文集[C]．天津：天津社会科学院出版社，1998：130-143.

[463] 张安东，吕君丽．旧方志的文献学价值探析：以清代皖志为例[J]．图书馆工作与研究，2011，9：86-90.

[464] 张安东．旧方志中的人物资料及其价值：以清代皖志为例[J]．淮北师范大学学报》（哲学社会科学版），2013，5：20-24.

[465] 张安东．论清代安徽方志的编纂体例[J]．淮北煤炭师范学院学报（哲学社会科学版），2008，1：35-39.

[466] 张安东．清代安徽方志编修的热潮和成就[J]．史学史研究，2009，2：111-119.

[467] 张安东．清代方志编纂体例探析：以清代皖志编纂为例[J]．大学图书情报学刊，2010，6：84-90.

[468] 张健．岩镇志草史料价值探讨[J]．合肥学院学报（社会科学版），2009，2：3-6.

[469] 赵红娟．晟舍镇志中所见凌濛初资料考辨、存疑[J]．湖州师范学院学报，2000，5：41-45.

[470] 周思璋．对如皋文史第五辑的几点补充和意见[A]//政协如皋市委员会文史资料研究委员会．如皋文史（第六辑）[C]．如皋：政协如皋市委员会文史资料研究委员会，1991：188-189.

[471] 周致元．徽州乡镇志中所见明清民间救荒措施[J]．安徽大学学报（哲学社会科学版），2008，1：95-101.

[472] 朱仰高．湖州乡镇志对丝绸市场的记述[J]．浙江方志，2000，2：33-35.

[473] 朱瑞熙．南翔镇志前言[J]．上海地方志，2003，5：35-39.

[474] 许洪新．中国地方志联合目录上海部分校读记[J]．上海地方志，1994，4：40-42.

[475] 林子雄．顺德龙山乡志探析[J]．广东史志，2013，1：

42-45.

[476]章文钦. 清代著名方志澳门纪略[J]. 广东史志, 1989, 4:
      29-34.

[477]李默. 中国地方志联合目录广东方志著录疏误补正[J]. 广东
      史志, 1986, 3: 40-45.

## (三)学位论文

[478]程立中. 亳州旧志研究[D]. 合肥：安徽大学, 2010.

[479]褚赣生. 明清乡镇志研究[D]. 上海：复旦大学, 1987.

[480]丁文英. 湖北省荆门市辖境旧志考述[D]. 银川：宁夏大
      学, 2010.

[481]胡孝忠. 明清香山县地方志研究[D]. 济南：山东大
      学, 2011.

[482]刘道胜. 徽州旧志研究[D]. 芜湖：安徽师范大学, 2003.

[483]马小琴. 福建旧方志(通志)的编修及现存状况研究[D]. 福
      州：福建师范大学, 2011.

[484]潘高升. 明清以来江南地区乡镇志研究：以乌青镇志为中
      心[D]. 厦门：厦门大学, 2006.

[485]许建萍. 闽东地区旧方志研究[D]. 福州：福建师范大
      学, 2010.

[486]张安东. 清代安徽方志研究[D]. 合肥：安徽大学, 2008.

[487]张卫萍. 天门旧志研究[D]. 武汉：华中师范大学, 2011.

[488]赵超磊. 阜阳旧志研究[D]. 合肥：安徽大学, 2012.

# 后　记

在本书即将出版之际，不禁回忆起自己读书求学的往事，闭上眼睛沉思，一幕幕场景如电影般闪过，这不禁唤起了我的思绪，开始由着记忆来表达我内心的感激之情。

感谢我的博士学位导师巴兆祥教授。我是巴老师的第一个方志学专业博士生。在培养过程中，巴老师花费了不少精力，除了讲授《中国方志学研究》与《新方志编纂学》等基础课程，还让我参加相关文献整理工作，在实践中锻炼科研能力。尤其是"中国方志学研究"课程，巴老师设计了一系列的专题讨论项目，每两周一次的讨论对于我掌握学科理论知识的功效甚著，所写各篇讨论稿经修改后陆续得以发表，这门课奠定了我研习方志学的基础功底。在确定论文选题后，巴老师指导我构建研究的基本框架；在撰写过程中，巴老师对我提出的具体问题与难点进行剖析，扫清了写作上的种种障碍。及至初稿完成，巴老师又为我进行了认真的修改和细致的打磨，显著地提高了我的论文水准，并顺利通过了专家评阅和学位论文答辩。在此，谨向巴兆祥教授致以诚挚的谢意！

感谢恩师浙江大学历史学系仓修良教授。仓先生是当今志坛耆宿，以史学史研究的背景探讨方志之学，其著述宏富，具有重要的学术价值。在入学伊始，我认识到要学好方志学，必须有一定的中国古代史学史素养，于是冒昧致信仓先生，诚恳请求先生指导我学习中国史学史和方志学。仓先生或以为孺子可教，不仅欣然应允，多年来一直给予我细致的指导，而且经常来电关注我的课业与写作

522

进展。向仓师问学已十年，使我系统地重温了中国史学史的基本知识理论，拓展了知识面和思维，自觉在史学史、方志学等领域有所获益，并积累了一些论文初稿。蒙先生不弃，得以侍立门墙，成为仓师的关门弟子。先生针对我的情况，指出今后当开展史学史研究，特别是对于明清史学、浙东史学史、《越绝书》、敦煌图经等课题进行深入探讨，这些专题已成为我后续研究所重点关注的对象。在写作中曾就清代乡镇志书分期问题向仓师请教，先生根据研究心得，给予我重要的启发，使我得到更为确切的结论。每至杭城游访，位于体育场路的先生寓所"独乐斋"是我必去拜谒之处，聆听仓师传授治学经验，娓娓而谈学林掌故轶闻，这些都是我难忘的温情与记忆。

　　独学无友，则有寡闻无助之虞。所幸在资料搜集与专题撰述过程中，曾得到不少学者的热心相助，令我少走了很多弯路。《浙江方志》常务副主编张勤副研究员不仅时常为我提供稀见乡镇志书文本与相关参考论著，而且多次推荐我的论文得以刊布；在2017年我们共同合作申请的课题"浙江乡镇志考录提要与整理研究"获得了浙江省哲社规划课题立项；今年上半年，课题的最终成果《浙江乡镇志书研究》又获得了浙江省社科院学术著作出版资助，明年将由社会科学文献出版社刊行。我们不仅有同门之谊，而且在方志学研究上更是合作愉快、互相砥砺。湖州市地方志办公室的沈慧研究员惠赐大著《湖州方志提要》，其查考之精审细密令我叹服，相关结论对我查考清代乡镇志书的线索多有助益。嘉兴地方文史学者吴上德先生，熟稔乡邦文献掌故，曾来信研讨相关史志问题，并提供资料，令我获益良多。此外，《史林》《广西地方志》《广东史志》《浙江方志》《福建史志》《上海研究论丛》等学术刊物先后发表了我的相关研究成果，众多审稿专家提出了切实的评审意见，提高了论文的质量，在此表示由衷的感谢！

　　在评审和答辩期间，先后得到复旦大学邹振环教授、李晓杰教授、张海英教授、冯贤亮教授，以及华东师范大学陈江教授、南京大学胡阿祥教授、上海市档案馆马长林教授等专家学者的严格评阅和悉心指导。各位老师不仅给予我热情的鼓励，而且就存在的问题以及需要继续完善的方面提出了非常宝贵的意见，对于各位老师的精心指教，在此并致谢忱！

　　同时，我要向父母致以深深的感恩之情和由衷的歉疚之意。是他们深切而无私的爱一直支持和陪伴着我，让我至今过着衣食无忧的日子，并从事自己喜欢的事业。可是想想自己又为他们做了些什么呢？每念及此，深责自己的无能和自私，只有奉上这部著作，希望能够让他们感到些许欣慰，虽然我深知这同他们为我所付出的相比，仍是微不足道的。

　　本书能够得以出版，要感谢上海大学图书情报档案系丁敬达教授的大力推荐，责任编辑詹蜜女士为拙著编校亦付出许多辛劳，在此一并致以深深的谢意！

著者谨识

2019 年夏